Pierre Aubé
Thomas Becket

Pierre Aubé

THOMAS BECKET

Eine Biographie

Aus dem Französischen
von Enrico Heinemann und Ursel Schäfer

BENZIGER

Die französische Originalausgabe
erschien 1988 unter dem Titel
«Thomas Becket»
bei Fayard, Paris

ISBN 3 545 25077 6

Für André Carron,
der weiß, daß «die Gedanken nicht reifen,
wenn man sie ausspricht».
In dankbarer Erinnerung an eine lange Freundschaft
und einige denkwürdige Augenblicke…

«Zwei Ochsen ziehen in England den Karren der Macht:
der König und der Erzbischof von Canterbury.»

Anselm von Canterbury,
zitiert bei Eadmer, *Historia Novorum in Anglia*

«Der Herr hat gesagt: ‹Achtet meine Gesetze›,
und weiter: ‹Unglück komme über die,
die ungerechte Gesetze machen.›
Der Herr hat niemals gesagt:
‹Ich bin das Gewohnheitsrecht›,
aber er hat sehr wohl gesagt:
‹Ich bin die Wahrheit.›»

William Fitzstephen zitiert
Papst Gregor VII.

«Zum Großartigen in jener Zeit gehörte es,
daß man bei jeder Frage der Gegenwart die ewige
Weltordnung ins Spiel brachte.»

Ernst Kantorowicz,
Kaiser Friedrich der Zweite

Inhalt

Vorspiel

«Als Bettler...»

Unter einem schmutziggrauen, düsteren Himmel warf sich das Meer drohend an die Küste. Gischt spritzte auf. Sturmböen peitschten. Der englische König Heinrich II. Plantagenet betrachtete die Brandung, die mit seinen Gedanken bestens im Einklang stand. Es war Anfang Juli 1174. Niemals während seiner fast zwanzigjährigen Herrschaft voller Unruhen und Gefahren lagen soviel Zorn, Verbitterung und Hoffnungslosigkeit in seiner verzweifelten Seele. Nachdenklich und nervös ließ der vorzeitig gealterte König seine gegenwärtigen Mißgeschicke an sich vorüberziehen. War er noch der «König des Nordens»?

Seine Söhne Heinrich, Richard und Gottfried hatten ihn feige verraten. Sein Lehnsherr König Ludwig VII. von Frankreich und die Grafen Philipp von Flandern und Matthäus von Boulogne unterstützten offen ihren Aufstand und die Revolte in den Provinzen auf dem Kontinent – vom Poitou bis zur Grafschaft Toulouse die kostbarsten Juwelen in der Krone des Plantagenet. Die bezwungen geglaubten Bretonen schüttelten aufsässig das Joch ab. Der junge König Heinrich, sein designierter Nachfolger, war zu dessen Schwiegervater an den französischen Hof geflohen, zerstückelte das mühsam zusammengetragene Erbe und verschleuderte es Stück um Stück: Der Schottenkönig Wilhelm der Löwe bekam die ersehnten reichen Ländereien von Cumberland und Northumberland; sein Bruder David die Grafschaft Huntingdon; der mächtige Graf von Flandern die Grafschaft Kent und das Schloß von Dover, eine seit Jahrhunderten heißbegehrte Festung von außerordentlicher strategischer und wirtschaftlicher Bedeutung; Graf Theobald von der Champagne Lehen in der Touraine und beträchtliche Einkünfte...

Zwei Jahre zuvor hatte Heinrich II. seinen «kleinen Adler» in der Kathedrale St. Swinthun von Winchester krönen lassen, um die ins

Wanken geratene Dynastie zu befestigen. Am 27. August 1172 hatte der Erzbischof von Rouen, Rotrou von Warwick, Heinrich den Jüngeren gesalbt und seine Gattin Margarete von Frankreich gekrönt. Margarete war die Tochter Ludwigs VII. und Konstanzes von Kastilien. Alle Schenkungsurkunden waren somit ordnungsgemäß mit dem neuen Siegel eines neunzehnjährigen Königs beglaubigt. In der Normandie begannen die Vasallen aufzubegehren, und die Grafen von Flandern und von Boulogne bereiteten den Einmarsch vor. Am 8. März 1173 fielen sie in die Landschaft Bray ein. Im Frühsommer eroberten Ludwig VII. und Heinrich der Jüngere das Vexin und eröffneten die Belagerung von Verneuil. Die Bretonen legten die Hand auf Dol. Angesichts der großen Gefahr verpfändete der englische König sein kostbares Krönungsschwert und rekrutierte für teures Geld zwanzigtausend Brabanter Söldner, die auf allen Schlachtfeldern gefürchtet waren. Im Hochsommer 1173 holte er in Drincourt und Verneuil zum Gegenschlag aus und trieb die unentschlossenen Widersacher in die Flucht. Dann hetzte er seine Truppen in einen Höllenmarsch und stoppte die bretonische Invasion. In kaum zehn Tagen hatte sich das Raubtier, das man tödlich verwundet am Boden glaubte, mit wilder Entschlossenheit wieder aufgerichtet. Dennoch war Heinrich II. entsetzt über eine Entdeckung, die er kürzlich gemacht hatte. Hinter dem Aufruhr der Söhne gegen den Vater und hinter der gewaltigen Verschwörung, in der sich das gesamte Abendland verbündet zu haben schien, spürte er die lenkende Hand und den gefährlichen politischen Verstand von Königin Eleonore, der Mutter seiner Kinder. Eleonore war dereinst Königin von Frankreich gewesen. Doch eines schönen Tages im Frühjahr 1142 hatte sie die düsteren Säle des Schlosses auf der Cité verlassen und ihn geheiratet. Sie hatte das sonnige Aquitanien als Mitgift in die Ehe gebracht, und er hatte ihr zwei Jahre später die Krone von England geschenkt. Zusammen hatten sie europäische Geschichte geschrieben, und Wace konnte in seinem *Roman von Rollo* singen:

«König Heinrich vermählte sich mit ihr, der reichen Gemahlin
Jener, der England und alle Gebiete an den Meeresgestaden
zwischen Spanien und Schottland besaß.»

Die Romanze war freilich nur von kurzer Dauer gewesen. Der flatterhafte König hatte die Reize der sehr viel älteren Gattin bald über und warf sich in die Arme «frischerer Damen». Das verzieh ihm die hochmütige Eleonore nie. In ihrer Würde als Frau und Königin verletzt, spann sie geduldig an dem Netz, in dem sich der König von England verfangen sollte. Von ihrem Hof in Poitiers aus, im Herzen der Güter ihrer Ahnen, schürte sie den Groll ihrer aquitanischen Vasallen und ermunterte ihre heranwachsenden und zum Aufruhr bereiten Söhne, sich den Vater – ein Tyrann von Natur – vom Halse zu schaffen. Der Erfolg übertraf ihre kühnsten Hoffnungen.

Allerdings hielt er nicht lange an. Nachdem es Heinrich II. zuerst mit Drohungen, dann vergeblich mit Verhandlungen versucht hatte, stürzte er sich auf das Poitou. Die Königin fühlte sich unmittelbar bedroht. An einem Herbstabend griff eine Patrouille im Sold des Plantagenet einen kleinen Trupp poitevinischer Reiter auf, die offensichtlich auf dem Weg nach Frankreich waren, um dort Zuflucht zu suchen. Bald entdeckte man unter ihnen die englische Königin, als Mann verkleidet. Diese Demütigung! Ende November kerkerte man sie im großen Turm des Schlosses von Chinon ein. Dort hatte sie als Gefangene über ein halbes Jahr verbracht...

Jetzt stand sie wieder an der Seite des verabscheuten Gatten, und Gischt des tobenden Meeres spritzte zu ihr herauf. Bei ihr waren ihr jüngster Sohn, der achtjährige Johann – den man später *Ohneland* nennen sollte – und Margarete von Frankreich, die Gattin des treubrüchigen Königs. Ein zehnjähriges Mädchen. Und ein kostbares Pfand.

Denn noch hatte König Heinrich II. nicht endgültig gewonnen. Zwar hatte er den Widerstand der Aquitanier, die ihre Autonomie herbeisehnten, nach und nach brechen können. Die Drahtzieherin des Komplottes war in seiner Hand. Und die Normandie hatte ihm die Treue gehalten, auch wenn Oberstkämmerer Wilhelm von Tancarville die Sache seines Dienstherren verraten und sich Heinrich dem Jüngeren angeschlossen hatte.

Doch der rebellische Sohn war nicht tatenlos geblieben. Auf dem Schlachtfeld besiegt, hatte er sich auf die Waffen der Diplomatie verlegt. Vermutlich einem klugen Ratschlag folgend, hatte er sich an Papst Alexander III. gewandt und die Wahl englischer Bischöfe angeprangert, die kurz zuvor erfolgt war. Dies sollte den Pontifex davon überzeugen, daß die Aussöhnung zwischen Heinrich II. und der Kirche, die der König lange und eisern unter seinen Willen zu zwingen versucht hatte, gescheitert sei. Doch der kluge Papst durchschaute die Intrige. Persönlich weihte er am 7. April 1174 Richard von Dover zum neuen Erzbischof von Canterbury und legte ihm in einem feierlichen Akt das Pallium um – eine schallende Ohrfeige für den hochfahrenden Sohn, der nach der väterlichen Macht griff.

Doch damit war der Fall nicht erledigt. Heinrich der Jüngere hielt hartnäckig an seinen Plänen fest. Um England nicht zur Ruhe kommen zu lassen, hob er in Flandern Truppen aus. Heinrich II. war über das Ausmaß der Rebellion, die sein Inselreich erschütterte, bestens unterrichtet: Richard von Ilchester, der neue Erzbischof von Winchester, war auf dem Kontinent gelandet und hatte ihn über den Ernst der Lage genauestens informiert. An der Spitze einer gefährlichen Armee war der Schottenkönig Wilhelm der Löwe in die Nordprovinzen eingefallen, die ihm Heinrich der Jüngere so freigebig abgetreten hatte. Er hatte Carlisle eingenommen und rückte auf Schloß Alnwick vor. Im Königreich selbst schlossen sich Graf Leicester und Hugo Bigot, der Graf von Norfolk, den Aufständischen an. Der Justitiar von England, Richard von Lucé, der als einziger treu geblieben war, vermochte nur ein kleines Kontingent an Truppen auf die Beine zu stellen. Im Norden hielten Robert von Vaux, Roger von Estouteville und Ranulf von Glanville dem schottischen Druck verzweifelt stand. Der alte Graf Renaud von Cornouailles warf sich ebenfalls in die Schlacht. Doch wie lange konnte der schwache Widerstand noch aufrechterhalten werden?

Einen einzigen Hoffnungsschimmer gab es in diesen stürmischen Zeiten: Der englische Klerus hielt seinem König unverbrüchlich die Treue. Selbst Hugh von Puiset, der Bischof von Dunham, ein erbitterter Gegner der königlichen Politik, hatte sich auf die Seite Heinrichs II. geschlagen.

Diese Nachrichten stachelten den Tatendrang des englischen Königs auf. Er hatte das Warten satt. Sein Platz war auf englischem Boden, im Kampf gegen die Rebellen. Er war der König. Was war schon das tobende Meer angesichts der Katastrophe, in der sein Königreich unterzugehen drohte? Sollten sich die Elemente beugen oder ihn verschlingen. Er schlug alle Ratschläge in den Wind und gab Befehl, in See zu stechen. Die Überfahrt war grauenhaft. Das Schiff tanzte wie eine Nußschale über die Wogen. Wie es heißt, soll der König seine Seele Gott empfohlen und unablässig laut gebetet haben. Am 8. Juli 1174 landete Heinrich II. gesund und wohlbehalten in Southampton.

Kurz nach der Landung an der Küste von Hampshire faßte der erschütterte König einen verblüffenden Entschluß. Statt unverzüglich den Rebellen und Invasoren entgegenzuziehen, wandte er sich, nur mit Brot und Wasser ausgestattet, mit kleinem Gefolge nach Kent.

Heinrich II. konnte nicht vergessen. Seit fast vier endlosen Jahren spukte ihm der Name Thomas durch den Geist und verfolgte ihn Tag und Nacht. Seit dem 29. Dezember 1170, als der Erzbischof von Canterbury am frühen Abend unter den Hieben übereifriger Ritter tödlich verletzt zusammengebrochen war, lebte der König in Angst. Und sein persönliches Drama war mit dem des Staates verknüpft. Doch bisher hatte er seine Gefühle verborgen gehalten.

Am 27. September 1172, am Tag der heiligen Kosmas und Damian, hatte sich der König in Avranches feierlich mit der Kirche ausgesöhnt. Am 21. Februar des folgenden Jahres sprach Papst Alexander III. in der Kathedrale von Segni in Italien jenen Mann, der «bis zu seinem Tod für die Rechte Gottes und die Freiheit der Kirche gekämpft hatte», heilig und ließ ihn in das Martyrologium eintragen. Bald war Thomas Beckets Grab zu einem Wallfahrtsort geworden, an dem sich die Wunder häuften: Behinderte, Leprakranke und Wassersüchtige fanden dort in so großer Zahl ihre Gesundheit wieder, daß Wilhelm von Canterbury und Benedikt von Petersborough bereits Sammlungen dieser ungewöhnlichen Ereignisse angelegt hatten…

Nun war der englische König Pilger, bis ins Mark erschüttert, von Reue verzehrt und vom Schmerz gepeinigt. Der Wille des herrschsüchtigen Mannes war gebrochen. Er pilgerte mit «aufrechter Gesinnung im Herzen», schreibt später Edward Grim, der einzige, der Thomas an dem verhängnisvollen Tag beigestanden und den Mördern mutig die Stirn geboten hatte. Ein Büßer unter Büßern.

Heinrich II. reiste bewußt auf abgelegenen Wegen. Er rastete nur in Kapellen und Klöstern und gab dort reichlich Almosen und Spenden. Auch dem Aussätzigenheim von Harbledown, einer Stiftung Lanfrancs, stattete er einen Besuch ab:

«Und tritt in das Kloster und versinkt ins Gebet,
Für alle Untaten von Gott er Verzeihung erfleht.
Aus Liebe zu Thomas teilt er Almosen aus,
Gewährt zwanzig Mark Rente dem armen Haus.»[1]

Der König legte täglich rund fünfzig Kilometer zurück und hielt erst an der Kapelle St. Nicholas, zwei Wegstunden vor Canterbury. Dort stieg er vom Pferd.

«Bis zu St. Dunstan ging er zu Fuß,»

besingt Guernes von Pont-Sainte-Maxence seine Wallfahrt. Am 12. Juli stand er schließlich vor den Toren der Stadt des Primas von England. Dort legte er ein Pilgergewand aus grobem Wollstoff an und zog seine Schuhe aus, «um sein Fleisch zu kasteien». Barfuß und eine Blutspur hinterlassend, ging er über den steinigen Boden zur Kathedrale von Canterbury, mitten durch die bestürzte Menge. Er hatte Tränen in den Augen. Vor dem Portal der großen Kathedrale, mit deren Bau Lanfranc ein Jahrhundert zuvor, zur Zeit Wilhelms des Eroberers, begonnen hatte, blieb er andächtig stehen. Bischöfe, Mönche und Gläubige drängten sich in der Metropolitankirche. Ohne auf ihre teilnahmsvollen Blicke zu achten, schritt der König das lange romanische Mittelschiff entlang und steuerte zielstrebig auf das *Martyrium* im nordwestlichen Querschiffarm zu. Der Ort des Verbrechens. Das Blut auf den Steinplatten war verschwunden. Man hatte es ehrfürchtig aufgetupft. Heinrich kniete nieder, sprach mit tränenerstickter Stimme ein *Confiteor* und küßte den kalten Stein.

Dann stieg der König in die eindrucksvolle Krypta hinab, wo der Körper des Märtyrers ruhte. Man hatte den neuen Sarkophag vor den Altären Johannes des Täufers und des heiligen Augustin von Canterbury in die Erde eingelassen. Heinrich beugte sich über den Marmor, vergoß darauf seine Tränen und betete. Lange. Erschüttert wie alle Anwesenden, unterbrach Gilbert Foliot, der Bischof von London, unaufgefordert die herzzerreißende Fürbitte Heinrichs, um einige Worte zu sprechen.

Edward Grim, ein Augenzeuge des Geschehens, gibt uns das Wesentliche wieder. «Jeder weiß, daß viele von den jüngsten Ereignissen ein Bild in sich tragen, das nicht den Tatsachen entspricht. Deshalb bekennt der König, unser Herr, wahrheitsgemäß vor Gott, der auf den Grund der Herzen sieht, vor Christus, den er mit aufrichtigem Glauben verehrt, und vor euch, meinen Brüdern, daß der ehrwürdige Erzbischof ohne seinen Befehl und ohne sein Wissen *(nec ipso jubente nec sciente)* von bösen Männern getötet wurde. Als er von dem Mord erfuhr, empfand er größeren Schmerz als jemals bei einem Ereignis zuvor. Dies sehen wir sehr wohl in diesem Augenblick. Was das Wort angeht, das der König in einer Aufwallung des Zorns dahingesagt hat und auf das sich, wie es heißt, jene vermessenen Gottlosen berufen haben, als sie ihre Schandtat begingen, und was den erbitterten Krieg angeht, den er gegen den Erzbischof geführt hat, als dieser noch lebte, so bekennt sich der König schuldig und bittet um Vergebung. Er wird die Buße tun, die ihr ihm auferlegt. Deshalb erfleht er euren Richtspruch, auf daß unser Herr und Erlöser, der das reuige und demütige Herz nicht abweist, und der heilige Märtyrer Thomas Becket seine bescheidene Bußfertigkeit günstig aufnehmen. Er gibt dieser Kirche heute alle ihre einstigen Würden und Rechte in so vollem Umfang zurück, wie das in diesem Königreich oder an jedem anderen Ort, der der katholischen Kirche untersteht, nur möglich ist. Zudem spendet der König dem Märtyrer von sich aus ein Einkommen von dreißig Pfund und läßt ihn durch eure Fürsprache bitten, die ihm angetane Gewalttat gütigst zu vergessen. Schließlich vergibt er von ganzem Herzen all jenen, die ihn während seines Streits mit dem ehrwürdigen Erzbischof auf irgendeine Weise beleidigt haben. Auch schenkt er all jenen wieder Vertrauen und Freundschaft, die, seien es Geistliche, Vertraute oder Angehörige, unter dessen Schutz lebten und bei irgendeiner Gelegenheit Unrecht durch ihn erlitten haben.»

Als der Bischof von London zu Ende gesprochen hatte, bestätigte der König kurz seine Worte und legte dann das Gewand ab. Mit entblößtem Oberkörper

«steckte er in ein Fenster des Grabes[2]
Haupt und Schultern; den Rücken gab er hin.»

Ein treffendes Wort. Wohl zum ersten Mal in seinem Leben beugte sich der hochmütige Plantagenet einem fremden Willen und gab sich den Hieben preis. Jeder der anwesenden Bischöfe führte sieben Schläge aus. Dann schlugen nacheinander die Mönche zu, jeder dreimal. Es waren achtzig…

«Es war wie die Geißelung Christi», heißt es später. «Nur daß der eine für unsere Sünden, der andere für die eigenen gezüchtigt wurde.» Die Szene erschütterte alle Zeugen. «In der gesamten Geschichte der Christenheit», bemerkt Edward Grim, «ist kein Beispiel eines Fürsten bekannt, der sich selbst tiefer erniedrigt und demütiger Buße getan hätte.» Seine Buße sollte rasch zu einem Thema der Ikonographie und der Erbauung werden.

Denn dieser Moment stellte eine wahrhafte Umkehr dar. Der König von England heuchelte nicht.

«Er durchwachte die ganze Nacht im Gebet.»

Während die Mönche in der Kathedrale «Psalmen und Gebete» sangen, verharrte Heinrich betend am Grab seines einst so teuren Freundes, in dem er eines Tages einen erbitterten Todfeind gewähnt hatte. Er kniete mit blutenden Füßen auf dem nackten Boden und verweigerte Trost, Ruhe und Nahrung. Will man dem bestens informierten Guernes von Pont-Sainte-Maxence glauben, so störte nur eine Schwester des Märtyrers den Büßer und verlangte Gerechtigkeit für ihre Familie, die man beraubt hatte. Der König kam ihrer Forderung bereitwillig nach

«und gab ihr als Wiedergutmachung eine Mühle…»

Als der Chor der Mönche von Christchurch bei Tagesanbruch seine Lobgesänge anstimmte, verließ der König die Krypta und nahm an der Messe teil. Anschließend versah er sich mit einer der Phiolen, die mit Wasser vermischte Blutstropfen des Märtyrers enthielten und bei den Pilgern reißenden Absatz fanden. William Fitzstephen hat eine dieser Phiolen gesehen. Sie trug die Aufschrift: *Aqua Thomae sanguine mista*. Dann machte sich Heinrich Plantagenet auf den Weg nach London.

Einige Tage später erfuhr der König von England, daß Wilhelm der Löwe auf Burg Alnwick gefangengesetzt worden war. Ranulf von Glanville, Robert von Vaux und Roger von Estouteville hatten die glanzvolle Tat am 13. Juli vollbracht, zur gleichen Zeit, als der König, krank und verklärt, Canterbury verlassen hatte. Damit war der schottischen Invasion das Genick gebrochen. Einen Monat später bat Ludwig VII. um einen Waffenstillstand und erhielt ihn. Im Herbst söhnten sich Heinrich der Jüngere und seine Brüder schließlich mit ihrem schrecklichen Vater aus. Nur Eleonore winkte ein Zwangsaufenthalt, und der sollte zehn Jahre dauern...

Der Plantagenet lebte wieder in Frieden. Hatte Thomas Becket nicht seine inbrünstigen Gebete erhört und das Königreich gerettet? Bis zu seinem letzten Atemzug und trotz aller Widrigkeiten, Schicksalsschläge und Exzesse, in die ihn sein aufbrausendes Temperament noch stürzen sollte, bewahrte sich Heinrich tief in seinem Herzen eine lebhafte und süße Erinnerung an diese Geschichte einer Haßliebe, an

«Das Leben des heiligen Thomas von Canterbury,
der für seine Mutter Kirche als Märtyrer starb.»

Erster Lebensabschnitt

Der Dienst für den König

Kapitel I

Die ersten Schritte

«Von Englands Dörfern und Städten gilt London als der vortrefflichste und größte Ort. Nicht ohne Grund emigrierten zahlreiche Einwohner aus Rouen und Caen, den vornehmsten Orten der Normandie, in diese Stadt, als sie unter die Herrschaft der Normannen gefallen war. Sie erwählten sie zu ihrem Wohnsitz, weil sie für den Handel besser geeignet und gerüstet war als jene, die sie regelmäßig besuchten. Unter diesen Emigranten war auch ein gewisser Gilbert, der den Beinamen *Becchet* trug. Er stammte aus Rouen und stand wegen seiner Familie, seiner Tätigkeit, seiner Einkünfte und seines Vermögens in hohem Ansehen. Wenn er auch nur aus dem Bürgertum stammte, so war er doch von achtbarer Herkunft. Das ganze Streben dieses Mannes galt dem Handel. Er stand seinem Haus ehrenhaft vor, ganz wie es seiner Lebenweise entsprach. Er führte ein unbescholtenes Leben und hatte sich unter seinen Mitbürgern den Ruf eines ehrenwerten Mannes erworben. Seine Frau hieß Roesa. Gebürtig aus Caen, gehörte sie wie er dem Bürgertum an. Sie war eine wohlgestaltete Person, verdiente aber mehr Lob wegen ihrer Sitten. Sie führte ohne Tadel den Haushalt ihres Mannes und war ihm eine treu ergebene, gottesfürchtige Frau.»

So zeichnet der im allgemeinen gut informierte anonyme Chronist aus Lambeth das Milieu, in dem «Thomas von London», wie man ihn später nennen wird, heranwächst. Zahlreiche Zeitgenossen bestätigen dieses Bild, darunter Roger von Pontigny, Johannes von Salisbury und William Fitzstephen. Nur der Name der Gattin dürfte, wie durch die Chronisten der Zeit besser belegt, Mathilde gelautet haben.

An der normannischen Abstammung Gilberts besteht indes nicht der geringste Zweifel. Vermutlich hatten die Vorfahren dieses wohlhabenden Bürgers aus Rouen irgendwo in Caux, jener reichen Landschaft an der Kanalküste, Land besessen.[1] Seine Emigration lag noch nicht lange zurück. Zu Beginn des 12. Jahrhunderts gab es Gründe genug, die normannische Metropole zu verlassen. Mehrere Jahre lang hatten Hungersnöte gewütet und so zahlreiche Opfer gefordert, daß Wilhelm Gutseel, der Erzbischof von Rouen, schießlich guten Gewissens den kostbaren Schmuck vom Schrein des Stadtheiligen Romanus verkaufte, um die Bedürftigsten zu speisen. Im Jahre 1116 vernichtete eine furchtbare Feuersbrunst das Stadtzentrum und legte die hölzernen Häuser und Kirchen in Schutt und Asche. Drei Jahre später trat die Seine über die Ufer, überflutete die tiefer gelegenen Stadtteile und richtete «beträchtliche Schäden» an. Und zu all dem hatten ungewöhnliche Himmelserscheinungen die Bevölkerung in Angst und Schrecken versetzt...

Die positiven Gründe für Beckets Übersiedlung wird man wohl jenseits des Ärmelkanals suchen müssen. Seit dem Tod Wilhelms des Eroberers hatten unablässig innere Unruhen das anglo-normannische Reich erschüttert. Der kapriziöse Charakter von Robert Kurzhose, dem Herzog der Normandie, hatte daran maßgeblichen Anteil. Als sein Bruder Wilhelm II. Rufus (der Rote) im August 1100 bei einem Unglück ums Leben kam, machte er seinem jüngsten Bruder Heinrich Beauclerc die englische Krone streitig. Doch er unterschätzte die Geduld und Beharrlichkeit des neuen Königs. Am 28. September 1106 wurde er von Heinrich bei Tinchebray geschlagen. Robert blieb achtundzwanzig Jahre in Gefangenschaft und starb erst 1134 im Schloß Cardiff, ohne daß er je wieder von sich reden gemacht hätte. Mit dem Sieg beendete Heinrich Beauclerc alle Unstimmigkeiten. Vorbei war es mit dem lähmenden Klima der Unsicherheit, das Ordericus Vitalis mit folgenden Worten beschrieb: «Die gesamte Normandie ist gottlosen Plünderern ausgeliefert und leidet darunter, daß ihr ein fähiges Oberhaupt fehlt.»

Nichts fürchtet ein Kaufmann so sehr wie eine unsichere Zukunft und das Fehlen einer stabilen, unangefochtenen Obrigkeit. Die ungeteilte Herrschaft Heinrichs I. Beauclerc war fraglos eine Garantie für künftigen Wohlstand. Zudem hatte London im Europa jener Zeit eine privilegierte Stellung inne. Die Stadt schäumte über vor Lebenskraft und verfügte über einen Hafen, in dem die unterschiedlichsten Erzeugnisse umgeschlagen wurden. Dort drängten sich große flämische Schiffe, schwer beladen mit Wolle in Säcken oder Ballen, und Frachtkähne nahmen Zinnerz auf. Das unablässige Geschrei der Seeleute und Kalfaterer erfüllte die Kais. Und in der feuchten Luft vermengten sich die schweren Ausdünstungen des Bitumen mit den zartesten Düften des Orients zu einem undefinierbaren Gemisch. Dieser Reichtum fand später seinen literarischen Niederschlag im *Tristan* des Thomas d'Angleterre:

«London ist eine gar reiche Stadt,
Die Christenheit keine bessere hat...
Am Fuß ihrer Mauern die Themse strömt;
Darauf die Waren werden gebracht,
Und aus aller Herren Länder
Kommen die christlichen Händler...»

Kaufleute aus Rouen trieben dort schon lange Handel. Bereits seit vornormannischer Zeit exportierten sie Eingepökeltes, Tuche und Leder. Inzwischen galt London als die «virtuelle Hauptstadt des anglo-normannischen Königreiches», und die Verlockung, hier sein Glück zu versuchen, war um so größer, als die Stadt seit der Herrschaft Eduards des Bekenners außergewöhnliche Privilegien genoß. In Verwaltung und Rechtsprechung besaß die Stadt weitgehende Autonomie, was selbst Wilhelm der Eroberer in seinem politischen Kalkül hatte berücksichtigen müssen. Heinrich I. hatte ihr eine Freiheitscharta gegeben, und ihre Bürger wurden um den Titel «Stadtbarone» beneidet.

Man kann sich also ohne weiteres vorstellen, daß der ehrgeizige Gilbert Becket davon träumte, jenseits des Ärmelkanals Karriere zu machen. Er ließ sich im Westen der Stadt in Cheapside nieder, nahe der Markthalle für Kurzwaren an der Kathedrale St. Paul's. In diesem Viertel herrschte bereits das geschäftige Treiben, das sehr viel später den dichterischen Geist eines Chaucer beflügeln sollte.

Über die Geschäfte Gilbert Beckets ist zwar nichts Genaues bekannt – vermutlich handelte er mit unterschiedlichsten Waren, in erster Linie aber wohl mit Wein, Salz oder Fisch –, doch soviel scheint gesichert: Er brachte es in kurzer Zeit zu Wohlstand. Ganz im Geist einer Zeit, da die Schreiber dem Bürger mit Mißtrauen begegneten, rümpft der Anonymus von Lambeth über ihn die Nase. Andere Zeugen suchen seine Herkunft zu schönen. Als Thomas selbst das entsprechende Alter und die Stellung erreicht hat, in der man ohne adelige Vorfahren auskommt, macht er sich Juvenals Verachtung für Stammbäume zu eigen und meint selbstgefällig, er sei «lieber von adeligem Charakter als von degeneriertem Blute».

William Fitzstephen, einer seiner Vertrauten, schlägt dagegen einen Mittelweg ein. Nach ihm ist Thomas «der Sohn ehrenwerter Eltern … Sie gehörten der Mittelschicht an. Sie gingen weder dem Wuchergewerbe nach, noch trieben sie Schacher, sondern lebten ehrbar von ihren Einkünften.» Ein merkwürdiger Widerspruch, der vermuten läßt, daß die Familie sich offenbar genug bereichert hatte, um der Versuchung des Geldverleihs zu widerstehen. Diesen hatte die Kirche zwar streng verboten, doch der «Geschäftsadel», der den Handel recht bald aufgab, praktizierte ihn einhellig.

Gleichwohl versichert derselbe Zeuge, Gilbert habe «einige Zeit das Amt des Sheriffs von London *(et vicecomes aliquando Londoniae fuit)* innegehabt», eine Ehre, die man sich erst verdienen mußte und die obendrein eine solide finanzielle Basis verlangte. Als königlicher Beamter besaß der Sheriff weitreichende Befugnisse und hatte auf alles ein Auge. Als Steuereinnehmer, Richter und Verwaltungsbeamte im zivilen wie militärischen Bereich leisteten die Sheriffs in den Grafschaften allzu oft Gerüchten um Amtsmißbrauch und Pflichtvergessenheit Vorschub. In London, wo man stolz auf seine Freiheiten war, wurde der Sheriff gewählt. Außerdem hatte man seine Prärogativen geschickt beschnitten. Der König hatte ein Vorkaufsrecht auf die Waren, und dem Sheriff kam die Aufgabe zu, den Verkauf zu überwachen, während der Herrscher seine Wahl traf. Obwohl seiner Tätigkeit mehr oder weniger nur symbolische Bedeutung zukam, so besaß der Sheriff von London doch eine ansehnliche Stellung. Gilbert Becket hatte jedenfalls durch Geschick und

Kompetenz binnen kürzester Zeit das Vertrauen der «Barone von London» gewonnen...

Seine Gattin Mathilde schildert Roger von Pontigny als «achtbare Frau, die ihrer ehrenwerten Sitten, Gottgefälligkeit und standhaften Frömmigkeit wegen Bewunderung verdiente und mit Almosen nicht geizte». Dieses Zeugnis und das des Anonymus von Lambeth lassen sie als die «starke Frau» aus der Heiligen Schrift erscheinen, und es besteht kein Grund, dieses Bild anzuzweifeln.

Dagegen ist es an der Zeit, mit einer Legende aufzuräumen, die sich hartnäckig gehalten hat. Sie enstand Ende des 12. Jahrhunderts mit dem *Quadrilogus* des Mönchs Elias von Evesham, der 1220 anläßlich der Umbettung von Thomas Beckets Reliquien dem Erzbischof von Canterbury, Stephan Langton, gewidmet wurde. Nach diesem in vielerlei Hinsicht aufschlußreichen Werk soll Gilbert Becket als Pilger ins Heilige Land gezogen sein und eine konvertierte Muselmanin geehelicht haben. Im Rückgriff auf die Psychologie ging man sogar soweit, das aufbrausende Temperament des späteren Erzbischofs dieser vermeintlichen orientalischen Abstammung zuzuschreiben. Da diese These keiner noch so oberflächlichen Prüfung standhält, schenkten ihr moderne Historiker keinerlei Beachtung, übersahen dabei aber, daß die Andichtung einer solchen Herkunft ein ganz bestimmtes Denken widerspiegelte und typisch war für eine Zeit, in der sich die Vorstellungskraft ganz dem Osten zuwandte: Denn mit den Waren kam von dort auch die Kunde vom Glanz und Elend des Königreichs von Jerusalem in seiner frühen Blüte...

Im Laufe der Jahre wuchs die Familie Becket. Mathilde gebar drei Töchter und einen Sohn. Während die Geburt von Maria, Agnes und Roesia kein aufsehenerregendes Ereignis begleitete, war das bei Thomas anders. Die meisten Chronisten (allen voran William Fitzstephen, ein ernsthafter Kopf) berichten, daß Mathilde während ihrer Schwangerschaft «im Traume sah, daß sie die Kirche von Canterbury unter dem Herzen trug».[2] Wie auch immer, jedenfalls kam am Dienstag, dem 21. Dezember 1120,[3] in dem gemütlichen Haus in Cheapside ein Knabe zur Welt. Man taufte ihn auf der Stelle und gab ihm schlicht den Namen des Apostels, dessen Fest an diesem Tag begangen wurde.

Was man damals *mirabilia Dei* nannte, beschränkte sich nicht auf Mathildes verheißungsvollen Traum. Wie derselbe William Fitzstephen berichtet, soll die Hebamme, als sie das Neugeborene auf den Arm nahm, ausgerufen haben: «Da haben wir ja einen Erzbischof!»

Doch damit nicht genug. Eines Nachts träumte Mathilde, das Kind habe sich aufgedeckt. Das ganz alltägliche Ereignis hatte ungewöhnliche Folgen. Die Mutter rief sofort nach der Amme und warf ihr aufgebracht Unachtsamkeit und Nachlässigkeit vor. Pikiert entgegnete die Amme, der kleine Thomas liege in seinem Bett, warm eingewickelt in eine Decke von ganz besonderer Qualität. «Zeige sie mir!» rief Mathilde. Die Amme gehorchte. Sie legte eine prächtige Decke auf das Bett der Herrin und versuchte, sie auszubreiten. Vergeblich. «Sie ist zu groß», sagte sie. «Auf dem Bett läßt sie sich nicht ausbreiten.» «Dann geh in den großen Saal...» «Auch dort geht es nicht.»

Verblüfft befahl ihr Mathilde, ins Freie zu gehen und die Decke auf dem Platz auszubreiten, der zu dieser nächtlichen Stunde menschenleer war. Der Marktplatz von Smithfield sei es gewesen, berichtet Roger von Pontigny unter Berufung auf Thomas selbst. Die Amme gehorchte, mußte aber erneut feststellen, daß es unmöglich war. «Die Decke ist so groß», rief sie aus, «daß ich ihr Ende nicht zu sehen vermag. Mir scheint, daß sie sich über ganz England ausbreiten läßt, daß sie es bedeckt und noch darüber hinaus reicht...»

Auch Edward Grim berichtet von diesem Traum – für uns eine der durchaus üblichen Ausschmückungen, denen wir überall in der *Legenda aurea* begegnen. Der Mönch Roger von Pontigny würzt die Geschichte mit weiteren Details, hebt aber auf ihre tiefere Bedeutung ab, die der Mentalität des Menschen im 12. Jahrhundert entgegenkam, für uns heute jedoch kaum noch nachvollziehbar ist. «Wenn wir von diesen Dingen berichten, so nicht in der Absicht, die Geschichte eines großen Mannes auf den Visionen eines Weibes zu errichten. Aber darf man verschweigen, was alle Welt weiß, wovon sie unentwegt spricht und was sie für gewiß hält? Liegt es nicht in Gottes Macht, einer Mutter durch einen Traum die Zukunft ihrer Kinder zu offenbaren? Finden wir dafür nicht mehrere Beispiele in der Heiligen Schrift?»

Mit wenigen Zeilen versetzt uns Roger von Pontigny ins Innerste einer Gedankenwelt, mit der sich der Historiker auseinanderzusetzen hat. Die Worte des Zisterziensermönchs sagen mehr als lange Vorträge und sind ganz typisch für eine Zeit, in der die Dialektik triumphiert, der Unterricht sich im wesentlichen auf die berühmten *Quaestiones disputatae* gründet und man Texte gerne in ihrem Wortlaut, ihrem doktrinären Gehalt und ihrem «verborgenen Sinn» zu erfassen versucht. Nicht von ungefähr kommt Roger spontan ein Vergleich mit der Heiligen Schrift in den Sinn. In der mittelalterlichen Bibelauslegung erfaßte man eine Gedankenwelt in ihrer Gesamtheit und unterschied dabei nicht zwischen der *ratio litteralis* und der *ratio mystica*. Durch die «mystische Bedeutung der Dinge», an der einem Hrabanus Maurus gelegen war, strebte man nach dem harmonischen Zusammenhalt des Ganzen, zu dem in unserem Jahrhundert nur noch Paul Claudel vorstieß. *Per visibilia ad invisibilia.*

Wenn man die allzu phantastischen Episoden ausklammert, in denen sich Thomas Beckets erste Biographen überbieten, so bleibt fast nichts, was wir über seine Kindheit wissen. Eines ist jedoch gewiß: Mathilde bemühte sich, ihren Sohn mit den Kardinaltugenden auszustatten, die den «Ehrenmann» der damaligen Zeit auszeichneten. Zudem weckte sie in ihm einen tiefen, durch das Gebet gefestigten Glauben, hielt ihn zur Heiligenverehrung an und lehrte ihn vor allem die Liebe zur Muttergottes, die «in der Frömmigkeit und Theologie einen immer größeren Raum einnahm ... und andere Äußerungen der Volksfrömmigkeit schließlich bis zu einem gewissen Maß verdrängte, insbesondere durch die unglaubliche Zahl von Kirchen und Sanktuarien, die ihr geweiht wurden – von Kathedralen und Zisterzienserabteien bis hin zu den kleinsten Kapellen in Feld, Wald und Flur». Es war die Zeit, in der das höfische Ideal aufblühte und sich das begeisterte Wort des Bernhard von Clairvaux für die «königliche Jungfrau» verbreitete, für die Muttergottes, «die in einem Maße die Blicke der Himmelsbewohner auf sich lenkte, daß selbst der König ihr das Herz zuwandte und ein himmlischer Bote zu ihr entsandt wurde...»

Diese frühe Erziehung Thomas Beckets war jedoch keineswegs wirklichkeitsfremd. Sie umfaßte einige solide Grundsätze häuslicher Sparsamkeit und die Einsicht, daß Geben seliger denn Nehmen sei. So konfrontierte man ihn, den Sohn wohlhabender Bürger, schon sehr früh mit dem Elend und schärfte ihm die Gebote wahrer Nächstenliebe ein. Roger von Pontigny, der, wie wir gesehen haben, nicht im Vordergründigen stecken bleibt, schildert Mathilde als eine Mutter, die ihr Kind mit Freude heranwachsen sieht und dazu anhält, Brot, Fleisch und Kleidung in gerechten Teilen an die Armen auszugeben, «um den göttlichen Schutz und den Beistand der heiligen Jungfrau auf ihren geliebten Sohn herabzurufen». Thomas sollte ihre Lehren niemals vergessen.

Wilhelm von Canterbury zeichnet von dem Knaben ein reizendes Porträt. «Seine Worte waren voller Unschuld und Liebreiz. Er war von schlankem Wuchs und anmutigem Äußeren. Gute Beispiele ahmte er gelehrig nach. Er zeigte schon vor der Zeit Klugheit und vereinte den Charme der Jugend mit der Ernsthaftigkeit des Mannesalters.» Berücksichtigt man das Konventionelle der abschließenden Bemerkung, so ist man versucht, in Thomas ein Kind wie jedes andere zu sehen. Nur bewies Thomas in der Tat schon sehr früh eine ungewöhnliche Intelligenz. Johannes von Salisbury, der ganz gewiß nicht dazu neigt, die Qualitäten anderer unkritisch zu bewundern, hat in aller Nüchternheit auf das unfehlbare Gedächtnis und den regen Geist des kleinen Becket hingewiesen – Eigenschaften, die sich ungebrochen auch bei dem gereiften Mann wiederfinden sollten, bei einem Knaben in so jungen Jahren indes erstaunen mußten.

Sicherlich veranlaßte diese offenkundige Begabung Gilbert Becket, seinen Sohn vertrauensvoll zu Robert, dem Prior von Merton, zu geben. Merton war ein Kolleg von Augustinerchorherren, das etwa zehn Jahre zuvor in Surrey, keine drei Meilen südwestlich der Stadt, gegründet worden war. Die besten Familien waren auf die neue Niederlassung aufmerksam geworden und übertrugen ihr die erste Ausbildung ihrer Kinder. In der ländlichen und beschaulichen Atmosphäre dieses Kollegs wurde Thomas in den «Grundlagen» unterwiesen, lernte Lesen, Schreiben und Rechnen. Damit trat er gewissermaßen ins Geistesleben.

Doch der Knabe verwandte seine Zeit beileibe nicht nur darauf, Lektionen zu repetieren oder Gedichte auswendig zu lernen. Wie alle Schüler von Merton verließ er gerne das Priorat und durchstreifte die Wälder und Ebenen in der Umgebung. Und er erkundete London. Obwohl der König das ruhigere Winchester bevorzugte und sich aus der Metropole etwas zurückgezogen hatte, füllte sich London wie alle Städte des Abendlands täglich mehr mit Neuankömmlingen und Reichtümern und wuchs über seine Mauern und Gräben hinaus. Die Stadt lag am linken Ufer der Themse, und ihre langen, von sechs Toren durchbrochenen Mauern verliefen von Baynard's Castle bis zum White Tower, jenem weißen Turm, den Wilhelm der Eroberer mit Steinen aus Caen hatte errichten lassen, um die Stadt an der Ostseite zu schützen. In Cheapside, dem Viertel der Beckets, gab es Kirchen und Märkte zuhauf. Auf den Straßen herrschte ein reges Treiben, das um so lebhafter wurde, je näher man der Thames Street und den Anlegebrücken kam. In den Vororten strebten schmucke Wohnhäuser empor, ein untrügliches Zeichen des Wohlstandes. Durch das Aldergate im Norden gelangte man mühelos zum nahegelegenen Priorat St. Bartholomew, und von dort zum Hospital St. John-of-Jerusalem oder zum Priorat St. Mary's. Durch das Ludgate im Westen erreichte man das königliche Viertel Westminster und die berühmte Abtei mit dem Grabmahl Eduards des Bekenners. Das Getriebe der Stadt war ganz dazu angetan, die Neugierde eines Heranwachsenden zu wecken. Selbst William Fitzstephen gibt seinen sonst so trockenen Stil auf und schlägt mit einem Mal lyrische Töne an, wenn er darauf zu sprechen kommt. In dieser Stadt kam jeder auf seine Kosten. Um die Kathedrale St. Paul's oder Great St. Martin's konnte man Gelehrten lauschen, die endlose Debatten über Grammatik und Rhetorik, über das Abfassen von Epigrammen oder Versen führten. In den öffentlichen Wirtsstuben an der Themse aß man gebratenen Rehbock, Schwanengans oder Stör. Liebhaber von Rassepferden konnten einmal die Woche zum Rennen gehen. Freilich mußten sie sich zuerst einen

Weg durch die Herden der Kühe und Schweine bahnen, die vom Land in die Stadt getrieben wurden. In der Karnevalszeit wurden auf den Schulhöfen Hahnenkämpfe veranstaltet. Die Abende vertrieb man sich mit ausgelassenen Ballspielen, und in der Fastenzeit widmete man sich diversen Gesellschaftsspielen. An Ostern konnte man sein Glück bei Turnieren auf der Themse versuchen, die viele Zuschauer ans Ufer lockten. Im Sommer übte man sich im Ringkampf, im Speerwurf oder gab sich einem Wurfspiel hin, bei dem man Steine in einer Tonne versenkte. Im Winter zog es die Wagemutigsten in die vereisten Sümpfe im Norden der Stadt, andere bevorzugten das ungefährlichere Vergnügen, Hundemeuten bei ihrer erbarmungslosen Jagd nach einem Ferkel zu beobachten…

Ohne Zweifel nahm der junge Thomas begeistert an der einen oder anderen dieser Genreszenen teil, zumindest als aufmerksamer Beobachter. Ebenso wahrscheinlich ist, daß er sich auch am Hafen von Dowgate herumtrieb, wo seit Jahrhunderten die Waren aus Rouen umgeschlagen wurden. Zwischen den Werftanlagen und Lagerhallen mit ihren aufregenden Gerüchen bot sich dem Betrachter ein unerschöpfliches Spektakel, das die Herzen all derer höher schlagen ließ, die sich für einen Moment dem Traum von fernen Abenteuern hingaben.

Es gab auch naheliegendere. Die Hetzjagd – zu jener Zeit Vergnügen und Notwendigkeit zugleich – war ein beliebter Zeitvertreib der Londoner Bürger, die das Privileg genossen, in Middlesex, Hertfordshire und einem Teil der Grafschaft Kent zu jagen. Daß Thomas in den endlos langen Ferien, die man als Schüler damals hatte, ausgiebig an Jagden teilnahm, ist bei allen Chronisten belegt. In gestrecktem Galopp durch das taufeuchte oder bereifte Land zu sprengen und Wölfen oder Füchsen nachzustellen, das atmete den Geruch des Abenteuers und dürfte für einen kräftigen, lebenslustigen Burschen wie Thomas Becket ein berauschendes Erlebnis gewesen sein.

Vor allem aber begeisterte sich Thomas für die Falkenjagd. Richer von L'Aigle, ein Freund seines Vaters, hatte ihn darin schon sehr früh unterwiesen, wie übrigens auch im Umgang mit Waffen. Richer, ein Mann von Format, nannte fünfunddreißig Ritterlehen in Sussex und bedeutende Besitzungen auf dem Kontinent sein eigen. Neben einem Wald bei L'Aigle besaß er Güter in der Umgebung von Rugles und Conches sowie die Lehensherrschaft über Clasville in der Landschaft Caux. Der reiche Standesherr war Thomas' natürlichem Charme erlegen und hatte mit ihm Freundschaft geschlossen. Wie uns Edward Grim berichtet, nahm er ihn während der langen Sommerferien oft bei sich auf.

Die neu aus dem Orient eingeführte Falknerei war ein typisch aristokratisches Vergnügen. Sie galt als eine Kunst. Kaiser Friedrich II. von Sizilien widmete ihr im folgenden Jahrhundert seine berühmte Abhandlung *De arte venandi cum avibus,* und später scheute sich auch ein so universal gebildeter Geist wie Albertus Magnus nicht, ein Traktat mit dem Titel *De falconibus* zu veröffentlichen. Tatsächlich verlangte diese komplexe Wissenschaft ein gehöriges Maß an Zeit, Geschicklichkeit und Geduld. Richer von L'Aigle brachte Thomas in mühseliger Kleinarbeit bei, wie man einen Falken aufstöbert und abrichtet. Dazu befestigt der Falkner zunächst ein Glöckchen am Fuß des Vogels und stülpt ihm eine Haube über den Kopf, dann schneidet er ihm die Krallen und richtet ihn darauf ab, zunächst auf der Stange, später auf der Faust zu sitzen. Mit äußerster Vorsicht kann er nun darangehen, die Kappe zu entfernen, damit sich die Augen des Falken wieder an das Tageslicht gewöhnen. Dann reizt er ihn mit einem Stück frischem Fleisch, gewöhnt ihn an seine Stimme, seinen Pfiff und jede kleine Geste. Ist das vollbracht, setzt er ihn, immer noch an der Dressurleine, auf einen Köder an, ein Stück Tuch mit leuchtenden Farben oder ein Hasenfell. Dann bringt er ihm bei, auf die Faust zurückzukehren. Wie viele Monate zäher und geduldiger Arbeit sind erforderlich, bis sich zwischen dem Jagdfalken und seinem Herren allmählich ein Zusammenspiel einstellt! Welche Freude, wenn sich der Vogel das erste Mal ohne Leine vom Lederhandschuh in die Lüfte schwingt! Wenn er sich auf die Beute stürzt, dem Tier die Krallen in den Leib schlägt, es festhält und so lange sitzen bleibt, bis der Herr kommt, die Beute an sich nimmt und ihn auf die Faust zurückruft. Welch ein Erfolgserlebnis! Welch berauschender Augenblick! Kein Vergnügen für Bauerntölpel. Nichts ist «schöner als ein solches Jagdzubehör», nichts von subtilerem erzieherischem Wert. Und Thomas war ein glänzender Schüler...

All diese Unternehmungen brachten auch Gefahren mit sich. Roger von Pontigny, dem Thomas in Mußestunden aus seiner Jugend erzählte, berichtet von einem Abenteuer, das um ein Haar ein böses Ende genommen hätte. Einmal, bei einem gemeinsamen Ausritt, gelangten Thomas und Richer von L'Aigle an einen reißenden Fluß, der nur über eine Holzbrücke zu passieren war. Sie war schmal, morsch und augenscheinlich nur für Fußgänger gedacht. Ein Stück stromabwärts drehte sich das Rad einer Mühle. Richer erkannte die Gefahr und ritt auf seinem Pferd voraus. Die Brücke hielt stand. Thomas folgte ihm. Mitten auf der Brücke scheute sein Pferd und warf ihn aus dem Sattel. Er stürzte in den Fluß, die Strömung riß ihn fort. Richer rief ihm vom Ufer aus Warnungen zu und versuchte, die Umgebung zu alarmieren. Sein Gefährte kämpfte vergeblich gegen das reißende Wasser an. Unaufhaltsam trieb es ihn auf das drehende Mühlrad zu. Im allerletzten Augenblick, als Thomas schon glaubte, die Schaufeln des Rades würden ihn erfassen und zermalmen, schloß der Müller die Schütze. Wie uns überliefert ist, soll er völlig ahnungslos gewesen sein, was sich draußen abspielte. Durch Richers Rufen aufmerksam geworden, stürzte er aus der Mühle. Sofort erfaßte er die Lage. Er eilte Thomas zu Hilfe und zog ihn mehr tot als lebendig ans Ufer. Der brave Mann war noch lange fassungslos. Jeder, vor allem auch Mathilde, sah in der wundersamen Rettung einen Fingerzeig Gottes.

Bald zeigte sich, daß der Unterricht im Priorat Merton einem Schüler, der so offensichtlich begabt war wie Thomas, nicht genügen konnte. London war damals keine Hochburg der Bildung, Oxford ebensowenig. Als etablierter Bürger seiner Stadt war es sich Gilbert Becket deshalb schuldig, seinen Sohn ohne Rücksicht auf die Kosten in die geistige Hauptstadt Europas zu schikken, wo er sich auszeichnen konnte. Dieses «neue Athen» war Paris. Und Frankreich galt innerhalb einer Christenheit, die von politischen und religiösen Streitigkeiten zerrissen war, als die «stille Heimat der freien und spekulativen Forschung».

Bis dahin hatte sich Paris, die Stadt auf der *Ile de la Cité,* lange gegen die Außenwelt abgeschottet, um die unsicheren Zeiten unbeschadet zu überdauern. Inmitten der «süßesten und höflichsten Nation» gelegen, war es aber auch schon das «Paradies der Lüste», das Alexander Neckam später besingen sollte. Eine neue Jugend brachte Leben in die Stadt. Auf dem rechten Flußufer, am Fuße der Kirche Saint-Gervais und nahe dem Kiesstrand, wo die Schiffe anlegten und sich die Waren türmten, entfaltete sich allmählich das Viertel, in dem in großem Stil Handel getrieben wurde. Die Stadt blieb die Domäne von König und Bischof, doch am Fuß der Kathedrale, wo geduckt das Kloster Notre-Dame lag, lärmte eine bunte Menge von Scholaren.

Auch in Paris schien alles aus den Nähten platzen zu wollen. Überquerte man den *Petit-Pont,* die hölzerne Verbindungsbrücke zwischen der Insel und dem linken Ufer der Seine, so gelangte man in jenes Viertel, das seit kurzem das Herz der Studentenwelt war. Der Name dieses *Quartier latin,* des «lateinischen Viertels», hat sich bis in unsere Tage erhalten. Angelockt vom glanzvollen intellektuellen Ruf der Stadt hatten Lehrmeister und Schüler das große Areal, das sich jenseits der Kirchen Saint-Julien und Saint-Séverin bis zur Abtei Sainte-Geneviève erstreckte, buchstäblich «kolonisiert». Die berühmten Weinreben der Abtei hatte man schamlos abgeholzt, um Platz zu schaffen für die Angehörigen dieser kleinen kosmopolitischen Welt, die einen ganz beträchtlichen Teil der Pariser Bevölkerung ausmachte. Außer dem Kloster Notre-Dame und der Abtei auf dem Hügel Sainte-Geneviève nahm auch das etwas weiter östlich, nahe dem Seine-Ufer, gelegene Kloster Saint-Victor einen Aufschwung. Drei Jahrzehnte zuvor waren die Studenten scharenweise dorthin geströmt, um dem Unterricht des berühmten Wilhelm von Champeaux beizuwohnen. Wilhelm war der begabteste Lehrmeister der Dialektik zu Beginn des 12. Jahrhunderts.

In Europa herrschte begeisterte Aufbruchstimmung, und das Denken ging neue Wege. In dieser Zeit, in der die theologische Forschung die brillantesten Köpfe fesselte, lieferte die wiederentdeckte aristotelische Dialektik ein neues Betätigungsfeld und eine neuartige Methode des metaphysischen Denkens. Dieser «Einzug der Logik in die Betrachtung der Offenbarung» hatte sich bereits in den Untersuchungen Anselms von Canterbury, eines der hervorragenden Gelehrten der Kirche im Mittelalter, vollzogen. War Anselms doktrinäres Werk noch in der Abgeschiedenheit eines Studierzimmers entstanden, so kam die Kunst des Denkens nach seinem Tod im Jahre 1109 gleichsam unters Volk. «Von nun an», bemerkt Jacques Paul treffend, «muß man sich mit ihr befaßt haben, wenn man sich bedeutenden Gegenständen zuwendet und den Ehrgeiz hat, gehört zu werden. Wer den Widerspruchsgeistern standhalten will, muß sie beherrschen, wer einen lange gereiften Gedanken in der richtigen Form ausdrücken will, muß sich ihrer unerschütterlich bedienen.» Die bedeutenden Lehrmeister waren regelrechte Zugnummern im Bildungsangebot, und die Studenten, damals erstaunlich mobil, rannten den renommiertesten förmlich die Türen der Hörsäle ein. Waren Laon und Chartres lange Zeit die glanzvollen Zentren des Geisteslebens gewesen, so stieg gegen Mitte des Jahrhunderts Paris zum unbestrittenen intellektuellen Mittelpunkt des Abendlandes auf.

Diese Stellung verdankte die Stadt zu einem Großteil dem furoremachenden Genie des Peter Abälard. Wie hinlänglich bekannt ist, war diesem einzigartigen Lehrmeister ein turbulentes Leben beschieden. Als Schüler von Johannes Roscelin in Loches und Wilhelm von Champeaux in Paris lehrte Abälard zunächst in Melun und Corbeil. Anschließend schloß er sich wieder seinem Lehrer Wilhelm von Champeaux an, den er später im berühmten Universalienstreit mit beißendem Spott überschütten sollte. Nach kurzer Lehrtägigkeit in Paris kehrte er vermutlich wieder nach Melun zurück, im Schlepptau eine Schar von Studenten, die nach neuer Erkenntnis dürsteten. Als er sich wenig später abermals im *Quartier latin* niederließ, lockte sein Ruf Studenten aus Deutschland, Flandern, England, Spanien, der Bretagne, dem Poitou, der Gascogne und der Normandie nach Paris.

In dieser Zeit ließ er sich durch die Reize und die Intelligenz einer jungen Schülerin namens Héloïse betören. Bald darauf wurde Héloïse schwanger. Während sie in der Bretagne niederkam, führte der Onkel des verführten Opfers gegen Abälard einen Rachefeldzug und ließ ihn durch seine Häscher entmannen. Zu allem Unglück mußte der berühmteste Denker seiner Zeit miterleben, wie mehrere seiner Lehren als Irrtümer verurteilt wurden. Er suchte seine Verzweiflung in einem Kloster zu vergessen, doch seine Schüler spürten ihn auf und zwangen ihn zur Rückkehr auf den Hügel Sainte-Geneviève...

Genau an diesem Punkt seines bewegten Lebens lernte ihn Johannes von Salisbury kennen. Johannes war 1136, nur einige Monate vor Thomas Becket, aus England nach Paris gekommen, um dort seine Studien zu vollenden. Abälard, der mittlerweile auf die sechzig zuging, war der Verfasser eines ebenso berühmten wie umstrittenen Werkes. Und auch an seiner Persönlichkeit schieden sich die Geister. Aber noch war er im Vollbesitz seiner geistigen Kräfte und hatte großen Erfolg. Johannes, der spätere Bischof von Chartres, geriet in den Bann dieses Mannes, der seine Wissenschaft meisterhaft beherrschte und «damals als berühmter und allseits bewunderter Doktor auf dem Hügel Sainte-Geneviève thronte. Dort zu seinen Füßen», fährt der Bewunderer fort, «empfing ich die Grundlagen der dialektischen Kunst und nahm, soweit es meine bescheidenen Verstandeskräfte zuließen, mit gieriger Seele alles in mich auf, was aus seinem Munde kam.»

Sehr viele Jahre später überkam Johannes von Salisbury, inzwischen mit Thomas Becket befreundet, erneut das Staunen, wie schon bei seinem ersten und entscheidenden Aufenthalt in Paris. «Ich habe einen Umweg über Paris gemacht. Als ich den Überfluß an Lebensmitteln, die Heiterkeit der Menschen, das Ansehen, welches die Geistlichkeit genießt, die Herrlichkeit und den Ruhm der Kirche insgesamt und die rege Tätigkeit der Philosophen sah, da meinte ich in meiner Bewunderung die Jakobsleiter zu erblikken, deren Spitze an den Himmel stößt und auf der die Engel hinauf- und herabstiegen. Verzückt von dieser glücklichen Wallfahrt mußte ich bekennen: Der Herr war hier, und ich wußte es nicht...» Noch Jahrzehnte später schreibt Guy von Bazoches überwältigt einem Freund: «Ich befinde mich in Paris, in einer königlichen Stadt, die dank der Fülle ihrer natürlichen Gaben nicht nur ihre Gäste hier festhält, sondern auch Menschen aus der Ferne lockt und die Neugier der Abwesenden erregt...»

Freilich gab es auch Nörgler, die meinten, um die hitzigen Debatten über Thesen und Hypothesen, Obersatz und Untersatz,

Antezedens und Konsequenz werde zuviel Wind gemacht. Zumal dieser Wind gefährlich nach Neuerung roch. So prangerte noch im nachfolgenden Jahrhundert ein gewisser Stephan von Tournai, der als Abt von Sainte-Geneviève die Luft im *Quartier latin* zur Genüge geschnuppert hatte, unverhohlen die theologischen Diskussionen an, die damals mehr denn je in Mode waren. «Unter Verletzung der heiligen Konstitutionen diskutiert man öffentlich über die göttlichen Mysterien, die Fleischwerdung des Wortes … Die unteilbare Dreieinigkeit wird an den Straßenecken in Stücke geschnitten! So viele Doktoren, so viele Irrtümer; so viele Individuen, so viele Skandale; so viele öffentliche Plätze, so viele Gotteslästerungen! Die Pariser Gelehrten sind Krämer des Wortes!»

Der geistige Mittelpunkt Europas eine Heimstatt für «Krämer des Wortes»? Oder der Ort, wo die «Jakobsleiter» stand? Eine Frage, über die sich wohl viele Christen den Kopf zerbrachen in einem Jahrhundert, in dem die Dialektik ihren Siegeszug antrat. Im ewigen Streit um Altes und Neues müssen sich auch die schon blank polierten Kiesel gegen die Brandungswogen des Widerspruchs behaupten… «Gott ist dort, wo die Freiheit liegt.»

Thomas Becket sollte nicht anders denken. Und der junge Londoner stürzte sich begeistert in diese brodelnde Welt des Geistes. Über die äußeren Umstände seines Aufenthaltes wissen wir nichts. Doch zweifellos hatte er die Absicht, die normalen Etappen eines Studenten zu durchlaufen, der Anwärter auf die *licencia docendi* war oder eine Stellung in der kirchlichen Hierarchie oder einen Posten in der königlichen Verwaltung anstrebte. Letztere war in Frankreich erst noch im Entstehen begriffen, in England dagegen schon gut entwickelt.

Thomas ließ sich unverzüglich in die Geheimnisse der freien Künste einweihen, die damals die Grundpfeiler der Bildung darstellten. Das *Trivium* bestand aus dem Studium der Grammatik und der Literatur, der Rhetorik und der Dialektik. Die Dialektik, Kunst des Denkens und «Ehre des Menschen», hatte Berengar von Tours schon ein Jahrhundert zuvor bis zum Exzeß zelebriert. Das *Quadrivium* umfaßte all das, was man sehr viel später törichterweise «die Künste zum angenehmen Zeitvertreib» nannte: Geometrie, Musik, Arithmetik und Astronomie. Alle vier Disziplinen erachtete man damals als unerläßlich für das Verständnis der kosmischen Harmonie.

Angesichts seiner späteren Entwicklung darf man davon ausgehen, daß Thomas die herben Früchte der Wissenschaft in dem Maße mit Wonne gekostet hat, wie sie einen überaus scharfen Verstand wie den seinen herauszufordern vermochten. So wälzte er wohl die Abhandlungen des Priscianus, die *Ars minor* und die *Ars major* des Donat, die Schriften des Porphyrios, das *Organon* des Aristoteles, Ciceros *Topic* und *De inventione* und anderes mehr. In jedem Fall galt das unantastbare Prinzip, daß die Praxis nützlicher sei als die Theorie. Man kann sich unschwer vorstellen, daß dieser begabte Student Ovid, Vergil, Lucanus oder Platon verschlang. Was wissenschaftliche Gegenstände angeht, so saß er im Verlauf seiner Studienzeit vermutlich mit Begeisterung oder Abscheu über dem *Poeticon astronomicum* des Hyginus, den Schriften und Handtafeln des Ptolemäus oder der *De natura rerum* des Isidor von Sevilla, über der *Introductio harmonica* des Euklid und der *Disciplina artis musicae* des Guido von Arezzo (der sich mit der Einführung des neuen Notenliniensystems ein Denkmal gesetzt hatte), und vielleicht las er auch Boethius und Hucbald von Saint-Amand. Er übte sich leidenschaftlich in der Beweisführung sowie im Umgang mit der philosophischen Terminologie, wandte die aristotelische Kategorienlehre an und wußte scharfsinnig die Essenz von der Akzidenz zu unterscheiden oder nach allen Regeln der Kunst einen Syllogismus zu erstellen. Seit dem Ausgang der Antike und den wirklich erneuernden Anstößen durch Cassianus und Cassiodorus hatte sich das Studienprogramm im wesentlichen zwar kaum verändert, jedoch eine einheitliche Ausrichtung und eine neue Dimension erhalten, in der gewaltige Möglichkeiten schlummerten.

Da es zu der Zeit noch keine Statuten einer Universität Paris gab, lebten die Studenten in einem Zustand, den man heute als «informell» bezeichnen würde. Und das hatte, gelinde ausgedrückt, auch seine Nachteile. Wohl waren die Studenten nach «Nationen» zusammengefaßt (später gab es vier offiziell anerkannte: Frankreich, Normandie, Picardie und England, was einiges über den Zustrom von Studenten von jenseits des Kanals aussagt), doch mußten sie sich in einer Stadt zurechtfinden, die dem Ansturm solcher Massen eigentlich nicht gewachsen war.

Nach dem Zeugnis des Johannes von Salisbury waren die Mieten selbst für bescheidene Unterkünfte unerschwinglich hoch. Zudem mußten sie für ein ganzes Jahr im voraus entrichtet werden. Gut möglich, daß Thomas, als Sohn aus wohlhabendem Haus, eine annehmbare Bleibe fand. Um 1180 beschreibt der Milchbruder von Richard Löwenherz das Zimmer eines privilegierten Studenten. Es handelte sich um «eine Kammer ohne Kamin, deren Wände mit einer Art Teppich bespannt waren. Er war aus bemaltem Tuch, das die Kälte und die Feuchtigkeit milderte. In einer Ecke des Raumes standen ein Bett, eine kleine Kommode und ein Hocker, in einer anderen ein kleiner Tisch, an dem studiert und gegessen wurde, ein Stuhl oder zwei Bänke. Einige Tierfelle auf dem Boden dienten als Teppich.» Das Bettzeug mußte sich der Mieter selbst beschaffen: Matratze, Kissen, Leintücher und Decken. Es ist bekannt, daß am Ende der sechziger Jahre des zwölften Jahrhunderts die Wäscheausstattung eines Studenten – nach einer gewaltigen Preissteigerung allerdings – die beachtliche Summe von zwanzig Sous kostete... Thomas selbst hatte zwar ein gutes Auskommen, doch er wußte auch um die Sorgen der anderen. Die meisten seiner Mitschüler in Paris liefen sich auf der Suche nach einer Bleibe oder einer Nebentätigkeit die Hacken ab. Für viele der fahrenden Gelehrten, die unablässig von einer Schule zur anderen zogen, wurde das Studentenleben zu einer Falle des Lasters. Im *Quartier latin* gab es üble Spelunken, die mit Spiel, Wein und Frauen lockten.

Die Zügellosigkeit der Sitten ging so weit, daß sich ein – möglicherweise böswilliger – Zeitzeuge veranlaßt sah, dieses Milieu, in dem Magistri und Dirnen unter einem gemeinsamen Dach lebten, vor der Nachwelt anzuprangern. An derlei Berichten über den Sittenverfall halten wir allerdings nur eine kleine – vermutlich frei erfundene – Geschichte für erzählenswert, die das Pariser Studentenleben Thomas Beckets illustriert. Nach einer sehr spät in Island entstandenen Sage soll dieser arg in Verlegenheit geraten sein, als er sich bei einer der an Schulen üblichen Mutproben öffentlich in einem handgefertigten Gewand zeigen sollte, das sich jeder ordentliche Student, der das Brauchtum hochhielt, von seinem Liebchen schenken ließ. Ratlos betete Thomas zur heiligen Jungfrau und ging dann auf sein Zimmer, wo er in einem Kästchen aus kunstvoll ziseliertem Elfenbein sorgfältig zusammengelegt einen kompletten Satz Pontifikalgewänder vorfand. Ein hübscher Einfall, und nicht der einzige…

Über seine Lehrer, seine Interessen und Freunde schweigen sich unsere Quellen beharrlich aus. Einigermaßen belegt ist lediglich seine Verbindung zu Johannes von Salisbury, der die Schulen in jenen Jahren besuchte. Und gewiß hat Thomas auch die Prominenz der geistigen Hauptstadt Europas zu Gesicht bekommen: Vielleicht hörte er bei Wilhelm von Conches, bei Peter von Hélie, bei dem aus England stammenden Robert von Melun, einem erklärten Gegner Abälards, oder bei dem großen und inzwischen ergrauten Hugo von Sankt Viktor.

Vielleicht nahm er sogar am Unterricht des Abälard teil. Der beliebteste Gelehrte seiner Generation schrieb damals gerade an den Fragmenten seines *Dialogus inter philosophum, judeum et christianum*. Dieses Traktat enthält den berühmten Satz, der die Quintessenz seines Denkens umreißt und sein wichtigstes Anliegen aufscheinen läßt: «Dies ist das höchste Gut des Philosophen: Die Wahrheit durch die Vernunft suchen und sich in allen Dingen nicht von der Meinung der Menschen, sondern vom Verstand leiten lassen.» Einige Monate später wurde das theologische Werk des Abälard vom Konzil zu Sens verurteilt. Der rätselhafteste Geist des Jahrhunderts hatte damals nur noch drei Jahre zu leben.

Zur gleichen Zeit entstand jenseits der Alpen ein Werk von geringerer Originalität, jedoch von durchschlagender Wirkung. Gratian, Mönch von St. Felix und Naborius und Rechtsprofessor zu Bologna, arbeitete an seiner Schrift *Concordia discordantium canonum*. Diese gigantische Quellensammlung mit über tausend Zitaten von Kirchenvätern wie Augustinus, Ambrosius von Mailand, Origines und Hieronymus war das Ergebnis einer nie dagewesenen Bemühung, die Heilige Schrift aus der Tradition heraus zu erklären. Das später schlicht *Decretum Gratiani* genannte Werk fand in rasantem Tempo Verbreitung in der gesamten Kirche, errang rasch normativen Wert und sollte auf Jahrhunderte hinaus ein Nachschlagewerk von höchster Autorität bleiben. Thomas, der die Arbeiten des Gelehrten in Bologna zu diesem Zeitpunkt noch nicht kannte, wird sich möglicherweise mehr mit der *Auctoritas patrum* befaßt haben als mit dem Werk des Abälard...

Gewiß ist dagegen, daß der junge Mann seine weiterführenden Studien nicht abgeschlossen hat. Als etwa Zwanzigjähriger hielt er sich wieder in London auf und erlebte dort den Tod der Mutter. Das väterliche Vermögen war inzwischen stark zusammengeschmolzen. Für Thomas, den vornehmen Londoner Bürger mit Pariser Erfahrungen, brachen unsichere Zeiten an.

Kapitel II

Thomas von London

Als Thomas an der englischen Küste landete, stand das Königreich wegen innerer Unruhen und dynastischer Streitigkeiten am Rande des Chaos. Schon nach wenigen Jahren glich das politische Erbe Wilhelms des Eroberers einem Scherbenhaufen.

Wilhelm hatte zu beiden Seiten des Ärmelkanals ein mächtiges und weitgehend befriedetes Reich hinterlassen. In nur zwei Jahrzehnten Regentschaft war es ihm gelungen, in England die Sitten und Bräuche des Kontinents durchzusetzen. Freilich hatte er dazu Zentralgewalt und Verwaltung straff durchorganisieren müssen. Das Symbol dieser Neuerung ist nach wie vor das *Domesday Book,* jene erste statistische Erhebung der europäischen Geschichte, die in der vielschichtigen, auf ihre Partikularinteressen bedachten Bevölkerung Entsetzen ausgelöst hatte. Die wirre Staatsführung seines Sohnes Wilhelm Rufus (der Rote) fügte diesem Erbe keinen ernsthaften Schaden zu. Als er bei einem Jagdunfall ums Leben kam, wurde schon drei Tage später sein Bruder Heinrich I. Beauclerc gekrönt. Heinrich I. war in England geboren, ein glühender Patriot und ein Mann mit außergewöhnlichen Fähigkeiten. Wie bereits gesehen, entledigte er sich in der Schlacht von Tinchebray seines Bruders Robert Kurzhose, der kein ernstzunehmender Widersacher war und dessen im Kreuzzug erworbenes Prestige einen offensichtlichen Mangel an politischem Sachverstand kaum verbergen konnte. Dreißig Jahre lang hielt Heinrich seine kontinentalen Besitzungen zusammen und verteidigte sie erfolgreich gegen den französischen König Ludwig VI., den Dicken, der die Krondomäne mit eisernem Willen auf seine Kosten ausdehnen wollte. Im August 1119 überrannte Heinrich die disziplinlosen Truppen seines Lehnsherren bei Brémule im normannischen Vexin. In seinem Inselreich versicherte er sich geschickt der Treue seiner schottischen Nachbarn: Er heiratete König Malcolms III. Tochter Mathilde, die ebensoviel Sinn für das Geistesleben besaß wie ihr Gemahl, aber allzufrüh starb. Für sie schrieben einige der feinsinnigsten Dichter der Zeit.

Der König vergaß nie, daß ihn Lanfranc, der Erzbischof von Canterbury, zum Ritter geschlagen hatte, und ging lange Zeit schonend mit der Kirche um. Zudem verdankte er es nicht allein seiner Charakterstärke, sondern auch der Kirche, daß er so rasch gekrönt worden war. Seine endlosen Streitigkeiten mit Anselm waren zwar ein äußerst wunder Punkt in der Politik der Verständigung, doch sie hielten sich stets in manierlichen Grenzen und mündeten in einen für beide Seiten annehmbaren Kompromiß. Der Ehrgeiz des Königs zielte darauf ab, das Lebenswerk des Vaters zu vollenden und England mit einer potenten Verwaltung auszustatten, die fähig war, die Angriffe der Gruppierungen abzuwehren, die auf der Insel immer noch sehr einflußreich waren und danach trachteten, den Staat mit vereinten Kräften zu ruinieren und ihre Partikularinteressen durchzusetzen. Roger von Salisbury, dem Kanzlei, Rechtsprechung und Finanzen unterstanden, hatte zu diesem Zweck spezielle Körperschaften eingerichtet. Reiserichter zogen durch das Königreich, überwachten die Amtsführung der häufig korrupten Sheriffs und nahmen Klagen aus der Bevölkerung entgegen. Ohne das «Gesetz König Eduards» – alte Gewohnheiten, die im Volk noch tief verwurzelt waren – je zu verleugnen, legte Heinrich I. nach und nach das Fundament für eine Regierung aus vielfältigen, aber harmonisch zusammenwirkenden Instanzen.

Dieser gebildete, ehrgeizige König wollte sein Werk auch nach seinem Tod fortgesetzt wissen. Doch seine Hoffnungen sollten im frühen Winter des Jahres 1120 an einer Klippe, nur wenige Taulängen vor der Ostküste von Cotentin, zerschellen. An diesem Tag wollte Heinrich I., nachdem er einige Monate auf seinen kontinentalen Besitzungen verbracht hatte, mit seinen Kindern und dem Hofstaat die Rückreise nach England antreten. Die ganze *Jeunesse dorée* des Königreichs bestieg das prachtvolle *Weiße Schiff*, das der selbe erfahrene Steuermann führte, der schon 1066 die berühmte *Mora* mit dem späteren Wilhelm dem Eroberer vor der Landung in Pevensey durch den

Nebel gelotst hatte. Ordericus Vitalis beschreibt die unbeschwerte Ausgelassenheit der «dreihundert jungen Männer und jungen Mädchen» an Bord, unter denen sich auch der noch nicht zwanzigjährige Thronerbe Wilhelm Etheling befand. Einige Stunden später lief das *Weiße Schiff* auf ein Riff. Es sank so rasch, daß der einzige Überlebende, ein Metzger aus Rouen, kaum Einzelheiten zum Hergang der Tragödie berichten konnte.

«Gedemütigt England, einstiger Stolz der Länder:
In den Fluten versunken das Land, versunken das Schiff.
England, dessen Glanz in der ganzen Welt erstrahlte,
Liegt im Dunkel, verdüstert ist seine Sonne...»

Wilhelm Etheling, einziger Sohn des Königs und «einzige Hoffnung des Königreichs», war ertrunken. Seine junge Frau, die vierzehnjährige Mathilde von Anjou, wurde später Äbtissin im Kloster Fontevrault und beschloß dort ihre Tage. Von der zahlreichen Nachkommenschaft Heinrichs I. verblieb ein einziges legitimes Kind, ein sechzehnjähriges Mädchen, das ebenfalls Mathilde hieß. Mathilde war die Gemahlin von Heinrich V., dem Kaiser des Heiligen Römischen Reiches Deutscher Nation.

Der König von England war über den Verlust seines Sohnes zutiefst erschüttert. Manche Zeitgenossen berichten, man habe ihn nie wieder lächeln sehen. Dennoch erfüllte er weiterhin würdevoll seine Pflicht als besonnener Führer und mühte sich um das Wohl seines Landes. Als sein Schwiegersohn Heinrich V. am 23. Mai 1125 in Utrecht starb, leitete er sofort Verhandlungen für die unumgängliche Wiedervermählung seiner Tochter ein. Obwohl die begehrte Erbin einen ausgesprochen eigenwilligen Charakter hatte, ließ er sich ausschließlich von politischen Erwägungen leiten. Seine Wahl fiel auf den Bruder seiner unglücklichen Schwiegertochter, auf Gottfried V., den Schönen, den Grafen von Anjou, Tours und Maine. Gottfrieds Gebiete grenzten an seine eigenen auf dem Kontinent. Die hochmütige Mathilde, eine Schönheit in der Blüte ihrer Jahre, war über die Ehe mit dem Fünfzehnjährigen wenig begeistert, obwohl er gemeinhin als «großer, starker und schöner Ritter» galt. Sie sollte ihm das Leben schwer machen...

Heinrich I. ließ sich mehr aus Pflichtbewußtsein denn aus Überzeugung dazu bewegen, die sanftmütige Adelheid-Adele von Löwen zu heiraten. Die Ehe blieb kinderlos. In Ermangelung eines männlichen Thronfolgers zwang der König die Barone vorsorglich gleich zweimal, seiner Tochter, der Gräfin von Anjou, die nach wie vor «Kaiserin Mathilde» genannt wurde, den Treueid zu schwören. Als der König von England und Herzog der Normandie am 1. Dezember 1135 auf seinem Besitz Lyons-la-Forêt starb, hinterließ er ein mit fester Hand geführtes Königreich, dem nur ein von «Gottgefälligkeit und der Liebe zu seinen Untertanen» erfüllter Herrscher fehlte. Doch wenige Monate genügten, um das Ergebnis einer fünfunddreißigjährigen Herrschaft zunichte zu machen, der man zu Recht ganz entscheidende Bedeutung beigemessen hat.

Kaum hatte Stephan von Blois vom Tod seines Onkels erfahren, vergaß er den Treueid, den er Mathilde geleistet hatte, segelte gen England und griff nach der Krone. In weiblicher Linie war er ein Enkel Wilhelms des Eroberers. Als Graf von Mortain, Bellême und Boulogne (er war mit der Tochter des Grafen Eustachius III. von Boulogne verheiratet) besaß er zudem reiche Ländereien auf englischem Boden. Von seiner Familie hatte er ein tiefes Mißtrauen gegen das mächtige Haus Anjou geerbt, und obendrein wußte er, daß er in England beliebt war. Der erste Empfang auf der Insel fiel allerdings kühl aus. Die Bewohner von Dover und Canterbury dachten nicht daran, ihm die Tore zu öffnen. Doch die «Barone von London» und zahlreiche Lehnsherren nahmen ihn jubelnd auf. Die Königsstadt Winchester empfing ihn mit allem Pomp. Dort stand das königliche Schatzhaus, und auf dem Bischofsstuhl der Stadt saß sein Bruder Heinrich von Blois.

Aber noch hatte der Thronanwärter nicht alle Schwierigkeiten ausgeräumt. Er mußte darlegen, daß «ihn der verstorbene König von seinem Treueid an Mathilde entbunden und der Bischof von Winchester dafür gebürgt hatte, daß er die Rechte der Kirche achten würde...» Dann erst, am 22. Dezember 1135, wurde Stephan von Blois in der Westminsterabtei von Wilhelm von Corbeil, dem Erzbischof von Canterbury, zum König von England gekrönt. Doch nur die Bischöfe von Winchester und Salisbury hatten sich bereitgefunden, ihm bei der Zeremonie zu assistieren. Das böse Vorzeichen trog nicht. Diese Krönung, für manche schlicht ein Thronraub, kam Stephan von Blois und England teuer zu stehen. Mathilde von Anjou, eine unnachgiebige Frau mit eisernem Willen, ließ nicht mit sich handeln und setzte alle Hebel in Bewegung, um ihr Erbe zurückzugewinnen. Der neue König zeigte sich dagegen durchaus kompromißbereit. Durch Zugeständnisse zog er nach und nach all diejenigen auf seine Seite, die durch geschickte Winkelzüge Kapital aus der Situation zu schlagen hofften. Und deren gab es viele. Dieses verhängnisvolle Zusammenwirken stürzte das ganze Königreich in Aufruhr und Elend.

Die Kirche, deren Oberhaupt Papst Innozenz II. die Thronbesteigung mit seiner Zustimmung erleichtert hatte, konnte bei dieser Verschiebung der Kräfteverhältnisse nur gewinnen. Schon im Frühjahr 1136 zeigte Stephan seine Dankbarkeit mit einer Charta, deren erste Worte einem Geständnis gleichkommen: «Ich, Stephan, durch Gottes Gnaden und mit Billigung der Geistlichkeit und des Volkes zum König von England gewählt, von Wilhelm, dem Erzbischof von Canterbury und Legaten der heiligen römischen Kirche, gesalbt und von Innozenz, dem Papst des römischen Heiligen Stuhls, bestätigt, gewähre der Heiligen Kirche aus Achtung und Liebe zu Gott die Freiheit und versichere, daß ich ihr die gebührende Ehrfurcht erweisen werde.» Stephan von Blois erging sich in Euphemismen. Tatsächlich hatte er sich gezwungen gesehen, der Kirche alte Freiheiten zurückzugeben und den Geistlichen weitgehende Immunität zuzugestehen, ein Schritt, der für seine Vorgänger undenkbar gewesen wäre. Er unterstellte den Klerus ganz der kirchlichen Gerichtsbarkeit, verzichtete auf das Mitspracherecht bei der Bischofswahl, trat das Regalienrecht (das Recht, die Einkünfte vakanter Bistümer und Abteien einzuziehen) ab, bestätigte altes Besitztum und erleichterte der Kirche die Vergrößerung ihrer Güter. Zudem sagte er die vorbehaltlose Anwendung der Canones zu, die aus dem Investiturstreit hervorgegangen waren, aus jenem Streit, der das politische Klima am Ende des vorigen Jahrhunderts vergiftet, sich auf

England aber kaum ausgewirkt hatte. Sämtliche Verzichtleistungen unterhöhlten die Macht des Königs.

Die gesamte Politik der normannischen Dynastie war damit zunichte gemacht. Die Grundherren zögerten nicht lange und stürmten durch die Bresche, die sich da einladend vor ihnen auftat. Die Macht der Sheriffs wurde auf ein Nichts zurückgestutzt. Die Barone, lange in ihren Freiheiten beschnitten, erhielten ihre Herrschaftsgewalt in Verwaltung, Militärwesen und Rechtsprechung zurück. Bald erhoben sie Steuern und prägten Münzen. Während die königlichen Finanzmittel zusehends schwanden, schossen die Burgen unbotmäßiger Barone wie Pilze aus dem Boden: in wenigen Jahren über tausend. Überall im verwaisten Königreich schwangen sich Vasallen zu Dorftyrannen auf.

Stephan versuchte, das Ausmaß der Katastrophe einzudämmen, tat dies aber mit bemerkenswerter Ungeschicktheit und beging Fehler um Fehler. Um die Vasallen zur Raison zu bringen, warb er massenweise flämische Söldner an, die wegen ihrer Grausamkeit berüchtigt waren. Der Aufstand breitete sich wie ein Flächenbrand aus. In Wales kam es bereits 1136 zu Erhebungen. In der Normandie schürten Kaiserin Mathilde, ihr zweiter Gatte Gottfried der Schöne und Graf Robert von Gloucester die Unzufriedenheit. Graf Robert war ein Bastardabkömmling, den Heinrich I. Beauclerc mit einer walisischen Prinzessin gezeugt hatte. Selbst Schottland, seit 1072 dem normannischen Königshaus gegenüber stets loyal, begehrte nun auf. König David I. hatte in die Familie Mathildes eingeheiratet, deren Mutter Schottin war. Stephan von Blois konnte seinen Angriff am 22. August 1138 bei Standard in Yorkshire zwar abwehren, beging dann aber den verhängnisvollen Fehler, die persönlichen Besitzungen Roberts von Gloucester zu konfiszieren und die Bischöfe von Salisbury und Lincoln gefangenzusetzen. Dieser Anschlag auf den Lehnseid und die Kirche trieb ganz England in die Arme Mathildes.

Am 29. August 1139 wurde der König vor ein Konzil zitiert, das sein eigener Bruder, Heinrich von Blois, nach Winchester einberufen hatte – der päpstliche Legat, der «mehr Soldat als Geistlicher» war und dem man zu Recht nachgesagt hat, er sei ein *Kingmaker* gewesen, bevor es den Begriff überhaupt gab. Einen

Monat später, am 30. September, landete Mathilde bei Arundel. Die Kirche hatte sich zu diesem Zeitpunkt bereits enttäuscht vom König abgewandt. Am 2. Februar 1141 wurde Stephan in Lincoln gefangengenommen und in der Burg von Bristol eingekerkert. Am 3. März empfing Heinrich von Blois Mathilde in der Kathedrale von Winchester. Am 7. April verwarf ein Konzil feierlich die Ansprüche Stephans und anerkannte in salbungsvollen Worten die Rechte der Tochter Heinrichs I. «Nachdem wir zunächst den Beistand Gottes angerufen haben, wie es sich geziemt, erwählen wir die Tochter des friedliebenden Königs, des ruhmreichen Königs, des wohlhabenden Königs, des guten Königs, der in unserer Zeit nicht seinesgleichen hat, zur Herrin über England und die Normandie und geloben ihr Treue und Beistand.»

Doch Mathilde sollte niemals zur Königin von England gekrönt werden. Kaum an der Macht, verspielte sie durch Herrschsucht und Hochmut die Unterstützung der treuesten Anhänger. Der Verfasser der *Gesta Stephani* zeichnet von der unwirschen und arroganten Frau ein wohl karikierendes, im ganzen aber gerechtes Bild. Flexibilität etwa, eine Eigenschaft, die große Politiker auszeichnet, ging ihr vollständig ab. «Sie zeigte sogleich die größte Vornehmheit, war maßlos hochmütig und ließ weder in ihren Regungen noch in ihrem Auftreten die Bescheidenheit und Sanftmut eines Weibes erkennen. Wenn sie ging oder sprach, gab sie sich noch dünkelhafter und hoffärtiger als gewöhnlich, als erhebe das allein sie schon zur Königin von ganz England und gereiche ihr zum Ruhm.»

Die vermeintlich glückliche Lösung erwies sich als Katastrophe. Gottfried der Schöne dehnte auf Kosten der Normandie seine Gebiete aus. Aber das alte Herzogtum widersetzte sich beharrlich der Enteignung, für die es nur unzureichend entschädigt wurde. Auf der Insel tobte der Bürgerkrieg zusehends heftiger. Während der Westen Englands mehr oder weniger unter die Botmäßigkeit der Anjou gebracht wurde, hielt der Osten Stephan die Treue. Überall herrschte Anarchie. Nutznießer der verworrenen Situation waren geschickt taktierende Grundherren, die nacheinander oder sogar gleichzeitig beiden Parteien den Treueid leisteten und dadurch ihre Lehen vergrößerten. Mit Schachzügen dieser Art schuf sich beispielweise Gottfried von Mandeville eine riesige unabhängige Grundherrschaft.

Mathilde machte sich von Tag zu Tag unbeliebter. Sie erhob gewaltige Steuern, übte Druck auf die Londoner Bürger aus und griff sogar nach den kontinentalen Besitzungen des Königssohnes Eustachius IV. von Boulogne. Angesichts der chaotischen Lage schlug sich der Legat Heinrich, der Bischof von Winchester, wieder auf die Seite seines Bruders. Mathildes Rache war furchtbar. Winchester wurde belagert, ausgehungert, zur Aufgabe gezwungen und dann in Schutt und Asche gelegt. Heinrich von Blois mußte aus der Bischofsstadt fliehen und in einer benachbarten Festung Schutz suchen. Doch er hatte einen erstklassigen Gefangenen: Im schlimmsten Gemetzel war Robert von Gloucester den Seinen in die Hände gefallen. Beide Lager waren zu Kompromissen gezwungen und tauschten ihre Geiseln aus. Am 7. Dezember 1141 erklärte der Legat in Westminster, er habe sich Mathilde nur aus Verzweiflung über die ausweglose Lage gebeugt. Stephan wurde wieder in seine Rechte als König eingesetzt, die Parteigänger des Hauses Anjou wurden exkommuniziert. Mathilde fand sich nie damit ab, daß man ihre Ansprüche auf den Thron verworfen hatte, mußte sich aber auf den Kontinent zurückziehen. Am 19. Januar 1144 wurde Gottfried der Schöne in Rouen zum Herzog der Normandie gekrönt. Als er 1151 starb, gingen seine Lehen an seinen Sohn Heinrich über.

Stephan von Blois verzichtete notgedrungen auf die Besitzungen jenseits des Kanals und mühte sich, die klaffenden Wunden seines Königreiches zu schließen. Mit Hilfe der Kirche versuchte er der rebellierenden Barone Herr zu werden, was ihm jedoch nie ganz gelang. Auch die periodischen Einfälle des jungen Plantagenet vermochte er nicht zu verhindern. Als am 10. August 1153 sein Sohn Eustachius IV. von Boulogne noch vor Vollendung des zwanzigsten Lebensjahres starb, überließ er sich der Verbitterung. Ohne Nachkommen, körperlich verbraucht, von allen verlassen und zur Machtlosigkeit verurteilt, mußte der alte König auf den Vermittlungsvorschlag seines Bruders und des Erzbischofs Theobald von Canterbury eingehen: Am 6. November 1153 adoptierte er in Willongford den Sohn seiner erbittertsten Feindin und erkannte ihn als seinen legitimen Erben an. Die Barone, die unmittelbar darauf nach Winchester einberufen wurden, stimmten der Adoption zu. Einen Monat später zogen Stephan von Blois und Heinrich Plantagenet, den man zum Justitiar des Königreiches ernannt hatte, in London ein. Eine jubelnde Menge bereitete ihnen einen triumphalen Empfang. Alle Augen waren auf den einundzwanzigjährigen, rothaarigen Burschen gerichtet, der kürzlich erst die hitzige Eleonore von Aquitanien, die frühere Königin von Frankreich, geheiratet hatte. Sein Aufstieg hatte sich in weniger als einem Jahr vollzogen. Der Erfolg verlieh ihm Flügel. Mit ihm bejubelte das Volk den Frieden.

Vor diesem bewegten Hintergrund reifte Thomas Becket langsam heran, absolvierte eine lange Lehrzeit und stieg unaufhaltsam nach oben.

Bei seiner Rückkehr nach London fand er zunächst allerdings keine günstigen Bedingungen vor. Mit dem Tod seiner Mutter Mathilde war es auch mit der familiären Geborgenheit vorbei, in der er aufgewachsen war. Außerdem war Gilbert Beckets Vermögen wie Schnee in der Sonne zusammengeschmolzen. Zwar hatten wiederholt auch Feuersbrünste an den Finanzen der Beckets gezehrt, doch entscheidender war wohl die politische Situation. Mathilde von Anjou verstand es, die «Barone» von London, Anhänger Stephans von Blois, auszusaugen. Der nicht ganz unvoreingenommene Verfasser der *Gesta Stephani* schildert uns den Empfang, den die «Herrin von England» einer Delegation von Bürgern der Stadt bereitet hat. Sie wollten sich «über die Steuern beklagen, die sie ihnen aufgebürdet hatte. Als die Bürger vorsprachen, funkelte sie mit den Augen, legte die Stirn in Falten, zog ein Gesicht, aus dem jede weibliche Sanftmut verbannt war, und geriet maßlos in Zorn.» Mathildes Verhältnis zu den Londoner Kaufleuten verschlechterte sich zusehends. Schließlich mußte sie vor den aufgebrachten Bürgern aus der Stadt fliehen. Daß sie heil davonkam, verdankte sie allein der Ausdauer ihres Pferdes und den Mauern von Winchester, wo man sie noch bereitwillig aufnahm.

Thomas wurde die beengende Atmosphäre im Haus in Cheapside bald unerträglich. Paris war weit, in unerreichbare Ferne gerückt, und wie es schien, bot London dem Zwanzigjährigen keine Gelegenheit, seinen jugendlichen Tatendrang zu befriedigen. Wie lange er sich der Apathie und Selbstzweifeln überließ, ist nicht bekannt. Jedenfalls hatte er das fruchtlose Nichtstun bald satt und beschloß, sich von Verwandten in die Gesellschaft einführen zu lassen, um seinem Talent, wo immer möglich, Geltung zu verschaffen. Er fand eine Anstellung bei einem gewissen Osbern Achtheller *(Octo-numini cognomine)*, «einer wohlhabenden und bedeutenden Persönlichkeit der Stadt, mit der er durch Blutsbande verbunden war». Osbern war mit den Diensten des junges Mannes zufrieden und angetan von seiner Tüchtigkeit und seinem Charme. Er behielt ihn drei Jahre bei sich. Dank der gesellschaftlichen Stellung Osberns bot sich Thomas die unverhoffte Gelegenheit, in der gehobenen Londoner Gesellschaft auf sich aufmerksam zu machen. Edward Grim beschreibt Thomas als einen ehrgeizigen jungen Mann, der «nach Ehren giert und eitlen Würden nachjagt». Roger von Pontigny bringt dies auf die pointierte Formel, Thomas wandle auf den «Pfaden der Welt», die von den Stoikern und Kirchenvätern als *impia secula* verurteilt worden waren. Die Wirklichkeit sah prosaischer aus. Thomas verwaltete gewissenhaft die Güter seines wohlhabenden Dienstherren und ging ihm bei der Ausübung seiner Ämter zur Hand. Der gute Ruf dieses Mannes konnte ihm nur nützen. Und wer wollte Thomas den Ehrgeiz auch verdenken…

Da es Thomas an der notwendigen Unterstützung nicht fehlte, war ihm auch das Schicksal gewogen. Zwei aus Boulogne stammende Brüder, der Archidiakon Balduin von Norwich und sein Bruder Eustachius – beide mit Gilbert Becket und dem Erzbischof Theobald von Canterbury bekannt –, bedrängten Thomas mit dem Angebot, ihn beim Erzbischof einzuführen. Der Erzbischof, so meinten sie, werde bald auf ihn aufmerksam werden und ihm weiterhelfen. Die Sache sei um so rascher erledigt, als Gilbert mit dem «Herrn Erzbischof über ihre Herkunft und Abstammung würde reden können: Theobald stammte aus einer normannischen Ritterfamilie und war in dem Gebiet von Thierville geboren worden. Ganz in der Nähe hatte auch die Wiege der Beckets gestanden.» Da war ein entferntes Verwandtschaftsverhältnis nicht auszuschließen.

Theobald war eine hochkarätige Persönlichkeit. Über seine Bildung weiß man zwar nichts Bestimmtes, aber gewiß war sie außergewöhnlich. Er hatte in der hervorragenden Abtei Bec unter Abt Wilhelm von Beaumont die Klostergelübde abgelegt. Nach zehnjährigem Priorat und nach dem Tod des Abtes Boson wurde er 1136 auf den Bischofsstuhl gewählt, dem Lanfranc und Anselm bereits zu hohem Ansehen verholfen hatten, geriet aber bald darauf mit dem Erzbischof von Rouen, Hugo von Amiens, in Streit, weil dieser Zweifel an der Rechtmäßigkeit seiner Wahl anmeldete. Der Konflikt zog sich in die Länge, und kein Geringerer als Petrus Venerabilis, der Abt von Cluny, mußte bemüht werden, um die Zwistigkeiten zu schlichten; Petrus war damals gerade auf der Durchreise in der Normandie. Theobald blieb nicht ewig in Bec. Anläßlich des Londoner Konzils und auf ausdrücklichen Wunsch des Legaten Aubry von Ostia wurde er vom Domkapitel der Mönche von Christchurch ordnungsgemäß zum Erzbischof von Canterbury gewählt. Dem König blieb keine Wahl, er mußte seine Zustimmung geben. Am 8. Januar 1139 wurde Theobald geweiht. Heinrich von Blois, der Bischof von Winchester und König Stephans Bruder, war über die Ernennung empört. Seit Wilhelm von Corbeils Tod zwei Jahre zuvor hatte er selbst ganz offen den Stuhl des Erzbischofs angestrebt.

Der neue Erzbischof war von gregorianischem Gedankengut durchdrungen, und zu dessen unumstößlichen Grundsätzen gehörte die Treue zu Rom. Außerdem hatte er einige Monate nach seiner Wahl beim Zweiten Laterankonzil das Pallium persönlich aus den Händen Papst Innozenz' II. empfangen. Als ehemaliger Abt von Bec war Theobald zudem Bannerträger einer soliden geistlichen und geistigen Tradition: Die Abtei, die ein Jahrhundert zuvor gegründet worden war, hatte sich dank der Anstöße genialer Äbte rasch zu einem Leuchtfeuer und einer Bildungsstätte bedeutender Kirchenmänner, Juristen und Theologen entwickelt. Zeitzeugen beschreiben den Erzbischof als einen fähigen Mann, der Wert auf eine prunkvolle Lebenshaltung legte und «in allen kirchlichen und weltlichen Belangen sehr geschickt zu Werke ging». Er tat einiges für das Ansehen des erzbischöflichen Stuhles von Canterbury. Er umgab sich mit einer Elite intelligenter und ehrgeiziger junger Kleriker, die zumeist aus bestem Hause stammten und unter seiner Anleitung ihre Ausbildung abschlossen. Sie alle fühlten sich von Natur aus zu höchsten kirchlichen Ämtern berufen.

Thomas, dem gewissermaßen noch die Dispute im *Quartier latin* in den Ohren klangen, mußte sich vom Ruf dieses Mannes angezogen fühlen. Dennoch behaupten einigen Chronisten, der einfache Sekretär habe über das schmeichelhafte und verlockende Angebot, ihn beim Erzbischof einzuführen, die Nase gerümpft – angeblich aus rein politischen Gründen: Thomas, so heißt es, habe unbestechlich für die «Herrin von England» und das Haus Anjou Partei ergriffen, Theobalds Wohlwollen gegenüber Stephan von Blois scharf verurteilt und sich jeden Schritt zum Erzbischof, in dem er einen treubrüchigen Vasallen gesehen habe, verbeten. Wer eine solche Behauptung aufstellt, traut selbst einem so charakterstarken jungen Mann wie Thomas zuviel Scharfblick, Kompromißlosigkeit und Stolz zu. Vor allem aber zwängt er ihn vorschnell in die Uniform der Anjou-Plantagenet, zu deren Regiment sich seine Familie gerade zu diesem Zeitpunkt nun wahrlich nicht beglückwünschen konnte. Andererseits ist es durchaus wahr, daß Thomas nur unter Schwierigkeiten in den Kreis um den Erzbischof vorstieß. Zuerst mußten mehrere einflußreiche Persönlichkeiten aktiv werden; die vielleicht wichtigste Rolle spielte dabei ein mit Gilbert Becket befreundeter Ritter mit dem Beinamen Baillehache, der Hofmarschall des Primas. Erst dann war Thomas dazu bereit, von sich aus einen Schritt zu tun. Ein ziemlich merkwürdiges Verhalten, wenn man bedenkt, daß ihn Theobald von Canterbury, wie Roger von Pontigny versichert, schon «seit seiner Kindheit» *(ab infantia plenius cognovisset)* gekannt haben soll.

Jedenfalls bewarb er sich schließlich um eine Stellung am erzbischöflichen Hof. Wenn man William Fitzstephen glauben will, so begegneten sich Thomas und Theobald zum ersten Mal auf dem Landsitz Harrow-on-Hill in Middlesex, einem Besitztum der

Kirche von Canterbury, keine zwei Meilen von London entfernt. Offenbar entstand zwischen den beiden bald ein Vertrauensverhältnis, sofern davon überhaupt die Rede sein kann bei zwei Menschen, die nach Alter, Bildung und gesellschaftlicher Stellung so verschieden waren. Immerhin deuten alle Zeugnisse übereinstimmend an, daß Thomas auf den Erzbischof zunehmend Einfluß ausübte. Das führte zwangsläufig zu Unannehmlichkeiten.

Der junge Mann betrat nämlich ein Milieu mit starrem Verhaltenskodex, das er nur unzureichend kannte, auch wenn er bereits zu dem einen oder anderen Kontakte gehabt hatte. Er mußte seinen Platz erst noch finden. Das Haus der Erzbischofs hatte zugleich etwas von einem Palast und einem Kloster. Theobald persönlich fühlte sich zwar zu einer spartanischen Lebensführung berufen, doch mit Rücksicht auf seine gesellschaftlichen Verpflichtungen mußte er einen Haushalt führen, der seiner herausragenden Stellung als Primas von England gerecht wurde. Thomas benahm sich in dieser Umgebung ganz natürlich und ohne jede Affektiertheit. Und auch in geistiger Hinsicht konnte er sich dort wohlfühlen, wenngleich er in der Umgebung des Erzbischofs häufig Männern begegnet sein dürfte, die ihm an Bildung weit überlegen waren und ihn dies wohl auch spüren ließen. Canterbury war in der Tat einer der glanzvollsten Höfe in ganz England und ein Tummelplatz bedeutender Geister. Einige der Männer, die der Chronist Wilhelm von Canterbury anführt, zeichneten sich durch besondere geistige Fähigkeiten und eine starke Persönlichkeit aus: Roger von Pont-l'Évêque brachte es später zum Erzbischof von York; Johannes von Belméis, den Thomas schon «seit frühen Jugendjahren kannte», wurde zunächst Bischof von Poitiers und starb hochbetagt auf dem Bischofsstuhl von Lyon; Heinrich von Huntingdon schrieb später ein bedeutendes Werk mit dem Titel *Historia Anglorum*, und Johannes von Pagham wurde bald darauf zum Bischof von Worcester geweiht. Ohne Zweifel verkehrten am Hof von Canterbury noch viele andere bedeutende Prälaten. Überhaupt wimmelte es in diesem Milieu von Männern unterschiedlichster Begabung, die Thomas' natürlichem Charme erlagen. Viele von ihnen sollten ihm ein Leben lang die Treue halten.

Doch es gab auch Männer, die seiner Anziehungskraft eisern widerstanden. Zu ihnen gehörte Roger von Pont-l'Évêque, ein brillanter Kopf und profunder Kenner der Theologie und des Rechts, der über menschliche Vorzüge freilich nur in spärlichem Maß verfügte. Er scheint ein Kleingeist gewesen zu sein, dem jeder Sinn für die Qualitäten anderer abging. Schon bei der ersten Begegnung witterte er in Thomas einen Rivalen, und von da an betrachtete er den jungen Kleriker mit wachsender Eifersucht und bedachte ihn mit Spott von zweifelhaftem Geschmack. Wie der Mönch von Pontigny bezeugt, gab er Thomas den Beinamen Baillehache, eine etwas plumpe Anspielung auf die Umstände, wie dieser in die Dienste des Erzbischofs getreten war.

Bald waren Sticheleien, ja Beleidigungen an der Tagesordnung. Diese unablässigen Reibereien, die Thomas zwar leidend, aber auch mit Hochmut hinnahm, vergifteten die Atmosphäre am Hof schließlich so sehr, daß sie für Theobald zum Ärgernis wurden. Er beschloß, einen Mitarbeiter, dessen «Ergebenheit und Treue» er bereits öffentlich gelobt hatte, auf dem Altar des häuslichen Friedens zu opfern – kein Zeichen von Charakterstärke. Auf seine Anordnung hin wurde Thomas wie ein Stallknecht vor die Tür gesetzt. Doch zum Glück gehörte Thomas zu jenen Menschen, die zwar Beleidigungen hinnehmen, nicht aber Ungerechtigkeiten. So wandte er sich in seinem Kummer an Theobalds Bruder Walter, den Archidiakon von Canterbury.

William Fitzstephen, dem man die meisten Einzelheiten der traurigen Affäre verdankt, schildert uns Thomas als naiv und schamhaft wie eine Jungfrau. Zweifel an seiner Darstellung sind angebracht. Jedenfalls erwies sich Walter – der den Grund der Spannungen wohl seit langem durchschaut hatte – als geschickter Vermittler. Er überredete den Erzbischof, seinen außerordentlich begabten Schützling – der im übrigen völlig schuldlos an der Affäre war – wieder in seine Dienste zu nehmen. Es spricht nicht gerade für Theobalds Willenstärke, daß sich das traurige Schauspiel mit gleichem Ausgang ein zweites Mal wiederholte...

Roger von Pont-l'Évêques Abneigung gegen Thomas steigerte sich fast zur Besessenheit. Trotzdem ist kaum anzunehmen, daß sich sein Rivale auf diesen zweimaligen Erfolg etwas zugute tat.

Thomas war zu beschäftigt, um sich lange mit einem Triumph aufzuhalten. Vermutlich war er in seinen Augen nur eine kurze Episode.

Theobald hatten den verworrenen politischen Ereignissen lange Zeit ratlos gegenübergestanden. Obwohl er der Kaiserin Mathilde niemals den Treueid geleistet hatte, erkannte er im Jahre 1141 die Beschlüsse des Konzils von Winchester an, auf dem die Ansprüche der Tochter Heinrichs I. Beauclerc für rechtens erklärt worden waren. Was ihn im übrigen nicht davon abhielt, Stephan von Blois ein Jahr später bei den weihnachtlichen Festlichkeiten in der Kathedrale zu Canterbury mit allem Pomp zu empfangen und ihm die englische Krone aufs Haupt zu setzen. So schlingerte er durch die Wogen, in denen Macht und Ansehen des Königtums versanken.

Dennoch war sich Theobald seiner Rolle vollauf bewußt. Über Jahre hinweg hatte er zusehen können, wie die Macht der Kirche dank der Streitigkeiten um die Thronfolge stetig gewachsen war. Und eines Tages sollte ihm sogar die Aufgabe zufallen, diesen Gordischen Knoten zu lösen. Der Erzbischof war von reformerischen Gedanken durchdrungen. Insofern konnte er die Entwicklung, die sich binnen kürzester Zeit vollzogen hatte, nur begrüßen: Entgegen der früheren Praxis, an der zwei kluge Könige eisern festgehalten hatten, oblag die Wahl von Bischöfen und Äbten nun den Dom- und Stiftskapiteln. Die meisten Beschlüsse des großen Laterankonzils, das im Frühjahr 1139 im Beisein einer beachtlichen Anzahl von Bischöfen aus der ganzen Christenheit – darunter mehrere Engländer – stattgefunden hatte, wurden damit tatsächlich strikt angewandt. Der Bruder des Königs, der päpstliche Legat Heinrich von Blois, war mit der Wiedererrichtung des zerstörten Winchester beschäftigt und machte keinerlei Anstalten, Stephans verzweifelten Versuch, die königlichen Prärogativen wiederherzustellen, zu unterstützen. Stephans Bemühungen stießen zudem auf den Widerstand Mathildes von Anjou, die immer wieder mit geschickten Manövern rivalisierende Kandidaten ins Spiel zu bringen versuchte. Das letzte Wort hatte in jedem Fall die Kirche.

Dennoch stieß sich der Erzbischof von Canterbury an einem wichtigen Punkt: an der Legation Heinrichs, des Bischofs von Winchester. Ihre Gültigkeit stand zwar nicht in Frage – Papst Innozenz II. hatte den Bruder des Königs 1139 in sein Amt eingesetzt –, doch sie belastete die Zukunft mit einer Hypothek. Die dynastische Frage konnte niemals dauerhaft gelöst werden, solange eine der höchsten Instanzen Schiedsrichter und Partei in einem war.

Wie heikel das Kräfteverhältnis war, zeigte sich bei den Streitigkeiten um die Nachfolge des erzbischöflichen Stuhls von York: Als Erzbischof Thurstan am 6. Februar 1141 starb, ließ der Legat seinen Neffen Heinrich von Sully wählen. Heinrich war Abt in Caen. Der Papst persönlich verurteilte die Wahl. Als Heinrich sich weigerte, seine Pfründe als Abt aufzugeben, schlugen Stephan von Blois und sein Bruder einen anderen Neffen vor, den Yorker Schatzmeister Wilhelm Fitzherbert. Seine Wahl kam nur unter sehr fragwürdigen Umständen zustande, und Theobald, der nicht daran dachte, den Neugewählten anzuerkennen, brachte die Angelegenheit vor den römischen Hof. Die Kurie verlangte Garantien. Am 26. September 1143 wurde Wilhelm Fitzherbert schließlich von Heinrich von Blois zum Erzbischof geweiht. Dies löste in einer einflußreichen Fraktion des Yorker Klerus einen Sturm der Entrüstung aus.

Doch der Erzbischof hatte bereits den Kanal überquert und war mit dem festen Entschluß, das Übel an der Wurzel zu pakken, nach Rom unterwegs. Zu jener Zeit waren solche Reisen nicht selten. Wie wir gesehen haben, waren vier Jahre zuvor mehrere hundert Bischöfe zum Laterankonzil nach Rom gezogen. Seit der gregorianischen Reform war es durchaus üblich, daß man sich in Streitfragen direkt an den Apostolischen Stuhl wandte. Wie uns Roger von Pontigny berichtet, war Theobald von Canterbury mit einem ansehnlichen und respektablen Gefolge aufgebrochen. Es bestand aus einer Anzahl von Klerikern, unter ihnen auch Thomas Becket. Einen Aufenthalt im Kloster Clairvaux nutzte der Erzbischof zu einer Unterredung mit Abt Bernhard, der sich im Ruhm eines kolossalen Werkes und furoremachender Stellungnahmen sonnte und mit seiner charismatischen Ausstrahlung Scharen ergebener Anhänger anlockte. Weiter als bis Clairvaux kam Theobald allerdings nicht. Aus Gründen, die uns nicht bekannt sind, mußte der Erzbischof «zwangsweise kehrtmachen». Nur eine Abordnung setzte die Reise fort. Unter den Gesandten des Primas von England befand sich jener Mann, den man Thomas von London nannte.[1]

Als die Delegation in Rom eintraf, war Papst Innozenz II. tot und schon ein Nachfolger gewählt. Der neue Pontifex, ein Schüler Abälards und Titelkardinal von S. Marco, hatte den Namen Cölestin II. angenommen. Er war ein versöhnlicher Geist, das genaue Gegenteil seines kämpferischen Vorgängers. Das sechsmonatige Interregnum dieses Papstes, der wie ein Meteor am Himmel erschien, wurde von den periodischen Aufständen der Römer erschüttert und hinterließ keinerlei Spuren in der Geschichte. Mit diesem Mann traf Thomas Becket also zusammen, und seine Bemühungen waren nicht umsonst: Cölestin war dem Haus Anjou günstig gesonnen. Er verweigerte dem Bischof von Winchester die erneute Berufung zum Legaten und bezog, wie die *Historia Pontificalis* des Johannes von Salisbury bezeugt, in der Thronfrage eindeutig Stellung: Er ließ dem Erzbischof von Canterbury mitteilen, daß «er die Krone von England als ein umstrittenes Erbe zu betrachten habe und daß man folglich bis zur weiteren Klärung der Sachlage keine Verfügungen für den einen und gegen den anderen Prätendenten treffen dürfe». Diese Erklärung war deutlich genug, um in London und auf dem Kontinent verstanden zu werden...

Diese Mission sollte nicht Beckets einzige bleiben. Ohne nähere Angaben zu machen, spricht Roger von Pontigny von mehreren Reisen *(postea vero aliquoties ecclesiasticorum negociorum causa eum Romam direxit)*, die Thomas im Auftrag Theobalds nach Rom führten. Vermutlich gehörte er auch der Delegation an, die einige Jahre später Papst Eugen III. den seit langem schwelenden Konflikt zwischen York und Canterbury um den Sitz des Primas von England vortrug und seine Meinung zu der Frage einholte, ob man Eustachius von Boulogne noch zu Lebzeiten seines Vaters Stephan von Blois krönen solle. Vorsichtsmaßnahmen dieser Art waren inzwischen üblich geworden. Sie dienten der

Zukunftssicherung von Dynastien, die auf schwankender Rechtsgrundlage gegründet waren. Eugen III. unterstützte offen die Sache der Anjou und untersagte Theobald, Eustachius zum König zu salben. Damit war die Sache entschieden.

Die meisten Historiker vertreten die Ansicht, daß über Thomas die gesamte Politik der englischen Kirche an der römischen Kurie abgewickelt wurde. Und tatsächlich vermitteln die verschiedenen Viten Thomas Beckets diesen Eindruck. Roger von Pontigny und William Fitzstephen etwa schreiben ihm diese Rolle ohne jede Einschränkung zu. Dennoch sind Zweifel angebracht. Es ist kaum vorstellbar, daß der Erzbischof von Canterbury – vor allem, was die Gesandtschaft von 1143 angeht – einem jungen Mann die Zügel überließ, der in solch delikaten und brisanten Fragen keinerlei Erfahrung hatte, mochte man ihm auf anderen Gebieten auch außergewöhnliche Fähigkeiten zutrauen. Eher ist anzunehmen, daß sich Thomas Beckets erste Biographen durch seine spätere Stellung, seine Rolle, die heftige Debatte um seine Person und sein Ende dazu verleiten ließen, ihm schon zu Lebzeiten einen Panegyrikus zu schreiben – ein psychologisch durchaus verständlicher Vorgang. Wahrscheinlich war Thomas im vorliegenden Fall nur ein Rädchen in einem komplexen Getriebe, das fähigere Männer mit größerer Erfahrung in Gang hielten. Dies schmälert seine Verdienste keineswegs.

Dennoch steht außer Frage, daß Thomas auf seine Umgebung Eindruck machte. Am erzbischöflichen Hof war man voll des Lobes über diesen besonnenen, intelligenten und tüchtigen Kadetten – ausgenommen Roger von Pont-l'Évêque, der vor Wut schäumte. Theobald schätzte Thomas sehr und profitierte von seinen Ratschlägen. Daß er auch in der Umgebung des Stephan von Blois Kostproben seines scharfen Verstandes gab, ist recht unwahrscheinlich, denn das ganze Tun dieses Klerikers war darauf gerichtet, die Herrschaft der Plantagenets zu befördern.

In Rom herrschte noch immer Aufruhr, und das Papsttum war dem Wechselspiel der politischen Kräfte preisgegeben. Auf Cölestin II. folgte Lucius II., ein streitbarer Papst. Er regierte etwas über ein Jahr und erlag am 15. Februar 1145 einer Verletzung, die er beim Sturm auf das Kapitol durch einen Steinwurf erlitten hatte. Noch am selben Tag wählten die Kardinäle den sittenstrengen Bernhard von Pisa, einen Zisterziensermönch und Schüler des Bernhard von Clairvaux, zu seinem Nachfolger. Er nahm den Namen Eugen III. an.

Rom glich einem Pulverfaß. Zwischen den verschiedenen Fraktionen war der offene Kampf um die Macht entbrannt. Trotz aller Geschicklichkeit konnte sich der neue Pontifex nur wenige Monate in der Stadt halten und mußte schließlich nach Viterbo fliehen. Der wortgewaltige Arnold von Brescia, ein feuriger Polemiker und unvergleichlicher Redner, übernahm das Zepter in der Ewigen Stadt. Er war Schüler Abälards und hatte in Saint-Hilaire, am linken Seineufer, vielbeachtete Vorlesungen gehalten. Später wurde er Abt eines Klosters in Brescia. Schon sehr früh geißelte er die Mißstände in der zeitgenössischen Kirche und entwickelte einen großangelegten Entwurf für religiöse Reformen. Die Hauptforderungen seiner Lehre waren die Rückkehr zur apostolischen Lebensweise und die Rückgabe kirchlicher Güter an die weltliche Macht. Das Laterankonzil verurteilte seine umstürzlerischen Ideen, und er streifte lange durch Frankreich. Auf Schritt und Tritt von den wütenden Verwünschungen des Abtes von Clairvaux verfolgt, war Arnold von Brescia schließlich in Zürich und dann sogar in Böhmen aufgetaucht. Bernhard beschimpfte ihn als «Ungeheuer mit dem Kopf einer Taube und dem Schwanz einer Schlange…, Feind des Kreuzes Christi…, unverbesserlichen Schismatiker, Sämann der Zwietracht, Störer des Friedens, Zertrümmerer der christlichen Einheit». Rom jedenfalls erlag dem Redefeuer dieses geborenen Agitators. Er war ein Prophet mit biblischem Hauch, dem man nachgesagt hat, sein einziger Fehler habe vielleicht darin bestanden, «daß er nicht in seine Zeit paßte».

Die römische Frage und einige andere, die stark nach Ketzerei rochen, mußten vordringlich gelöst werden. Da Eugen III. auf der Apenninhalbinsel nicht mehr sicher war, überschritt er Anfang 1147 bei Susa die Alpen und zog die Täler von Rhone und Saône hinauf. In Lyon und Cluny machte er Zwischenstation. In Dijon erwartete ihn schließlich der französische König Ludwig VII. Man sprach über den Kreuzzug, den Bernhard mit aufpeitschenden Worten ins Leben gerufen hatte. Der Papst logierte bei Bernhard von Clairvaux, der ihn nachhaltig beeinflussen sollte. Am 12. Juni übergab Eugen III. dem König von Frankreich den Pilgerstab. Ludwig VII. und Kaiser Konrad III. standen unmittelbar vor ihrem Marsch in den sagenumwobenen Orient, wo sie ein Desaster erwartete…

Auf seiner Weiterreise versuchte Eugen III. die vielen disziplinarischen Fragen zu lösen, die man eilends an ihn herantrug. Am 30. April zog er im Triumph in Trier ein. Erzbischof Adalbero, Arnold von Köln, zwanzig Kardinäle, zahlreiche Bischöfe und Äbte sowie eine jubelnde Menge bereiteten ihm den Empfang. Die erste Angelegenheit, mit der er sich in der einstigen Römerstadt befassen mußte, war die umstrittene Wahl zum Yorker Erzbischofsstuhl, ein Problem, das einen ganzen Rattenschwanz von Streitigkeiten nach sich gezogen hatte.

Wie bereits erwähnt, hatte Heinrich, Bischof von Winchester, der Bruder des englischen Königs, in seiner Eigenschaft als päpstlicher Legat im September 1143 seinen Neffen Wilhelm Fitzherbert zum Erzbischof von York geweiht. Vorausgegangen war dieser Weihe ein kompliziertes kanonisches Verfahren am römischen Hof, bei dem es nach Meinung einiger Zeitgenossen zu manchen Unregelmäßigkeiten gekommen war. Dies rief mehrere Mitglieder des Kapitels und Zisterzienseräbte aus der Provinz auf den Plan. Neben der Anschuldigung des Nepotismus wurde alsbald der Vorwurf der Simonie erhoben. Bernhard von Clairvaux zögerte nicht lange und nahm den Fehdehandschuh auf. Er brandmarkte den neuen Erzbischof als «öffentlich bloßgestellt», tauchte seine Feder ins Gift und schrieb dem Papst einen erbosten Brief, in dem er ihm das Dilemma der «unglücklichen Äbte» auseinandersetzte, «die gezwungen sind, die Sakramente aus der Hand eines Mannes zu empfangen, der widerrechtlich sein Amt ausübt.» «Wenn ich mich nicht irre,» schloß er, «räumen sie eher ihre Stühle, als daß sie sich vor diesem Götzenbild verneigen.» Der früh verstorbene Cölestin II. hatte keine Entscheidung mehr fällen können, und Lucius II. hatte gezaudert.

Doch nun durften die Gegner Wilhelm Fitzherberts auf Genugtuung hoffen, denn Eugen III. stand stark unter dem Einfluß

Bernhards. Objektiv fehlte es nicht an kirchenrechtlichen Gründen für eine Annullierung der Wahl. Zudem erklärte der Bischof von Durham im rechten Augenblick, der Graf von York habe bei der Wahl Fitzherberts Druck auf die Mitglieder des Kapitels ausgeübt. Allerdings mischte man der Wahrheit etliche Verleumdungen unter. «Was man über ihn sagt», schrieb Bernhard, «wäre genug, um einem Soldaten das Koppel abzunehmen...»

So geschah es denn auch. Im Frühjahr 1147 wurde Wilhelm Fitzherbert abgesetzt und die Anordnung erlassen, binnen vierzig Tagen einen neuen Erzbischof zu wählen. Das Kapitel von York versammelte sich in der Kirche St. Martin von York. Doch die Stimmberechtigten waren mit der päpstlichen Entscheidung weniger zufrieden, als man vielleicht erwartet hätte. Das Kapitel war sich uneins. Ein nicht unerheblicher Teil stimmte für einen ziemlich unscheinbaren Geistlichen der Kurie namens Hilarius. Er galt als offizieller Kandidat. Die Mehrheit wählte den Abt des Zisterzienserklosters Fountains, Heinrich Murdach, einen erbitterten Gegner Wilhelm Fitzherberts. Der neugewählte Erzbischof überquerte in aller Eile den Kanal, stattete Clairvaux einen kurzen Besuch ab und begab sich anschließend sofort nach Trier. Eine Woche nach seiner Ankunft, am 7. Dezember 1147, ließ er sich von Eugen III. weihen und nahm das Pallium entgegen.

Damit schien die Angelegenheit bereinigt. Sie war es keineswegs. Die Unstimmigkeiten im Kapitel zu York gaben Anlaß zu den schlimmsten Befürchtungen. Der Pontifex war sich der Gefahr bewußt. Um die Waage auszutarieren, ernannte er Hilarius, einen Günstling des Johannes von Salisbury, zum Bischof von Chichester. Doch auch damit war der Streit nicht beigelegt. Wie Wilhelm von Newburgh berichtet, war der neue Erzbischof Heinrich Murdach kaum nach England zurückgekehrt, als Stephan von Blois den Treueid auf die Krone von ihm verlangte. Heinrich weigerte sich hochmütig. Die Ankunft des Prälaten entfachte in York einen Sturm der Entrüstung. Es kam zu solchen Ausschreitungen, daß Heinrich Murdach das Interdikt über die Stadt verhängen mußte. Der König unterstützte die Aufständischen zunächst, beugte sich dann aber und erkannte den neugewählten Erzbischof an. Die Einwohner von York hielten jedoch treu zu

Wilhelm Fitzherbert, der inzwischen schon fast – und offenbar zu Recht – den Ruf eines Heiligen genoß. Sie vergällten dem neuen Erzbischof das Leben so sehr, daß er den Weg ins Exil nahm...

Sechs Jahre lang vergiftete die Auseinandersetzung das politische und religiöse Klima in England, wühlte Schmutz auf und entfesselte unwürdige Leidenschaften. Und selbst der Abt von Clairvaux schreckte nicht vor himmelschreienden Ungerechtigkeiten zurück. Es war bezeichnend, daß der englische König tief in diesen folgenschweren Zwist verwickelt war. Gervasius von Canterbury beschuldigt Stephan von Blois in seiner Chronik, er habe Wilhelm Fitzherbert «vor der kirchlichen Wahl» ernannt. Der König, der den unablässigen Angriffen Mathildes von Anjou ausgesetzt war, ließ seine Macht immer mehr abbröckeln. «Der Machtverlust des englischen Königs ermöglichte es dem Papst», bemerkt Raymonde Foreville, «einen Bischof abzusetzen, der vom König ohne vorangegangene Wahl ernannt und von einem Legaten, den einer seiner Vorgänger ernannt hatte, bestätigt worden war. So gesehen hatte es in der englischen Kirche seit der normannischen Eroberung niemals kanonische Wahlen im strengen Sinne gegeben.»

Um diese offenkundige Tatsache drehte sich der Streit der beiden Mächte. Er sollte weitreichende Folgen waren. Stephan von Blois sah, daß seine Macht zusehends schwand, und versuchte, die Zügel wieder an sich zu reißen. Doch ganz typisch für einen Mann, der sich in der schwächeren Position weiß, griff er zu Gewaltmaßnahmen und ließ es am nötigen Fingerspitzengefühl fehlen. Ein Beispiel für seine Ungeschicklichkeit lieferte er anläßlich des Konzils, das Eugen III. für den 21. März 1148, den vierten Fastensonntag des folgenden Jahres, nach Reims einberief. Zur Debatte standen zahlreiche heikle Fragen, die einzelne Punkte der kirchlichen Lehre und die Zukunft des römischen Stuhls betrafen. Auf Wunsch des Papstes sollten möglichst viele Bischöfe und Äbte aus ganz Europa an dem Konzil teilnehmen, um seinen Beschlüssen größeres Gewicht zu verleihen. Stephan von Blois sah darin eine willkommene Gelegenheit, seine Autorität unter Beweis zu stellen und die englische Kirche daran zu erinnern, daß sie unter seiner Vormundschaft stand. Er erlaubte nur drei sorgfältig ausgewählten Bischöfen die Reise nach Reims: Robert, Bischof von Hereford, Wilhelm von Norwich und seltsamerweise auch Hilarius von Chichester. Allen anderen wurde die Ausreise aus England strikt untersagt. Die ganze Angelegenheit erinnerte seltsam an den erbitterten Streit, den Heinrich I. Beauclerc und Anselm um die Canones des Laterankonzils zur Laieninvestitur geführt hatten…

Theobald von Canterbury war empört und fühlte sich moralisch zum Ungehorsam verpflichtet. Obwohl Stephan vorsorglich die englischen Küsten überwachen ließ, gelang es Theobald nach einer dramatischen Überfahrt in einem gemieteten Fischerboot, auf dem Kontinent zu landen. Wenig später traf er in Reims ein. Einige treue Mitarbeiter begleiteten ihn, unter ihnen auch Thomas Becket. Theobalds Ankunft glich einem Triumphzug. Das Konzil verdammte den unglücklichen Eon von Stella und die häretischen Bewegungen im Languedoc. Gilbert de la Porrée wurde wegen seiner umstrittenen Trinitätslehre vorgeladen. Der englische König entging nur deshalb der Exkommunikation, weil der Erzbischof von Canterbury persönlich für ihn eintrat. Allerdings wurden die Bischöfe, die sich Stephans Willen gebeugt hatten, suspendiert.

Stephan von Blois, schlecht beraten und nun in höchster Bedrängnis, leistete sich weitere dumme Fehler. Kaum hatte der Erzbischof wieder englischen Boden betreten, belegte er dessen Güter mit Beschlag und schickte ihn in die Verbannung. Damit ließ er es auf eine Kraftprobe ankommen. Theobald überquerte erneut den Kanal und ließ sich in Saint-Omer nieder. Von dort konnte er die nächsten Schritte beider Parteien gut überwachen. Da der König und sein Bruder Heinrich von Blois sich weiter starrköpfig zeigten, drohte er dem Königreich mit dem Interdikt. Eine fürchterliche Drohung. War das Interdikt erst einmal ausgesprochen, durften in ganz England keine Sakramente mehr gespendet und keine Messen mehr gefeiert werden. Die Kirche würde den Gläubigen das christliche Begräbnis verweigern! Allein Kindstaufen würde sie noch vornehmen und Sterbenden das Viatikum reichen. Doch der König blieb unbeugsam. Er gab sich sogar der Lächerlichkeit preis, als er dem Erzbischof von Armagh,

Malachias O'Moore, der sich gerade auf der Durchreise in England befand, die Überfahrt auf den Kontinent verbot – ohne damit freilich verhindern zu können, daß der päpstliche Legat Irlands, ein zu diesem Zeitpunkt bereits schwerkranker Mann, Wochen später in den Armen seines Freundes Bernhard von Clairvaux starb...

Theobald war seiner Sache sicher und wagte die Rückkehr nach England. Hugo Bigot, der Graf von Norfolk, nahm ihn als Gast auf seinem Schloß Framlingham auf, das keine drei Meilen von London entfernt lag. Dann verhängte der erzürnte Primas das Interdikt über das ganze Königreich. Die Gläubigen erzitterten, und mit ihnen Stephan von Blois. Er mußte erneut verhandeln. Und schließlich auch nachgeben. Wenig später kehrte der Erzbischof nach Canterbury zurück. Wieder läuteten die Glocken. Der kurze Schock war vorüber, aber die Krise hatte ihren Höhepunkt erreicht. Der König von England hatte weder an Prestige zurückgewonnen, noch hatte er der englischen Kirche etwas abgetrotzt, auch wenn ihm viele Geistliche willfährig waren. Und zu allem Überfluß hatte er sich endgültig alle Sympathien Eugens III. und der Kurie verscherzt – eine Tatsache von unabsehbarer Tragweite.

Über Thomas Beckets Tätigkeit am erzbischöflichen Hof in diesen Jahren ist genaugenommen nichts bekannt. Die Quellen sind einsilbig und belassen es bei konventionellen Andeutungen. Allerdings würdigen sie Thomas übereinstimmend als einnehmenden Menschen, intelligent, bedächtig in seinem Urteil, geschickt und verläßlich. Und ehrgeizig. Wilhelm von Canterbury, gewiß kein Mann böser Zunge, belegt das mit einer erstaunlichen Anekdote. Danach schlossen drei der am Hof tätigen Kleriker eine Art Beistandspakt *(sociale foedus)*, um sich beim Aufstieg in der Kirchenhierarchie gegenseitig zu helfen. Das Trio hatte eine verblüffende Zusammensetzung: Thomas von London, Johannes von Belméis und Roger von Pont-l'Évêque! Allen dreien sollte tatsächlich der Aufstieg in höchste Ämter gelingen. Freilich läßt diese Initiative, die dokumentiert ist und somit auch bekannt gewesen sein dürfte, Thomas' Charakter in einem seltsamen Licht erscheinen. Doch Erzbischof Theobald war von dem jungen Becket so fasziniert, daß er ihn bald zu seinem liebsten Ratgeber machte. Roger von Pontigny betont ausdrücklich, daß zwischen dem alten Mann und dem brillanten Kleriker, der über seltene geistige und körperliche Qualitäten verfügte, eine innige Beziehung bestanden habe. Es gibt keinen Grund, daran zu zweifeln.

Ebenso dürfte sich Thomas bei den wiederholten Auseinandersetzungen mit dem König, dessen Macht zusehends schwand, positiv hervorgetan haben. Es steht außer Zweifel, daß dieser «arbeitseifrige» Mitarbeiter hoch in der Gunst des Erzbischofs stand. Daß ihm dennoch bittere Erfahrungen nicht erspart blieben, haben wir gesehen...

Bald gelangte er zu Ehren oder, besser gesagt, zu einigen Pfründen, die ihm ein Auskommen sicherten und die Möglichkeit gaben, ein standesgemäßes Leben zu führen. An die erste gelangte er durch eine Freundschaft. Am 4. März 1151 wurde der Hofkleriker Johannes von Pagham zum Bischof von Worcester geweiht. Bald darauf verlieh er seinem Vertrauten Thomas die Pfründe St. Mary-Strand. Eine weitere erhielt Thomas von Erzbischof Theobald: Ottford in Kent. Damit konnte er kirchliche Rechte in Anspruch nehmen, ohne daß er gleich das Leben eines ordinierten Priesters führen mußte. Gemessen an dem vielzitierten Beispiel Bernhards des Schreibers nehmen sich Thomas' Pfründen eher noch bescheiden aus. Bernhard, ein Vertrauter Heinrichs I. Beauclerc, hatte fünf Kirchen in Cornwall und jeweils eine in Surrey, Hampshire und Northamptonshire besessen. Wie Jacques Paul spöttisch anmerkt, war es eine lukrative Angelegenheit, «die Einkünfte selbst einzustreichen und anderen die Ausübung des Amtes zu überlassen». Zu letzterem wäre Thomas ohnehin nicht befugt gewesen.

Der Erzbischof setzte in Thomas große Hoffnungen. Allerdings gab es da ein gewaltiges Hindernis: Thomas, der die Schwelle zum dreißigsten Lebensjahr bereits überschritten hatte, verfügte nur über ein spärliches geistiges Rüstzeug. Er hatte durchaus nicht den eindrucksvollen Bildungsweg hinter sich gebracht, den Johannes von Salisbury in seinem *Metalogicon* beschreibt: ein zwölfjähriges Studium aller Wissenschaften an verschiedenen

Schulen unter Anleitung von mehr als zehn Magistri, die zu den besten der Zeit gehörten. Wir haben gesehen, unter welchen Umständen Thomas seine Studien im *Quartier latin* hatte abbrechen müssen. William Fitzstephen lobt seine vielseitige Begabung in höchsten Tönen, läßt aber in finem Nebensatz einfließen, daß seine Kollegen am Hof von Canterbury weitaus gebildeter waren *(inter eos adhuc inferior litteris)*. Beryl Smalley gelangt in einer jüngst erschienenen Studie zu dem wohlbegründeten Schluß, Thomas sei stets ein «Sonntagsstudent» gewesen. Viele und nicht zuletzt der Betroffene selbst fürchteten, daß dieser Mangel an Bildung für seine Karriere zu einem ernsten Hindernis werden könnte.

Erzbischof Theobald trennte sich daher schweren Herzens von seinem tüchtigen und scharfsinnigen Mitarbeiter, damit dieser die renommiertesten Schulen besuchen konnte. Er versah ihn mit ausreichenden Geldmitteln für ein annehmliches Leben und schickte ihn zur Vervollkommnung seiner Studien auf den Kontinent. Dort sollte er in die «Wissenschaft von den göttlichen und menschlichen Dingen» vordringen, die für einen Mann wie Alkuin die Krönung der Weisheit war. Thomas von London sollte sich bald mit juristischen Feinheiten vertraut machen, die mit den «alten Gewohnheiten» des Königreichs England kaum zu vereinbaren waren.

Kapitel III

Die Feinheiten des Rechtes

In der Mitte des 12. Jahrhunderts war Bologna für das Recht das, was Paris für die Theologie war. *Bononia mater studiorum...* Schon Ende des vorigen Jahrhunderts hatte sich die Hauptstadt der Emilia einen glänzenden Ruf erworben. Neben den freien Künsten praktizierte man dort die Jurisprudenz, und die «legum doctores» brachten es zu bedeutendem Wohlstand. Bologna hatte stark vom raschen Niedergang der Rechtsschulen in Ravenna profitiert und sich dank seiner einzigartigen Lage an der antiken *Via Aemilia,* am Knotenpunkt der Straßen, die in die juristischen Hochburgen Rom, Pisa und Pavia führten, rasch zu einem Geisteszentrum entwickelt, in dem römische, byzantinische und langobardische Einflüsse verschmolzen. Schon sehr früh machte die Stadt im Heiligen Römischen Reich Deutscher Nation von sich reden, und Friedrich Barbarossa räumte den dort lebenden Ausländern auf Verlangen der Studenten einen besonderen Rechtsstatus ein. Sie kamen aus ganz Europa: aus der Toskana, der Lombardei, aus Frankreich, der Picardie, Burgund, dem Poitou, der Gascogne, der Touraine, der Normandie, der Provence und Katalonien, aus Ungarn, Polen, Deutschland und England und bezeugten die Vorrangstellung dieser bewunderten und wohlhabenden Stadt, die ihren Münzen die stolze Devise *BONONIA DOCET* aufprägte.

Das war es, was Theobald von Canterbury für seinen Schützling suchte: ein Geisteszentrum von Rang, wo man den Dingen auf den Grund ging, wo man Thomas Becket zu einem wahren Gelehrten, zu einer «Leuchte des Rechtes» ausbilden konnte.

Gegen 1151 entdeckte der vielversprechende Engländer diese bezaubernde Stadt, die neue, von herrlichen Türmen überragte Mauern umschlossen. Wir wissen nicht, was er empfand, als er zum ersten Mal den schwindelerregend hohen Torre degli Asinelli, die florierenden Märkte oder die herrliche Kirche Santi Vitale e Agricola sah, eingetaucht in gleißendes Licht. Ebensowenig ist über seine Unterbringung und seine Studien bekannt. Wir können aber davon ausgehen, daß er nicht mit der Masse der armen Studenten verkehrte, die wie in Paris in den Straßen herumlungerten. Immerhin war er ein reifer Mann, der schon viele Erfahrungen gesammelt und sogar an delikaten Verhandlungen teilgenommen hatte. Ob er in Bologna Umgang mit Landsleuten pflegte, die dort bereits in großer Zahl vertreten waren? Wir wissen es nicht. Sicher ist dagegen, daß er sich dank seiner Pfründen gleich dem Studium widmen konnte, ohne sich um das Morgen zu sorgen. Der ansonsten gut informierte Johannes von Salisbury beläßt es bei dem Hinweis, Thomas habe seine Kenntnisse im «Zivilrecht» und im kanonischen Recht vervollkommnet. Das war wenig, und doch hatte es auf seine nähere Zukunft erhebliche Auswirkungen. Von daher ist es nicht uninteressant, sich ein wenig genauer mit dem Stoff zu befassen, der im Mekka der Rechtswissenschaft in jenen Jahren gelehrt wurde.

Als Thomas – möglicherweise in Begleitung seines alten Freundes Johannes von Belméis[1] – nach Bologna kam, war dort noch die Erinnerung an einen Mann lebendig, der dem Rechtsstudium neue Wege gewiesen hatte. Sein Name war Irnerius, und sein Tod lag gerade zwei Jahrzehnte zurück. Der um 1060 geborene Irnerius hatte Mathilde von Tuszien unterstützt, als sie im endlosen Investiturstreit für Gregor VII. Partei ergriff, war später Vertrauter Kaiser Heinrichs V. (des verstorbenen Gatten Mathildes von Anjou) und machte schließlich in Bologna eine glänzende Karriere als Professor und Schriftsteller. Sein unermüdliches Schaffen galt dem Studium des römischen Rechts, das wieder zu Ehren gelangte. Ihm widmete er zwei größere Werke: die *Summa codicis* und vor allem die berühmte Abhandlung *Fragen zu den Feinheiten des Rechtes.*

Sein Lehrwerk stützte sich auf die Arbeiten illustrer Vorgänger, die im Laufe der Jahrhunderte bereits ein wenig Ordnung in den gewaltigen Korpus an überliefertem römischem Recht zu bringen versucht hatten. So konnte er auf Kompilationen der Codices

Gregorianus und Hermogenianus zurückgreifen, die aus der alten Zwölftafelgesetzgebung hervorgegangen waren. Ebenso lagen der berühmte, von Gajus und Papinian vervollständigte Codex Theodosianus sowie die *Institutionen, Digesten* und *Novellen* des Justinian vor. Daß man das altüberlieferte Zivilrecht bereits in Byzanz zu aktualisieren versucht hatte, zeigen die *Ekloge* Kaiser Leons III. aus dem 8. und die *Basiliken* aus dem 10. Jahrhundert. Und was Italien anging, so belegte eine Übersetzung der vierunddreißig *Novellen,* daß sich die klügsten Köpfe der Halbinsel noch immer brennend für das antike «Völkerrecht» interessierten.

Parallel zum römischen Recht hatte sich die Gesetzgebung der Barbaren entwickelt: das *Breviarium Alaricianum,* das 506 in Toulouse für das westgotische Spanien promulgiert worden war, das *Edictum Theoderici* des ostgotischen Italiens, die Gesetze der fränkischen und angelsächsischen Volksstämme, die berühmte Gesetzessammlung *Loi Gombette* von König Gondebaud sowie die *Lex Romana Burgundionum*. In der Lombardei zeugten das *Edictum* König Rotharis aus dem 7. Jahrhundert und die *Edicta Liutprandi* aus dem darauffolgenden Jahrhundert von den Bemühungen der Juristen, die Codices der Nicht-Römer zu romanisieren. Zur gleichen Zeit und vor dem gleichen geistigen Hintergrund zeichnete sich das Bemühen ab, das völlig disparate Gesetzessystem zu vereinheitlichen; in den verschiedenen Gegenden hatten bis dahin die unterschiedlichsten Rechtsbräuche vorgeherrscht, vor allem dort, wo die Erinnerung an «alte Gewohnheiten» noch lebendig geblieben war. Die großen Sammlungen entstanden in Italien, und nicht von ungefähr hatten sich so einflußreiche Persönlichkeiten wie Lanfranc von Bec, Erzbischof von Canterbury unter Wilhelm dem Eroberer, oder Ivo von Chartres dort die wichtigsten Anregungen für ihr juristisches, theologisches und politisches Denken geholt.

Irnerius' gewaltiger Beitrag zur methodischen Erneuerung der Rechtswissenschaft bestand darin, daß er als erster Textkritik und Auslegung miteinander verband. Ein Vierteljahrhundert lang unterzog der berühmte *magister artium* aus Bologna Justinians *Corpus juris civilis* einem umfassenden Studium. «Er führte die Methode ein, den Text mit interlinearen und marginalen Glossen zu versehen. Aber die Glossatoren leisteten noch sehr viel mehr: Sie suchten nach Ähnlichkeiten und Abweichungen in anderen Rechtstexten, versahen sie mit kritischen Anmerkungen und bemühten sich, auftretende Widersprüche miteinander zu vereinbaren. Sie betrieben eine Art Kasuistik, indem sie Präzedenzfälle anführten und erläuterten. Manche Texte faßten sie zu Maximen zusammen, die man damals *brocardia,*[2] Rechtssprichwörter, nannte. Schließlich zeigten sie juristische Problemfälle und ihre Lösungen auf. Irnerius und seine Zeitgenossen haben auf diese Weise einen Großteil der *Digesten* und *Institutionen* bearbeitet...; die *Novellen* und das *Liber feudorum* des langobardischen Rechtes wurden mit dieser neuartigen Methode ergänzt.»

Diese Renaissance des römischen Rechts sollte sich bald bis in die letzte Konsequenz weiterentwickeln. «In der Bologneser Schule bildet sich bereits im 12. Jahrhundert der Gedanke staatlicher Unabhängigkeit heraus ... Daß die Untertanen dem Fürsten Gehorsam schulden, wird nun nicht mehr aus der alten karolingischen Doktrin abgeleitet, nach der ihre Unterwerfung unter die Obrigkeit von Gott und seinem Stellvertreter auf Erden verlangt wird, sondern aus einer nüchternen Analyse der Erfordernisse des sozialen Lebens.» Zehn Jahre nach Thomas' Aufenthalt in Bologna machte sich Stephan von Tournai in seiner *Summa* zum Verfechter des «Königs als Kaiser in seinem Königreich» und schrieb die Prärogativen der königlichen Macht fest: das Recht der Gesetzgebung, die Rechtsprechung in letzter Instanz, Steuererhebung und die Entscheidung über Krieg und Frieden. «Wenn man darin auch nicht alle Obliegenheiten des Wohlfahrtsstaates aus dem 20. Jahrhundert findet», bemerkt Jean Gaudemet zu Recht, «so doch alle wesentlichen Attribute des Nachtwächterstaats aus dem 19. Jahrhundert...»[3] Ähnliche Neuerungen wie im Zivilrecht zeichneten sich auch im kanonischen Recht ab. Sehr viel stärker noch als die *jus civilis* war die kirchliche Gesetzgebung lange Zeit ein formal uneinheitliches Ganzes gewesen, zusammengesetzt aus verschiedenen Schichten, die sich im Laufe der Jahrhunderte übereinandergelegt hatten und die Gesetzgebung unpraktikabel machten. Seit den großen Werken des Altertums wie der Sammlung des Hippolyt von Rom, die später unter dem Namen *Ägyptische Kirchenordnung* bekannt wurde, oder der *Didache* hatte man begonnen, die Kanones der allgemeinen Konzile und römischen Synoden, die päpstlichen Dekrete sowie die verschiedenen Urkunden zur Kirchendisziplin, chronologisch oder nach sachlichen Gesichtspunkten geordnet, zu großen kanonischen Sammlungen zusammenzufassen. Die erste dieser Sammlungen war die *Dionysiana.* Sie wurde in Rom von einem skythischen Mönch namens Dionysius Exiguus (der Kleine) erstellt. Von da an sprudelten die Rechtsquellen immer reichlicher. Beiträge aus Irland (die berühmte *Hibernensis)* vermischten sich mit Texten aus Afrika, Gallien und Spanien. Philippe Wolff hat darauf hingewiesen, daß es bei dieser gewaltigen und noch nicht systematisierten Stoffmenge «jedesmal mühseligen Nachschlagens bedurfte, wenn man alle Vorschriften zu einem bestimmten Gegenstand wie Taufe, Eheschließung oder Priesterzölibat wissen wollte...»

Das Durcheinander wurde so groß, daß man – oft in löblicher Absicht – dazu überging, Rechtstexte zu verfälschen und authentische mit apokryphen Canones zu vermengen, wie etwa im Falle der sogenannten *Pseudo-Isidorischen Dekretalen.* Diese Fälschungen hatte ein mysteriöser Isidorus Mercator, ein Kleriker aus Le Mans, im 9. Jahrhundert angefertigt, um die Rechte Roms und seine Oberhoheit über die nationalen Episkopate abzusichern. Die Folgen waren nicht unerheblich.

Fälschungen dieser Art waren symptomatisch für das Bedürfnis, das Recht zu harmonisieren. Sie entsprangen dem Wunsch, aus dem überlieferten Rechtsstoff endlich eine für die Praxis nützliche Synthese zu schaffen. Es fragte sich nur, mit welchen Mitteln und zu wessen Nutzen. Bis Mitte des 12. Jahrhunderts war die berühmteste Sammlung – berühmter noch als die beiden Bücher *De causis synodalibus et disciplinis ecclesiasticis* des Regino von Prüm – das *Decretum,* das der Bischof Burchard von Worms zwischen 1008 und 1012 zusammen mit dem Bischof Walther von Speyer und einem Mönch der Abtei Lobbes erstellt hatte. Burchard griff auf alte Canones (einschließlich der *Pseudo-Isidorischen Dekretalen)* zurück, scheute sich aber nicht, eigenes hinzuzufügen, anderes zu streichen, zu ergänzen oder der herrschenden Rechtspraxis anzugleichen. Nach Marc Bloch war es Georges Duby, der diese «fast zynischen Bearbeitungen» aufgedeckt und verteidigt hat. «Und wirklich werden manchmal junge Entscheidungen unter dem Deckmantel ehrwürdiger Autoritäten präsentiert; hier und da werden Worte unterdrückt oder hinzugefügt, um die Aussage zu verdeutlichen oder der Gegenwart anzupassen. Aber kann man deshalb von ‹Zynismus› reden? Jene Epoche kannte schlicht und einfach keinen blinden Respekt vor dem Buchstaben. Ihr kam es auf den Sinn des Textes an, auf den Sinn, den sie ihm beilegte. Und Burchard war auf praktische Verwendbarkeit bedacht. Durch kleine Retuschen vervollkommnete er sein Instrument und behielt sich im übrigen vor, es mit Glauben und Liebe zum besten zu handhaben.»[4]

In welcher Absicht Burchards Kompilation auch zustandegekommen sein mag, sie hatte enormen Erfolg und fand Eingang in bischöfliche Bibliotheken in ganz Europa. Gelegentlich wurde sie auch lokalen Bedürfnissen angepaßt. Theobald von Canterbury, ein beschlagener Kanonist, hatte sie offenbar in die Bibliothek des Klosters Christchurch eingeführt. Dort lag sie neben den aus Bec stammenden Manuskripten der *Pseudo-Isidorischen Decretalen* und jener großen Synthese, die auf Lanfranc zurückging und «die angelsächsischen Pönitentialbücher und die vorangegangenen Sammlungen der Reformbischöfe des 10. Jahrhunderts abgelöst hatte…»

Da man sich gewiß auch in Bologna mit dem Dekret des Burchard von Worms befaßte, erscheint es nützlich, seinen philosophischen Hintergrund und seine Wirkung zu beleuchten. Für den rheinischen Prälaten lassen die ältesten Canones keinen Zweifel daran, daß der Papst als Nachfolger Petri Anspruch auf die Regierung, Gesetzgebung und Rechtsprechung hat. Die päpstlichen Dekrete stehen demnach über den Beschlüssen der Provinzialsynode, und die Canones des allgemeinen Konzils erlangen nur dann Gesetzeskraft, wenn sie vom Papst für rechtsgültig erklärt werden. Dennoch handelt es sich hier um einen besonders gemäßigten Ultramontanismus. Wie Marcel Pacaut, ein brillanter Kenner der Materie, einleuchtend dargelegt hat, ist Burchard von

Worms «auch ein Förderer des Episkopats ... Obwohl er es für richtig erachtet, daß dem Bischof die größte Macht zukommt, räumt er ein, daß er ständig von den anderen Bischöfen der Provinz und – theoretisch und in Ausnahmefällen – auch vom römischen Papst kontrolliert werden muß. Damit präsentiert sich die Kirche nicht als ein loses Gefüge von Provinzen und Diözesen, dessen Einheit nur durch die Präsenz des römischen Stuhls und die Bindung an ihn gewährleistet wird, sondern als ein Zusammenschluß dieser Bezirke und ihrer Kräfte unter der obersten und einzigen Autorität des Papstes. Bei regulärer Erfüllung der Aufgaben besteht für diese Autorität kein Anlaß, in die Obliegenheiten des Episkopats einzugreifen, sondern allein in besonderen Fällen.»[5]

Damit hatte der hervorragende Jurist einige Grundsätze dessen in Worte gefaßt, was man später eine «episkopalistische Theorie der Kirche» nennen sollte. Burchards Forderungen lassen sich kaum als die vorweggenommenen Ansprüche des Apostolischen Stuhls bezeichnen, wie sie sich aus dem Investiturstreit, den gregorianischen Thesen über die herausragende Bedeutung des Papsttums und den siebenundzwanzig Sätzen des berühmten *Dictatus Papae,* den man als die «Antwort der Theokratie auf die Ansprüche des Kaisertums» bezeichnet hat, herauskristallisieren sollten. Der Wortlaut der wichtigsten Sätze spiegelt in seiner Knappheit und Prägnanz den radikalen Charakter der päpstlichen Ansprüche wider: «Nur der römische Papst kann die Bischöfe absetzen und ihnen die Absolution erteilen ... Er allein gibt der Kirche die Gesetze und vereinigt und teilt die Diözesen. Er allein verfügt über die kaiserlichen Insignien. Er ist der einzige Mensch, dem die Fürsten die Füße küssen ... Sein Name ist einzig in der Welt. Er kann Kaiser absetzen ... Keine Rechtsordnung wird allgemein gültig ohne seinen Befehl. Kein kanonischer Text besteht ohne seine Autorität. Sein Urteil kann von niemandem geändert werden. Niemand darf ihn richten ... Der Papst kann die Untertanen ihres Treueides an Ungerechte entbinden.» Diese unerhörten Ansprüche beschnitten weitgehend die politische Macht und die traditionellen Rechte der lokalen Kirchen. Ein besonnener Geist wie Ivo von

Chartres betrachtete sie auf theoretischer Ebene und nach den Maßstäben des gesunden Menschenverstandes zwar kritisch, doch Hermann von Metz segnete sie auf Anfrage Gregors VII. bestens ab: «Warum sollte der Apostolische Stuhl, der in geistlichen Angelegenheiten richtet, nicht auch in weltlichen Dingen richten?»[6]

Genau dies hatte Gregor getan und entfachte damit in Europa einen Konflikt, der zwei Jahrzehnte andauern sollte. Zwei Gruppen mit gegensätzlichen Interessen prallten mit unnachgiebiger Härte aufeinander. Rom versank im Chaos. Gegner und Anhänger des Papsttums plünderten und brandschatzten die Stadt aus rein politischen Motiven. Gregor VII. starb geächtet, einsam und verbittert im Exil in Salerno. Und auch sein erbittertster Gegner Heinrich IV. beschloß sein Leben in quälender Einsamkeit. Am 23. September 1122 führten die Bemühungen von Wilhelm von Champeaux und Pontius von Cluny zur Ratifizierung des Wormser Konkordats. Diese Übereinkunft zwischen Kaiser Heinrich V. und Papst Calixtus II. war nicht ohne Hintergedanken zustande gekommen und zeugte in erster Linie von der Kriegsmüdigkeit beider Parteien.

Aber auch damit war der Konflikt noch nicht beigelegt. Arnold von Brescia, der mit früheren Reformbewegungen mehr gemeinsam hatte, als oft behauptet wurde, und der sich bisweilen in Übertreibungen verstieg, hob die Debatte auf eine zugleich theologische, moralische und institutionelle Ebene. «Geistliche mit Besitz, Bischöfe mit Regalien, Mönche mit Gütern werden nicht erlöst werden.» Als der Papst die Ewige Stadt verlassen hatte, ließ Arnold dort die Rufe des *Senatus populusque romanus* erschallen und wiegelte die Massen auf. Er endete auf dem Scheiterhaufen. Die Flammen sollten gegen Ende des Jahrhunderts noch in Joachim von Fiores *Ewigem Evangelium* nachzüngeln… (Wörtlich: «Einführung in das Ewige Evangelium». Vermutlich eine Verwechslung mit Joachims Schüler Gerhard von San Donnino. Das kursiv Gesetzte ist kein Werktitel, sondern der Kerngedanke Joachims. Danach stehen seine Zeitgenossen vor einem neuen Zeitalter des «Heiligen Geistes», in dem das «ewige Evangelium» herrscht. A.d.Ü.)

Im Schoß der Kirche und in voller Übereinstimmung mit ihr konnte sein Begriff einer allmählichen Evolution von einer Epoche zur anderen nur in differenzierterer Form bestehen. Später sollte Gerhoch von Reichersberg, ein überzeugter Gregorianer, eine moralische Reform predigen, die von den Geistlichen verlangte, ihre Lebensführung stärker an die Grundsätze des Evangeliums anzulehnen. Ein Honorius von Autun vertrat noch «die völlige Unterordnung des Staates unter die Kirche». Bernhard von Clairvaux, der die Debatte aus der Ferne bestimmte, vertrat den Primat des römischen Stuhls wie auch dessen Anspruch auf «die volle Macht» und wetterte gegen diejenigen, die ihre moralische Vollkommenheit der «Liebe zur Eitelkeit» opferten. In seiner Schrift *De moribus et officio episcoporum* stigmatisierte er die Geistlichen, die «in der Kirche die ersten Stufen der Würden erklommen haben» und «darauf brennen, ihren Einfluß auszudehnen und noch höher hinaufzusteigen». Man erschaudert beim Gedanken, was er von dem Beistandspakt der drei Kleriker aus Canterbury gehalten hätte...

Thomas Becket, ein Kleriker mit Pfründen und vom Erzbischof von Canterbury wieder zum Studenten gemacht, bereitete sich in Bologna darauf vor, «höher hinaufzusteigen». Wer wollte ihm das verübeln? Immerhin konnte sich die berühmte Universität damit brüsten, einen der angesehensten Magister in ihren Reihen zu haben, dessen Ruhm und Werk die eines Irnerius bei weitem überstrahlte. Thomas hatte ihn zweifelsohne zum Lehrmeister.

Dieser Mann hieß Gratian. Er war Kamaldulensermönch und residierte im Kloster St. Felix und Naborius zu Bologna, wo sich vor langer Zeit eine renommierte Schule niedergelassen hatte. Seine Herkunft, sein Geburts- und Todesdatum liegen völlig im dunkeln. Und doch gab es wenige Menschen, die einen ähnlich entscheidenden und anhaltenden Einfluß ausübten. Er war der Initiator eines autonomen Unterrichts im kanonischen Recht, und in den vierziger Jahren des 12. Jahrhunderts verfaßte er ein bedeutendes Werk, das jahrhundertelang nachwirken sollte: die *Concordia discordantium canonum,* die man bald schlicht *Decretum Gratiani*[7] nannte. Dieses Lehrbuch des leidenschaftlichen Kompilators glich in mancherlei Hinsicht den bereits bestehenden großen Sammlungen, bei denen er vielerlei Anleihen gemacht hatte. Wie seinen Vorgängern ging es auch Gratian vor allem um eine Zusammenfassung des vorhandenen Rechtsstoffes. Ein Drittel seiner Kanones stammt aus dem Dekret des Ivo von Chartres. Er schöpft aus Burchard von Worms, aus der Sammlung des Anselm von Lucca, aus dem *Polycarpus,* kurz aus allem, was das Hochmittelalter an Canones hervorgebracht hatte. Insgesamt enthält die Sammlung etwa 3 700 Canones, die reich sind an biblischen Bezügen und Zitaten von Kirchenvätern wie Augustinus, Hieronymus, Ambrosius von Mailand, Gregor dem Großen, Isidor von Sevilla, Cyprian, Johannes Chrysostomos und vielen anderen.

Das Lehrbuch zeichnet sich nicht zuletzt dadurch aus, daß es der Heiligen Schrift und patristischen Zitaten breiten Raum einräumt. Gratian «entlehnt bei den Kirchenvätern juristische Definitionen und hält sich eng an deren exegetische Kommentare, wenn es gilt, in der Heiligen Schrift enthaltene Gebote und Ratschläge zu bewerten. Die Dekretisten erkennen nicht nur die *auctoritas Patrum* an, sondern auch, da sie vom Heiligen Geist inspiriert sind, die Autorität der Väter bei der Auslegung der Heiligen Schrift.» Man hat das *Decretum Gratiani* oft als «patristische Blütenlese» bezeichnet, kein geringes Kompliment.[8] Was jedoch die Originalität und den Wert von Gratians Werk ausmacht und seine gewaltige Wirkung erklärt, das ist sein solider und klarer innerer Aufbau, die Anzahl der behandelten Rechtsfragen und das, was man heute einen «kritischen Apparat» nennen würde. Das Dekret umfaßt drei klar getrennte Bücher; diese sind in einzelne Teile und Distinktionen gegliedert *(distinctiones* und *causae,* die wiederum in *quaestiones* unterteilt sind). Das erste Buch behandelt die Rechtsquellen sowie die kirchlichen Personen und Ämter; das zweite kirchliche Rechtsfragen (Simonie, Prozeßrecht, Eherecht und Buße); das dritte Orte und Zeiten der Kultausübung, Sakramente wie Taufe und Eucharistie sowie die Sakramentalien.

Außerdem wäre da noch der Kommentar. Denn das *Decretum Gratiani* ist in der Tat mehr als nur eine stark komprimierte und systematisierte Zusammenstellung von Quellenstellen *(auctorita-*

tes), wie der Titel «Konkordanz nicht übereinstimmender Canones» unmißverständlich andeutet. Der Titel ist programmatisch. In diesem gewaltigen Korpus von Rechtstexten aus verschiedenen Quellen, Epochen und mit unterschiedlicher Zielsetzung wimmelt es von Widersprüchen. Die Erfahrung hatte oft gezeigt, daß es nicht damit getan war, den Rechtsstoff nur zu systematisieren. Gratian betätigte sich denn auch begeistert als Kommentator und versah die Texte, je nach Schwere der Problematik, mit mehr oder minder langen Erläuterungen, den sogenannten *Dicta Gratiani.* Bei seinen Kommentaren zu den einzelnen Canones schwang sich der Jurist zum Theologen oder Moralisten auf, zog das Glaubens- und Lebensbuch der Bibel zu Rate, interpretierte und bemühte sich vor allem um eine Vermittlung der Widersprüche.

Das Werk, das nicht ohne Grund als erster Codex des kanonischen Rechtes gilt, erlangte zwar nie Gesetzeskraft, doch seine Wirkung war bemerkenswert. Es wurde zur Grundlage der Schule der Dekretisten und befruchtete später auf indirektem Wege die spekulative Theologie. Schon 1150 ließ sich Petrus Lombardus, der Bischof von Paris, bei der Ausarbeitung seiner *Sentenzen* stark von Gratians Dekret beeinflussen. Über ein Jahrhundert lang sollten Schwärme von Studenten und Magistri des scholastischen Denkens die *Sentenzen* kommentieren. Die kurzen Glossen zu den Begriffen des Dekrets wurden damit zum Fundament des gewaltigen Lehrgebäudes, das in den Summen und großen Systemen des 13. Jahrhunderts gipfelte.

Das Wesentliche an den Kommentaren des Bologneser Magisters lag allerdings in ihrer bewußt gregorianischen Ausrichtung. Zu Recht wurde Gratian nachgesagt, er habe «seine Kanonistik in den Dienst der römischen Oberherrschaft gestellt». Wann immer es darum geht, ein schwieriges konkretes Problem zu lösen, «tritt die Spekulation hinter die Erfordernisse der Disziplin zurück ... Als oberster Gesetzgeber bleibt der römische Pontifex der oberste Exeget des Rechtes und der Heiligen Schrift.» Gegebenenfalls kann sich der Papst auch über das Recht hinwegsetzen oder an dessen Stelle treten. «Du bist der große Priester», schrieb später Bernhard von Clairvaux seinem Schüler Eugen III., «der Pontifex Maximus, Fürst der Bischöfe und Nachfolger der Apostel. Du hast die Auserwählung Abels, den Führungsanspruch Noahs, die Würde Aarons, die Autorität Mose, das juristische Prärogativ Samuels, die Macht Petri und die Salbung Christi.»

Gratian dachte nicht anders, und offenbar erkannten die lokalen Kirchen Mitte des 12. Jahrhunderts die gewaltige Autorität Roms widerspruchslos an, wie übrigens auch die Fürsten, die «sich nicht gegen die innere Einmischung des Papstes in ihren Staaten» auflehnten. Der angesehene Jurist aus Bologna war das Sprachrohr einer religiösen Restauration, die dem Papsttum seit fast einem Jahrhundert Auftrieb gab. In seiner *Göttlichen Komödie* sollte ihm Dante Alighieri mit einigen spöttischen Versen ein Denkmal setzen:

«Das nächste Leuchten kommt aus dem Gesichte
Des Gratian, der hob die beiden Rechte
So hoch, daß er das Paradies verdiente.»[9]

Zwar war Gratian der bedeutendste Jurist und Neuerer des Bologneser Rechtsunterrichts Mitte des 12. Jahrhunderts, doch auch andere gaben dem Studium wichtige Anstöße. Zur gleichen Zeit, als sein Dekret Einzug in das juristische und theologische Denken hielt, lehrte in Bologna auch der angesehene Kanonist Roland Bandinelli, der dort seine *Summa* schrieb, seinen Kommentar zum berühmten *Decretum magistri Gratiani*, mit dem sich überraschend schnell ein Schülerkreis befaßte. Der aus Siena stammende Kleriker stieg am Ende des Pontifikates Eugens III. zum Kanzler der römischen Kirche auf. Später wurde er Papst, und in dieser Rolle wird er uns in Thomas Beckets Lebensgeschichte auf Schritt und Tritt begegnen.

Das Jahr, das Thomas in der Hauptstadt des Rechtes verbrachte, sollte zu einem der prägendsten Abschnitte seines Lebens werden, ohne daß er sich darüber im klaren gewesen wäre. Wie alle Studenten dürfte der Kleriker aus Canterbury erbleicht sein, als er mit den zivilrechtlichen Denkmälern und dem Gratianischen Dekret konfrontiert wurde. Der Kommentar stand damals auf allen Unterrichtsstufen ebenso auf der Tagesordnung wie der «Disput» im Studium der Theologie oder der Philosophie. Die erhaltenen Zeugnisse dieser berühmten glossierten Gesetzessammlungen zeigen auf anschauliche Weise die Arbeitsweise der Kommentatoren. Genau in der Mitte der herrlichen Pergamentseiten prangte, oft zweispaltig, der Gesetzestext in prachtvollen Lettern. Auf den vier Rändern ringsherum stand in feinerer Schrift der Kommentar, der seinerseits mit Bemerkungen besonderer Autoritäten versehen war. Aus dem minutiösen und beharrlichen Studium des Textes und seiner Glossen entsprang die Erkenntnis. Erst wenn die Studenten beides vollständig durchdrungen hatten, durften sie als wahre Rechtsgelehrte gelten.[10]

Kein Zweifel: Als Thomas Becket aus Bologna abreiste, war er ein beschlagener Kenner des Zivilrechts, des wiederaufblühenden römischen Rechts und des Kirchenrechts. Letzteres konnte man sich nur mit Hilfe von Gratians Lehrbuch und mit der Hingebung einverleiben, die den Verfasser bei der Arbeit angespornt hatte. Thomas' anschließender Aufenthalt in Auxerre, über den sich die Quellen beharrlich ausschweigen, konnte seine Ausbildung allenfalls abrunden, ihr aber gewiß keine andere Richtung geben.

Thomas kehrte nach Canterbury zurück. Endlich schien der nicht mehr ganz junge Student die Bildung zu besitzen, die seinem legitimen Ehrgeiz entsprach. Jedenfalls sieht eine bewanderte Expertin wie Raymonde Foreville in Thomas von London den Mann, der das Gratianische Dekret in England eingeführt hat. Mit allen notwendigen Konsequenzen: «Methodisch präzis und gestützt auf zahlreiche Autoritäten, unterstrich es den Primat des Apostolischen Stuhls in der Rechtsprechung und erläuterte alle sich daraus ergebenden Konsequenzen für den gesetzgeberischen, administrativen, juristischen und geistlichen Bereich. Daneben bestätigte es die Rechte und Immunitätsansprüche, welche die britische Kirche unter Stephan von Blois erhalten hatte. In England trat es zu einer Zeit in Erscheinung, in der die Macht der Kirche großes Ansehen genoß und auf Kosten der weltlichen Macht ständig wuchs. Dennoch sollte die juristische Renaissance des 12. Jahrhunderts auch der monarchischen Macht Vorschub leisten. Sie brachte das römische Recht zu neuen Ehren, das die uneingeschränkte Macht des Königs verherrlichte, und gewährleistete dessen Verbreitung im Königreich England, trotz des vorübergehenden Verbots durch Stephan von Blois[11]. Einem entschlossenen Fürsten, der mächtig genug war, die einstigen Prärogativen der Krone wiedereinzuführen, bot das Zivilrecht Rechtsgrundlagen, mit denen sich eine solche Kühnheit legitimieren ließ – gegebenenfalls auch gegen die Canones. Damit war die Möglichkeit eines Konflikts zwischen kirchlicher und weltlicher Macht gegeben; und einer Kollision der beiden Rechte, die bis dahin eng miteinander verflochten waren. Erst eine lange Rechtspraxis und der beiderseitige Wunsch nach Verständigung sollte die Parteien zur gütlichen Einigung und zum Kompromiß bewegen...»[12]

So weit war es offensichtlich noch nicht, als Thomas Becket Sprosse um Sprosse der Hierarchieleiter am erzbischöflichen Hof erklomm. Nach William Fitzstephen soll er nun «einer der gebildetsten Kleriker im Palast» gewesen sein. Es gibt freilich auch andere Meinungen, die man nicht übergehen sollte. Herbert von Bosham, der ihn als langer und engster Mitarbeiter bestens kannte, versichert, Thomas habe nie lateinische Verse schmieden können – zu jener Zeit ein schwerwiegender Mangel. Stephan von Rouen, der ihn verabscheute, behauptet, er habe das klassische Latein nie vollkommen beherrscht. In Anbetracht seiner unregelmäßigen Studienlaufbahn ist das mehr als wahrscheinlich. Wies seine juristische Ausbildung ähnliche Mängel auf – immerhin hatte er sie sehr spät aufgenommen und bald wieder beendet? Seine spätere Haltung legt die Vermutung nahe. Thomas scheint die Widersprüche zwischen weltlichem und kanonischem Recht zeitlebens nie meisterhaft beherrscht zu haben. Ein geschickter Jurist hätte mit den Widerspüchen jongliert und sich nicht für einen entschieden. Die souveräne Leichtigkeit eines Roland Bandinelli ging ihm ab, und es ist gewiß nicht übertrieben, wenn man Thomas jene Fehler zuschreibt, die Taine dem «Halbgebildeten» vorhält: «[Bei ihm] sind Prinzipien stets in unverhältnismäßig großer Zahl zu Gast; sie übersteigen sein Begriffsvermögen; vergeblich klammert er sich an seine Dogmen; er überschätzt ihre Bedeutung, begreift nicht, wo ihre Grenzen liegen, vergißt ihre Beschränktheit und wendet sie falsch an...» Ähnliche Vorwürfe sollten ihm mehrere seiner Zeitgenossen machen, auch treueste Anhänger.

Dennoch brachte Erzbischof Theobald von Canterbury Thomas von Tag zu Tag mehr Vertrauen entgegen. Und mit dem Vertrauen wuchs auch die Zahl seiner Pfründen. Der Bischof von London verlieh ihm eine im Kapitel von St. Paul's, und auch Robert von Chesney, der Bischof von Lincoln, versorgte ihn mit einem Benefizium. Guernes de Pont-Sainte-Maxence versichert uns etwas treuherzig, Thomas habe nie die Hand aufgehalten, «aber auch nie abgelehnt, wenn man ihm etwas schenkte». Wir glauben es gerne.

Der verwöhnte Sohn eines Londoner Bürgers hatte aus seinen Jugendjahren ein solides Bedürfnis nach Luxus sowie einen Hang zu Äußerlichkeiten und kostspieligen Vergnügungen zurückbehalten, was zu dieser Zeit jedoch keinen Anstoß erregte – schon gar nicht bei einem charmanten, intelligenten und weltgewandten Kleriker, der in Gesellschaft brillierte. Nur einen Fehler hatte die Sache: Thomas hatte noch keine Ordination. Seine Pfründen verschafften ihm lediglich die willkommene Möglichkeit, der Hetzjagd oder der Falkenbeize nachzugehen, Hunde zu halten und das Leben zu führen, das nach seiner Vorstellung seinem Rang entsprach. Damit kein schiefes Bild entsteht, soll nicht verschwiegen werden, daß seine Verschwendungssucht nicht zuletzt auch den Armen zugute kam, die er, ohne unnötig damit zu protzen, üppig beschenkte. Kurzum, er war ein Mann von «regem Lebenssinn», ungemein anziehend und unersetzlich.

Nur Roger von Pont-l'Évêque blieben die Selbstsicherheit und der einnehmende Charme Thomas Beckets stets ein Dorn im Auge. Seit 1147 war er Archidiakon von Canterbury und als solcher durchaus in der Lage, dem Aufsteiger größere Steine in den Weg zu legen. Es ist anzunehmen, daß der Erzbischof eine Eselsgeduld und viel diplomatisches Geschick aufbieten mußte, um seinen Liebling Thomas, in dem er ohne Zweifel geniale Fähigkeiten schlummern sah, vor den Anfeindungen dieses Kleingeistes zu schützen, der so mächtig war, daß er dauerhaften Schaden anrichten konnte. Ebenso kann man in Thomas' Entfernung vom Hof auch eine jener besonders großzügigen Maßnahmen sehen, nach denen sich Priester, die im Serail heranwachsen, alle zehn Finger lecken...

Jedenfalls wurde durch den Tod des frommen Wilhelm Fitzherbert, der – wie bereits im einzelnen beschrieben – erst nach zahllosen Wechselfällen zu seinem Amt gekommen war, der erzbischöfliche Stuhl von York vakant. Ein heißbegehrter Posten, der die Intriganten auf den Plan rief. Viel fehlte nicht, und es wäre zu einer Neuauflage der Ereignisse von 1141 gekommen, als wegen der Nachfolge Thurstans ein heftiger Konflikt entbrannt war. Wieder war das Domkapitel gespalten. In seiner Eigenschaft als päpstlicher Legat zitierte Theobald von Canterbury die Würdenträger des Kapitels, die Äbte und Prioren aus der Nordprovinz, nach London, fest entschlossen, das ganze Gewicht seiner Autorität in die Waagschale zu werfen, um eine erneute Fehlbesetzung zu verhindern. Wilhelm von Newburgh nimmt kein Blatt vor den Mund und spricht von «arglistigen Machenschaften, mit deren Hilfe diese Angelegenheit geregelt wurde». Das war auf den Erzbischof gemünzt. Theobald soll alle Hebel in Bewegung gesetzt haben, um mit Billigung des Königs das Kapitel von York «durch Abstimmung und Terror» dazu zu bewegen, seinen Kandidaten zu akzeptieren ... Roger von Pont-l'Évêque. Guernes von Pont-Sainte-Maxence sagt unumwunden, Theobald habe sich bei dieser Gelegenheit «mächtig ins Zeug gelegt».

Sehr wahrscheinlich sah Theobald, damals auf dem Gipfel seiner Macht, in dieser Wahl die einmalige Gelegenheit, die unruhige Provinz durch einen Mann seiner Wahl unter Kontrolle zu bringen, auch wenn dieser Mann ein schwer zu zügelndes Temperament hatte. Mit den denkbar besten Absichten – seinen Mangel an prophetischer Voraussicht darf man ihm nicht zum Vorwurf machen – beging er zwei Fehler. Zum einen weihte er Roger von Pont-l'Évêque am 10. Oktober 1154 in Westminster persönlich, und zwar nicht in seiner Eigenschaft als Primas, sondern als päpstlicher Legat. Zum anderen besetzte er den Erzbischofsstuhl von York mit dem erbitterten Feind Thomas Beckets.

Denn daß Theobald bei dieser im Eiltempo vorangetriebenen Angelegenheit auch die Zukunft von Thomas im Sinne hatte, scheint unbestreitbar. Dies zeigt sich schon daran, daß er ihn sogleich in das verwaiste Amt des neuen Erzbischofs einsetzte. Ohne zu zögern, stellte er ihn als Nachfolger Rogers von Pont-l'Évêque an die Spitze des Archidiakonates von Canterbury. William Fitzstephen schreibt genüßlich, Theobald habe ihn damit zum höchsten Würdenträger der Kirche von England gemacht, «nach den Bischöfen und Äbten». Bei aller Rhetorik, das Wort trifft den Kern der Sache. Der Archidiakon war als höchster Würdenträger des Domkapitels der engste Mitarbeiter des Erzbischofs. Aufgrund seiner Befugnisse war er praktisch eine Art Stellvertreter des Primas. Er hatte maßgebenden Einfluß auf die Gemeindegeistlichen, richtete Hirtenbriefe an sie und rief sie regelmäßig zu Synoden. Gegebenenfalls sprach er Recht und konnte Strafen verhängen. Sein Amt war so bedeutend, daß Heinrich I. Beauclerc, der stets auf eine Eindämmung der kirchlichen Gewalt bedacht war, sich das Recht auf seine Ernennung ausbedungen hatte.

Durch die rasche Berufung ins Diakonat fielen Thomas Becket die Pfründen zu, die sein Vorgänger kraft geltender kanonischer Bestimmungen hatte aufgeben müssen. Namentlich kam er in den Genuß der Propstei Beverley, eines der einträglichsten Benefizien von England. Er bezog die Residenz der Erzdiakone in einem Vorort im Osten der Stadt. In der Nähe lagen das Priorat St. Gregory und der malerische Weinberg von Christchurch.

Zum ersten Mal hatte Thomas von London einen hohen und verantwortungsvollen Posten inne. Er war vierunddreißig Jahre alt. Doch dies war nur der Anfang seines unaufhaltsamen Aufstiegs. Die Ereignisse, die England wenig später erschütterten, sollten den prunkliebenden Kleriker mit rasender Geschwindigkeit bis auf den Gipfel von Macht und Ehre tragen.

Kapitel IV

«Wie zwei Kinder...»

Am 25. Oktober 1154, einige Tage nachdem Thomas von London zum Archidiakon von Canterbury ernannt worden war, starb in Dover Stephan von Blois, der mit rührender Beharrlichkeit und beispiellosem Ungeschick die Auflösung der staatlichen Einheit zu bremsen versucht hatte und dabei in einen ausweglosen Konflikt geraten war. Erinnern wir uns: Nach dem Tod seines Sohnes hatte er die Thronfolge durch die Adoption von Heinrich Plantagenet, dem Sohn Kaiserin Mathildes, geregelt.

Heinrich Plantagenet war nach der triumphalen Rundreise durch sein zukünftiges Königreich wieder auf den Kontinent zu seiner Gemahlin Eleonore und seinem Erstgeborenen zurückgekehrt, den er nicht zufällig auf den Namen Wilhelm hatte taufen lassen: Nicht nur sein Großvater väterlicherseits hatte so geheißen, sondern auch die meisten seiner aquitanischen Vorfahren.[1] Von Stephans Tod erfuhr Heinrich Anfang November, als er bei Torigny-sur-Vire gerade den Sohn Roberts von Gloucester belagerte, der ihm wie viele andere bisher unverbrüchlich die Treue gehalten hatte. Der Erbe des englischen Throns neigte schon jetzt zu Zornausbrüchen... Er reiste zurück in die Hauptstadt des Herzogtums und brach von dort unverzüglich nach England auf, begleitet von seiner Frau, seinem Sohn und einer kleinen Eskorte, die nur aus den normannischen Bischöfen und seinen beiden Brüdern Gottfried, dem Grafen von Nantes, und Wilhelm bestand. Seine Mutter, die nun doch noch den glücklichen Ausgang ihres erbitterten Kampfes erleben durfte, zog es vor, den Sieg in ihrem Refugium, der Abtei Notre-Dame-des-Prés nahe Rouen, auszukosten.

Im Gewaltmarsch zog Heinrich nach Barfleur. Die See war aufgewühlt, wie so oft im Herbst. Der Sturm blies so heftig, daß an eine Überfahrt nicht zu denken war. Die Tragödie des *Weißen*

Schiffs war allen noch gegenwärtig, und kein Seemann hätte sich bereit gefunden, den König und sein Rittergefolge mitsamt Pferden und Proviant an Bord zu nehmen. Wer wollte schon die Hoffnung Englands dem Schicksal preisgeben. Einen ganzen Monat dauerte das zermürbende Warten, und Heinrich fürchtete schon, er würde nie den Lohn für seine lange Mühsal empfangen. Brennend vor Ungeduld beschloß er schließlich, das Schicksal herauszufordern. Am Abend des 6. Dezember gab er den Befehl, alle Vorkehrungen zu treffen, damit man am nächsten Tag in See stechen konnte. Es war der Tag des heiligen Nikolaus. Der König handelte nicht leichtfertig. Obwohl die Legende von den «drei Kindern, die in die Felder gingen und Ähren lasen», eben erst entstanden war, wußte jedermann in Barfleur, daß der berühmte Bischof von Myra vor langer Zeit einen Sturm besänftigt hatte und, unter anderem, Schutzpatron der Seeleute und Reisenden war. Zwar legte sich der Sturm nicht, doch am Morgen des 8. Dezember – nach einer apokalyptischen Überfahrt, bei der die Flotte zerstreut worden war – landete das Schiff mit der königlichen Familie an Bord in Southampton.

Der Marsch nach London glich einer Apotheose. Eine begeisterte Menge säumte den Weg zur Hauptstadt und jubelte dem König zu. Das Volk hoffte auf Frieden. In Winchester, wo der königliche Schatz aufbewahrt wurde, machte Heinrich halt. Englische Lehnsherren leisteten ihm den Huldigungseid. Am Sonntag, dem 19. Dezember 1154, war in der Westminsterabtei alles zugegen, was im Königreich Rang und Namen hatte: ein Heer von Baronen und englischen, angevinischen, normannischen und poitevinischen Rittern, der Yorker Erzbischof Roger von Pont-l'Évêque, vierzehn Bischöfe, Äbte, Prälaten und mit Sicherheit auch Thomas Becket. Theobald von Canterbury setzte Heinrich Plantagenet die Königskrone aufs Haupt. Der Legat ließ keinen Zweifel an der Bedeutung seiner Geste aufkommen: Daß Heinrich an diesem Tag die Regentschaft antreten konnte, verdankte er nicht zuletzt auch der Kirche. Das Papsttum und Theobald hatten seine Thronbesteigung nach Kräften gefördert. Unter der Herrschaft des profillosen Stephan von Blois hatte der Erzbischof die englische Kirche auf ein solides Fundament gestellt und ihr nie dagewesene Machtbefugnisse verschafft. In den langen Wochen des Wartens nach dem Tod des alten Königs hatte er unablässig zur Eintracht aufgerufen und die Lehnsherren beschwichtigt, die ängstlich ihrem künftigen Schicksal entgegensahen. Doch auch Theobald dachte nicht ohne Sorge an die künftige Herrschaft dieses Königs, den lange Jahre des Kampfes gestählt hatten.

Der junge König war einundzwanzig Jahre alt. Seine Sorgen und sein Verantwortungsgefühl hatten ihn schon früh zum Manne reifen lassen. Er war von mittlerer Statur, stämmig, kräftig, hatte rotes Haar und leicht vorquellende, durchdringend blickende, graue Augen – ein Modellathlet, der fest wie ein Fels im Leben stand und wie geschaffen war für den Kampf. Von seinem stolzen, ungeduldigen, aber auch beharrlichen Wesen ging etwas Rohes aus, doch seine innerste Natur zeigte er nur bei Anfällen «schwarzer Galle». Bei Bedarf konnte er ganz Diplomat sein, doch wenn er in Wut geriet, vergaß er sich völlig und versetzte seine Umgebung in Angst und Schrecken. Er war maßlos in allem, unersättlich in seinem Tatendrang und hart gegen sich und andere. Nur selten gönnte er sich einen Moment der Ruhe, und sogar bei der Messe murmelte er, wie er selbst zugab, nur rasch das Vaterunser mit. Die wenigen freien Stunden, die ihm die Staatsgeschäfte ließen, widmete er anstrengenden Waffenübungen oder Jagdpartien, von denen er jedes Mal todmüde zurückkehrte. Viele stellten ihn als Wüstling an den Pranger. Doch obwohl er Seitensprüngen durchaus nicht abgeneigt war, scheint er kein ausschweifenderes Leben geführt zu haben als die meisten Fürsten seiner Zeit. Auf sein Äußeres legte er keinen besonderen Wert, im Gegenteil. Seine schlichte Kleidung, durch die er sich im Alltag kaum vom gemeinen Volk unterschied, brachte ihm den Beinamen *Kurzmantel* ein, und durch seine rastlose Aktivität sollte er den Untertanen als der König, «der sich niemals setzt», in Erinnerung bleiben.

Doch dieser auf den ersten Blick so ungehobelt wirkende junge Mann war überaus gebildet. In dem alten Wilhelm von Conches hatte er einen Mann zum Lehrer gehabt, der zu den feinsinnigsten Köpfen der ersten Jahrhunderthälfte zählte und den ganzen Reichtum der zeitgenössischen Philosophie überblickte. In Chartres hatte Wilhelm Johannes von Salisbury unterrichtet, der noch immer nach letzten Erkenntnissen strebte. Werke wie die *Glosae super Platonem* hatten ihn weithin berühmt gemacht.[2]

Heinrich beherrschte von allem ein wenig: Er konnte Latein lesen, verstand Provenzalisch und Italienisch und sprach Französisch. Daß er kein Wort Englisch sprach, mag auf den ersten Blick überraschen. Wie seine Vorfahren und seine Gemahlin Eleonore besaß er einen geradezu angeborenen Sinn für die Literatur, und sein Hof war stets das Zentrum einer regen Geistestätigkeit. «Wenn er nicht gerade einen Bogen oder ein Schwert in der Hand hält», merkte Peter von Blois an, «dann ist er im Rat oder liest. Niemand ist geistreicher oder wortgewandter, und wenn er sich von seinen Sorgen freimachen kann, diskutiert er gerne mit Literaten.» Darüber hinaus war Heinrich ein politisches Genie, intelligent und wendig, fähig, jede Situation rasch in ihrer ganzen Komplexität zu erfassen, unternehmend und in der Wahl seiner Mittel nicht gerade zimperlich. Er konnte sich meisterhaft verstellen und dann, im geeigneten Moment, die Entscheidung erzwingen, wenn nötig auch mit Brutalität. «Er weiß, wie er seine Feinde überrumpeln und aus dem Konzept bringen kann. Ihm entgeht nichts. Mit besonderem Eifer richtet er diejenigen, die er zu Richtern über andere bestellt hat...»

Johannes von Salisbury, der auf Empfehlung Bernhards von Clairvaux kürzlich erst in die Dienste Theobalds getreten war, äußerte sich über ihn zunächst mit der gebotenen Zurückhaltung, geizte später aber nicht mit Lob. «Die Natur und die göttliche Gnade haben ihn mit so vielen Vorzügen ausgestattet, daß man, wenn überhaupt, nur wenige Fürsten findet, die eines Vergleiches mit ihm würdig sind.» Kurzum, Heinrich besaß die «einem König geziemende Würde», und vermutlich mehr als das. Er war ein Herrscher mit einem klaren, geradezu sinnlichen Empfinden für die Fülle seiner Macht, für seine Rechte und seine Pflichten. Und dieser rätselhafte, mit einem eisernen Willen ausgestattete Monarch herrschte über ein gewaltiges Reich.

Genau genommen war er der Erbe dreier Reiche. Von seiner Mutter Mathilde hatte er England und das Herzogtum Normandie erhalten, von seinem Vater Gottfried dem Schönen – selbst ein Abkömmling streitbarer und habgieriger Ahnen – Anjou, die Touraine und Maine, und schließlich von seiner Gemahlin Eleonore, der einzigen Erbin der Herzöge von Aquitanien, derer von Gascogne und der Grafen von Poitiers, die riesigen Ländereien zwischen dem Indre und den West-Pyrenäen. Die rührigen und ehrgeizigen Vasallen hatten die Lehen in diesen Gebieten bestens bewirtschaftet, und treu, wie sie waren, bildeten sie ein festes Bollwerk gegen jeden Angriff. Keine Frage: Obwohl Heinrich II. gewisser Umstände wegen die Grundherrschaft über Dreux an Ludwig VII. hatte abtreten müssen, bildete er zu der winzigen und von zänkischen Nachbarn umgebenen französischen Krondomäne ein erhebliches Gegengewicht, das sich im übrigen noch verstärken sollte, als seine zusammenhängenden Territorien nach dem Tod seines jüngeren Bruders 1158 um die Bretagne erweitert wurden und er daraufhin umgehend seine Rechte auf die Grafschaft Toulouse und andere, seit langem umstrittene Gebiete geltend machte. Da der Kanal zu jener Zeit eher ein Bindeglied als ein Hindernis darstellte, kontrollierte der König von England ein Gebiet, das von Schottland bis zur Iberischen Halbinsel reichte. Sein Reich entwickelte sich zum mächtigsten in Europa. Dennoch war er sich durchaus bewußt, daß diese Vielfalt auch eine Art Hypothek darstellte, und ließ seine Briefe später mit der Anrede «an alle Würdenträger in ganz England, der Normandie, in Anjou, der Touraine und Aquitanien» versehen...

Einstweilen mußte er sich allerdings ausschließlich der heiklen politischen Lage im lange begehrten England widmen. Die Stimmung auf der Insel war von Nervosität geprägt. Um alle Befürchtungen zu zerstreuen, ließ er schon kurz nach seiner Krönung eine Charta verkünden, die ebenso feierlich wie beschwichtigend sein sollte. «Heinrich, durch Gottes Gnaden König von England, Herzog der Normandie, Herzog von Aquitanien und Graf von Anjou entbietet allen seinen Grafen, Baronen und französischen wie englischen Getreuen seinen Gruß. Wisset, daß ich zu Ehren Gottes und der Heiligen Kirche und zum allgemeinen Wohl in meinem ganzen Königreich Gott alle Abtretungen und Schenkungen, Freiheiten und freie Gewohnheiten, die mein Großvater

Heinrich der Heiligen Kirche und allen meinen Baronen, Grafen und Untertanen bewilligt und zugestanden hat, gewähre und zurückerstatte und dies durch die vorliegende Charta bestätige. Desgleichen gewähre ich Vergebung für alle schlechten Gewohnheiten und schaffe diese für mich und meine Erben ab, so wie auch er sie vergeben und abgeschafft hat. Darum will ich und schreibe fest vor, daß die Heilige Kirche, alle Grafen, Barone und alle meine Untertanen sämtliche Gewohnheiten, Schenkungen, Freiheiten und freie Gewohnheiten für sich und ihre Erben in vollem Umfang erhalten und behalten sollen, die ihnen mein Großvater Heinrich gegeben, zugestanden und durch seine Charta zugesichert hat. Zeuge: Richard von Lucé, zu Westminster.»

Für die damalige Zeit war das ein regelrechtes Regierungsprogramm. Der König erklärte, was er zu tun und was er zu lassen gedachte, letzteres vor allem. Charles Petit-Dutaillis hat die Konturen dieses Programms treffend umrissen: «Von Wahlen durch den Klerus und durch das Volk, von einer Bestätigung durch den Heiligen Stuhl und von einem Verzicht auf das Werk Heinrichs I. ist nicht die Rede. Abgeschafft und zugestanden wird nur das, was Heinrich I. bereits abgeschafft und zugestanden hatte. Zwanzig Jahre der Anarchie werden mit dem Schleier des Schweigens zugedeckt, die Herrschaft Heinrichs I. wird fortgeführt.» Dies war gleichbedeutend mit der Rückkehr zu den «alten Gewohnheiten», die das anglo-normannische Königreich stark gemacht hatten. Und natürlich waren die Großen, die aus dem Chaos unter Stephan von Blois Kapital geschlagen hatten, beunruhigt. Jeden Augenblick konnten ihre Urkunden widerrufen werden, «namentlich solche über Gebietsabtretungen der Krondomäne oder Ernennungen. Der Grafentitel war beispielsweise massenhaft verliehen worden.»

Auch die Verantwortlichen in der englischen Kirche hatten Anlaß zur Besorgnis. Aus naheliegenden Gründen kam den Männern im Umfeld des neuen Königs in Zukunft ein entscheidendes politisches Gewicht zu: Es lag auf der Hand, daß Heinrich II. seine riesigen Ländereien bereisen würde, zudem war es längst kein Geheimnis mehr, daß er das liebliche Anjou dem Londoner Nebel vorzog. Folglich war damit zu rechnen, daß er sich häufig außerhalb Englands aufhalten würde. Zwar konnte er die Staatsgeschäfte auch aus der Ferne lenken, doch brauchte er dazu Beamte im Land, die seinen politischen Willen in die Tat umsetzten. Von deren Fähigkeiten, Geschick und Einstellung zur Macht hing viel ab. Ihre sorgfältige Auswahl war somit besonders wichtig. Der König war klug genug gewesen, die Männer in der Verwaltung nicht vor den Kopf zu stoßen und einige Getreue des verstorbenen Königs an sich zu binden. Der Justitiar Richard von Lucé verkörperte diese Kontinuität wie kein zweiter: Er hatte loyal unter Stephan von Blois gedient – wenn nötig auch gegen die Interessen der Plantagenet –, sich dann, nach dem Vertrag von Winchester, Heinrich angeschlossen und, wie wir gesehen haben, die erste Charta des neuen Herrschers beglaubigt. Er sollte Heinrich ein Vierteljahrhundert lang unverbrüchlich die Treue halten. Und er blieb beileibe nicht der einzige. In den Gerichtshöfen, im *Exchequer,* dem Schatzamt, und in den Lokalverwaltungen (die ihre Tentakeln so rasch ausstreckten, daß sie Peter von Blois – später selbst ein Rädchen im Getriebe – sogar mit einem «Schwarm Heuschrecken» verglich) vollzog sich der Machtwechsel nahezu ohne Reibungsverluste. Der Stimmungsumschwung in der Beamtenschaft erklärte sich aus der grundsätzlichen Treue gegenüber der königlichen Macht als solcher. Heinrich konnte also beruhigt sein. In der Kirche freilich war man beunruhigt, zumal sich unter den königlichen Beratern einige ergraute Männer befanden, die einst begeistert die rüde Politik Heinrichs I. Beauclerc unterstützt hatten. Und an dessen Herrschaft erinnerte sich der Klerus mit Schrecken.

Der scharfsinnige Theobald von Canterbury kannte den Charakter des ehrgeizigen Königs und war besorgt. Er durfte nicht ruhen, bis er einen der Seinen in Amt und Würden gebracht hatte: einen Mann, auf den Verlaß war und der gegebenenfalls mit geeigneten Mitteln die «Ehre Gottes», die der König in seiner Charta beschworen hatte, zu verteidigen wußte.

Nun war aber nur ein einziges Amt vakant, noch dazu ein überaus bedeutendes: das Amt des Kanzlers.[3] «Der Kanzler», schrieb später William Fitzstephen, «steht kraft seines Amtes an zweiter Stelle hinter dem König *(ut secundus a rege in regno ha-*

beatur). Er verwahrt das königliche Siegel und setzt es unter alle seine Ordonnanzen. Er hat die Oberaufsicht über die königliche Kapelle. Er ist Hüter und Vormund der Erzbistümer, Bistümer und Abteien, solange sie vakant sind, sowie der Baronate, wenn sie an den König heimfallen. Auch ohne ausdrückliche Einladung hat er das Recht, an den Ratssitzungen teilzunehmen. Er läßt alle Urkunden und Dokumente mit dem königlichen Siegel beglaubigen. Nichts geschieht ohne seinen Rat und – wenn ihm Gottes Gnade zuteil wird – sein Verdienst. Es liegt allein an ihm, ob er als Bischof oder als Erzbischof stirbt.» Mit einem Wort: Der Kanzler war ein mächtiger Mann mit weitreichenden Befugnissen. Er saß an der Schaltstelle der wichtigsten politischen Entscheidungen. Er allein hatte Zugang zu allen Dokumenten, da er ihre Echtheit beglaubigen mußte. Man kann sich unschwer vorstellen, daß ein kompetenter und geschickter Mann, der es zudem verstand, seinen Charme einzusetzen, in dieser Position enormen Einfluß erringen konnte. Theobald hatte einen solchen Mann an der Hand: Er hieß Thomas Becket.

Der Erzbischof von Canterbury hielt die Besetzung des Amtes für so wichtig, daß er die Meinung maßgeblicher Persönlichkeiten einholte. Die normannischen Bischöfe Philipp von Bayeux und Arnulf von Lisieux, beide aus dem Kreis um Heinrich II., waren mit seiner Wahl einverstanden. Ersterer spielte historisch eher eine untergeordnete Rolle, doch die Persönlichkeit des zweiten sagt einiges über die künftige Rolle aus, die man dem Erzdiakon von Canterbury zudachte. Arnulf, ein gebildeter Jurist von Format und einflußreicher Papstberater, besaß taktisches Geschick, war wendig und erfahren im politischen Überlebenskampf. Er hatte Stephan von Blois bis zum Letzten gegen die Tochter Heinrichs I. Beauclerc unterstützt, dann, als der politische Wind sich drehte, einen neuen Kurs gesteuert, virtuos alle Klippen umschifft und schließlich das Vertrauen von Heinrich, dem Sohn Mathildes von Anjou, gewonnen. Ein wahres Meisterstück. Er war keineswegs ein «Werkzeug der Ungerechtigkeit», als das ihn Johannes von Salisbury, der ihn verabscheute, hinstellen sollte, vielmehr ein ehrgeiziger Intrigant und entschiedener «Gegner allzu deutlich formulierter Wahrheiten und offenherziger Reden», der mit Vorliebe in trüben Wassern fischte – wozu sich im übrigen auch redliche Gemüter nicht zu schade waren…

Theobald zog auch den Bruder des verstorbenen Königs und Bischof von Winchester, Heinrich von Blois, zu Rate. Der einst so mächtige Bischof wagte es nicht, der Meinung der drei Prälaten zu widersprechen. Immerhin hatte er vom neuen Herrscher einiges zu befürchten. Er bereitete sich zur Abreise ins freiwillige Exil nach Cluny vor, wo ihm Petrus Venerabilis, der auf seine alten Tage noch immer regen Anteil am Ungemach anderer nahm, herzlich aufnehmen sollte.

Die vier Bischöfe waren sich einig geworden, weil sie ein gemeinsames Ziel verfolgten. John Allen Giles hat es auf den Punkt gebracht: «Sie dachten, sie könnten durch diese Ernennung die Machenschaften und Intrigen, mit denen die Feinde der Kirche deren Freiheiten beseitigen wollten, unter Kontrolle bringen und alle Versuche, Ängste zu schüren und gefährliche Situationen heraufzubeschwören, wenn schon nicht unterbinden, so doch wenigstens unschädlich machen.» Ohne Zweifel wiesen sie Thomas Becket nicht ausdrücklich auf die ihm zugedachte Rolle als Beschützer der Kirche hin, sondern verließen sich auf seine ungewöhnliche Intelligenz und seine Begabung, Andeutungen zu verstehen. Man mußte nur die passende Gelegenheit abwarten.

Anläßlich der Weihnachtsfeierlichkeiten im Jahr 1154, einige Tage nach seiner Krönung, berief Heinrich II. in Bermondsey in Surrey die erste große Versammlung seines Königreichs ein. Der Zerfall des Staatswesens war bereits so weit fortgeschritten, daß zahlreiche Probleme von höchster Dringlichkeit anstanden: Man mußte neue Sheriffs und Justitiare ernennen und die flämischen Söldner vertreiben, an die Stephan von Blois zahlreiche Ländereien der Krondomäne abgetreten hatte. Großvasallen hatten eigenmächtig Burgen gebaut, um ihre dynastischen Kämpfe auszufechten; sie mußten geschleift oder enteignet werden. Außerdem mußte man etliche vertriebene Familien wieder in ihre Rechte einsetzen, neue Eigentumsurkunden ausfertigen und die Sicherheit in den Städten und auf dem Lande wiederherstellen. Kurzum, es galt, auch um den Preis massiver Repressionen, die Macht des Königs zu erneuern und Frieden zu schaffen. Vermutlich war es in Bermondsey, wo Theobald von Canterbury den König und den Archidiakon Thomas Becket zusammenführte.

Kein einziger Zeuge berichtet über die erste Begegnung zwischen Heinrich II. und Thomas. Der König war kaum zweiundzwanzig Jahre alt, der Erzdiakon ungefähr vierunddreißig. William Fitzstephen, dem wir unersetzliche Dokumente verdanken, liefert uns eine Beschreibung von Thomas Beckets Äußerem und seinem Charakter. Es ist das Porträt einer einflußreichen und wohlhabenden Persönlichkeit aus der Umgebung des Erzbischofs. Ihm können wir entnehmen, wie wir uns Thomas Becket in diesen und in den vorausgegangenen Jahren vorzustellen haben: «Thomas hatte sanfte und angenehme Züge und war von hohem Wuchs. Seine Nase war recht lang und leicht gebogen. Seine glückliche Gesamterscheinung strahlte eine Mischung aus Feinsinn und Tatkraft aus. Er bediente sich einer eleganten Sprache, hatte einen scharfen Verstand und einen edlen und erhabenen Geist. Er war streng mit sich selbst und stets bemüht, seine Tugend zu vervollkommnen. Er übte Nachsicht gegen jedermann und empfand Mitleid mit den Armen und Unterdrückten; den Hochmütigen bot er die Stirn. In opferbereiter Zuneigung förderte er das Fortkommen seiner Freunde, war darum aber nicht minder großzügig zu allen anderen. Er war von ausgesuchter Höflichkeit, klug und umsichtig. So schwer es war, ihn zu täuschen, so unfähig war er selbst, andere zu täuschen. Im übrigen zeichnete er sich schon seit jungen Jahren durch äußerste Zurückhaltung aus und ließ in seinem Benehmen die Weisheit der Kinder der Welt ebenso hell erstrahlen, wie er später die Weisheit der Kinder des Lichtes erstrahlen lassen sollte...»

Das Porträt ist weniger konventionell, als es scheint. Thomas vereinte tatsächlich all diese Eigenschaften auf sich: Anmut und Zurückhaltung, unaufdringliche Güte und gezügelte Leidenschaft, Geschicklichkeit und Sinn für das Opportune, Großzügigkeit und Charme. So unwiderstehlich dieser Charme auch gewesen sein mag, man darf bezweifeln, daß Heinrich II. ihm auf Anhieb erlag. Aber jeder – nicht zuletzt auch Theobald selbst – wußte, daß der König sofort und auf Dauer einen tüchtigen Mitarbeiter benötigte, der ihm einen Teil der drückenden Sorgen und schweren Verantwortung, die der Wiederaufbau des Königreiches mit sich brachte, abnehmen konnte. Und in dieser Situation stellte man ihm einen erfahrenen Mann vor, der im renommierten Bologna studiert und seine Fähigkeiten, seinen Herzensadel, seine Tatkraft und seine Treue schon vielfach unter Beweis gestellt hatte. Für Heinrich war er ein Geschenk des Himmels. Thomas Becket wurde zum Kanzler von England ernannt.

An sich hatte diese plötzliche Erhebung in die Kanzlerwürde nichts Überraschendes. Trotz aller unvermeidlichen Reibereien blieben der Episkopat und die Kirche die Stützen der königlichen Macht. Und Beispiele von Klerikern, die in höchste politische Ämter berufen worden waren, gab es mehr als genug. Man erinnere sich nur an die bedeutende Gestalt des Erzbischofs Willigis von Mainz, der zwei Jahrhunderte zuvor die Kanzlei des Kaisers durchlaufen hatte und dann zur verläßlichsten Stütze des noch unmündigen Otto III. geworden war; oder an die endlose Reihe der Bischöfe und Äbte, die im Laufe der Jahrhunderte die «Kindheit Europas» gestaltet und beim Aufstieg ungezählter Fürstenhäuser Pate gestanden hatten. So war es ganz selbstverständlich, daß der König, der die Macht nur von ihrer Konfliktseite her kannte, auf diesen Kleriker baute und ihn an der Führung der Staatsgeschäfte beteiligte: Thomas war geborener Engländer und hatte sich als glühender Anhänger seiner Familie gezeigt. Daß sich aus dem normalen Dienstverhältnis unmerklich etwas anderes entwickelte, lag einzig und allein an der Persönlichkeit des Thomas Becket.

Denn auch Heinrich erlag, wie alle anderen vor ihm, seiner unwiderstehlichen Ausstrahlung. Der junge König entdeckte bald, daß er mit diesem integeren Mann, der erheblich älter war als er selbst, einige Leidenschaften gemeinsam hatte: die Freude an der Literatur, an prächtigen Manuskripten, an Waffen und an echter Männerfreundschaft. Und am Luxus. Denn Heinrich II. legte zwar keinen Wert auf sein Äußeres, doch für den Glanz seines Hofes war ihm nichts zu teuer. Sein Hof sollte alle anderen in Europa überstrahlen.

Die königlichen Finanzbeamten hielten jede noch so kleine Ausgabe auf kostbaren Pergamentrollen fest – auf den berühmten *rolls,* die noch heute in englischen Archiven verwahrt werden. Diesen minutiösen Aufzeichnungen, mit denen Heinrich seine Beamten traktierte, verdanken wir es, daß wir uns von der Lebenshaltung der königlichen Familie in dieser Epoche ein recht genaues Bild machen. Nicht die kleinste Anschaffung der Königin Eleonore bleibt uns verborgen, vom Öl für die Lampen bis zu den Weinen und Gewürzen, von den feinen parfümierten Tüchern bis zu den Edelmetallen für das Geschirr. Ebenso erfahren wir alles über die Anschaffungen, die Heinrichs Reisen durch England im ersten Regierungsjahr erforderlich machten: Saumtiere, Zelte und leichte Möbel, Sattel- und Zaumzeug, Tafelgerät und die Ausstattung für das Gefolge. Nicht von ungefähr gehörte es zu den ersten Aufgaben des neuen Kanzlers, den vom Einsturz bedrohten Londoner Tower, den «Sitz der Monarchie», von Grund auf restaurieren zu lassen. «Man trieb die Arbeiten mit solchem Nachdruck voran, daß sie in den wenigen Wochen zwischen Ostern und Pfingsten abgeschlossen werden konnten. Auf der Baustelle wimmelte es von Zimmerleuten und Handwerkern aller Art, und es herrschte ein solcher Lärm, daß man sein eigenes Wort nicht mehr verstand. Nie zuvor hatte London eine so spektakuläre Betriebsamkeit erlebt.» Welch ein Symbol!

Mehr als der gemeinsame Hang zum Luxus scheint den König mit dem neuen Kanzler jedoch eine unbändige und zügellose Leidenschaft für die Jagd verbunden zu haben, einem durchaus zeitgemäßen Zeitvertreib. Wir haben bereits geschildert, wie Richer von L'Aigle Thomas schon in jungen Jahren in die Jagd einführte und dafür begeisterte. Heinrich II. gab sich dem Vergnügen mit feurigem Enthusiasmus hin und fand bald auch die Mittel, um seine brennendsten Wünsche befriedigen zu können. Er räumte den Vasallen die Möglichkeit ein, sich mit der Abgabe von Sperbern und Gerfalken an die königliche Falknerei ihrer Pflichten zu entledigen. Ein Heer von Wildhütern wachte über das Damwild im New-Forest von Winchester, über die Bären, die man in den Wäldern von Lincoln heimisch gemacht hatte, und über die riesigen Wildreservate in den Wäldern von Essex. Wolfsjäger, Falkner und Jagdmeister kümmerten sich auf den Besitzungen der Krone um alles Notwendige für diesen ebenso strapaziösen wie kostspieligen Zeitvertreib, der für das seelische Gleichgewicht des Herrschers unentbehrlich war. Johannes von Salisbury, einer von Thomas' engsten Freunden, sollte sich auf den ersten Seiten seines *Polycraticus* allerdings empören und dem Kanzler eine Art Verweis erteilen: «Jeder Stand hat seine Pflichten und Anstandsregeln. Was haben wir, Du und ich, mit dem Beruf des Jägers gemein? ... Der Fürst muß das Volk führen, der Gelehrte lehren, der Richter Gesetzesbrecher bestrafen. Wärst Du nicht entrüstet, wenn ein Jäger die Königs- oder Papstwürde anstrebte? Glaube mir, ich empöre mich zurecht, wenn ich sehe, wie Du von höchstem Stande auf den schändlichen und mörderischen Beruf des Jägers herabsinkst.» Thomas scherte sich nicht darum... Wie berauscht sprengten er und der König im Galopp durch Wald und Flur und kehrten anschließend erschöpft, aber glücklich zurück. Bei der Jagd fühlten sie sich innig verbunden, wie in einer Art Waffenbrüderschaft.

Doch das Trennende zwischen ihnen wog stärker als alles Verbindende. Es ist eine Menge über das vielschichtige und in mancherlei Hinsicht zwiespältige Verhältnis geschrieben worden, das lange Zeit zwischen diesen beiden so verschiedenen Männern herrschte. War eine größere Kluft denkbar als die, die sich zwischen dem temperamentvollen, zu Zornausbrüchen neigenden König und dem viel älteren, beherrschten und feinsinnigen Erzdiakon auftat? Letztlich scheinen Heinrich gerade die Eigenschaften an Thomas fasziniert zu haben, die ihm selbst abgingen. Was aber mochte Thomas, der selbst alle Leidenschaften zügelte, an dem impulsiven Mann gefunden haben, der ihnen freien Lauf ließ? Sie sahen ihre Unterschiede und witterten ihre Gemeinsamkeiten. Es entwickelte sich eine Freundschaft, die auf Verständnis und wohl auch auf gegenseitiger Bewunderung beruhte. Jeder erkannte, daß diese Freundschaft nicht nur auf gemeinsamen Interessen oder Neigungen beruhte. Beide Männer wurden durch eine feurige Zuneigung zusammengeschweißt. Solange sie anhielt, waren sie unzertrennlich. Der cholerische König liebte seinen Kanzler. Viele Leute bei Hof begriffen das und beneideten den Archidiakon von Canterbury um sein rasches Glück.

Und Glück bedeutete nicht zuletzt Vermögen. William Fitzstephen weist darauf hin, daß Thomas bald über bedeutende Einkünfte verfügte: «Er war Gouverneur des Londoner Tower und hatte Befehlsgewalt über die Garnison. Er besaß die Propstei Beverley, Pfründen in Hastings, die ihm der Graf von Augy verliehen hatte, die Burgvogtei Eye mit einem Kontingent von hundertzwanzig Mann und die Burg Berkhamstead», von der heute noch imposante Ruinen stehen.

Er führte das prunkvolle Leben, das der Würde seines Amtes und seinem Sinn für verschwenderischen Luxus entsprach. «In seinem Haus und an seiner Tafel war jeder willkommen, der an den Hof kam, gleich, von welchem Stand er war. Er gewährte seine Gastfreundschaft nicht nur ehrenwerten Personen, sondern großzügig auch jenen, die als solche erschienen. Gewöhnlich waren Grafen und Barone zu seinem Mahl geladen. Im Winter ließ er jeden Tag im ganzen Haus frisches Stroh oder Heu auslegen, im Sommer Laub oder Binsen, damit die Ritter, die oft in so großer Zahl kamen, daß die Bänke im Saal nicht mehr ausreichten, auf dem Fußboden einen sauberen und bequemen Platz vorfanden, wo sie ruhen konnten, ohne um ihren eleganten Putz und ihre prächtigen Gewänder fürchten zu müssen. Überall im Haus glänzte goldenes oder silbernes Geschirr. Auf der Tafel standen Gerichte und edle Weine im Überfluß, und die Haushofmeister hatten Anweisung, keine Ausgaben zu scheuen und die Gäste auch mit seltenen und teuren Köstlichkeiten zu bewirten.»

Trotz dieser aufwendigen Haushaltsführung blieb Thomas vernünftig. Alle Zeugen bescheinigen ihm, daß er selbst ein einfaches Leben geführt hat. «Bei allem Überfluß», betont William Fitzstephen, ein unentbehrlicher Zeitzeuge und Beobachter aus nächster Nähe, «war er selbst genügsam wie kaum ein anderer.» Er, der seine Gäste mit den erlesensten Gaumenfreuden verwöhnte, begnügte sich mit einem bescheidenen Mahl und trank nur Wasser, dem nach dem Geschmack der Zeit etwas Fenchel oder Gewürze zugegeben wurden. Sieht man einmal von der Jagd ab, der er im übrigen seltener nachging, als man nach Johannes von Salisbury glauben könnte, gönnte er sich in seiner Freizeit nur das subtile Vergnügen, das ihm die «Kombinationen und Berechnungen des Schachspiels» bereiteten.

Seine menschlichen Qualitäten sollten unter dem raschen Aufstieg an die Spitze des Staates niemals zu leiden haben. Seine Großzügigkeit war sprichwörtlich, und jedermann wußte, daß er auf die «reichen Almosen» des Kanzlers von England zählen konnte. «Für die Unterdrückten und Schwachen», bemerkte Edward Grim, «hatte er stets ein offenes Ohr. Eine Witwe drang mit ihrem Anliegen mühelos zu ihm vor. Waisenkinder und Bedürftige flehten nie vergeblich um Gerechtigkeit und Schutz.» Und das sind beileibe keine Floskeln. Thomas Beckets Nächstenliebe machte nicht einmal vor seinen Kollegen halt, und das war keine Selbstverständlichkeit, nicht einmal in kirchlichen Kreisen. Ein Beispiel: Einmal zog sich Nikolaus, der Erzdiakon von London, den Zorn Heinrichs II. zu. Der König vertrieb ihn «mitsamt seiner Familie aus seinem Haus, ließ es versiegeln und beschlagnahmen. Doch der gute Kanzler ruhte nicht eher, bis er die Aussöhnung erreicht und den Erzdiakon wieder in den Besitz all seiner Güter gebracht hatte». Unter noch ungünstigeren Bedingungen besänftigte er später sogar den Haß des Königs auf den Bischof von Le Mans und den Erzdiakon von Rouen. Gestützt auf seine Allmacht und das Vertrauen des Königs «hätte er vakant gewordene Pfarreien und Pfründen in den Dörfern und Burgen zurückhalten können, ohne daß jemand auch nur daran gedacht hätte, ihm Widerstand zu leisten. Doch er war zu selbstlos und weitherzig, als daß er armen Klerikern und Priestern die Möglichkeit genommen hätte, in den Genuß angemessener Benefizien zu kommen». Eine solche Haltung war bei Mächtigen von jeher eine Seltenheit.

Thomas Becket vergaß nie, daß er Erzdiakon war. Sein Glaube blieb ungebrochen, sein Lebenswandel tadellos. «Trotz aller weltlichen Ehren bewahrte der Kanzler seine Demut und seine tiefen religiösen Gefühle. Er unterwarf sich den frommen Praktiken seiner Zeit und ließ sich täglich auf den nackten Rücken geißeln. Wenn er in London weilte, übernahm Rudolf, der Prior von St. Trinity, diese Aufgabe, wenn er sich in der Nähe von Canterbury aufhielt, sein treuer Freund Thomas, ein Priester von St. Martin.» Wie William Fitzstephen von Thomas' Beichtvater Robert von Merton[4] erfuhr, wurde die Tugend des Kanzlers mitunter schweren Prüfungen unterzogen. Der König ließ keine Gelegenheit aus, ihn in Versuchung zu führen und dazu zu bringen, an seinen Ausschweifungen teilzunehmen.

Von Wilhelm von Canterbury und Guernes von Pont-Sainte-Maxence stammt eine berühmte Anekdote, die auf die Beziehung der beiden Freunde ein befremdliches Licht wirft. In Stafford soll eine äußerst schöne und durchaus nicht spröde Frau namens Avice, gelebt haben. Es wurde gemunkelt, der König gehe bei ihr regelmäßig ein und aus. Als der Kanzler eines Tages in der Gegend zu tun hatte, stieg er bei einem Geistlichen namens Vivianus ab. Schon bald stellte Vivianus zu seiner Verblüffung fest, daß die Schöne dem Kanzler Geschenke ins Haus schickte. Neugierig und besorgt verfolgte er die Angelegenheit. Er argwöhnte, daß die Frau mit dem anrüchigen Lebenswandel dem Kanzler unsittliche Avancen machte. Bald hatte er keine Ruhe mehr. Schon der Gedanke, er beherberge unter seinem Dach einen Mann, der trotz seines untadeligen Rufes als Nebenbuhler des Königs in eine Liebesaffäre verstrickt war, erfüllte ihn mit Grauen. Also beschloß er, sich darüber Klarheit zu verschaffen, ob der Kanzler nachts das Haus verließ und sich mit der Geliebten traf. Als es dunkel war, schlich er mit der Laterne in der Hand zu Thomas' Kammer und trat ein. Im Schein der Laterne sah er das Bett. Es war leer und unberührt. Er war felsenfest überzeugt: Der Kanzler schlief in den Armen der Geliebten! Als er sich vom ersten Schreck erholt hatte, entdeckte er Thomas. Er lag auf dem nackten Boden am Fuß des Bettes, «mit bloßen Füßen und Beinen». Nach dem Gebet hatte ihn sofort der Schlaf übermannt...

Vermutlich hat Vivianus sein vorschnelles Urteil noch lange bereut. Ob die Zeitgenossen es glaubten oder nicht, Thomas Becket übte sich zeit seines Leben in Enthaltsamkeit. *Vir pudicus.* «Der Lebenswandel des Kanzlers», vertraute sein Beichtvater Robert von Merton William Fitzstephen später an, «war stets tadellos ... Der Diener Gottes wachte über seine Sinne mit löblicher Strenge. Er war ein weiser Diener seines Staates und erfüllte seine Aufgaben mit großem Eifer. Da er sich ganz den öffentlichen und privaten Interessen hingab, hatten verderbliche Leidenschaften keinen Platz in seiner Seele.» Guernes von Pont-Sainte-Maxence goß das in einen kurzen Vers ein: «Keusch ist sein Leib und gesund sein Geist...»

Thomas lebte nach einer rigiden Moral, und dasselbe verlangte er auch von seiner Umgebung. William Fitzstephen überliefert uns hierzu eine Geschichte, die geradezu klischeehaft anmutet. Richard von Ambly, ein Kleriker aus der Kanzlei, hatte ein Auge auf eine verheiratete Frau geworfen, und die Gelegenheit war günstig: Der Ehemann befand sich auf einer Seereise. Richard ließ eine angemessene Zeit verstreichen, dann spiegelte er der Strohwitwe vor, ihr Mann sei ums Leben gekommen. Er brachte sie mühelos in sein Bett. Als Thomas davon erfuhr, war er so empört, daß er den Verführer ohne Ansehen des Standes unverzüglich in den Londoner Tower werfen und in Ketten legen ließ, wo er die längste Zeit blieb.

Nur eine Anekdote? Mag sein. Aber lassen wir die Geschichte des lüsternen und so hart bestraften Geistlichen ruhig beiseite. Viel nachdenklicher stimmt uns das merkwürdige Treiben der koketten Avice. Die Quellen sind in diesem Punkt eindeutig: Sie hatte es tatsächlich darauf abgesehen, die «Begehrlichkeit des Kanzlers» zu erregen. Hält man sich nun dessen Ruf und Macht vor Augen, so kommt als Drahtzieher für diese Intrige doch wohl nur einer in Frage: der König selbst. Es liegt auf der Hand, daß Heinrich es mit Vergnügen gesehen hätte, wenn die Tugend des für seinen Geschmack zu prüden Klerikers in tausend Stücke zersprungen wäre. Dieser Anschlag auf die Tugend des Kanzlers verleiht der Freundschaft der beiden Männer einen seltsamen Beigeschmack. Daß Thomas enttäuscht war und unterschwellig darunter zu leiden hatte, dürfte aus psychologischer Sicht außer Zweifel stehen.

Heinrich hingegen sah in dem Komplott offenbar nur einen derben Spaß und maß ihm keine weitere Bedeutung bei. Sein Vertrauen in den Kanzler war groß, und mit den Jahren wurde es noch größer. Ihr Verhältnis hatte die Zwanglosigkeit einer Jugendfreundschaft. Gerne berichten die Chronisten, wie der König bei jeder sich bietenden Gelegenheit ohne große Förmlichkeiten sein Mahl mit dem Kanzler teilte. Wenn er von der Jagd zurückkam, ritt er zuweilen geradewegs in den großen Saal des Hauses und leerte, den Jagdspieß noch in der Hand, einen Kelch. Oft trat er nur kurz ein, grüßte die Anwesenden und verschwand dann wieder. Er hatte ein geradezu physisches Bedürfnis nach dem Kontakt mit diesem ruhigen Menschen, der ihm durch seine Verläßlichkeit und Tatkraft unentbehrlich geworden war.

Sie ritten gerne nebeneinander her und plauderten offen über dieses und jenes. So auch an einem empfindlich kalten Winterabend, von dem uns William Fitzstephen berichtet. Bei diesem Ritt durch die Londoner Straßen erblickte der König in der Ferne einen zerlumpten alten Mann und machte seinen Kanzler auf die abgerissene Gestalt aufmerksam. «Wäre es nicht ein Beweis großer Nächstenliebe», sagte Heinrich, «wenn man ihm einen Mantel schenkte?» «Gewiß», antwortete Thomas, «diese gute Tat wäre eines Königs würdig.»

Sie ritten zu dem Bettler hin und riefen ihn an. Der König fragte ihn freundlich, ob er gerne einen schönen Pelz hätte. Der Bettler, nicht ahnend, wen er vor sich hatte, glaubte an einen üblen Scherz und schimpfte vor sich hin. «Da es ein Beweis großer Barmherzigkeit ist», rief der König Thomas zu, «überlasse ich dir den Vortritt.»

Mit diesen Worten griff er zu Thomas hinüber und wollte ihm den Umhang vom Leib reißen, einen prächtigen scharlachfarbenen Mantel aus Fehwerk. Thomas hing an dem kostbaren Stück und setzte sich zur Wehr. Dabei gerieten die beiden Reiter so heftig aneinander, daß der Lärm schaulustiges Volk herbeilockte. Einige Adelige und Ritter erkundigten sich nach dem Grund für das Handgemenge, das eher an eine Rauferei unter Knaben erinnerte, und versuchten, die beiden auseinanderzubringen – ohne Erfolg. Heinrich und Thomas traktierten einander so heftig mit Faustschlägen, daß sie sich nur mit Mühe im Sattel hielten. Schließlich zeigte sich Thomas – notgedrungen vielleicht – als guter Verlierer und gab sich geschlagen. Heinrich ergriff den Mantel und schenkte ihn dem Bettler.

Der König klärte die Umstehenden über den genauen Hergang der Angelegenheit auf. Die Höflinge beeilten sich, Thomas ihre Pelze und Mäntel anzubieten. Derweil zog der alte Bettler «überglücklich und Gott dankend» von dannen.

Man kann sich unschwer vorstellen, daß Thomas wegen seiner innigen Freundschaft zum englischen König beim niederen Volk sehr beliebt war. «Beim Klerus und im Heer» genoß er grenzenlose Sympathie. Jedermann bewunderte «seine hervorragenden Fähigkeiten, seine erhabenen Gefühle und sein glänzende Begabung ... Die Adligen aus England und aus den benachbarten Königreichen wetteiferten um die Ehre, ihre Söhne ins Haus des Kanzlers schicken zu dürfen. Wenn sie sich in dieser Schule gebildet und sittlich gefestigt hatten, schlug er sie zu Rittern und schickte sie, mit Wohltaten überhäuft, zu ihren Eltern zurück. Einige behielt er bei sich.» Das war die höchste Auszeichnung...

Heinrichs Hochachtung vor Thomas war so groß, daß er ihm die Erziehung des Thronerben Heinrich übertrug. Das Kind war drei Monate vor dessen Einzug in die Kanzlei geboren worden.[5] Heinrich liebte den Knaben und «nährte» ihn, wie es damals hieß. «Er zog ihn in der Gesellschaft adeliger Kinder gleichen Alters auf und wachte darüber, daß man ihm den gehörigen Respekt erwies und ihn mit der Sorgfalt und Ergebenheit bediente und erzog, die seinem Rang entsprach.»

Aus einer seelischen Veranlagung heraus nahm sich Thomas der Armen an, die von der Gesellschaft an den Rand gedrängt und ausgestoßen wurden. Zahlreiche Zeugen schildern seine Bemühungen, den Menschen Gerechtigkeit widerfahren zu lassen, so etwa den einfachen Bittstellern, die schon im Morgengrauen sein Haus belagerten, oder den Unglücklichen, die sich aus irgendeinem Grund den Zorn des cholerischen Königs zugezogen hatten. Sein Gerechtigkeitssinn blieb nicht ohne Auswirkungen auf die Politik. «Einfachen Leuten gegenüber zeigte er sich bescheiden, hochmütigen gegenüber stolz und unnachgiebig. Offenbar neigte er von Natur aus dazu, die Schwachen zu schonen und die Starken zu zügeln. Viele Adelige und Ritter brachten ihm aus freien Stücken eine Huldigung dar. Er nahm sie nur unter der

Bedingung an, daß sie dem Herrscher die Treue gelobten. Dann schützte er sie wie seine Vasallen.»

Was die Phantasie zusätzlich beflügelte, war der Lebensstil des Kanzlers, seine Machtfülle und – zu dieser Zeit von nicht geringer Bedeutung – seine Freigebigkeit, die er auch als politisches Instrument einzusetzen wußte. William Fitzstephen, der es als besonders aufmerksamer Beobachter verdient, ausgiebig zu Worte zu kommen, versichert, daß Thomas «seine Großzügigkeit fast täglich mit teuren Geschenken unter Beweis stellte. Er verschenkte Pferde, seltene Vögel, kostbare Gewänder, goldenes und silbernes Geschirr oder einfach Geld. Geben ist seliger denn nehmen war seine Devise. Im übrigen verstand er es, Geschenke mit solcher Liebenswürdigkeit und Güte zu überreichen, daß alle ihn liebten und sich an ihm erfreuten.» Nur nicht die Neider, die zu gegebener Zeit wieder in Erscheinung treten sollten...

Denn ein Mann mit seiner Macht konnte nicht ungestraft so viele Qualitäten auf sich vereinigen. Und diese Macht konnte und durfte er nicht verleugnen. «Er wurde von so vielen Soldaten und Gefolgsleuten jeden Ranges begleitet», sollte Roger von Pontigny bemerken, «daß der Palast des Fürsten im Vergleich dazu öde erscheinen konnte.» «Zuweilen», meinte Edward Grim «beklagte sich sogar der König bei seinem Kanzler, daß dieser Pomp seinen Hof in den Schatten stelle und er sich von seinen Dienern vernachlässigt fühle.»

Die Wolken verzogen sich bald wieder. Waren es überhaupt Wolken? Heinrich II. und Thomas Becket waren Freunde, die «wie zwei gleichaltrige Kinder» *(tanquam coaetanei pueruli),* bei Tagesanbruch in halsbrecherischem Tempo durch das Londoner Umland galoppierten. Indes wird niemand bezweifeln, daß die eigentliche Aufgabe des Plantagenet darin bestand, die Uhr zurückzudrehen, die Schäden, die ein Vierteljahrhundert Mißwirtschaft angerichtet hatte, zu beheben und den «alten Gewohnheiten» wieder Geltung zu verschaffen. Der Kanzler war dabei seine rechte Hand. Petrus von Celle, der Abt von Saint-Rémi-de-Reims, schrieb Thomas ohne Scheu, er sei «der Stellvertreter des Königs in vier Königreichen». Er hatte recht.

Kapitel V

Heinrich und sein Kanzler

Der Kanzler hatte traditionell zwar nicht das bedeutendste Amt in der *Curia regis* inne (der Justitiar und der Schatzmeister sollten das auch deutlich machen), doch nach wie vor übte er eine der wichtigsten Funktionen im Staat aus. Und davon einmal abgesehen, wurde er auch am besten bezahlt.

Heinrich, der, wie erwähnt, den Ausbau des Verwaltungsapparates vorantrieb, auf eine Zentralisierung seines riesigen Reiches hinarbeitete und deshalb häufig auf Reisen war, machte die Kanzlei zu einer Hauptstütze seiner Regierung. Als königlicher Siegelverwahrer hatte der Kanzler die Ausfertigung von Urkunden, offiziellen Schreiben und der *brevia,* der durch Zeugen und Siegel beglaubigten Anordnungen, unter sich. Der König, pedantisch und auf Formalitäten bedacht, maß dieser Arbeit natürlich größte Bedeutung bei. Ein ganzer Stab von Schreibern assistierte dem Kanzler bei dieser undankbaren Aufgabe; sie entwickelten sich bald zu glänzenden Skriptoren. Wenn man sich die wenigen erhaltenen Originalurkunden Heinrichs II. ansieht, kann man vor der Qualität ihrer Arbeit nur den Hut ziehen. «Die Formulierungen sind erstaunlich präzise, klar und knapp, während es in den Urkunden der Kapetinger noch von schwülstigen und gewundenen Phrasen wimmelt. Den Schreibern in der Kanzlei des Plantagenet blieb für Präambeln und rhetorisches Schmuckwerk schlicht keine Zeit. Sie hatten täglich Berge von Urkunden auszustellen, insbesondere für das Gerichts- und Finanzwesen.» Effizientes Arbeiten hieß die Devise.

Man kann sich allerdings schlecht vorstellen, daß sich Thomas Becket in seiner neuen Rolle als Ratgeber des Königs mit der trokkenen Tätigkeit eines Bürokraten begnügte, der Korrespondenzen beglaubigte, Privilegien registrierte und Duplikate verwahrte. Heinrich II., der stets unter Arbeitsüberlastung stöhnte, hätte das auch gar nicht geduldet. Statt dessen wuchs der Kanzler allmählich in eine Rolle hinein, die von so eminenter politischer Bedeutung war, daß einige unruhig wurden. Der wendige und opportunistische Arnulf von Lisieux – welche Rolle er bei Thomas' Ernennung spielte, haben wir gesehen – hielt es beispielsweise für angebracht, seinen «verehrten und lieben Freund Thomas, den erlauchten Kanzler des Königs von England», in einem Brief vor der menschlichen Mißgunst zu warnen. Zunächst bedankte sich der Bischof für ein kürzlich erhaltenes Schreiben, das «so süß wie der Honig und mit dem Balsam der Zuneigung getränkt» gewesen sei, und konstatierte mit Genugtuung, daß weder die Erfordernisse des Staates noch ihre Trennung die «alte Freundschaft» zu trüben vermocht hätten. Dann stellte er in schwülstigem Stil weitschweifige Betrachtungen über die Unbeständigkeit der Reiche, den Wankelmut der Fürsten und die Hartnäckigkeit der Neider an. «Das ist das Meer», bemerkte er zum Abschluß des in trüben Farben gemalten Bildes, «auf das Du hinausfährst und wo Dich ein stürmisches Leben erwartet. Hüte Dich vor den giftigen Reden der Schmeichler und vor Sirenen, die Dir falschen Beifall spenden. Du hast die Mittel, ihnen zu begegnen: ein lauteres Herz und ein aufrechtes Benehmen. Lebe wie ein Apostel in der Zufriedenheit, die nur ein reines Gewissen verschafft, und verschmähe die Ehrungen und den Beifall des wankelmütigen Publikums. Die Beliebtheit schwindet schneller als sie kommt. Tugend, die man oft nur durch undankbare Arbeit erwirbt, führt zu besseren Ergebnissen. Wenn ich Dir meine Seele öffne, so nicht, um Eulen nach Athen zu tragen, wenn Du mir dieses geflügelte Wort gestattest. Vielmehr schreibe ich einem Freund, dem ich meine Gedanken nicht verbergen kann und von ganzem Herzen meine Glückwünsche aussprechen möchte... Ich erbitte von Dir einen letzten Gefallen: Tue Dein möglichstes, damit der König mich in seiner Gunst behält. Durch die treuen Dienste, die ich ihm geleistet habe, bin ich ihrer würdig. Doch ich könnte sie während meiner Abwesenheit verlieren, denn oft hat es mit der Gunst der Fürsten – zumal junger Fürsten – eine besondere Bewandnis: Wenn sie niemand am Leben hält und nährt, siecht sie dahin und verendet. Laß es Dir stets wohlergehen.»

Der Mann war einmalig! Thomas hat sich über die honigsüßen Ratschläge des Schmeichlers gewiß amüsiert. Mochten sie auch aufrichtig gemeint sein, sie kamen von einem aalglatten Geistlichen und Höfling, der Pflicht und Ehrgeiz geschickt miteinander verquickte!

Thomas Becket hatte in der ersten Zeit am königlichen Hof ohne Frage keinen leichten Stand. Zunächst mußten der König und er bittere Pillen verabreichen und die unpopulären Beschlüsse der Versammlung von Bermondsey in die Tat umzusetzen. Sie gingen zügig ans Werk, fest entschlossen und ohne übertriebene Rücksichten.

Ein Jahr lang arbeitete Heinrich II. rastlos daran, die politischen Verhältnisse in England zu ordnen, und Thomas Becket mußte sich den aufreibenden Lebensgewohnheiten seines unberechenbaren und launischen, trotz allem aber erstaunlich tüchtigen Königs unterwerfen. Peter von Blois, der in seinen Diensten stand, beschreibt süffisant die unzuverlässige Zeitplanung des Königs und die Hektik und Unsicherheit, die er stets in seiner Umgebung verbreitete. «Wenn der Fürst sagte, man werde frühmorgens zu irgendeiner Stadt aufbrechen, konnte man sicher sein, daß er an diesem Tage bis zum Mittag schlief. Ließ er uns mitteilen, daß er mehrere Tage in Oxford oder anderswo zu residieren gedachte, so brach er schon im Morgengrauen auf.» In einem unbeschreiblichen Durcheinander machte sich der königliche Hof dann zur Abreise fertig. Tiere und Stallburschen waren in Aufruhr, Diener, Ritter und Hofgeistliche wurden aus dem Schlaf gerissen und Karren ratterten durch die Höfe der Residenz. Unterwegs herrschte die gleiche Ungewißheit. «Ich glaube», schreibt Peter von Blois, «daß es ihm tatsächlich Freude bereitete, wenn er uns in Notlagen brachte. Oft irrten wir mitten in der Nacht drei oder vier Meilen durch einen unbekannten Wald und konnten uns glücklich schätzen, wenn wir dann zufällig eine schäbige kleine Hütte fanden. Oft kam es wegen einer Behausung zu erbittertem Streit, oder man zückte die Schwerter wegen einer Unterkunft, um die sich nicht die Schweine gestritten hätten...»

Das Zigeunerleben des Hofs hatte einen politischen Hintergrund. Peter von Blois, ein aufmerksamer Beobachter, nennt ganz offen die Motive für Heinrichs unstete Lebensführung: «Während sich andere Könige in ihren Palästen ausruhen, überrascht und überrumpelt er seine Feinde und inspiziert alles an Ort und Stelle.»

Überraschung und Inspektion sind denn auch die Schlüsselwörter, mit denen sich seine fünfunddreißigjährige Herrschaft charakterisieren läßt. Die ersten Opfer seiner Herrschaft waren die flämischen Söldner, die Stephan von Blois angeworben hatte, um seinen wackelnden Thron zu stützen. Bar jeder Unterstützung und überzeugt von Heinrichs Entschlossenheit, verließen sie mit Sack und Pack fluchtartig England. Ihren alten Anführer, Wilhelm von Ypres behandelte Heinrich nachsichtig: Er ließ dem blinden Greis die Ländereien in der Grafschaft Kent, die Stephan ihm zugestanden hatte. Dennoch verließ der ergraute Soldat zusammen mit seine Männern unter Tränen die Insel. Als er später starb, fiel sein riesiger Besitz wieder an die Krone zurück.

Parallel zu dieser ersten Säuberungsaktion mußten der König und sein Ratgeber den einst so mächtigen Verwaltungsapparat neu organisieren, der durch eine Politik der Kompromisse über viele Jahre hinweg buchstäblich demontiert und privaten Interessen geopfert worden war. Heinrich erneuerte im ganzen Königreich das Korps der Sheriffs. Als ordentliche Vollstrecker des königlichen Willens übten sie in den Grafschaften eine enorme Macht aus: Unter ihre Zuständigkeit fielen Verwaltung, Rechtsprechung und Finanzen. Sie hatten für die Aufrechterhaltung der öffentlichen Ordnung zu sorgen und Gesetzesbrecher dingfest zu machen, die der königlichen Gerichtsbarkeit unterstanden. Bei den ordentlichen Gerichtsverhandlungen in den Grafschaften behandelten sie persönlich die Delikte Diebstahl und Körperverletzung. Ferner gehörte es zu ihren Aufgaben, die Einkünfte der Krone einzuziehen, die allerdings seit langem nur noch recht spärlich flossen. Heinrich, ganz Realist, sah ein, daß eine radikale und durchgreifende Säuberungskampagne gegen die Beamten in den Grafschaften nicht in Frage kam. Hinzu kam, daß er auf die Unterstützung einiger einflußreicher Familien angewiesen war, unter denen sich im Laufe der Jahre ebenfalls Korruption breitgemacht hatte. Diese Mißstände waren der Grund für die Blitzreisen des Königs und seiner Vertrauten. Später, als der Herrscher immer wieder für längere Zeit auf dem Kontinent weilte, wurden solche Inspektionsreisen von Gesandten unternommen, die mit den notwendigen Vollmachten ausgestattet waren. Als solche Gesandte fungierten Richard von Lucé und vor allem auch Thomas Becket.

Nach und nach kehrte man in England zu den alten Gewohnheiten zurück, die der Insel seit Wilhelm dem Eroberer zu Wohlstand verholfen hatten. Auch das *Domesday Book* mit seinen statistischen Erhebungen wurde wieder mit penibler Sorgfalt geführt. Dem minutiös organisierten Finanzwesen war es zu verdanken, daß das Geld bald wieder reichlicher in den Staatssäckel floß. Der berühmte *Dialogus de Scaccario* des Reiserichters Richard Fitzneal informiert uns genauestens über die Prozedur der Steuereinziehung. Zweimal im Jahr, zu Ostern und Michaelis, versammelte sich in London oder in Winchester, dem Sitz des königlichen Schatzhauses, der *Exchequer*. Die königlichen Beamten begaben sich an einen riesigen Tisch, über den ein schwarzes Tuch mit Schachbrettmuster gebreitet war. Dort wurde abgerechnet, und ein Gremium hoher Barone und Kirchenmänner sah von Ehrenplätzen aus zu. «Unter ihren Augen ritzten der Schatzmeister und sein Schreiber, von zwei Kämmerern und zwei Rittern unterstützt, die Höhe der erhaltenen Summen in Kerbhölzer ein und legten Marken auf den Tisch, der ihnen als Rechenmaschine diente: Je nachdem, ob eine Marke am unteren oder oberen Ende des in sieben Spalten eingeteilten Tisches lag, repräsentierte sie einen Denar oder zehntausend Pfund. Auf diese Art überprüfte man die Abrechnungen der Sheriffs. War die Kontrolle durch die hohen Beamten des Königreiches – Kanzler, Justitiar, Konnetabel und Marschall – vollzogen, so wurde das Geld in Kisten verpackt. Gleichzeitig war eine Schar von Skriptoren damit beschäftigte, die Abrechnungen auf lange Pergamentrollen zu übertragen...» Aus der Zeit Heinrichs II. sind diese langen, Stück für Stück zusammengenähten *Pipe Rolls*, fast vollständig erhalten. Sie bilden eine der «reichhaltigsten und vollständigsten» Quellen der europäischen Geschichtswissenschaft. Böse Zungen behaupten, die Vertreter des hohen Feudaladels hätten von den Rechenoperationen, die man vor ihren Augen durchführte, nicht das Mindeste verstanden. Dagegen kann man davon ausgehen, daß Thomas Becket der Spottlust der Finanzleute nicht die Flanke bot, schon allein deshalb nicht, weil er als Kanzler neben der Königin und dem Justitiar Richard von Lucé als einziger befugt war, während der Abwesenheit des Königs die Sheriffs zu bestimmten Zahlungen zu ermächtigen.

Aber die schwierigste Aufgabe stand noch bevor: Die Barone mußten wieder unter die Botmäßigkeit gebracht werden. Stephan von Blois hatte während seiner Herrschaft kleinen und großen Lehnsherren zahlreiche Gebiete der Krone abgetreten (wie in dem bekannten Fall des Wilhelm von Ypres) und sich dadurch deren Unterstützung gesichert. Er hatte die Vasallitätsbindungen gelokkert und damit die inflationäre Vermehrung von Burgherrschaften gefördert – überall in Europa schon seit Jahrhunderten ein untrügliche Zeichen für die Handlungsunfähigkeit der Krone. Während der politischen Wirren hatten sich die Burgherren zu Alleinherrschern über ihre Güter aufgeschwungen. Ihr Machtanspruch war unvereinbar mit der von Heinrich unbeirrbar vorangetriebenen Zentralisierung, die einst die Stärke des anglo-normannischen Königtums ausgemacht hatte. In einer zügig und mit roher Gewalt durchgeführten Kampagne, an der auch Thomas Becket beteiligt war, wurden zahreiche widerrechtlich errichtete Burgen geschleift oder der königlichen Befehlsgewalt unterstellt. In zermürbender Kleinarbeit mußten dabei sämtliche Urkunden geprüft werden, die über Eigentumsverhältnisse und Ermächtigungen zum Burgbau Auskunft gaben.

Überfallartig tauchten die königlichen Beamten auf den Burgen auf. Oft gingen sie ziemlich brutal zu Werke. Kein Wunder, daß sich die Burgherren auf das Schlimmste gefaßt machten. In Anbetracht dieser Situation stellte die Überprüfung der Urkunden eine besonders delikate Aufgabe dar, die größtes Fingerspitzengefühl verlangte. Der Kanzler überschritt ein weiteres Mal seine traditionellen Kompetenzen und entwickelte ein ausgewogenes Verfahren, das den Betroffenen Gelegenheit gab, ihre Besitzansprüche nachzuweisen. Das Besitzverhältnis galt als unanfechtbar, wenn es als solches öffentlich bekannt war. Dies war etwa bei Allodien der Fall, Ländereien, die nicht von einem Lehnsherren stammten und somit auch nicht lehnspflichtig waren. Es kam zu zahlreichen Streitfällen. Ganz nach den Gepflogenheiten der Zeit stützte sich Thomas Becket auf die direkte Zeugenaussage. Auf Verlangen der streitenden Parteien bestimmten vier Ritter der Grafschaft, die dem Sheriff unterstanden, zwölf weitere Ritter, die sich unter Eid für die Rechtmäßigkeit des Besitzanspruchs zu verbürgen hatten. Wurde der Anspruch einstimmig anerkannt, war das Verfahren abgeschlossen. Kam es in der Jury zu Unstimmigkeiten, hatte eine zweite, auf gleiche Weise gebildete Instanz über den Fall zu befinden. Erzielten die zwölf Ritter eine Einigung, wurden die Rechte offiziell anerkannt und ordnungsgemäß registriert. Es war typisch für die Rechtsauffassung von Kanzler und König, daß sie bei diesem Verfahren Tradition und Neuerung in ein ausgewogenes Verhältnis brachten.

Trotz der Kampagne gegen die Barone war der Widerstand gegen den Machtanspruch der Krone bei weitem noch nicht gebrochen. Mit Unterstützung seines Kanzlers mußte Heinrich II. der «Fronde» des Feudaladels entgegentreten. Zunächst sicherte er die Zukunft seiner Dynastie. Am 10. April 1155, einige Tage nach Ostern, lud er alle englischen Bischöfe und Barone ins Schloß von Wallongford in der Grafschaft Berkshire. Die Stadt hatte auf dem Höhepunkt des Thronfolgestreits standhaft die Sache der Plantagenet verfochten und alle Angriffe Stephans von Blois abgewehrt. Mit der Wahl des Ortes wurde somit ein Zeichen gesetzt. Der Feudaladel mußte dem zweijährigen Thronerben Wilhelm und dessen Bruder Heinrich den Treueeid leisten. Heinrich war erst einen Monat zuvor geboren worden, und Wilhelm starb schon im darauffolgenden Jahr.

Befürchtungen, daß es zu einer allgemeinen Erhebung kommen könnte, waren mehr als begründet, zumal einige unbeugsame Feudalherren im Thronfolgestreit noch zu den glühendsten Parteigängern Mathildes gehört hatten. So etwa Milo von Gloucester, der zwischen Midlands und dem feindlichen Wales Ländereien und Burgen von herausragender strategischer Bedeutung besaß. Sein Sohn Graf Roger von Hereford, ein Vetter des Königs, hatte schon gemeutert, als er die Zahl seiner bewaffneten Söldner verringern sollte. Als er dann erfuhr, daß der König die Übergabe der Festungen von Gloucester und Hereford erzwingen wollte, ging er zum offenen Aufstand über. Er fand sogleich Unterstützung bei seinem Nachbarn Hugh von Mortimer, der seine Burgen befestigte und nur darauf wartete, den anrückenden Feind in die Flucht zu schlagen. Eine noch größere Gefahr stellte der unbotmäßige Wilhelm von Aumale dar, der Graf von Yorkshire: Durch die Nähe zu Schottland, das zu militärischen Abenteuern stets bereit war, war er für den König eine tödliche Bedrohung.

Heinrich ging die Probleme systematisch an. Zunächst zog er nach Norden. Nach dem Abmarsch aus Oxford machte er kurz Zwischenstation in Northampton, um Hugo Bigot, den Seneschall des Königreiches, als Grafen von Norfolk zu bestätigen. Im Rücken gestärkt, zog er weiter nach York, wo er mit Wilhelm von Aumale zusammentraf. Heinrichs Entschlossenheit und persönlicher Einfluß genügten, um den aufrührerischen Vasallen zum Nachgeben zu zwingen. Er übergab die Festung, die er auf dem unzugänglichen Fels von Scarborough hatte errichten lassen; ihre Ruinen überragen noch heute Englands berühmteste Bucht.

Im Frühjahr wandte sich Heinrich nach Westen. Der Bischof von Hereford Gilbert Foliot, ein Vetter des Grafen Roger von Hereford, betätigte sich geschickt als Vermittler. Der Graf übergab dem König die geforderten Burgen, ohne daß ein Tropfen Blut floß. Hugh von Mortimer hingegen war nur mit Waffengewalt zu beugen. Heinrich, wie immer begleitet von Thomas Bekket, ging zum Blitzangriff über. Im Juli schließlich fiel die Festung Cleobury. Hugh gab sich geschlagen und lieferte Heinrich die Burgen Bridgenorth und Wigmore aus. Mit diesen Erfolgen brach der Partikularismus zusammen, der sich wegen der Schwächung der königlicher Gewalt in den letzten zwanzig Jahren hatte herausbilden können.

Nun war die Unterwerfung der Barone in einer Zeit, da auf dem Kontinent die «Ära der Fürstentümer» anbrach, durchaus kein leichtes Unterfangen. Paradoxerweise verdankte es Heinrich gerade dem zusammengesetzten Charakter seines Reiches, daß sich gegen seine zentralistische Politik nur schwacher Widerstand regte. Jacques Boussard bemerkt dazu scharfsinnig: «Obwohl die Barone unzufrieden waren, weil jetzt alle Vergünstigungen, die sie von Stephan erhalten hatten, wieder in Frage gestellt wurden, konnte sich Heinrich als König durchsetzen. Dies lag vor allem an seiner fest verankerten Macht in der Normandie. Alle englischen Barone hatten dort bedeutende Ländereien. Einige von ihnen waren ehemalige Parteigänger Stephans und hatten beim Sieg Gottfried Plantagenets ihre normannischen Ländereien durch Enteignung verloren. Andere hatten mit dem Sieger verhandelt, weil sie darin die einzige Hoffnung gesehen hatten, ihre normannischen Lehen zurückzuerhalten. Aus diesem Grund war Gottfrieds Anhängerschaft in England gewachsen. Ein Aufstand der englischen Barone hätte Heinrich II. wohl den Thron gekostet, für die Barone aber den endgültigen Verlust ihres normannischen Erbes bedeutet...»[1]

Durch die Erfolge gestärkt, führte Heinrich II. eine militärische Operation gegen Wales durch. Anfang Herbst war er zurück in Winchester. Noch vor Ende des Jahres war die Ordnung im Reich wiederhergestellt. Einige Grafschaften waren wieder unter die Botmäßigkeit der Krone gebracht worden oder in andere Hände übergegangen. Die Barone waren verblüfft über die autokratische Politik und verhielten sich ruhig.

Daß Heinrich bei seiner Taktik, einer geschickten Mischung aus Härte und Kompromißbereitschaft, nicht zuletzt den klugen Ratschlägen seines Kanzlers Thomas Becket folgte, war jedermann bekannt.

Anfang 1156 kehrte Heinrich auf den Kontinent zurück. Am 2. Februar war er in Rouen. Innerhalb eines Jahres hatte er auf der Insel für Ordnung gesorgt und sich bei den Vasallen den Ruf eines Königs erworben, der seiner Herrschaft mit eiserner Faust und Fingerspitzengefühl Geltung verschaffte. Daß der hohe Feudaladel über ihn klagte, war nur natürlich. Doch die kleinen Vasallen und das einfache Volk konnten sich zu ihrem Herrscher nur beglückwünschen.

Zahlreiche enteignete Familien konnten nun auf ihre Besitzungen zurückkehren. Diejenigen, die in die Wälder geflohen waren und dort von Diebstahl und Bandenraub gelebt hatten, gliederten sich im Vertrauen auf dauerhaften Frieden wieder in das normale Leben ein. Exemplarische Strafen schreckten davor ab, auf diese Weise seine Existenz zu bestreiten. Ackerbau und Viehzucht, Handwerk und Handel strömten neue Arbeitskräfte zu. Der Handel mit Wolle und Leder nahm einen Aufschwung. «Überall herrschte wieder Sicherheit», schreibt William Fitzstephen begeistert. «In ganz England schien der Frühling eingekehrt ... Dem Herrscher glückte jede Unternehmung. Wie durch ein Wunder blühte das Königreich auf: Die Hügel wurden bewirtschaftet, Getreidefelder bedeckten die Täler, in Ställen und auf Weiden standen dicht gedrängt die Schafherden.»

Ohne auf Schattenseiten einzugehen, fügt der Chronist hinzu: «Die vakanten Bistümer und Abteien wurden ohne Simonie ehrbaren Personen anvertraut. Die Heilige Kirche wurde in Ehren gehalten.»

Ecclesia sancta honoratur...

Auf den ersten Blick war das richtig. Doch bei näherem Hinsehen stellte sich die Lage komplizierter und vielschichtiger dar. Die englische Kirche wurde respektiert, keine Frage, und möglicherweise war sie sogar mächtiger denn je. Zu einem Großteil verdankte sie dies dem Machtvakuum unter Stephan von Blois, aus dessen Vormundschaft sie sich befreit hatte, doch auch herausragende Kirchenführer hatten erheblich dazu beigetragen, allen voran Theobald von Canterbury. Er war über Jahre hinweg die einflußreichste Persönlichkeit in England. Ihm verdankte Heinrich den Thron. Die Kirche hatte offen die Sache der Plantagenet unterstützt, wenn auch nicht ohne ein gewisses Mißtrauen, wie wir gesehen haben. Aus keinem anderen Grund hatte sie dem König mit Thomas Becket denn auch einen Mann zur Seite gestellt, den sie an ihrem Busen genährt hatte und mithin nicht zu fürchten brauchte. Was Heinrich II. selbst betrifft, so brachte er, so weit es ihm möglich war, durchaus Verständnis für die englischen Kirche und den Apostolischen Stuhl auf. Vorausgesetzt allerdings, die «alten Gewohnheiten» blieben unangetastet...

Und doch hatte die Krongewalt seit der Herrschaft Wilhelms des Eroberers fast unbeschränkte Möglichkeiten, Einfluß auf die Kirche zu nehmen. So hatten die Legaten, von einer Ausnahme abgesehen, niemals die Erlaubnis erhalten, ein Konzil einzuberufen, auf dem bindende Beschlüsse gefaßt wurden. Diese rigide Haltung gegenüber Rom hatte der Episkopat, der überwiegend mit Männern normannischer Abstammung besetzt und regelrecht als Feudaldynastie konstituiert worden war, noch unterstützt. Trotz ausdrücklicher päpstlicher Verbote war der Nepotismus dort so verbreitet, daß man beiderseits des Kanals Kirchen fand, die im Grunde nichts anderes waren als Eigenkirchen. Neel Longchamps, ein Mönch von Christchurch, spottete später über jene Leute, die «mit einem Mädchen Kirchengüter heiraten und sich gleich zwei Gattinnen nehmen, eine fleischliche und eine geistliche...»

Dennoch war die Reformbewegung, die die Christenheit in Atem hielt, an der englischen Kirche, wie bereits erwähnt, nicht spurlos vorbeigegangen. Reformfreudige Prälaten gab es zuhauf, allen voran die Erzbischöfe von Canterbury Lanfranc, Anselm und Theobald, die alle drei die berühmte Abtei Bec durchlaufen hatten. Doch die englische Kirche hatte sich sozusagen selbst reformiert. Die komplizierten moraltheologischen und kirchendisziplinarischen Fragen wurden in England auf Nationalsynoden geregelt, die der König gegen die römischen Reformansätze, deren Verbreitung Aufgabe der Legaten war, praktisch abschottete. Der Vormarsch des kanonischen Rechts, dem Geistliche aus Bologna oder der Kurie den Boden bereiteten, konnte die seit langem bestehende Eigenständigkeit der englischen Kirche nur langsam unterminieren.

Durch einen glücklichen Zufall wählte das Kardinalskollegium im Dezember 1154, einen Tag nach dem Tod Anastasius' IV. – Heinrich bereitete sich zu der Zeit fieberhaft auf seine Krönung vor –, Nikolaus Breakspear zum Papst, den einzigen Engländer in der Geschichte des Papsttums. Breakspear entstammte vermutlich einer armen Familie aus Abbot's Langley in Bertfordshire. Da er seinen Bildungshunger in der Heimat nicht hatte stillen können, ging er als blutjunger Mann zum Studium nach Paris und dann nach Arles. Anschließend trat er ins Kloster St. Rufus zu

Avignon ein, wo er bald zum Prior gewählt wurde. Sein Versuch, die Disziplin im Kloster zu straffen, trug ihm allerhand Unannehmlichkeiten ein. Sogar Papst Eugen III. erfuhr von dem Streit und bekam so Gelegenheit, die Kenntnisse und Fähigkeiten des Mönches schätzen zu lernen. Eugen ernannte Breakspear zum Kardinalbischof von Albano, band ihn später enger an sich und übertrug ihm verantwortungsvolle Missionen, die ihn inbesondere nach Skandinavien führten, wo er nach seinem Biographen Boso «den Königreichen Frieden, den Barbaren Gesetze, den Klöstern Ruhe, den Kirchen Ordnung, der Geistlichkeit Disziplin und dem Volk den Geruch der Gottgefälligkeit» gegeben haben soll. Alles in allem war der Prälat ein zutiefst überzeugter Reformer und auf dem Gipfel seiner Schaffenskraft. Auch nach seiner Wahl zum Papst – er nannte sich Hadrian IV. – verlor der kleine, aus ärmlichen Verhältnissen stammende Engländer seine Heimat nie aus den Augen. Noch im Frühjahr 1152 hatte er dort seine Eltern besucht, bevor er sich nach Norwegen eingeschifft hatte. Er wußte also um die innere Zerrissenheit des Landes und kannte die ehrgeizigen Pläne Heinrichs II.

Heinrich II. sollte das Wohlwollen dieses englischen Papstes, der mit Arnold von Brescia fertig geworden war, Friedrich Barbarossa zum deutschen Kaiser gekrönt hatte und zum Kampf gegen die Normannen in Süditalien und Sizilien rüstete,[2] bald auf die Probe stellen. Am 29. September 1155, also nach dem Feldzug gegen Wales, hatten sich die Barone in Winchester versammelt und einer Eroberung Irlands, wo die schlimmsten Unruhen wüteten, prinzipiell zugestimmt. Und was die Kirche anging, so war es ihr trotz wiederholter Versuche niemals gelungen, «das eigentümliche Kultbrauchtum der alten keltischen Gemeinden» auszurotten. Und zu diesen grundsätzlichen Schwierigkeiten kamen Auseinandersetzungen in der Rechtsprechung hinzu. Der Primas von Canterbury, damit beauftragt, den Reformgedanken zu verbreiten, übte in Irland keinerlei Autorität mehr aus. Darüber war man in Rom natürlich empört, und so schien der Augenblick günstig, «Erin kirchlich und politisch unter die Herrschaft des Plantagenet» zu zwingen. Ein berühmter Fall aus der Vergangenheit war allen noch im Gedächtnis: Hatte Papst Alexander II. seinerzeit nicht dem Bastard Wilhelm eine heilige Mission übertragen? Erinnern wir uns: Die *Mora* des Herzogs hatte 1066 unter dem «Banner des Heiligen Petrus» Kurs auf die englische Küste genommen.

Am 9. Oktober brach eine Gesandtschaft von England nach Italien auf. Sie war sorgfältig zusammengestellt worden. Wortführer des Königs waren die Bischöfe von Le Mans und Évreux und – natürlich! – Arnulf von Lisieux. Einer besonders klugen Erwägung verdankten der Abt Robert von St. Albans und Johannes von Salisbury ihre Teilnahme an der Gesandtschaft: Robert war Lehnsherr von Abbot's Langley, dem Heimatort der Familie Breakspear, und Johannes, seit 1154[3] Sekretär des alten Theobald von Canterbury, war ein gemeinsamer Freund des Kanzlers und des neuen Papstes; letzteren hatte er in Paris kennengelernt. Die Vermutung drängt sich auf, daß hinter dieser klugen Entscheidung der Scharfsinn Thomas Beckets stand.

Die Aufgabe der Unterhändler wurde durch die Situation des Papsttums in Italien erschwert. Hadrian IV. war es noch immer nicht gelungen, der republikanischen Umtriebe in Rom Herr zu werden. Einen Tag nach der Kaiserkrönung Friedrich Barbarossas, mit dem er sich später völlig überwerfen sollte, hatte er die Ewige Stadt verlassen müssen und mit einigen Anhängern (darunter auch Johannes von Salisbury, der sich häufig am päpstlichen Hof aufhalten sollte) Zuflucht in der Festung von Benevent gefunden. Benevent lag an der Grenze des normannischen Königreichs, das trotz seiner Spaltung noch immer eine Bedrohung darstellte. Dort blieb er etwa acht Monate, von Ende November 1155 bis Juli 1156, und handelte mit den Vertretern Wilhelms I. von Sizilen in zähem Ringen ein Konkordat aus, das der Kirche weitgehende Rechte einräumte. Dort, in Benevent, war es dann auch, wo die königlichen Gesandten dem päpstlichen Hof ihren Besuch abstatteten. Sie trafen im Dezember 1155 ein und blieben bis zum Februar des nächsten Jahres.

Die Verhandlungen kamen allem Anschein nach nur zäh voran. Offenbar versuchte Hadrian IV., die irische Angelegenheit an diverse offene Fragen zu knüpfen und den römischen Einfluß auf die englische Kirche merklich zu stärken. Dennoch wurde Heinrich II. in zentralen Punkten zufriedengestellt. «Auf mein drängendes Bitten hin», erinnerte sich Johannes von Salisbury einige Jahre später in seinem *Metalogicon,* «gewährte er [der Papst] dem Plantagenet den Besitz Irlands auf erblicher Grundlage, wie eine päpstliche Bulle bezeugt. Es heißt nämlich, daß alle Inseln von der römischen Kirche abhängen: Dieses altertümliche Recht geht auf Konstantin zurück, der ihre weltliche Macht begründet und durch seine Schenkung gestiftet hat. Durch meine Mittlerschaft sandte er ihm [dem König von England] einen goldenen, mit einem herrlichen Smaragden verzierten Ring, das Zeichen der Investitur, mit dem er ihm das Recht auf die Herrschaft über Irland verlieh.» Dieser kostbare Ring war von besonderem Symbolwert: Nach Wace hatte Papst Alexander II. Wilhelm von der Normandie ein Haar des heiligen Petrus geschickt, eingefaßt in einen goldenen Ring. Der Eroberer soll die Reliquie bei seinem Feldzug gegen Harold ständig um den Hals getragen haben.

Im Grunde hatte die Geste des Papstes, die von beiden Parteien gewollt und für die damalige Zeit im übrigen ganz typisch war, kaum mehr als nur symbolischen Charakter. Mochte Johannes von Salisbury auch den Geist der vielzitierten Konstantinischen Schenkung beschwören, als der Papst König Heinrich II. die Herrschaft über Irland zusprach, ein Land, das ja erst noch erobert werden mußte, so beinhaltete dies keineswegs eine Investitur im Sinne des Feudalsystems, bei der der Lehnsherr dem Lehnsmann mit dem Huldigungseid ein Gebiet überläßt. Heinrich II. hätte sich auf so etwas ebensowenig eingelassen, wie irgendeiner seiner Vorgänger. Bei der päpstlichen Geste handelte es sich allenfalls um die Anerkennung eines Rechtes von rein potentiellem Charakter. So begannen die militärischen Operationen zur Annexion der Insel denn auch erst im Sommer 1171, also rund fünfzehn Jahre nach der Übereinkunft von Benevent. Dies bedeutet nun aber nicht, daß sie nicht wichtig gewesen wäre. Beide Partner zogen Nutzen aus ihr, wenn auch aus ganz unterschiedlichen Gründen.[4] Die Übereinkunft zwang den König von England freilich auch zu Gegenleistungen: Im Februar 1156 erinnerte ihn der Papst feierlich an die kanonischen Regeln zur freien Wahl der Bischöfe und Äbte durch die Diözesan- und Klosterkapitel. Außerdem wies Hadrian darauf hin – und ließ bekannt machen –, daß es dem König verboten war, in die Wahlen einzugreifen oder eventuelle Anrufungen Roms als Schiedsrichter zu verhindern. Die Erinnerung an den Zank um die Besetzung des Erzbischofsstuhls von York war noch immer lebendig...

Der König zeigte Entgegenkommen und folgte in diesen heiklen Fragen dem Rat seines Kanzlers, der mit den Feinheiten des kanonischen Rechts besser vertraut war. So hatte die Abordnung, die den Papst 1155 in Benevent aufsuchte, auch den Auftrag gehabt, Hadrian einen typischen Streitfall zu unterbreiten, der sich aus einer Sedisvakanz ergab: Es ging um die Nachbesetzung des Bischofsstuhls von Angers in den Erblanden des Plantagenet. Bisher war es üblich gewesen, daß die Chorherren drei Kandidaten vorschlugen und der Graf von Anjou – Heinrich also – einen von ihnen zum Bischof bestimmte. Während Heinrichs Abwesenheit hatte das Domkapitel mit dieser lästigen Tradition gebrochen und dem englischen König jedes Mitspracherecht bei der Bischofswahl verweigert. Auf gemeinsamen Wunsch der Parteien wurde die Angelegenheit der Kurie vorgetragen. Der Ausgang war vorauszusehen: Der englische Papst entschied zugunsten des Domkapitels von Angers. Heinrich blieb kaum etwas anderes übrig, als sich großzügig in die Entscheidung zu fügen und den geeigneten Moment abzupassen, um die «alte Gewohnheit» wieder einzuführen.

Die häufige Anrufung römischer Instanzen war dem Herrscher jedoch ein Dorn im Auge. Seit der normannischen Eroberung hatten es alle englischen Könige verstanden, Herr im eigenen Hause zu bleiben und die Kirche, solange Politik und Religion personell eng miteinander verflochten waren, unter ihrer persönlichen Kontrolle zu halten.

Schon der schwache Stephan von Blois hatte gegen die häufigen Appellationen aufbegehrt. Durch die Ernennung Theobalds von Canterbury zum Legaten war die Frage unerwartet gelöst worden. Obwohl der Erzbischof ein überzeugter Verfechter des römischen Primats war und daraus auch nie ein Hehl machte, hatte er die Einflußnahme Roms zu bremsen versucht, selbst wenn sein Stuhl dabei ins Wackeln geriet. Dies hatte ihm die Rügen dreier Päpste eingebracht.

Daß sich die Kleriker immer öfter und nach Bedarf auch in Strafsachen an die päpstliche Rechtsprechung wandten, beunruhigte zahlreiche Ratgeber des Königs. Nicht ohne Grund plädierten sie für eine Stärkung der königlichen Justiz. Der Erzbischof selbst, der sich zu Unrecht der Willfährigkeit gegenüber dem König beschuldigt fühlte, spielte in seinem Brief an Hadrian IV. vom Frühjahr 1156 unmißverständlich auf unhaltbare Mißbräuche beim Appellationsrecht an. Man kann sich vorstellen, welche Genugtuung dies bei Heinrich II. und seinem Kanzler Thomas Becket hervorrief. Andererseits gingen zahlreiche Kleriker dazu über, sich häufiger an die königliche Autorität zu wenden. Daß dies nicht immer aus selbstloser Loyalität gegenüber der Krone geschah, zeigt das mit spitzer Feder gezeichnete Charakterbild des «kirchlichen Höflings» in Johannes von Salisburys *Polycraticus:* «Er schützt vor, was er nicht ist, und verbirgt sein wahres Gesicht ... Er ist immer bereit, die Fehler anderer zu entlarven. Er bereichert sich am Familienerbe anderer und erkauft oder erbettelt sich die Gunst des Fürsten, um Benefizien zu erhalten, mit deren Hilfe er die höchsten Ränge zu erklimmen versucht...» Eine solche Entwicklung konnte Heinrich II. in seiner angeborenen Neigung zur Herrschsucht nur bestärken.

Mochten die höchsten Instanzen der englischen Kirche und der Apostolische Stuhl auch einen gerechten Ausgleich herbeisehnen – wo es um ihre hart erkämpften und mühselig behaupteten Rechtsgrundsätze ging, waren sie zu keinem Nachgeben bereit. Der schwelende Konflikt entzündete sich am Fall der Abtei Battle, der im Jahre 1157 die Gemüter erregte.

Die Affäre war im Grunde nicht der Rede wert, doch sie hatte beispielhaften Charakter. Die Abtei Battle war von Wilhelm dem Eroberer auf dem Hügel Senlac errichtet worden. Die angesehene Stiftung, deren Ruinen als Mahnmal noch heute das Schlachtfeld von Hastings überragen, kam schon sehr früh nach dem Willen des Königs und aller betroffenen Parteien in den Genuß eines Exemptionsprivilegs. Die Abtei unterstand keinerlei Gerichtsbarkeit, auch nicht der des zuständigen Diözesanbischofs von Chichester, und wollte ihre Rechte als *royal chapel,* als Eigenkirche behalten – als solche unterstand sie allein dem König. Doch die Zeiten hatten sich geändert. Erste Vorboten der Krise waren bereits unter Stephan von Blois zutage getreten, als der Bischof Hilarius von Chichester und der Abt von St. Martin zu Battle in dieser Grundsatzfrage aneinandergerieten. Der König hatte damals zugunsten der Vorrechte der Abtei und damit für die königliche Prärogative entschieden. Kurz nach der Thronbesteigung Heinrichs II. hatte sich der neue Abt Walter diese Entscheidung vom neuen König eiligst bestätigen lassen. Als Beweisstücke legte er eine vermutlich gefälschte Charta Wilhelms des Eroberers und andere Dokumente von ebenso zweifelhafter Echtheit vor, was damals durchaus nichts Ungewöhnliches war. Der Abt ließ sich gegen den heftigen Widerstand des Bischofs von Chichester und Theobalds von Canterbury die Privilegien der Abtei bestätigen, nach denen sie weder der Gerichtsbarkeit der Diözese noch der des Metropoliten unterstand. Die Urkunde Heinrichs II. die auf der Grundlage höchst fragwürdiger Dokumente zustande gekommen war, ruhte einige Zeit in der Kanzlei, in der dringend notwendige Umbauarbeiten anstanden. Auf Druck von Richard von Lucé, dem Justitiar des Königreiches und Bruder des Abtes von Battle, wurde das Verfahren beschleunigt und die Urkunde ordnungsgemäß ausgefertigt. Thomas Becket setzte als Kanzler das königliche Siegel unter das Dokument.

Hilarius von Chichester, ein reformorientierter Prälat, der aus der römischen Kurie kam und eng mit Johannes von Salisbury befreundet war, wollte sich mit den beiden Urteilssprüchen nicht abfinden und brachte die Sache an den römischen Hof. Die päpstliche Entscheidung schlug hohe Wellen. Schon am 1. März 1157 befahl Hadrian IV. Walter, dem Abt von Battle, gemäß den Bestimmungen des kanonischen Rechts die Autorität des zuständigen Bischofs anzuerkennen. Doch Walter gab sich keineswegs geschlagen und ließ sein Anliegen erneut durch den königlichen Hof prüfen. Heinrich II., der damals in der Normandie residierte, war entsetzt. Er spürte, daß es zu einer Kraftprobe mit dem römischen Stuhl kommen würde. Auf Betreiben des Justitiars Richard von Lucé verbot er dem Bischof von Chichester, das Verfahren auszuweiten oder kanonische Strafen zu verhängen, und forderte ihn auf, bei ihm vorzusprechen, sobald er, Heinrich, nach England zurückgekehrt sei.

Am 23. Mai 1157 fand die erste Sitzung des Gerichts statt. Tagungsort war Colchester, eine alte normannische Stadt in Essex, in der noch heute eine Burg steht, die der Eroberer hatte errichten lassen. Der Gerichtshof, dem nur der König, der Kanzler, der Justitiar und einige Sachverständige angehörten, beschränkte sich ganz auf die unverzichtbaren Verfahrensfragen. Der Bruder des Abtes von Battle vertrat in amtlicher Eigenschaft die angestammten Rechte der Abtei. Thomas Becket, als Kanzler des Königreiches, ließ die beweiskräftigen Dokumente verlesen, darunter auch die Charta Wilhelms des Eroberers. Ganz in seinem Element, trug er mit Geschick und Sachverstand zur Aufhellung der Debatten bei und meisterte die Schwierigkeiten, die sich aus der veränderten Rechtspraxis ergaben.

Für den Fortgang der Verhandlung beschloß Heinrich II., den Gerichtshof zu erweitern. Hinzugezogen wurden die Erzbischöfe Roger von York und Theobald von Canterbury, die Bischöfe von Lincoln, Exeter und London, die Äbte von Holme und St. Augustine von Canterbury und die Grafen von Leicester, Essex, Salisbury und Warenne. Die Beamten des Königs, deren Mißtrauen gegenüber der Kirche mit jedem Tag wuchs, drängten in großer Zahl in den Gerichtssaal.

Als Hilarius von Chichester aufgefordert wurde, seine Argumente gegen die allgemein bekannten Privilegien der Abtei Battle vorzutragen, hielt er eine feurige Rede über die Trennung der Gewalten. In der Begeisterung für sein Anliegen ließ er sich zu der Erklärung hinreißen, daß «kein Laie, nicht einmal ein König den Kirchen Würden oder Freiheiten ohne Erlaubnis des Papstes verleihen oder bestätigen» könne. Ein unkluger Satz. Der empörte König witterte einen Angriff auf seine Souveränität und ließ seiner Wut freien Lauf. Die anwesenden Barone und Beamten, Anhänger der Krongewalt, waren ebenfalls außer sich. Es kam zum Tumult. Vorwürfe wurden laut, die Kirche maße sich auf unerträgliche Weise Immunitäten an. Vergebens versuchte der alte Theobald von Canterbury, die Gemüter zu beschwichtigen und den Dialog wieder aufzunehmen. Seine Kompromißvorschläge stießen auf taube Ohren. Heinrich II. blieb unnachgiebig.

An diesem Punkt griff Thomas Becket in die Verhandlung ein. Er hielt sich streng an die Vorgaben seines Amtes und legte ein letztes Mal in aller Deutlichkeit die Fakten dar: Nach der von Wilhelm dem Eroberer verkündeten und von Erzbischof Lanfranc von Canterbury bestätigten Charta unterstehe die Abtei Battle nicht der normalen Gerichtsbarkeit, mithin sei der Abt in keiner Weise verpflichtet, sich ihr zu unterwerfen. Ob sich Richard von Lucé, der Kanzler, der Erzbischof von York und sein Schatzmeister Johannes von Belméis in einer anschließenden Sitzungspause über das Urteil beraten haben, ist nicht bekannt und auch nicht von Bedeutung. Fest steht, daß die Klage des Bischofs Hilarius abgewiesen wurde. Er verzichtete öffentlich auf alle Rechte über die Abtei, tauschte Friedensküsse mit seinem Widersacher aus und gewann dank der Vermittlung des Erzbischofs Theobald das Vertrauen des Königs zurück. Die Rolle des Kanzlers in diesem heiklen Verfahren sollte er allerdings nie vergessen.

Worin genau hatte diese Rolle bestanden? Ganze Generationen von Historikern – und schon die Zeitgenossen – haben sich über die Haltung Thomas Beckets in dieser besonderen Angelegenheit die Köpfe zerbrochen. Je nach Standpunkt wurde er verteidigt oder geschmäht. Für erhebliche Verwirrung hat auch der anonyme Verfasser der *Chronik der Abtei Battle* gesorgt, der den Kanzler in höchsten Tönen lobt und ihm seine Anerkennung dafür ausspricht, daß er die Privilegien der Abtei gegen die unerhörten Ansprüche des Papsttums verteidigt und der königlichen Autorität zu ihrem Recht verholfen habe. Der Chronist, der verständlicherweise die Sache des Klosters vertritt, ist in dieser Frage kein vertrauenswürdiger Zeuge. Die Fakten sind an sich recht einfach.

Thomas Becket spielte in der Affäre genau die Rolle, die er spielen mußte: Er hielt sich streng und juristisch korrekt an seine Aufgabe als Kanzler. Der ehemalige Bologneser Student stellte auf der Basis der vorliegenden Beweismittel die Rechtslage fest. Nicht mehr und nicht weniger. Läßt sich aus dieser juristisch zweifellos geschickten Haltung ableiten, er habe vorbehaltlos

Partei für den König ergriffen? Sehr viel später, an seinem Lebensabend, sollte er unter dramatischen Umständen einen Brief an Papst Alexander III. schreiben, in dem er seine damalige Haltung rechtfertigt und unter anderem den damaligen Machtmißbrauch anprangert. «Welchen Vorteil gewann der Bischof von Chichester über den Abt von Battle, wo er doch, kurz nachdem er die apostolischen Privilegien beschworen und ihn exkommuniziert hatte, gezwungen war, ihn ohne jede Absolution wieder in seine Gemeinde aufzunehmen und ihm den Friedenskuß zu geben? Der König wollte es so, und auch der Gerichtshof, der sich ihm nicht zu widersetzen wagte. Und dies, Heiliger Vater, trug sich zur Zeit unserer beiden Vorgänger zu.»

Wollte sich Thomas Becket mit dieser abschließenden Bemerkung, die wie ein Winkelzug anmutet, auf elegante Art von einer Schuld reinwaschen? Dies wäre nicht seine Art gewesen. Es war ganz natürlich, daß er sich später, als unberechtigte Vorwürfe gegen ihn laut wurden, zur Wehr setzte und sein Verhalten als Diener des Königs rechtfertigte. Bei der langwierigen und komplizierten Affäre um die Abtei Battle, die von den Hauptakteuren und ihren Anhängern mit hitziger Leidenschaft ausgetragen worden war, hatte sich der Kanzler von England strikt an das gehalten, was ihm sein Amt vorschrieb. Tatsächlich hatte er sich virtuos seiner juristischen Kenntnisse bedient und den Zorn des Königs und des Gerichtshofes besänftigt – ob letzterer aus Überzeugung ein Geschrei der Empörung erhoben hatte oder nur, um sich beim König anzubiedern, sei dahingestellt. Der erfahrene Staatsmann Thomas Becket hatte jedenfalls erkannt, daß der Sache mit Gefühlsausbrüchen nicht gedient war.

Die kluge und einfühlsame Art, die Weitsichtigkeit, mit der Thomas den cholerischen und überspannten König beruhigte, um im Kern der Sache weiterzukommen, sollte sich auszahlen. Immerhin rang sich Heinrich II. in einigen Punkten dazu durch, die Rechte des Heiligen Stuhls zu respektieren. Warum sollte man nicht auch das dem Einfluß Thomas Beckets zuschreiben?

Auch bei der Überwindung des Schismas nach dem Tod Hadrians IV. spielte der Kanzler eine wichtige Rolle. Hadrian IV. war am 1. September 1159 überraschend gestorben. Eine Woche darauf äußerten pro-deutsche Kardinäle Zweifel an der Rechtmäßigkeit der Wahl des neuen Papstes Alexander III. und wählten Kardinal Oktavian Montecello zum Gegenpapst Viktor IV. Das Problem nahm rasch gesamteuropäische und damit politische Dimensionen an. Friedrich Barbarossa suchte nach Verbündeten, um Front gegen Alexander zu machen. Ludwig VII. von Frankreich stellte für ihn kein ernsthaftes Hindernis dar. Heinrich II., der mit dem deutschen Kaiser damals auf gutem Fuß stand, verhielt sich abwartend und brachte diese Haltung auch zum Ausdruck. Erschreckt entfaltete Alexander III. eine rege diplomatische Aktivität und forderte namentlich Arnulf von Lisieux dazu auf, «unablässig beim König zu wachen». Heinrich residierte damals gerade in der Normandie. Theobald von Canterbury, Roger von Pont-l'Évêque, Johannes von Salisbury und der Kanzler bedrängten den Herrscher. Doch ohne Gegenleistungen wollte der König für Alexander keinen Finger rühren. Die von meisterlicher Hand gelenkte Angelegenheit führte bald zu unerwarteten Ergebnissen...

Im Juni 1160 versammelten sich die Bischöfe unter dem Vorsitz Theobalds von Canterbury – es war einer seiner letzten öffentlichen Auftritte – in London und erklärten sich offiziell für den legitimen Papst. Damit kein falscher Eindruck von Heinrichs Absichten ensteht: Er selbst hatte das Konzil einberufen und dann, unter Verstoß gegen geltendes kanonisches Recht, dessen Beschlüsse veröffentlichen lassen. Als es einen Monat später bei der Synode der normannischen Bischöfe auf dem Kontinent zu gewissen Mißverständnissen kam, sollte deutlich werden, daß der König fest entschlossen war, sich von nichts und niemandem die Macht streitig machen zu lassen, in welchem Bereich auch immer.

William Fitzstephen berichtet in allen Einzelheiten über dieses Drama und seine Folgen. Der König «hatte die Bischöfe und Barone in Neufmarché in Caux zusammengerufen, um die Gründe zu prüfen, die beide Parteien geltend machten, und um herauszufinden, ob die Wahl [des neuen Papstes] richtig und legitim war. Alexander wurde anerkannt, Oktavian verurteilt. Daraufhin ließ Hugo, der Erzbischof von Rouen, über Gilles von Perche, seinen Neffen und Archidiakon, alle Suffragane von dieser Entscheidung in Kenntnis setzen. Der König ärgerte sich darüber, daß die Synode in der Normandie nicht dem Beispiel der englischen Versammlung gefolgt war und seine Billigung und Bestätigung abgewartet hatte. Sein Zorn richtete sich gegen Gilles: Am Erzbischof, der wegen seines Alters und seiner Tugenden hohes Ansehen genoß,[5] wagte er sich nicht zu vergreifen. Also gab er Befehl, das Haus des Archidiakons niederzureißen. Der Kanzler versuchte mit inständigen Bitten den Fürsten zu beschwichtigen: ‹Mein König›, sagte er, ‹das Haus, das du zerstören willst, ist zwar Eigentum des Archidiakons Gilles, aber ich muß dort heute nächtigen…›» Heinrich II. war besänftigt und gab nach.

Aber «am folgenden Tag wurde bekannt, daß der Bischof von Le Mans, dem Beispiel des Erzbischofs von Rouen folgend, Papst Alexander anerkannt und seinen Legaten den Treueid geleistet hatte. Heinrich geriet erneut in Wut. Er duldete es nicht, daß man in dieser Angelegenheit ohne seine Anweisungen *(sine jussu et licencia et sententia)* handelte. Seine Bewaffneten drangen in die Residenz des Bischofs ein, raubten seine Pferde, plünderten ihn aus und jagten ihn aus seinem Haus. Unklar ist, ob sie auf ausdrücklichen Befehl handelten oder nur den Willen des Königs interpretierten. Sicher ist dagegen, daß der gewalttätige Monarch ein Dekret erließ, in dem er die Zerstörung des Hauses anordnete. Als er es unterzeichnet hatte, zeigte er es den umstehenden Männern mit den Worten: ‹Die Einwohner von Le Mans werden von ihrem Bischof noch hören.› Die Geistlichen, die damals in großer Zahl am Hof weilten, waren zutiefst erschüttert. Und auch der Kanzler war entsetzt. Da er jedoch begriff, daß jetzt nicht der richtige Zeitpunkt war, den Herrscher anzusprechen oder Gesuche einzureichen, empfahl er den Boten, die den verhängnisvollen Befehl überbringen sollten, sich für den Ritt nach Le Mans vier Tage Zeit zu lassen – normalerweise brauchten sie für die Strecke nur zwei. Am nächsten Tag forderte er einige Bischöfe auf, für ihren Kollegen, dem so übel mitgespielt wurde, ein gutes Wort einzulegen. Der König war unerbittlich. Tags darauf wurden weitere Bischöfe mit der gleichen Bitte vorstellig – und abgewiesen. Nun griff der Kanzler persönlich ein. Er ließ noch eine

Nacht verstreichen und trug dann sein Anliegen vor. Heinrich war gerührt und verzieh dem Bischof, fürchtete aber, das Haus sei zumindest teilweise bereits zerstört. Thomas sandte in aller Hast den Gnadenbrief an den Propst von Le Mans. Er vertraute ihn einem Eilkurier an und forderte ihn auf, Tag und Nacht im Sattel zu bleiben. Beckets Gesandter erreichte die Stadt fast gleichzeitig mit den Boten des Königs. Das Haus des Bischofs stand noch. Das Verbannungsurteil war zwar bereits bekannt, aber noch nicht vollstreckt worden. Mit dem Gnadenbrief wurde es hinfällig. Heinrich war seinem Minister schließlich sogar dankbar. Mit seiner List hatte er ihn davor bewahrt, eine nicht wieder gutzumachende Gewalttat zu begehen...»

Diese gern zitierte Passage aus Fitzstephens Werk zeigt anschaulich Thomas Beckets Geschick im Umgang mit Menschen. Fast wäre man versucht zu sagen, er habe seine Mitmenschen «umgarnt», würde ein solcher abwertender Ausdruck die Haltung dieses Klerikers im Staatsdienst nicht ins Zwielicht rücken. Albert L'Huillier, einer der besten Historiker, die sich mit Thomas befaßt haben, meinte beim Studium der zeitgenössischen Chronisten ein «Doppelspiel des Kanzlers in kirchlichen Fragen» zu entdecken. Doch wer dies unterstellt, verkennt anscheinend völlig, daß zwischen Kanzler und König eine freundschaftliche Beziehung bestand: Jeder akzeptierte die Andersartigkeit des anderen und verstand ihn instinktiv, auch ohne offene Aussprache. Beide hatten einen scharfen Verstand, der ihnen sagte, wie weit sie gehen konnten. Heinrich II. wußte durchaus, daß seine Charakterschwächen verheerende Auswirkungen auf seine Politik haben konnten. Sie war gleichsam ein atavistisches Erbe: Sein Großvater, der schreckliche Fulko Nerra, hatte sich durch die gleichen Fehler zahllose Unannehmlichkeiten eingehandelt und war deshalb dreimal ins Heilige Land gezogen, um seine beispiellosen Verbrechen zu sühnen. Die Genialität des Kanzlers bestand nun darin, daß er Heinrichs Schwäche klar erkannte, niemals über sie sprach, sie nie vergaß und es vermied, den König, der aus Arroganz und Selbstsucht zu keiner moralischen Kapitulation bereit war, wegen seines Charakters offen anzugreifen. War das ein doppeltes Spiel? Gewiß nicht. Dagegen ist unbestreitbar, daß

Thomas Becket ein seltenes Einfühlungsvermögen besaß und Heinrich mit psychologischem Fingerspitzengefühl behandelte. Nach dem Zeugnis von William Fitzstephen wußte der König diese Fähigkeiten zu schätzen.

Daß Thomas Becket seine Begabung in den Dienst der Kirche gestellt hatte, darf nicht überraschen. Er hatte dafür gute Gründe: Heinrich II. duldete zu Beginn seiner Herrschaft in England zwar die Anwendung der kanonischen Rechte, die sich unter Stephan von Blois durchgesetzt hatten, doch schon bald bedrängte ihn seine Umgebung, eine härtere Gangart einzuschlagen und in seinem Inselreich die alten Gewohnheiten aus der Normandie einzuführen, nach denen die Herzöge über Bistümer und Abteien geboten. Denn immerhin, bemerkt Raymonde Foreville, «hatten viele ein Interesse daran, dem König zu schmeicheln: Geistliche, die über reiche Pfründen verfügten und sich als gebildete und ergebene Diener um ihn scharten, aber auch ehrzeizig und habgierig waren; weltliche Beamte und Barone, die in den kirchlichen Würdenträgern Konkurrenten sahen und sie um ihre Unabhängigkeit und ihr Ansehen beneideten...» All dies hatte auch bei dem Streit um die Abtei Battle eine Rolle gespielt.

Daß sich normannische Gewohnheiten in England einschlichen, beunruhigte den Erzbischof von Canterbury. Bei verschiedener Gelegenheit sah er keine andere Möglichkeit mehr, als sich an den Kanzler zu wenden. Und er hatte damit Erfolg. Dies zeigte sich besonders deutlich, als im Frühjahr 1160 Bischof Robert von Warelwast starb und der Bischofssitz von Exeter neu besetzt werden mußte. Heinrich II. wollte seinen völlig ungeeigneten Vertrauten Robert Fitzharding in das Amt heben. Der Favorit des Primas und des Kapitels war Bartholomäus, der Archidiakon des verstorbenen Bischofs. Da sich der Hof nachdrücklich für den königlichen Günstling stark machte, mußte Theobald von Canterbury über seinen Sekretär Johannes von Salisbury Thomas Becket zweimal bitten, beim König zu intervenieren. Heinrich II. gab tatsächlich nach, verlangte aber von dem neugewählten Bischof, vor seiner Weihe in die Normandie zu reisen und ihm dort den Huldigungseid zu leisten, eine Aufforderung, der der Bischof dann auch nachkam.

Der Kanzler kümmerte sich auch um Kleinigkeiten. So setzte er sich etwa dafür ein, daß Bistümer und Abteien so kurz wie möglich unbesetzt blieben. Wenn sich Vakanzen ergaben – wie beispielsweise in Worcester oder Bangor – ruhte die ganze Last der Temporalienverwaltung auf seinen Schultern, eine Aufgabe, bei der ihn das Gros der zweiundfünfzig Mitarbeiter seiner Kanzlei unterstützte. In einem ähnlichen Fall sprang Thomas für den Bischof von London, Richard von Belméis, ein, als dieser die Verwaltung seiner Diözese nicht mehr bewältigte. Bei seinen Bemühungen, die Sedisvakanzen möglichst kurz zu halten, handelte er gegen die Meinung der Schmeichler am Hof, aber auch gegen die Neigung des Königs, auf kirchliche Angelegenheiten Einfluß zu nehmen. In einem Brief lobte Johannes von Salisbury Thomas für sein Geschick, verwickelte Situationen aufzulösen *(nota est industria vestra)*...

Thomas Becket sprengte mit seiner unermüdlichen Tätigkeit den Rahmen seines Amtes. Und doch sollten neue Aufgaben hinzukommen, eminent politische Aufgaben, die ihm Gelegenheit gaben, sich auszuzeichnen und seine unerschöpflichen Talente, seine Tatkraft und seine Unbeugsamkeit unter Beweis zu stellen. Er war in der Tat die Achse, um die sich die Politik des Plantagenet drehte. Und er blieb es für lange Zeit.

Kapitel VI

Ehrgeizige Ziele

«Wie groß muß erst die Macht des Königs von England sein, wenn schon sein Kanzler mit einem solchen Gefolge durch die Lande zieht?» Diese Frage stellte sich die staunende Menge, die in Städtchen und Weilern das prächtige Schauspiel seines Durchzugs miterlebte, das den Dorfchroniken noch lange Zeit Nahrung geben sollte. Nach sorgfältiger Vorbereitung hatte Thomas Becket im späten Frühjahr 1158 das Königreich England verlassen, um auf den Kontinent Angelegenheiten von größter Wichtigkeit zu erledigen.

In den drei Jahren seiner Herrschaft war Heinrich II. alles geglückt: Zunächst schlug er mit Hilfe seines Kanzlers und Königin Eleonores (die einander übrigens nicht mochten) die Rebellion seines jüngsten Sohnes, des Grafen Gottfried von Bretagne, nieder, der Ansprüche auf das angevinische Erbe erhoben hatte. Dann verzichtete König Malcolm IV. von Schottland auf die Grafschaften Northumberland, Westmoreland und Cumberland, die zur Zeit Stephans von Blois erobert worden waren. Und wenig später legte Malcolm bei einer Begegnung mit Heinrich in Chester für seine englischen Ländereien den Huldigungseid ab. Im Juli 1157 traf sich die Elite der englischen Barone in Northampton zu einer großen Versammlung: Der letzte Widerstand war gebrochen, die Krone erhielt die letzten Burgen zurück und der Feldzug gegen die unbeugsamen Waliser wurde offiziell beendet. Durch schnelle, vielfach dramatisch verlaufene militärische Aktionen hatte der König das unbändige Volk unterworfen. Und mit Owen Gwynedd hatte sich einer ihrer bedeutendsten Führer ergeben. Die Grenzen des Königreiches im Norden und Osten waren nun sicher.

Unterdessen hatte Eleonore auf dem Kontinent dafür gesorgt, daß die aquitanischen Vasallen in Bordeaux Heinrichs Oberherrschaft anerkannten. Die Finanzen, zu Beginn der Herrschaft in katastrophalem Zustand, waren wieder in Ordnung: Das Steuerwesen war radikal erneuert worden, die Schulden der Krone wurden nach und nach getilgt, und die städtischen Händler vertrauten auf die Wertbeständigkeit der neugeprägten Münzen. Das Osterfest 1158 wurde für Heinrich II. gleichsam zur Apotheose. Im Vertrauen auf seine Macht ließ er sich unter dem Jubel der englischen und walisischen Barone in der Kathedrale zu Worcester, deren Devise noch heute *Civitas in bello in pace fidelis* lautet, ein zweites Mal krönen. Der König von England war auf dem besten Wege, zum mächtigsten Herrscher des Abendlandes aufzusteigen. Als Thierry d'Alsace, der Graf von Flandern, der ein «reicher und großherziger Mann» gewesen sein soll, mit seiner Frau Sibylle von Jerusalem seine dritte Pilgerfahrt ins Heilige Land in Angriff nahm, vertraute er seinen Sohn und sein Land keinem anderen als Heinrich II. an.

Der französische König, der dem unaufhaltsamen Aufstieg seines Großvasallen machtlos zusehen mußte, erlebte dagegen ein politisches und privates Mißgeschick nach dem anderen. Ludwigs drückendste Sorge war der ausbleibende Nachwuchs, denn die dynastische Thronfolge war damals die einzige Garantie für Frieden und Ordnung. Von Eleonore, die inzwischen in England regierte, hatte er zwei Töchter – eine höchst unbefriedigende Lösung für das Erbfolgeproblem. «Er fürchtete,» schrieb ein Mönch von Saint-Germain-des-Prés, «die Regierung des Königreichs Frankreich könne ihrer Brut in die Hände fallen.» Aus diesem Grund hatte Ludwig nach seiner Rückkehr von einer Pilgerfahrt nach Santiago de Compostela 1154 Konstanze von Kastilien geheiratet, eine Tochter des mächtigen Königs Alfons VII. von Kastilien. Zwei Jahre nach ihrer Hochzeit kam die Königin nieder. Das Neugeborene war ein Mädchen, der König tief enttäuscht. Seine Verbitterung war um so größer, als Eleonore seinem potentiellen Rivalen Heinrich in erstaunlicher Regelmäßigkeit weitere Kinder gebar. Heinrichs erster Sohn war zwar bekanntlich im Alter von drei Jahren gestorben, doch der kleine Heinrich, 1155 zur Welt gekommen, und die um ein Jahr jüngere Tochter Mathilde erfreuten sich bester Gesundheit. Und am 8. September 1157 kam Eleonore in Oxford mit einem weiteren Knaben nieder – dem späteren Richard Löwenherz. Während in Paris also Verbitterung herrschte, schmiedete man in London große Pläne. Die Beziehungen zwischen den beiden Höfen waren nicht ungetrübt. Der König von England beanspruchte immer noch das Vexin, von jeher ein Zankapfel zwischen Frankreich und dem Herzogtum Normandie; Heinrichs Vater Gottfried hatte das Vexin einst an Frankreich abtreten müssen. Doch Heinrich war ehrgeiziger und konnte seine hochfliegenden Pläne auf politische Gegebenheiten gründen: Ludwigs Krondomäne war winzig, gemessen an Heinrichs riesigen Ländereien auf französischem Boden. Und Ludwig hatte keinen männlichen Erben – ein wichtiger Trumpf in Heinrichs Hand. Zwar hatte Ludwig VII. zwischen seiner Familie und dem Haus Blois-Champagne verwandtschaftliche Brücken geschlagen, doch die standen auf sumpfigem Grund. In der Heiratspolitik hatte Heinrich II. einen entscheidenden Vorteil: Er hatte einen Erben, den dreijährigen Heinrich. Lag es da nicht nahe, Heinrich mit der erst wenige Monate alten Margarete zu verheiraten, der Tochter Ludwigs und Konstanzes? Und das Vexin als Mitgift herauszuhandeln?

Dieses Planspiel mag heute befremden, für damalige Verhältnisse war es nichts Ungewöhnliches. Mit etwas Geduld konnte man auf diese Weise ganze Reiche erschaffen. Unter den gegebenen Umständen war das Ehebündnis zwischen einer Tochter der französischen Königs und dem Erben der englischen Krone eine vielversprechende Angelegenheit. Sämtliche Hindernisse, die der Aneignung des Vexins bislang im Wege gestanden hatten, ließen sich mit einem Federstrich beseitigen. Und dabei ging es um nicht weniger als um eine Option auf das Königreich Frankreich und mittelfristig sogar um die Neuordnung von ganz Westeuropa unter der Führung der Plantagenet.

Vorerst mußte man dem Schicksal Europas freilich noch etwas nachhelfen und den König von Frankreich, der in der Position des Schwächeren war, mit stichhaltigen Argumenten zum Verlöbnis seiner Tochter überreden, ohne daß er von dem grandiosen Vorhaben etwas ahnte. Man mußte ihn mit Charme gewinnen, durch Blendwerk beeindrucken und alle Register der Überredungskunst ziehen. Der Rat wurde befragt und stimmte zu. Thomas Becket wurde ohne lange Diskussion zum Gesandten ernannt. William Fitzstephen bringt den Vorgang in der ihm eigenen Art auf die bündige Formel: «Man schlug ihn vor. Er nahm an.»

Fitzstephen liefert uns eine farbige Schilderung des gigantischen diplomatischen Aufgebots: «Alles war so eingerichtet, daß man vom Reichtum und Luxus der Engländer eine hohe Meinung haben mußte. Der Prunk, mit dem sich der Gesandte umgab, sollte auch von der Macht seines Dienstherren künden.» Die Mission wurde zumindest in dieser Beziehung ein voller Erfolg.

Als die englischen Schiffe auf dem Kontinent landeten, entstieg ihren Bäuchen die Crême des Königreichs. Thomas Becket hatte ein prunkvolles Gefolge zusammengestellt, das ganz nach seinem erlesenem Geschmack war. Der Zug setzte sich in Richtung Paris in Bewegung. Die Reise nahm viele Tage in Anspruch. Tausende von Schaulustigen säumten den Weg und bestaunten den atemberaubenden Pomp des Gefolges. An der Spitze des Zuges paradierten zweihundert Ritter aus dem Haus des Kanzlers. Es folgte eine lange Reihe von Bewaffneten, Schildknappen, Geistlichen, Hofmeistern und jungen Adeligen in voller Pracht. Alle waren eigens zu diesem Anlaß ihrem Stand entsprechend neu eingekleidet worden. Auf acht schweren Karren wurde das Begleitgepäck befödert. Jeweils fünf Pferde zogen sie, «groß und stark wie Streitrösser». Zwei Pferde trugen Fässer mit Bier, dem «Absud vergorener Gerste, den die Franzosen köstlich fanden und der in der Tat ein sehr gesundes, klares Getränk von der Farbe eines guten Weines ist, aber besser mundet». Mehrere Wagen transportierten das notwendige Gerät für die Kapelle des Kanzlers, das Mobiliar für sein Schlafzimmer, Küchenutensilien, den gesamten Proviant, Teppiche, Decken und das sonstige Gepäck der Gesandtschaft. Allein Thomas Beckets Garderobe bestand aus vierundzwanzig verschiedenen Gewändern. Ein Teil dürfte allerdings als Gastgeschenk für besondere Persönlichkeiten gedacht gewesen sein; er verschenkte zahllose Pelze und Mäntel an die Bischöfe, denen er unterwegs seine Aufwartung machte. Zwölf Lastpferde waren mit Kisten beladen. Acht von ihnen enthielten Goldschmiedearbeiten und ein kostbares Tafelservice: Gefäße, Kelche, Tassen, Schüsseln, verschiedene Teller, Salzfäßchen, Löffel und Messer. Andere Kisten bargen den Schatz des Kanzlers, aus dem die immensen Kosten für Unterbringung und Gastgeschenke bestritten wurden. Ein Pferd diente ausschließlich der Beförderung von Büchern. Überall im Zug führte man Windhunde oder Vögel mit, «wie es sich für Könige und die Großen der Welt geziemt». Auch Affen fehlten nicht. Sie saßen auf den Karren und gaben der Prachtentfaltung ihr exotisches Gepräge. Ein halbes Jahrhundert später umgab sich Friedrich II. von Sizilien auf seinen Reisen mit ähnlich fremdländischem Zauber...

Irgendwann im Juni traf dieser prächtige und etwas barock anmutende Zug in Paris ein. In den Straßen standen dicht gedrängt die Schaulustigen. Zweihundertfünfzig junge Leute marschierten in Reihen zu sechst oder zu zehnt voran und sangen englische oder walisische Lieder. Einige Schritte hinter ihnen folgten Burschen, die Wind- und Jagdhunde an der Leine führten. Dahinter knirschten die eisenbeschlagenen Räder der lederbedeckten Karren über das Pflaster der Straßen. Jeder Wagen wurden von riesigen Doggen bewacht, die es mit Bären oder Löwen aufgenommen hätten. Etwas weiter hinten sah man Reitknechte, die auf den Rükken von Lasttieren saßen oder knieten, und Knappen, die eiserne Schilder trugen und Schlachtrösser am Zügel führten. Dann folgten Bewaffnete, junge Edelmänner, Falkner mit Geiern auf den Fäusten, Haushofmeister, Ritter und Geistliche, alle zu Pferd. Und am Ende des Zuges, im engen Kreis seiner Vertrauten und im vollem Glanz dessen, was er war und was er repräsentierte, schließlich Thomas Becket selbst, der englische Kanzler.

Thomas hatte Ludwig VII. schon bei der Landung durch einen Kurier von seiner Ankunft unterrichtet, und der König hatte sich ständig auf dem laufenden gehalten, wo sich der hohe Staatsgast gerade befand. Ludwig hatte keinerlei Ehrgeiz, mit dem Pomp zu wetteifern, den Thomas Becket entfaltete. Es gibt von ihm ein berühmtes Wort, das er einmal zu einem Nörgler sagte, als dieser sich über die übertriebene Schlichtheit im Palast auf der Cité beklagte: «Wir am Hof von Frankreich haben nur Brot, Wein und Fröhlichkeit.» Das war gewiß keine grobe Übertreibung. Dennoch wußte Ludwig Hof zu halten und wenigstens die elementarsten Gebote der Gastfreundschaft zu respektieren. Nach Landessitte mußte der König für alle Ausgaben der Staatsgäste während ihres Aufenthaltes aufkommen. Vor dem Besuch Thomas Beckets hatte der König strikte Befehle erlassen und den Parisern ausdrücklich verboten, dem Kanzler oder seinen Hofmeistern irgend etwas zu verkaufen. Thomas kannte diese Tradition und machte sich einen Spaß daraus, das Verbot zu umgehen. Er schickte seine Leute heimlich in die benachbarten Marktflecken Lagny, Corbeil, Pontoise und Saint-Denis, wo sie in rauhen Mengen Brot, Fleisch, Fisch, Wein und allerlei Spezialitäten kauften, natürlich incognito. Sie feilschten nicht einmal um die Preise. Angeblich soll der Kanzler ein einfaches Aalgericht zum stolzen Preis von hundert Schilling verzehrt haben. Im Templerturm, wo Thomas residierte, wurden die Vorräte verstaut, genug, um drei Tage lang tausend Mann zu verköstigen. Mit diesem für ihn typischen Einfall zeigte der Kanzler auch staatsmännisches Geschick. Allein mit dieser Geste eroberte er sich die Gunst der kleinen Leute, die bei hohen Staatsbesuchen immer mit spürbaren Steuererhöhungen rechnen mußten.

Bei seinem Aufenthalt in Paris verblüffte der Kanzler durch seine Freigebigkeit und bestach durch sein diplomatisches Geschick. Er verstand es meisterhaft, mit natürlichem Charme und Geschenken, die er je nach Stand und Bedarf auswählte, die Gunst der Kleinen und Großen zu erringen. Jeder, ob nun Baron des Königreichs, Soldat oder einfacher Diener des Königspaars, durfte mit einer Aufmerksamkeit rechnen: Er verteilte silbernes Geschmeide, Mäntel, Umhänge aus Fehwerk, Pelze, Zelter und Steitrösser. Die Verschwendung des Kanzlers schien grenzenlos. Er stattete den Schulen auf dem Hügel Saint-Geneviève, wo er selbst die freien Künste studiert hatte, einen spontanen Besuch ab, traf sich mit Lehrern und Scholaren, hörte sich ihre Klagen an, fragte nach ihren Berufsaussichten und empfing die Leute, die sich um die englischen Studenten kümmerten. Auch hier zeigte er sich großzügig.

Bei all dem kam der eigentliche Zweck seiner Mission nicht zu kurz. Im Mittelpunkt seiner Gespräche mit Ludwig VII. stand die angestrebte Verbindung zwischen den Königshäusern – als möglicher Auftakt zu einschneidenden Veränderungen. Trotz der persönlichen Kluft zwischen den Gesprächspartnern – der eine protzte mit Luxus, der andere galt seit langem als Mönch – brachte jeder für den anderen eine Wertschätzung auf, die sich im Laufe der Jahre noch vertiefte. Einzelheiten ihrer schwierigen Verhandlungen sind nicht bekannt. Man weiß lediglich, daß die Mission erfolgreich verlief. Am Ende waren sich Thomas Becket und Ludwig VII. im Grundsatz darin einig, daß zwischen dem jungen Heinrich und Margarete von Frankreich eine Ehe geschlossen werden sollte.

Zu dem raschen Erfolg der Mission kam ein bedeutsames Ereignis hinzu, das Heinrich II. in dem Vertrauen auf seinen guten Stern nur bestärken konnte. Am 26. Juli 1158 starb überraschend sein Bruder Gottfried Plantagenet. Die Grafschaft Nantes, die sich während der Wirren nach dem Tod Conans III. aus der Bretagne gelöst hatte und dem Hause Anjou zugefallen war, war damit vakant. Nach dem Willen des englischen Königs sollte sie in angevinischer Hand bleiben. Heinrich wollte das Eisen schmieden, solange es noch heiß war. Er reiste sofort auf den Kontinent und traf sich in Gisors mit Ludwig VII. Bei dieser Gelegenheit konnte er auch gebührend die Verhandlungsergebnisse würdigen, die Thomas Bekket einige Wochen zuvor erzielt hatte. Die Heirat war beschlossene Sache. Die Mitgift der französischen Königstochter sollte die Festungen Gisors, Vaudreuil, Neauphle und vor allem das normannische Vexin umfassen, das stets für Konfliktstoff gesorgt hatte. Nach den Vereinbarungen sollten die Burgen bis zur Eheschließung in der Hand Ludwigs VII. bleiben. Für den Fall, daß der kleine Heinrich starb (bei der damaligen Kindersterblichkeit eine berechtigte Vorsichtsmaßnahme), sollte Margarete einen anderen Sohn Heinrichs II. heiraten: den gerade erst einjährigen Richard. Sollte es dazu kommen, erhielte er von seinem Vater «die Stadt Lincoln, tausend Pfund Rente und ein Lehen mit dreihundert Rittern in England, die Stadt Avranches, zwei Burgen, tausend Pfund Rente und ein Lehen mit zweihundert Rittern in der Normandie».

Kurze Zeit später holte Heinrich die kleine Margarete aus Paris ab. Wie es der Brauch wollte, mußte sie als seine künftige Schwiegertochter in seiner Familie erzogen werden. Da Ludwig VII. seine erste Frau Eleonore in unguter Erinnerung behalten hatte, verlangte er, daß man seine Tochter Margarete von ihrem Einfluß fernhielt. Heinrich vertraute das Kind dem integeren Baron Robert von Newburgh an, der seiner Aufgabe gewissenhaft nachkam und sich später in die Abtei Bec zurückzog.

Nun ging Heinrich die Angelegenheit in der Bretagne an. Unter Berufung auf eine angebliche Gewohnheit forderte er freiheraus den Titel des Seneschalls. Das Amt war mit beträchtlichen Vollmachten verbunden und verlieh seinem Träger das Recht, bei eventuellen Streitigkeiten zwischen dem bretonischen Herzog Conan IV. und seinen Vasallen im Namen des französischen Königs einzugreifen. Ludwig VII. hatte nicht die Mittel, um diesen Vorstoß zu vereiteln, und gab nach. Daraufhin zitierte Heinrich Conan nach Avranches. Ohne große Anstrengung brachte er den Herzog dazu, die Rechte auf Nantes und die Grafschaft Mée abzutreten.

Thomas Becket, der auf dem Kontinent geblieben war, trug seinen Teil dazu bei, die königliche Macht in den westlichen Grenzmarken, die stets von bedrohlichen Unruhen erschüttert wurden, zu festigen. Er führte eine Blitzaktion gegen Guy von Laval durch, einem Mann von übelstem Leumund. Guy, der Inbegriff des brutalen Raubritters, schreckte nicht davor zurück, sich an Kirchengut zu vergreifen. Als Schwager des englischen Königs hatte er sogar gewagt, die Waffen gegen seinen Lehnsherrn zu erheben. Thomas Becket griff sich den Unruhestifter und ließ ihn in Neufmarché in den Kerker werfen.

Dem König von England winkte eine strahlende Zukunft. In einem Gebiet, das von der Bresle bis nach Bayonne und von der Bretagne bis nach Clermont-Ferrand reichte und eine Vielfalt regionaler Unterschiede aufwies, erkannten die Vasallen seine Lehnsherrschaft an. Um den Preis einer Übereinkunft – die, was Heinrich betraf, nicht ohne Hintergedanken geschlossen worden war – hatte sich Ludwig VII. auf eine realistische Politik der Annäherung an den Plantagenet eingelassen, die damals von beiderseitigem Nutzen war. Typisch für eine Zeit, in der man symbolische Gesten liebte, beschlossen die beiden Könige, ihre Aussöhnung auf dem Mont-Saint-Michel bei Avranches zu besiegeln, einem der bedeutendsten Wallfahrtsorte des christlichen Abendlandes.

Als sich der Herzog der Bretagne unterwarf, hatte Heinrich II. bereits eine Pilgerfahrt zur Abtei Mont-Saint-Michel hinter sich, bei der ihm sogar das besondere Privileg zuteil geworden war, der Messe am Hochaltar beizuwohnen. Anschließend hatte er mit allen seinen Baronen im Refektorium der Abtei gefrühstückt und dann dem berühmten Abt Robert von Torigny, der Thomas Bekket nahestand, die Benefizien der Kirche von Pontorson verliehen.

Ludwig VII. reiste quer durch die Normandie und traf schließlich in Avranches ein. Heinrich bereitete ihm einen angenehmen Aufenthalt und ließ für den spartanischen König glanzvolle Feste ausrichten. Ludwig konnte sich in Ruhe davon überzeugen, daß seine Tochter Margarete im Hause des normannischen «Vizekönigs» Robert von Newburgh die beste Erziehung genoß. Und er hatte Gelegenheit, sich als Vermittler im Grenzkonflikt zwischen dem Herzog von Anjou und seinem Erbfeind, dem Grafen von Blois, zu betätigen. Graf Theobald V. von Blois gab Amboise und Fréteval zurück. Sein Schwager Rotrou von Perche gab im Austausch gegen das lange blutig umkämpfte Schloß Bellême, das Heinrich einst verlehnt hatte, Moulins-la-Marche und Bonsmoulins zurück... Am 23. November 1158 hörten die Könige von Frankreich und England mit einem Erzbischof, einem Bischof und fünf Äbten in Mont-Saint-Michel die Messe. Als die Zeremonie der öffentlichen Aussöhnung vorüber war, begleitete Heinrich II. Ludwig bis nach Paris. Er hielt dies für angebracht, weil er als Herzog der Normandie Vasall des französischen Königs war. Ludwig VII. und Königin Konstanze überhäuften ihn mit Liebenswürdigkeiten, räumten eigens für ihn und sein Gefolge den Palast auf der Cité und nächtigten selbst für die Dauer seines Aufenthaltes im Kloster Notre-Dame.

Zu Weihnachten überließ Königin Eleonore die englischen Staatsgeschäfte dem Justitiar Robert von Leicester, schiffte sich auf den Kontinent ein und landete in Barfleur. Der König hielt Hof in Cherbourg. Irgendwo in der Menge der anwesenden Barone steckte gewiß auch Thomas Becket. Am Hof herrschte eitel Freude über die glückliche Wendung der Ereignisse. Und man erörterte ausgiebig die grandiosen Vorhaben, die in den folgenden Monaten auf dem Kontinent für Aufsehen sorgen sollten.

Das Städtchen Blaye, einige Meilen nördlich von Bordeaux auf dem rechten Ufer der Gironde gelegen, war ein vielbesuchter Ort. Hier machte man Zwischenstation auf dem Weg nach Santiago de Compostela. Im tiefsten Winter 1159 herrschte auf dem Schloß ungewohnt reges Leben. Der gesamte herzogliche Hof hatte sich um Heinrich und Eleonore versammelt, die im Mittelpunkt anstehender Verhandlungen standen. Man plante eine Unternehmung. Thomas Becket, einer der Hauptakteure, war bereits nach England zurückgesegelt.

Zum erlauchten Kreis auf dem Schloß zählte auch der aragonesische König Raimund Berengar IV., der Graf von Barcelona. Heinrich II. unterbreitete ihm ein Heiratsangebot. Heinrichs Sohn Richard, zu diesem Zeitpunkt kaum älter als ein Jahr, sollte mit Raimund Berengars Tochter Berenguela verlobt werden. Und wenn Heinrich II. von Hochzeit sprach, meinte er zwangsläufig Allianz. Er bat den aragonesischen König um Beistand gegen Graf Raimund V. von Toulouse. Der Erfolg war ihm sicher: Raimund Berengar und Raimund V. waren Erbfeinde und haßten einander bis aufs Blut. Seitdem die Grafen von Toulouse den Weg ins Heilige Land gefunden hatten (Raimund IV. hatte am ersten Kreuzzug teilgenommen und war in Tripolis gestorben; sein in Palästina geborener Sohn Alfons-Jordan hatte sich zwar für einige Zeit auf seinen europäischen Lehen niedergelassen, war dann aber in den Orient zurückgekehrt und dort 1148 gestorben), waren sie in der Provence mit dem frischgebackenen Königshaus Aragon aneinandergeraten, das sich bereits das Roussillon einverleibt hatte, sich damit aber noch nicht begnügte. Endlose und verwickelte Verhandlungen hatten zu einer Grenzziehung auf der Landkarte geführt, die niemanden befriedigte:

Der Graf von Toulouse hatte die Markgrafschaft Provence von der Drôme bis zur Durance erhalten, Aragon die Grafschaft Provence von der Durance bis zum Meer. Da diese Behelfslösung unvermeidlich Reibereien nach sich zog, weilte der Graf von Toulouse öfters in Beaucaire nahe dem Konfliktherd als bei sich zuhause in Toulouse.

Die Herzöge von Aquitanien hingegen begehrten seit jeher das Languedoc. Ein kurzer Blick auf die Landkarte zeigt uns die enorme Bedeutung der Stadt Toulouse: Sie liegt gleichsam in der Mitte einer gedachten Paradestraße, die von Bordeaux nach Narbonne führt und den Atlantik mit dem Mittelmeer verbindet. Ein ehrgeiziges Ziel also für einen unternehmenden und phantasiebegabten Fürsten, der die notwendigen Mittel hatte für Politik im großen Stil! Und gute Gründe, sie zu verwirklichen: Heinrichs Gattin Eleonore hatte ihre Ansprüche auf Toulouse, das sie von ihrer Großmutter geerbt haben wollte, nie aufgegeben. Die Ansprüche waren nicht aus der Luft gegriffen: Der urwüchsige Dichter Wilhelm IX. von Aquitanien – der *Troubadour* – war mit Philippa von Toulouse verheiratet gewesen. Daß er sie ausgiebig betrogen hatte, schmälerte Eleonores Ansprüche nicht: Angesichts einer Erbfolge, deren Rechtmäßigkeit zweifelhaft war, waren sie kaum zu leugnen; selbst der französische König Ludwig VII. hatte sie seinerzeit als Eleonores Gatte vorübergehend geltend gemacht.

Heinrich konnte keine bessere Gelegenheit für die Verwirklichung seines Planes finden, und Thomas Becket schuf derweil im nebligen Norden die notwendigen Voraussetzungen für das Gelingen: In England herrschte Frieden, und Heinrich hatte an allen Grenzen den Rücken frei. Sein Kanzler, der auf dem Gipfelpunkt seiner Macht stand, führte ihm brillant die Staatsgeschäfte.[1] Heinrich hatte auf billige Weise mit Ludwig VII. und dem Grafen von Blois Frieden geschlossen. In Blaye hatte man entschieden, daß der aragonesische König Raimund Berengar ein Kriegsheer auf die Beine stellen sollte. Und wie es der Zufall wollte, war der Graf von Toulouse auch noch ein unleidlicher Mensch und seine direkten Nachbarn, Graf Wilhelm von Montpellier und Vizegräfin Irmgard von Narbonne, traten der Koalition mit Begeisterung bei. Außerdem mißhandelte er seine Frau, ein Punkt von nicht geringer Bedeutung: Die Gräfin von Toulouse, Konstanze von Frankreich, war eine leibliche Schwester des französischen Königs. Man durfte also darauf rechnen, daß Ludwig VII. es nicht ungern sah, wenn man seinem nichtswürdigen Schwager eine rüde Lektion erteilte.

Entgegen aller Erwartung erwies sich aber gerade dieser Punkt als eine entscheidende Schwachstelle. Heinrichs Begegnung mit Ludwig in Tours endete mit einem glatten Mißerfolg. Zur Verblüffung des Plantagenet verurteilte der Kapetinger das Vorhaben als Ruchlosigkeit und verweigerte hartnäckig sein Zustimmung. Zwar brachte der französische König nicht die mindeste Sympathie für den Grafen von Toulouse auf, wie übrigens fast jeder, doch der Graf war trotz allem sein Vasall, und Ludwig war entschlossen, seine Verpflichtungen als Lehnsherr bis zum letzten zu erfüllen und die Gebiete seines Lehnsmannes gegebenenfalls auch mit Waffengewalt zu verteidigen.

Heinrich ließ sich jedoch keineswegs entmutigen und traf mit unverminderter Eile Vorkehrungen für ein beachtliches militärisches Unternehmen. Zu allererst mußte die Finanzierung des Vorhabens gesichert werden. Der Herzog-König erhob in der Normandie sechzig angevinische Sous pro Ritterlehen. Von seinen persönlichen Besitzungen verlangte er noch mehr. England besteuerte er mit einem Schildgeld von zwei Mark pro Ritterlehen, eine besonders hohe Summe.

Das Schildgeld war erstmals unter der Herrschaft Heinrichs I. Beauclerc aufgetaucht und hatte sich rasch durchgesetzt: als logische Folge davon, daß immer mehr Ritterlehen von kirchlichen Institutionen abhängig waren, die gegen Geldabgabe vom direkten Militärdienst befreit wurden. Heinrich I. hatte ausgiebig Gebrauch von dieser Steuer gemacht, die gegenüber dem sonst üblichen *servitium debitum* den Vorteil bot, daß sie sich nach Bedarf höher oder niedriger festsetzen ließ.

Heinrich II. schöpfte aus dem Vollen. Zwar reichten die Einnahmen nicht an die phantastischen 180 000 Pfund heran, die Gervasius von Canterbury vorstreckte, doch immerhin ermöglichten sie ihm, in Rekordzeit ein ebenso kostspieliges wie zuverlässiges Söldnerheer aus dem Boden zu stampfen.

Zweifellos legte auch Thomas Becket mit Hand an und trieb die königliche Verwaltung bei ihrer undankbaren, aber notwendigen Aufgabe an. Daß man ihm diesen Diensteifer noch lange nachtrug, ist durch seinen erbitterten Gegner Gilbert Foliot belegt. Selbst sein enger Freund Johannes von Salisbury mußte in einem sieben Jahre später verfaßten Brief an Bischof Bartholomäus von Exeter einräumen, daß Thomas Becket trotz «seines großen Einflusses auf den König» nichts unternommen habe, um die Steuer für die Kirche zu mildern: «Er hat sich der Maßnahme tatsächlich in keiner Weise widersetzt, wenngleich er sie nicht gebilligt hat. Somit ist es eine gerechte Strafe für seine Beteiligung an dieser Ungerechtigkeit, daß dieselben Männer, die er damals seinem größten Wohltäter vorgezogen hat, nun seine Feinde sind.» Das strenge Wort stammt überraschenderweise von einem Mann, der bereits 1156 in einem Brief an den Bischof Wilhelm von Norwich auf die halbherzigen Vorhaltungen Theobalds von Canterbury hingewiesen hatte: Auch der Erzbischof hatte sich als Realist ins Unvermeidliche gefügt...

Ein weiteres Mal erscheint hier die Vorstellung von Thomas Becket als einem willenlosen Werkzeug finsterer Machenschaften... Es ist mehr als wahrscheinlich, daß sich die Frage zur damaligen Zeit so noch nicht stellte. Thomas besaß ein hohes Maß an politischem Verstand, war seinem König, dessen Gedanken und Ambitionen er sehr genau kannte, treu ergeben und stand zudem – was gewiß übertrieben war – im Ruf, «über Krieg und Frieden zu gebieten». Er erfüllte seine Aufgaben als Kanzler mit Elan und tat wohl noch etwas mehr. Daß man hinter vorgehaltener Hand seinen staatsmännischen Eifer monierte, war nur natürlich, doch ist kaum anzunehmen, daß jemand laut hinausposaunt hat, der Archidiakon habe «seiner Mutter Kirche den Dolch in die Brust gestoßen». Ein solcher Vorwurf wäre übertrieben und haltlos gewesen. Thomas erfüllte die Rolle eines Musikers, der gleichzeitig mehrere Instrumente spielt, und zog die Steuer ein, die legitimerweise als Ersatz für den direkten Militärdienst erhoben wurde.

Die königliche Gewalt setzte ihre Forderungen mit eiserner Hand durch. Doch die Armee, die Heinrich II. für Johannis nach

Poitiers bestellt hatte, wog alle Opfer und Verstimmungen auf. Das Kriegsheer, das seine Hegemoniepläne auf dem Kontinent verwirklichen sollte, war beeindruckend. Aus ganz England, Wales, der Normandie, Aquitanien, Anjou und der Bretagne waren Ritter herbeigeströmt. König Malcolm IV. persönlich führte sein Kontingent schottischer Kriegsleute an, das mit einer Flotte von vierzig Schiffen gelandet war. Thomas Becket, dem das prachtvolle Aufgebot vor allem zu verdanken war, stand in voller Rüstung an der Spitze der siebenhundert Ritter seiner Haustruppen. Wilhelm, ein Bastardsohn Stephans von Blois, war bereits im Begriff, den Kanal zu überqueren. Doch die Speerspitze dieser Streitmacht bildete ein furchteinflößendes Infanteriekorps von Brabanter Söldnern, die man buchstäblich mit Gold aufgewogen hatte. Dieses schlagkräftige und imposante Heer, in dem man trotz brennender Ungeduld die Disziplin wahrte, sollte laut Plan so schnell wie möglich zu den im Süden versammelten Streitkräften stoßen. Dann wäre es um Toulouse geschehen.

Aber der König von England zögerte noch mit dem Marschbefehl. Im Mai hielt sich der Hof in Bec-Hellouin auf. Anfang Juni traf sich Heinrich in Heudicourt abermals mit dem französischen König. Zwar wurde erneut die Heirat Heinrichs des Jüngeren mit Margarete von Frankreich besprochen, doch alle Gedanken kreisten um Toulouse. Ludwig VII. erneuerte das Verbot, Hand an Graf Raimunds Ländereien zu legen. Wütend beschloß Heinrich, sich über das Verbot hinwegzusetzen und es auf eine Kraftprobe ankommen zu lassen.

Am 24. Juni setzte sich das gewaltige Heer, das vor den Mauern von Poitiers lagerte, nach Süden in Bewegung. Doch es kam nur langsam voran. Der Kanzler war irritiert. Zwar marschierte man von Erfolg zu Erfolg, doch die ruhmlos eroberten Burgen in Quercy und anderswo waren fast ohne jede Bedeutung für das Finale, den entscheidenen Schlag, dem alles entgegenfieberte. Auch Thomas Becket, der um die horrenden Kosten der Expedition wußte, brannte vor Ungeduld. Vielleicht hatte auch er sich am Waffengeklirr und den fliegenden Fahnen berauscht. Doch der König zauderte und war wie vor den Kopf geschlagen. Schleppend ging es voran. In Périgueux leistete sich Heinrich sogar noch den unpassenden Luxus einer Militärparade... Am Ende der ersten Juliwoche stand seine Armee vor Toulouse. Der König von Frankreich war ihm zuvorgekommen und hatte mit einem winzigen Heer die Stadt besetzt.

Der schwache und wankelmütige König war fest entschlossen, seinen Verpflichtungen als Lehnsherr bis zum Ende nachzukommen. Mit Verhandlungen versuchte Heinrich II., einen Weg aus der Sackgasse zu finden. Thomas Becket war wütend über die Verzagtheit des Königs und riet dringend zum Sturm. Das Mißverhältnis der Kräfte ließ dem König von Frankreich keine ernsthafte Chance. «Heinrich fürchtete», bemerkte Michelet mit Recht, «daß ihn angesichts einer so eklatanten Verletzung des Lehnsrechts die eigenen Vasallen im Stich lassen könnten». Wahrscheinlich beugte er sich aus Ehrfurcht vor der *regia dignitas,* wie es seinerzeit Wilhelm der Eroberer unter ähnlichen Umständen vor Heinrich I. getan hatte. Thomas Becket hingegen konnte in solcher Lage lästige Gewohnheiten abschütteln. Er wollte Nägel mit Köpfen machen und gab dem König zu bedenken, daß moralische Erwägungen hier fehl am Platze seien *(vana superstitione et reverentia).* Einen Herrscher, der unter Mißachtung von Verträgen[2] zu den Waffen gegriffen habe, brauche man nicht zu schonen. Bei Heinrich, der mit widersprüchlichen Ratschlägen bombardiert wurde, überwogen die Skrupel. Vielleicht fürchtete er auch nur, daß sich eine Belagerung fernab von seinen Basen endlos in die Länge ziehen könnte, denn in Toulouse traf Verstärkung ein. Bis ins Mark erschüttert gab er den Befehl zum Rückkehr.

Die Bilanz des Feldzuges war lächerlich: Heinrich hatte die Festung Cahors und einige Burgen auf dem Weg nach Toulouse dazugewonnen. Eine Schmach... Das große Heer zerstreute sich rasch in alle Winde. Bald war der König von England allein. Nur sein Konnetabel Heinrich von Essex und sein Kanzler mit seinen Leuten blieben bei ihm. Thomas Becket, so berichtet William Fitzstephen «kämpfte aufs tapferste in Helm und Kettenpanzer an der Spitze der Seinen und eroberte drei Festungen, die als uneinnehmbar gegolten hatten. Dann überquerte er die Garonne, verfolgte die Feinde und befestigte in der ganzen Region die Herrschaft seines Dienstherren, der ihn mit Gnaden und höchsten Ehren überhäufte.» Der erfolgreiche Kampf war nicht mehr als das Scharmützel der Nachhut und dürfte bei Thomas Becket einen bitteren Nachgeschmack hinterlassen haben.[3]

Der Kanzler erhielt jedoch nochmals Gelegenheit, seine militärischen Fähigkeiten unter Beweis zu stellen. Robert von Dreux, ein Bruder Ludwigs VII., und der Bischof Heinrich von Beauvais führten ein militärische Unternehmen gegen die normannische Grenze. Ihren ersten Schlag hatte Graf Theobald V. von Blois, ein neuer Verbündeter Heinrichs, erfolgreich abgewehrt. Nach kurzem Aufenthalt in Limoges zog Heinrich II. eilends in die Normandie. Ende September riegelte er seine Domäne ab, indem er Étrépagny gegenüber der Burg Gisors befestigte, verwüstete das Beauvaisis und zerstörte die Festung Gerberoy. Dann zwang er den Grafen von Évreux in ein Bündnis, das ihm Rochefort, Monfort und Épernon einbrachte. Für den französischen König war dies verhängnisvoll: Ludwig VII. war isolierter denn je und konnte nicht einmal mehr ungehindert von Paris nach Étampes gelangen, auf eines der ältesten Lehen der Kapetingerdynastie. Die Zeitgenossen waren entsetzt.

Bei dem mehrmonatigen Feldzug heimste Thomas Becket einen Teil des Ruhmes für sich ein. Er kehrt rasch aus Quercy zurück und schickte eigene Truppen in die Schlacht, verstärkt durch zweitausend Berittene und viertausend Infanteristen. Während der ganzen vierzig Tage, die der Gefolgschaftsdienst traditionsgemäß dauerte, besoldete er sie aus eigener Tasche. «Ritter und Elitetruppen», hebt William Fitzstephen lobend hervor, «erhielten täglich drei Sous für die Pferde und den Unterhalt der Bewaffneten. Und an der Tafel des Kanzlers durften alle Platz nehmen, Adelige und einfache Soldaten.»

Thomas setzte im Kampf auch das eigene Leben aufs Spiel. Er tat es mit der gleichen Begeisterung und Forschheit, die auch sein sonstiges Tun bestimmten. «Obwohl er Geistlicher war, maß er sich in einem Zweikampf, der mit eingelegter Lanze und auf dem Rücken der Pferde ausgetragen wurde, mit Enguerrand von Trie, einem wackeren französischen Ritter. Er warf ihn aus dem Sattel und kam im Triumph mit dessen Streitroß zurück. Seine

Männer kämpften im englischen Heer stets in den vordersten Reihen und zeichneten sich unter seinem Befehl und seiner Führung durch Tapferkeit, Mut und glanzvolle Heldentaten aus. Er selbst blies zum Angriff oder zum Rückzug, und der besondere Klang seiner Hörner war nicht nur seinen Truppen, sondern auch dem übrigen Heer bekannt. Obwohl er ein Feind war und das französische Gebiet mit Feuer und Schwert verwüstete, errang er durch die Lauterkeit seines Charakters und seine Tapferkeit auch die Wertschätzung derer, gegen die er zu kämpfen hatte. Und später bekam selbst der französische König Gelegenheit, ihm auf dienlichste und rühmlichste Weise seine Hochachtung zu beweisen.»

Einstweilen war man davon aber noch weit entfernt. Erschüttert bat Ludwig VII. um einen Waffenstillstand, den ihm Heinrich II. im Dezember gerne gewährte. Er hielt bis zur Pfingstoktav des folgenden Jahres. Heinrich II. hatte sich nicht lange bitten lassen: Der kostspielige Feldzug war zu einem Desaster geworden. Kaum hatten seine Vasallen den Heeresdienst abgeleistet, hatten sie sich aus dem Staub gemacht. Die militärischen Ergebnisse waren gleich Null. Doch hoffte der König, den Fauxpas durch diplomatische Erfolge wettmachen zu können. Da er noch bis 1163 auf dem Kontinent bleiben wollte, um die Verwaltung seiner Territorien zu überwachen, hatte er genügend Zeit, die Rechnung mit dem König von Frankreich zu begleichen. Der Zufall sollte ihm zu Hilfe kommen.

Am Pfingstsonntag 1160 schlossen beide Könige einen Friedensvertrag, der im Kern nicht mehr beinhaltete als die Rückkehr zu den Verhältnissen, die vor dem unseligen Streit um Toulouse geherrscht hatten. Heinrich tröstete sich über sein Mißgeschick hinweg, indem er die normannischen Vasallen seinem fünfjährigen Sohn den Lehnseid schwören ließ. Das Kind sollte bald zu einem erstklassiger Trumpf im machtpolitischen Kalkül werden.

Mit Schrecken mußte Ludwig VII. erleben, wie seine zweite Frau Konstanze von Kastilien im Wochenbett starb. Da er sich immer noch brennend nach einem Erben sehnte, heiratete er sofort nach ihrem Tod Adela von Champagne, eine Schwester Theobalds von Blois und Heinrichs von Champagne. Zu Recht hat man festgestellt, daß das Königreich Frankreich durch dieses Ehebündnis buchstäblich der Champagne ausgeliefert wurde. Heinrich II. empfand die Heirat als schallende Ohrfeige. Und das war sie auch. Der Herzog-König reagierte prompt auf diesen Schachzug, der seine sorgsam ausgeklügelten Pläne wie ein Kartenhaus zum Einsturz bringen konnte: Am 2. November 1160 wurde die Hochzeit Heinrichs des Jüngeren mit Margarete von Frankreich gefeiert. Der Bräutigam war fünf, die Braut zwei Jahre alt... Alles nahm wie selbstverständlich seinen Lauf. Man hatte ordnungsgemäß die Legaten Heinrich von Pisa und Wilhelm von Pavia konsultiert und umgehend die notwendige Dispens für diese, gelinde gesagt, ungewöhnliche Heirat erhalten. Allmählich begann sich auszuzahlen, daß sich Heinrich und sein Kanzler Thomas Becket auf die Seite des Papstes Alexander III. geschlagen hatten.

Der König von England stürzte sich sofort auf die Mitgift: die lange begehrten Burgen im Vexin und Gisors. Die vorübergehend stationierte Garnison von Templerrittern, die Gisors mit lauem Einsatz bewachte, übergab ihm die Feste ohne einen Schwertstreich. In seiner Empörung ließ sich Ludwig VII. gemeinsam mit Theobald von Blois auf eine aussichtslose militärische Konfrontation ein. Binnen weniger Wochen riß Heinrich II. Chaumont an sich und befestigte Amboise und Frétal. Ludwig VII. und seine Vasallen mußten sich beugen. In wenigen Jahren der Regentschaft, die von einem eindrucksvollen Willen zur Expansion geprägt waren, hatte sich Heinrich trotz einiger Schwächen zum Herren über ganz Westfrankreich erhoben.[4]

Der Kanzler hatte zur Befestigung von Heinrichs Herrschaft in England und auf dem Kontinent einen ganz erheblichen Beitrag geleistet. Thomas war «bei der Restauration der Monarchie die rechte Hand des Königs und sein bester Gehilfe, wenn nicht sogar der Initiator». Die besten Köpfe der Zeit waren sich seiner Bedeutung vollauf bewußt und scheuten sich nicht, dem mächtigen und gefürchteten Mann eine Ehrerbietung zu bezeugen, die uns heute übertrieben erscheinen mag. Als ein Beispiel unter vielen sei der salbungsvolle und überschwengliche Brief des Petrus von Celle an «seinen erlauchtesten Herren und Freund Thomas, den Kanzler des Königs von England» zitiert: «Ein Mann, der ob seines glücklichen Geschicks nicht überheblich wird, verdient mehr Bewunderung für seine Bescheidenheit als für seinen Aufstieg. Bei Dir liegen Ruhm und Glück im Streit; das haben mir Personen zugetragen, die es wissen und gesehen haben. Doch ist es mehr ein Wettstreit als ein Kampf, denn der Unterlegene ist ohne Schande und der Sieger ohne Stolz. Sieger und Besiegte sind mit sich und mit dem Gegner gleich zufrieden. Weder führt Dein Ruhm zu Hochmut, noch führt Dein Glück zum Laster. Darum hast Du es auch nicht verschmäht, Dich vom Gipfel Deiner Herrlichkeit herab an unser bescheidenes Refugium zu wenden und, da Du selbst nicht kommen konntest, einen Brief zu senden. Du trägst mir Freundschaft und Vertrauen an. Käme ich dieser Bitte nach, so löste dies bei der Verschiedenheit unseres Standes gewiß Befremden aus. Denn welche Art von Beziehung kann es zwischen dem Kanzler des Königs von England und dem Abt von Celle geben? Man kann nur Vergleichbares vergleichen. Wer wüßte nicht, daß Du nach dem König der erste vierer Königreiche bist. Und wer sähe in mir nicht den letzten und armseligsten unserer Brüder? Um es mit einem Wort zu sagen, je herrlicher die Dinge sind, die ich von Dir erfahre, desto bescheidener ist das, was ich von mir denke. Enge Freundschaft kann ich also nicht mit Dir schließen. Doch wenn ich zu Deinen entfernten Freunden zählen dürfte, fühlte ich mich hoch geehrt. Obwohl ich dieser Gunst kaum würdig bin, versuche ich ihr dennoch zu genügen...»

Auch wenn in Höflichkeitsschreiben dieser Art die Rhetorik zwangsweise eine große Rolle spielt, so zeugen sie doch von Thomas Beckets Ansehen und seiner Neigung, freundschaftliche Bande zu knüpfen. Seine Freundschaft zum König, mag sie in gewissen Momenten auch zwiespältig gewesen sein, stand damals auf festem Grund. Zwischen dem überspannten und leidenschaftlichen Heinrich II., der von widersprüchlichen Impulsen getrieben wurde, und Thomas Becket, dem prunkliebenden, treuen und tüchtigen Kirchenmann, hatte sich eine vielschichtige, innige Beziehung entwickelt, die zu dieser Zeit wohl auf ihrem Höhepunkt angelangt war. Die Gefahr des heiklen Experiments bestand für beide Beteiligten darin, daß ihr Verhältnis, im Lauf der Zeit und bedingt durch äußere Umstände, an Aufrichtigkeit einbüßen und als Mittel zum Zweck benutzt werden konnte.

Zweiter Lebensabschnitt

«Unter dem Vorbehalt der Ehre Gottes»

Kapitel I

Erzbischof von Canterbury

Theobald von Canterbury war seit Monaten schwer krank, seine Kräfte schwanden zusehends. In bewegenden Worten hatte er dem König von England in seinem letzten Brief geschildert, wie er litt. Der König weilte immer noch auf dem Kontinent und verfolgte dort seine ehrgeizigen politischen Ziele. Schlimme Ängste quälten Theobald. Mehr als zwei Jahrzehnte lang war er Heinrich Plantagenet eine feste Stütze gewesen, doch jetzt ließ ihm der bohrende Zweifel keine Ruhe mehr. An der Schwelle des Todes dachte er voller Sorge an Englands Schicksal und an die «heilige Kirche von Canterbury». Ihre Zukunft legte er dem König ans Herz.

Er war allein, die Schmerzen marterten ihn. Mehrfach hatte er nach Thomas verlangt, denn von den vielen, die an seinem Hof ausgebildet worden waren und ihm alles verdankten, war ihm Thomas der Liebste. Doch angelockt vom Lärm der Waffen und beseelt von dem Gefühl, konkret und greifbar den Gang der Dinge und das Schicksal der Menschen zu beeinflussen und an einer glänzenden Zukunft zu bauen, hatte der Kanzler den König aufs Festland begleitet. Der Erzbischof drängte ihn, an sein Krankenbett zu kommen, zuerst freundlich, mit einem traurigen Unterton, dann immer nachdrücklicher: Das Schicksal der Kirche von England hing von Thomas ab. Jeder wußte es oder ahnte es zumindest. Doch der König hielt ihn zurück. Hin- und hergerissen zwischen zwei Verpflichtungen suchte Thomas vergebens nach einem Ausweg. Am 18. April 1161 hauchte Theobald von Bec, der Erbe Lanfrancs und Anselms, in den Armen seines Sekretärs Johannes von Salisbury seine Seele aus. Er war «mein Vater und der Deinige», schrieb der Zeuge seiner letzten Augenblicke in seinem *Metalogicon* an Thomas Becket. Der Kanzler des englischen Königs empfand ebenso. Wußte er in diesem Augenblick bereits, daß er am Scheideweg angelangt war?

Bei einem seiner Aufenthalte in Rouen war der Kanzler einmal schwer erkrankt. Die Berichte vom Krankenbett klangen so besorgniserregend, daß der König von England und der König von Frankreich, die ebenfalls in der normannischen Hauptstadt weilten, es sich nicht nehmen ließen, ihn im Priorat Saint-Gervais zu besuchen, wo vor über hundert Jahren Wilhelm der Eroberer gestorben war. Die Krankheit war schwer und langwierig. Als Thomas Becket sich langsam wieder erholte, suchte er häufig Zerstreuung beim Schachspiel, für das er eine besondere Schwäche hatte. Eines Tages überraschte ihn der Prior von Leicester am Schachbrett. Als einziges Kleidungsstück trug Thomas einen pelzgefütterten Mantel mit langen Ärmeln. Am englischen Hof waren diese Mäntel damals groß in Mode. Der Prior begrüßte den Kanzler freundschaftlich und sagte in scherzhaftem Ton:

«Wie kommt es, daß du dich so gekleidet hast? Diese Art der Kleidung geziemt sich für Falkner, und du bist ein Mann der Kirche. Ich sage *ein,* obschon es heißen müßte *der*... Du bist Archidiakon von Canterbury, Dekan von Hastings, Propst von Beverley, Verwalter des Erzbistums und in nahezu allen Orten Domherr. Und wenn man den Gerüchten am Hof glauben darf, wirst du bald Erzbischof sein!»

«Ich kenne in England drei arme Priester», erwiderte Thomas, «die ich lieber auf dem Stuhl des Erzbischofs sehen würde als mich selbst. Denn ich kenne den König gut. Sollte man mich jemals zu solcher Würde erheben, müßte ich entweder sein Vertrauen verlieren oder den Dienst an Gott, meinem Herrn, vernachlässigen, und das werde ich niemals tun.»

Diese Episode geht auf William Fitzstephen zurück, und alle Biographen Thomas Beckets haben sie aufgegriffen. Manche sehen darin eine scherzhafte Bemerkung, andere eine prophetische Vision. Der Schlußsatz des Chronisten legt eine solche Deutung natürlich nahe: «Und so geschah es dann.» Eine geläufige Wendung in Schriften aus jener Zeit. Der Prior von Leicester kam direkt aus der Gascogne, wo sich Heinrich II. aufhielt, und sprach offenbar nur laut aus, was in der Umgebung des Königs gemunkelt wurde. Der Kanzler kannte die Haltung seines Herrn und dessen Kamarilla gut genug, um diese Bemerkung ernst zu nehmen.

Mit gleichem Recht kann man vermuten – wenn auch nicht schlüssig beweisen –, daß Theobald kurz vor seinem Tod den Mönchen von Christchurch anvertraut hatte, daß er sich den Archidiakon als Nachfolger wünsche. Auf jeden Fall lag die Entscheidung bei Heinrich II., das war allen klar. In seinem letzten Brief an Heinrich unterstrich Theobald noch einmal die Pflichten des Königs gegenüber der Kirche und vertraute ihm die Würde des Primas an.

Beide Männer befanden sich in einer äußerst schwierigen Lage. Einerseits erkannte der englische König mit seinem angeborenen Hang zur Autokratie auf den ersten Blick, daß es unschätzbare Vorzüge mit sich brachte, eine solche Machtfülle auf die breiten Schultern eines Dieners zu laden, der so eifrig und umsichtig war wie sein Kanzler. Andererseits mußte ihn die Hast des Klerus befremden. Zwar hatte der Klerus ihn lange Zeit unterstützt, und unterstützte ihn noch, doch gleichzeitig schenkte er den kanonischen Regeln, die der Papst verkündete, immer größere Beachtung. Thomas wiederum konnte vor einer solchen Verantwortung nur zurückschrecken, denn sie barg viel Sprengstoff in sich. Aus Dokumenten der Zeit ersehen wir, daß der König nach und nach seinen Druck verstärkte, doch wir erfahren nichts darüber, was im Verlauf dieses langen Jahres in seinem Kanzler vorging. Die Gefahr ist groß, daß wir die Monate der Unentschiedenheit in dem grellen Licht betrachten, das die nachfolgenden Ereignisse so reichlich verströmten.

Auf jeden Fall schickte der König im Frühjahr 1162 seinen Sohn und Thomas Becket in aller Eile nach England zurück. Der Auftrag des Kanzlers lautete, «neben anderen Aufträgen», wie Edward Grim anmerkt, die Barone dazu zu bewegen, ihrem jungen Herrn zu huldigen. Das war das Vorspiel zur Krönung, die der Dynastie eine Fortdauer der Herrschaft auf englischem Boden sichern sollte. Kurz darauf, im Mai, sandte Heinrich II. seinen Justitiar Richard von Lucé nach Canterbury. Der König weilte immer noch auf dem Kontinent und gedachte, auch weiterhin dort zu bleiben. Richard von Lucé hatte den Auftrag, alles menschenmögliche zu tun, um die Wahl des Kanzlers zum Erzbischof sicherzustellen.

Der Justitiar holte seinen Bruder, den Abt Walter von Battle zu Hilfe, dazu die Bischöfe Hilarius von Chichester, Bartholomäus von Exeter und Walter von Rochester. Zwei von ihnen verdankten ihre Positionen Thomas Beckets Einfluß. Die Delegation wurde im Kloster Christchurch vorstellig. Wie Roger von Pontigny berichtet, hielt Lucé eine Ansprache, die zwar viel zu sehr ins Detail ging, um überzeugend wirken zu können, rückblickend betrachtet aber durchaus den Kern der verwickelten Frage erfaßte. «Der König, unser Herr», heißt es bei ihm, «nimmt sich mit großem Eifer der Sache Gottes an ... und vor allem der ehrwürdigen Kirche von Canterbury, die er seine Mutter im Herrn nennt. Er liebt sie mit dem Herzen eines Sohnes und bringt ihr dauerhafte und respektvolle Zuneigung entgegen. Deshalb möchte er ihr die Wirren und Leiden ersparen, die eine lange Vakanz des erzbischöflichen Stuhles hervorrufen könnte. Er läßt Euch wissen, daß Ihr frei seid, Euren Erzbischof zu wählen... Es ist Eure Aufgabe und Euer Interesse, daß Ihr jemanden wählt, dessen Schutz Euch vor Gott und den Menschen nützt. Denn wenn Bande wechselseitiger Freundschaft den König und den Erzbischof verbinden, dann stehen Euch glücklichere Zeiten bevor, und die Kirche wird in Ruhe gedeihen können. Doch wenn es unglücklicherweise anders kommen sollte, dann würden daraus Verwicklungen und Sorgen, Schwierigkeiten und Verwirrungen, Gefahren für den Staat und für das Seelenheil erwachsen, und ich denke nicht, daß Eure Heiligkeit dies außer acht lassen kann.»

Daraufhin übergab der Justitiar dem Prior einen versiegelten Brief. Heinrich II. befahl ihm darin, in Begleitung einiger Mönche so schnell wie möglich nach London zu reisen, dort mit den englischen Bischöfen zusammenzukommen und zur Wahl des Erzbischofs zu schreiten. So wenigstens schildert Thomas Becket diese Episode, und es besteht kein Grund, an seiner Darstellung zu zweifeln. Auf jeden Fall geht daraus hervor, daß zu diesem Zeitpunkt der Name des Wunschkandidaten noch nicht gefallen war. So erklärt sich die – tatsächlich oder vermeintlich – komplizierte Lage. Der Prior Wibert beriet sich zunächst mit seinen Mitbrüdern, dann mit den Abgesandten des Königs, die allem Anschein nach über die Wünsche Heinrichs II. im Bilde waren, und die

Wünsche des Königs hätte man nur schwerlich ignorieren können. Die Einhaltung der Formen war sehr wichtig. Die Kandidatur Thomas Beckets drohte ausgerechnet an einer seit mehr als fünf Jahrhunderten befolgten Gewohnheitsregel zu scheitern: Bisher war es üblich gewesen, daß jeder englische Bischof, insbesondere der Inhaber des Bischofsstuhls von Canterbury, zuvor das Mönchsgewand getragen haben mußte. In Anbetracht der hervorragenden Verdienste des Kandidaten wäre es jedoch absurd gewesen, seine Wahl unter Berufung auf diese Regel zu blockieren. Alle sprachen sich für den Kanzler aus.

Der Wahlakt sollte in London stattfinden. Am 27. Mai 1162 versammelten sich im Refektorium der Westminster-Abtei die Prälaten, Bischöfe, Äbte und Großen des englischen Königreichs. Auch der gerade siebenjährige Heinrich der Jüngere war anwesend. Prior Wibert gab die Entscheidung der Mönche von Christchurch bekannt, und daraufhin «dankten alle mit einer Stimme dem allmächtigen Gott».

Alle bis auf einen. Einen Augenblick lang fehlte eine Stimme im allgemeinen Dankgebet: die Stimme von Gilbert Foliot, dem Bischof von Hereford. Einige Jahre später legte er in einem gereizten Brief an Thomas Becket unmißverständlich die – natürlich sehr erhabenen – Motive für seine damalige Ablehnung dar: «Entgegen dem Ratschlag seiner Mutter und obwohl das Königreich murrte und die Kirche, soweit ihr das möglich war, ihr Bedauern ausdrückte, hat Dich der König in den Rang erhoben, den Du heute bekleidest.» Kurz und gut, die Wahl sei erzwungen worden, und mit der Wahl habe man die geltenden Kirchengesetze verletzt.

Es ist lohnend, die Persönlichkeit dieses Gilbert Foliot etwas genauer zu betrachten. Seit jeher war er der Prügelknabe aller Historiker, und in der Tat: Auf den ersten Blick weckt er wenig Sympathie. Fast alle Zeugen beschreiben ihn als Heuchler, als krankhaft eifersüchtig, besessen von Ehrgeiz, als Verleumder oder Schmeichler, je nachdem, wie es die Situation erforderte. Er hatte eine glänzende Karriere hinter sich. Ehemaliger Prior von Cluny, dann von Abbeville und später Abt von Gloucester, war er seit 1148 Bischof von Hereford. Er führte ein untadeliges Leben.

Roger von Pontigny rühmt seine umfassende Bildung. Er genoß einen ausgezeichneten Ruf als Exeget, und seine *Expositio in Cantica Canticorum* galt lange Zeit als Standardwerk. William Fitzstephen berichtet, nicht ohne einen Anflug von Humor, er habe wie ein Mönch gelebt und es sei allgemein bekannt gewesen, daß er weder Fleisch noch Wein angerührt habe. Berichte von seinen Selbstkasteiungen drangen bis nach Rom. Ein Mitglied der römischen Kurie sorgte sich angesichts solcher Maßlosigkeit in der Askese um diesen eifrigen Diener der Kirche und schrieb ihm, welch ein Verlust es doch wäre, wenn er «der Erschöpfung erläge»... Kurzum, Foliot war das Musterbild eines Kirchenmannes. Und der Tod Theobalds von Canterbury beflügelte seinen Ehrgeiz. Konnte es für einen sittenstrengen Mann wie ihn eine bessere Krönung seiner bislang so makellosen Laufbahn geben als einige schöne Jahre auf dem Stuhl des Erzbischofs? Die Entscheidung des Königs hatte dieses Wunschbild zerstört. Er mußte angreifen, und zwar auf juristischem Terrain.

In einem Brief an den Klerus von England rückte Thomas Bekket die Dinge zurecht: «Ihr gebt zu verstehen, meine Berufung sei trotz der Seufzer und Tränen der Kirche erfolgt. Prüft Euer Gewissen, führt Euch den Wahlakt vor Augen, die Einmütigkeit all derer, die zur Wahl berechtigt waren, die Zustimmung des Königs, die von seinem Sohn und seinen Abgesandten überbracht wurde, die Zustimmung des jungen Prinzen selbst und der Großen des Königreiches. Wenn jemand meiner Wahl widersprochen und dagegen aufgetreten ist, dann soll er es sagen. Wenn jemand verletzt ist, dann soll er seine Enttäuschung nicht als ein Unglück ausgeben, das dem ganzen Königreich und der Kirche widerfahren sei.» Johannes von Salisbury schildert, wie es tatsächlich zugegangen war: «Die Lügen des Gilbert Foliot kümmern mich nicht», schrieb er später an Thomas, «denn ich war zugegen, ich habe selbst gesehen und gehört. Er war als einziger enttäuscht, als Dein Name verkündet wurde, denn mehr als jeder andere strebte er nach dem Stuhl, den Du nunmehr innehast... Doch lange Zeit wagte er es nicht, gegen Dich zu sprechen, weil es ihm die anderen als Ehrgeiz und Anmaßung ausgelegt hätten. Was auch immer er in seinem Herzen bewegt haben mag, Gott wird darüber richten. Auf jeden Fall war er einer der ersten, die für Dich stimmten, und nach der Wahl spendete er lauter Beifall als mancher andere.»

Vollkommen zurecht berichtet daher der sehr gut informierte Ralph von Diceto, daß «Thomas, der Archidiakon von Canterbury und Kanzler von England, feierlich zum Erzbischof gewählt wurde, ohne eine Gegenstimme». Und, wie es Guernes von Pont-Sainte-Maxence später so trefflich ausdrücken sollte: «Was Gott will, kann der Mensch nicht zunichte machen.» Nachdem der Prinz der Wahl zugestimmt hatte, fiel Heinrich von Blois, dem Bischof von Winchester und Bruder des verstorbenen Königs, die Aufgabe zu, die Wahl für gültig zu erklären. Der alte Bischof war erst kürzlich aus seinem Exil in Cluny zurückgekehrt. Lange Erfahrung im öffentlichen Leben hatte ihn gelehrt, stets auf der Hut zu sein. Um jeden Zweifel an der Gültigkeit der Wahl auszuräumen, sollte Heinrich der Jüngere im Namen seines Vaters und in Gegenwart der Großvasallen der Krone den neuen Erzbischof öffentlich von allen Forderungen, Klagen, Beschwerden oder Vorwürfen freisprechen, «damit er künftig und von heute an in vollständiger Freiheit für den Dienst an Gott arbeiten kann.» Heinrich kam dem Wunsch des alten Bischofs nach. Der Kanzler von England wurde von all seinen früheren Handlungen und Entscheidungen entlastet.

Da Thomas Becket nur Diakon war, mußte er zunächst zum Priester und anschließend zum Bischof geweiht werden. Dabei ging man in aller Eile vor. Als Rechtfertigung für diese Eile wurden zwei gewichtige Gründe angeführt: Zum einen wollte man vermeiden, daß Roger von Pont-l'Évêque, dem Erzbischof von York, genug Zeit blieb, um herbeizueilen und für sich das Recht der Bischofsweihe zu beanspruchen. Seine Abneigung gegen den Kanzler war nur allzu bekannt, und man befürchtete, bei dieser Gelegenheit könnte der alte Streit um den Sitz des Primas von England wieder aufbrechen. Zum zweiten wollte man verhindern, daß Heinrich II. unter dem Einfluß seiner Mutter Mathilde noch in letzter Minute eine Botschaft sandte und die Aussetzung der Wahl verlangte. Das erste Motiv ist überzeugend, ob das zweite begründet war, darf bezweifelt werden. Allerdings kursierte tatsächlich das Gerücht, der König habe seine Meinung geändert, und Thomas selbst spricht vom «Widerstand der Königinmutter, der, wenn er denn überhaupt existiert hat, zumindest nicht öffentlich wurde». Trotzdem ist es durchaus vorstellbar, daß die im Dienst an der Krone ergraute Kaiserin die beiden Männer sehr genau einzuschätzen wußte und vorausahnte, welch tödliche Gefahr es bedeutete, wenn man – um einen drastischen Ausdruck Anselms aufzugreifen – zwei derartig störrische Ochsen zusammenspannte...

Man begab sich also auf den Weg zum Sitz des Erzbischofs nach Canterbury. Auf den zwanzig Meilen drängten sich die Menschen an der Straße und bereiteten dem frischgewählten Erzbischof einen triumphalen Empfang. Das war die *Vox populi,* auf die sich der Erzbischof, der um die «alten Gewohnheiten» wußte, später berief, um die Gültigkeit seiner Wahl zu belegen... Auch Thomas war sich der erhabenen Bedeutung der Situation bewußt. Sein Sekretär Herbert von Bosham, einer seiner treuesten Schüler und sein späterer Biograph, schildert ausführlich und in bilderreichem Stil, wie der gewählte Erzbischof in Gedanken an seine Unwürdigkeit versunken die Straße entlangschritt.

Am Samstag, dem 2. Juni, wurde Thomas vom Bischof Walter von Rochester zum Priester geweiht. Da der Bischof von London, Richard von Belméis, vor kurzem gestorben war, beanspruchte Walter von Rochester auch die Ehre, ihm die Bischofsweihe zu verleihen. Man entschied sich schließlich für den alten Heinrich von Winchester, den ältesten Diözesanbischof der Metropolitankirche.

Einen Tag später, am Pfingstfest, «versammelten sich die Bischöfe in Canterbury», berichtet Roger von Pontigny. «Auch drängte sich eine vielköpfige Schar von Äbten, Mönchen, Klerikern und Neugierigen in der Kirche. Alle wollten der Weihe eines so hervorragenden Erzbischofs beiwohnen und in den Genuß seiner Gebete und Segnungen kommen. Begleitet von unzähligen Kirchenmännern und Persönlichkeiten trat Thomas ein. Die Bischöfe und die Mönche, der Klerus und eine unüberschaubare Menge von Gläubigen gingen ihm entgegen und empfingen ihn mit höchsten Ehren und unbeschreiblicher Freude. Aber Thomas nahm von den einhelligen Bekundungen der Freude keine Notiz. In tiefer Demut schritt er nach vorn, Tränen strömten ihm über das Gesicht. Er dachte nicht an die Huldigungen, die man ihm darbrachte, sondern nur an die Bürde, die man auf seine Schultern laden würde.» Heinrich von Winchester salbte ihn und legte ihm die Hände auf.

Über ein Jahr war der Stuhl des Erzbischofs von Canterbury vakant gewesen, nun besetzte ihn ein neuer Erzbischof. Thomas war schon ganz und gar durchdrungen von den Pflichten und Rechten, die sein Amt und die Privilegien seines Standes mit sich brachten. Als erste Amtshandlung nach der Weihe schickte er eine Gesandtschaft zu Papst Alexander III. mit der Bitte, der Papst möge ihm das Pallium senden. Dieses Band aus weißer Wolle sollte die Rechtmäßigkeit seiner Wahl und zugleich seine Unterwerfung unter die päpstliche Autorität symbolisieren. Zu der Delegation gehörten Adam von Senlis, der Abt von Evesham, ein Mönch aus Canterbury, Jourdain von Chichester und zwei enge Freunde Thomas Beckets: Johannes von Belméis, der Schatzmeister von York, und Johannes von Salisbury. Ausgestattet mit Dokumenten, die sie und ihr Anliegen auswiesen, begaben sich die Gesandten zu Alexander III., der vor den neuerlich vorrückenden Truppen des Kaisers Friedrich Barbarossa aus Italien nach Montpellier geflohen war. Noch im Juli kam der Papst anstandslos der Bitte des neuen Erzbischofs nach.

Als das Pallium in Canterbury eintraf und auf den Hochaltar der Kathedrale gelegt wurde, nahm es Thomas Becket, im bischöflichen Ornat, jedoch mit nackten Füßen, andächtig auf und legte es auf seine Schultern. Man schrieb den 10. August 1162, «im achten Jahr der Herrschaft König Heinrichs». Es war der Festtag des heiligen Laurentius, des Archidiakons und Märtyrers. Während dieser Ereignisse, die einen Wendepunkt in der Geschichte des Jahrhunderts markierten, rührte der König von England keinen Fuß aus seinen Besitzungen auf dem Kontinent.

Heinrich II. war hin- und hergerissen zwischen dem Wunsch, den Bischofsstuhl von Canterbury mit einem ihm ergebenen Mann zu besetzen – das entsprach auch anglo-normannischer Tradition – und dem Bestreben, die Formen zu wahren. Wie es scheint, wollte er unter allen Umständen eine zweite Kränkung der Art vermeiden, die man ihm vier Jahre zuvor in Aquitanien zugefügt hatte, wo das neue Denken fester verwurzelt war. «Nach dem Tod des Erzbischofs Gottfried von Bordeaux», so heißt es in der *Histoire des évêques et des comtes d'Angoulême,* «gaben die Domherrn von Bordeaux ihre Stimmen für die Wahl der Bischöfe von Angoulême, Agen, Poitiers, Saintes und Périgueux ab. Sie waren zusammengekommen, um im Geheimen ihre Wahl zu treffen. Da trat König Heinrich II. in die Versammlung und forderte die Anwesenden auf, Johannes von Sicle, Scholarch aus Poitiers, zum Erzbischof zu wählen. Damit keiner der Bischöfe seine Absichten durchkreuzte, wollte der König dem Wahlakt persönlich beiwohnen. Doch die empörten Bischöfe schwiegen in Gegenwart des Königs. Nur der alte Bischof Hugo von Angoulême ergriff das Wort: ‹Mein Herr König›, sagte er, ‹nach geltendem Recht sind allein wir mit der Wahl betraut. In deinem Beisein können wir nicht beraten. Solange du in unserer Mitte weilst, werden wir weder über das kirchliche Amt noch über die Wahl sprechen, die uns aufgetragen ist. Und wir werden auch nicht jenen wählen, den du benannt hast.› Als der König das hörte, zog er sich voll Trauer und Bitterkeit zurück.» Die Wahl fiel denn auch auf Raimund von Mareuil, den Bischof von Périgueux, und nicht auf Johannes von Sicle. Heinrich II. mußte wehmütig an die glücklichen Zeiten zurückdenken, da ein Rémi von Reims am Ende einer bischöflichen Amtszeit von fünfzig Jahren verärgert die Anmaßung dreier Bischöfe geißelte, weil sie es gewagt hatten, eine Ernennung anzufechten, die ihm «der Herr dieses Landes, der Hüter des Vaterlandes, der Triumphator über die Völker» befohlen hatte.

Der König hatte aus mehreren Gründen darauf verzichtet, der Wahl in Canterbury beizuwohnen. Daraus läßt sich freilich nicht der Schluß ziehen, er habe sich jeder Form von Druck enthalten und das Wahlgremium habe eine ebenso unerschütterliche Unabhängigkeit an den Tag gelegt wie die Bischöfe in Bordeaux. Immerhin waren bei den Beratungen in Westminster der älteste Sohn des Königs und die Großen des Reiches von Richard von Lucé bis zum Kanzler persönlich zugegen.

Wir werden nie erfahren, was in diesem entscheidenden Moment in Thomas vorging, einem Moment, den er seit Monaten hatte kommen sehen. Die Berichte der Zeitgenossen schweigen sich zu dieser Frage aus, denn die Menschen von damals interessierten sich weniger für seelische Vorgänge als wir. Wir können uns aber vorstellen, wie aufgewühlt er in eine Zukunft blickte, die er sich trotz seines unbestreitbar vorhandenen Ehrgeizes so nicht gewünscht hatte. Würde man die Gültigkeit seiner Wahl anzweifeln? Sechs Jahre zuvor hatte Papst Hadrian IV. erneut das Verbot bekräftigt, einen von der weltlichen Macht benannten Kandidaten zum Bischof zu weihen. Andererseits hatte man die Verfahrensregeln von Anfang bis Ende genau eingehalten: Im Namen des Königs hatte der Justitiar ausdrücklich festgehalten, daß die Freiheit der Wahl gewährleistet war. Die Wahl der Mönche von Christchurch und anschließend der Diözesanbischöfe und Äbte wurde förmlich anerkannt. Widerstand kam allein von Gilbert Foliot, und sein Votum wirkte nicht gerade spontan... Der Ablauf der Ereignisse und die «Empfehlung» des Königs vermitteln den Eindruck, daß hier ein bedeutsamer Schritt zurück getan wurde. Man war zurückgekehrt zu den Bestimmungen des Reichstags von London zu Beginn der Herrschaft Heinrichs I. Beauclerc: Die Rechte des Königs wurden peinlich genau beachtet. Nach Raymonde Foreville war damit «ein Kompromiß zwischen den Forderungen des kanonischen Rechts und dem überkommenen anglonormannischen Gewohnheitsrecht der Ernennung durch den König» erreicht.

Diese Tatsache an sich scheint den ehemaligen Studenten aus Bologna nicht übermäßig erschreckt zu haben. Der neue Erzbischof von Canterbury, ein Schüler Gratians, war beschlagen in den Feinheiten des Rechts und wußte besser als jeder andere, wie «uneinheitlich» die kanonischen Bestimmungen waren. In Kommentaren zu einem Text vom achten Konzil in Konstantinopel, das im 9. Jahrhundert von Papst Hadrian II. abgehalten wurde, sowie zu einigen anderen Schriften, in denen die Prärogative der weltlichen Macht abgelehnt werden, schreibt der Verfasser der *Dekrete,* daß «durch alle diese maßgebenden Schriften die Laien von der Wahl der Bischöfe ausgeschlossen werden. Sie haben die Pflicht zu gehorchen, nicht die Freiheit zu bestimmen.» In Kommentaren zu anderen Schriften sagt er, es gehe «klar aus ihnen hervor, daß die Laien von der Wahl nicht ferngehalten und die Fürsten auf Anordnung der Kirche nicht zurückgewiesen werden dürfen». Die Gegenüberstellung der Widersprüche hellt das Dunkel auf: «Wenn einige unserer Vorgänger und unserer Alten etwas getan haben, das zu ihrer Zeit rechtens war, in der Folge aber zu einer Quelle des Irrtums und des Aberglaubens wurde, so müssen dies die Nachfolger unverzüglich und mit aller ihnen zu Gebote stehenden Macht ausräumen.»

Dennoch ging man in dieser Epoche keineswegs lax mit Prinzipien um. Wenn Papst Alexander III., der sich beständig der Ansprüche und Anmaßungen des deutschen Kaisers erwehren mußte, aus Rücksicht auf die Empfindlichkeit des englischen Königs die Wahl anerkannte, so wie er einige Monate zuvor auch die notwendige Dispens für die Heirat zweier Kinder erteilt hatte, dann war nicht die Form das Entscheidende, sondern der Inhalt. Wie würde sich der Kanzler Heinrichs II. verhalten, wenn er erst das Pallium des Erzbischofs von Canterbury auf seinen Schultern trug?

Begeisterte Menschen begleiteten den neuen Erzbischof auf seinem Weg. Unvermittelt wandte sich Thomas Becket an Herbert von Bosham: «Wenn du jemals einen verwerflichen Zug an mir bemerkst oder wenn dir zu Ohren kommt, daß andere mir dies oder jenes vorzuwerfen haben, dann, ich beschwöre dich, zögere nicht einen Augenblick und sage es mir. Vier Augen sehen mehr als zwei.»

Diese auf den ersten Blick belanglose Bemerkung macht deutlich, wie sehr sich Thomas Becket gewandelt hatte. Übereinstimmend berichten alle Biographen von dieser Wandlung des neuen Erzbischofs. Die Zeitgenossen waren verblüfft. Bisher hatte Thomas ein glanzvolles Leben geführt, teils aus seiner persönlichen Neigung, teils aus Rücksicht auf die Stellung seines Herrn und seine eigene. Die Leidenschaft für die Jagd und das Vergnügen an prächtigen Kleidern waren nichts Ungewöhnliches, schon gar nicht für einen Mann seiner Zeit und seines Standes. Doch es gibt nicht den geringsten Hinweis darauf, daß der neue Primas zu irgendeinem Zeitpunkt seines Lebens ausschweifend gelebt oder gegen die moralischen Gebote seiner Epoche verstoßen hat. Seine Feinde, und derer gab es viele, hätten gewiß auch die kleinste Verfehlung an die große Glocke gehängt.[1] Wir haben bereits gesehen, daß der Kanzler ungeachtet seiner höfischen Rolle stets das Ideal der Mäßigung hochhielt und es mit der Verpflichtung zu Mitleid und Demut, die den damaligen Christen geläufig war, genauer nahm als viele andere.

Herbert von Bosham hat uns in Umrissen ein Porträt hinterlassen, das den Primas zu Beginn seiner Amtszeit zeigt. Danach war Thomas Becket großgewachsen, von schöner Gestalt, hatte eine hohe Stirn, ein längliches, strenges Gesicht und lange, feingliedrige, geradezu aristokratische Hände. Sein ganzes Auftreten, jede einzelne Geste zeigte, daß er etwas Besonderes war, ein durch und durch vornehmer Mann.

Doch kaum hatte er den Bischofsstuhl von Canterbury eingenommen, änderte er sein Leben von Grund auf. «Mit unbeschreiblicher Vorsicht wachte er über sich selbst», heißt es bei William Fitzstephen. «Jedes seiner Worte wog schwer und erbaute seine Zuhörer. Sein Handeln war von Mitgefühl und Erbarmen geprägt, seine Gedanken von Gerechtigkeit und Billigkeit durchdrungen.» Nur die engsten Mitarbeiter wußten, daß der neue Erzbischof zeit seines Lebens ein Büßerhemd aus Roßhaar trug. Das Büßergewand sollte den Widerstand des rebellischen Fleisches brechen. Darüber hinaus ließ er sich in immer kürzeren Abständen geißeln. Hatte er ohnehin nie üppig gespeist, so aß er jetzt nur noch das Nötigste. Wenn Gäste ins Kloster Christchurch kamen, tischten die Mönche ihnen nach damaliger Sitte eine Fülle erlesener Köstlichkeiten auf. Thomas kostete lediglich den Wein, bevor er den Gästen vorgesetzt wurde. Die Gerichte rührte er kaum an. Er begnügte sich mit wenigen Bissen Brot.

Am liebsten widmete er sich den Ärmsten. Er unterstützte arme Schüler und ließ den Hospitälern reiche Gaben zufließen, teils in Naturalien, teils in Geld. «Er machte es sich zur Gewohnheit, den zehnten Teil von allem, was er erhielt, als Almosen zu verteilen, zu welchem Zweck auch immer. Täglich kniete er in einer kargen Zelle und wusch im Gedenken an Unseren Herrn dreizehn Armen die Füße. Dann speiste er sie und gab jedem vier Geldstükke. Wenn er dieser heiligen Pflicht nicht selbst nachkommen konnte, und das geschah selten, sorgte er dafür, daß ein Mitarbeiter seine Stelle einnahm. Den Bedürftigen und Unglücklichen, die sonst keine Zuflucht hatten, stand sein Haus stets offen. Im Winter verteilte er Kleider im Überfluß.»

Mit tiefer Frömmigkeit «feierte er das Abendmahlsmysterium. Seine Tränen flossen in Strömen, als fühle er jedesmal das Leiden des Erlösers mit.» Obwohl der Erzbischof nicht aus der Gemeinschaft der Mönche kam, fühlte er sich wohl in ihrer Mitte. Er besuchte Brüder am Krankenbett, er teilte ihr Leben, ihre Liebe zum Gebet und zum Studium. Aber all dies bedeutet nun keineswegs, daß Thomas am Ziel einer langen Suche angelangt wäre. Während seiner Ausbildung hatte er das Recht studiert und das scholastische Disputieren erlernt, und wie es scheint, fiel es ihm nicht immer leicht, das zu überwinden. In einem berühmten Brief, aus dem manche Historiker allzu weitgehende Schlüsse gezogen haben, versuchte Johannes von Salisbury, seinem Freund den rechten Weg zu weisen. Er schrieb: «Hat das Studium der Gesetze und der Canones jemals Bußfertigkeit in einer Seele geweckt? Die schulmäßigen Übungen geben uns viel eher den Hochmut der Wissenschaft ein als den Geist der Frömmigkeit. Ich sähe es lieber, Du meditiertest über die Psalmen oder die Predigten des heiligen Gregor, anstatt Dich mit der scholastischen Philosophie zu befassen. Es ist besser, mit frommen Seelen über ernsthafte Themen zu sprechen, als sich in Streitgesprächen und gelehrten Disputen über zutiest profane Dinge zu ergehen.»

Der Erzbischof, der sich der Grenzen seiner Bildung sehr wohl bewußt war, zog seine Lehren aus diesen strengen Ermahnungen. In den langen Jahren seiner aufreibenden Tätigkeit als Kanzler war vieles zu kurz gekommen, und so stürzte er sich nun mit Feuereifer in das Studium der Heiligen Schrift, «wobei er sich einen gelehrten Mann zu Hilfe holte. Manchmal unterhielt er sich nach den Mahlzeiten mit seinen Klerikern, hörte ihnen zu und stellte ihnen Fragen. In seiner engsten Umgebung duldete er nur fromme Männer, und seine Kleriker waren berühmt für ihr Wissen und ihren untadeligen Lebenswandel. Die Menschen an seinem Hof hatte er sorgfältig ausgewählt. Sie legten ihrem Herrn und seinen Gästen die gebührende Ehre ein.» Wie zur Zeit des Theobald von Bec war der Bischofssitz von Canterbury ein Zentrum der Gelehrsamkeit. Der neue Erzbischof bemühte sich, das Denken seiner Vorgänger zu vertiefen. So befaßte er sich eingehend mit Anselms Werk und gab bei Johannes von Salisbury eine Biographie dieses geistvollen, tiefsinnigen und entschlossenen Prälaten in Auftrag. Thomas hegte uneingeschränkte Bewunderung für Anselm.

Manche sahen in Thomas Beckets Umkehr lediglich eine spektakuläre Geste, und tatsächlich dürfte es ihm nicht leicht gefallen sein, sein Leben von Grund auf zu ändern. Wir finden jedoch keinen Anhaltspunkt, der zu der Vermutung Anlaß geben könnte, sein Wandel sei nicht radikal und aufrichtig gewesen. Die Vorstellung von einem Umschlagpunkt war fester Bestandteil seines Denkens. William Fitzstephen, ein zuverlässiger Gewährsmann, nennt die Gründe in ihrer ganzen ursprünglichen Einfachheit: «Bei der Weihe empfing er unter den sichtbaren Zeichen des Sakraments die unsichtbare Salbung mit der göttlichen Gnade. Er sagte sich los von allem, was ihn an die Welt kettete, und wurde erfüllt von Jesus Christus.» Diese an Paulus erinnernde Vorstellung, die vollständige Durchdringung des inneren Menschen, war den Zeitgenossen Thomas Beckets weitaus geläufiger als uns heute. Und nur aus diesem Blickwinkel kann der radikale Bruch, der innere Umsturz nach der Bischofsweihe, in seiner ganzen Bedeutung erfaßt werden. Auch die Zeitgenossen waren über diese Wandlung verwundert, gleichwohl erkannten sie an ihrer Wurzel «die Hand des Allerhöchsten».

Noch vor Ablauf des Jahres 1162 reiste ein Kleriker aus dem Kreis des Erzbischofs von Canterbury in die Normandie. Er sollte Heinrich II. das Großsiegel von England zurückbringen.

Kapitel II

Duell

Thomas Beckets Entschluß, alle seine weltlichen Verpflichtungen aufzugeben, traf die Öffentlichkeit wie ein Donnerschlag. Von einem Tag auf den anderen brach der wichtigste Stützpfeiler der königlichen Politik zusammen: die enge Verknüpfung des Weltlichen mit dem Religiösen, symbolisiert durch einen Kanzler, der zugleich Kirchenprimas war und damit die ungeteilte Macht des Königs verkörperte. Der König wollte diese Einheit. Sie war fest in der anglo-normannischen Konzeption von Herrschaft verankert, während das übrige Europa zu dieser Zeit schwer unter der Konfrontation von Geistlichem und Weltlichem litt.

Als Ernulf, der Kanzler der Metropolitankirche von Canterbury, Heinrich II. das Siegel überbrachte, ließ sich der König zu einem jener furchtbaren Wutausbrüche hinreißen, für die er berüchtigt war. Er konnte Thomas Beckets Rücktritt umso weniger begreifen, als er sich damit brüstete, daß er vom Heiligen Stuhl die ausdrückliche Erlaubnis für eine solche «Ämterhäufung», wie wir heute sagen würden, erhalten hatte. Einige Höflinge stachelten den Zorn des Königs weiter an und drängten ihn zu Zwangsmaßnahmen. In dieser Situation war es ein leichtes, Thomas Undankbarkeit vorzuwerfen. Man tuschelte, Thomas habe «ungeachtet der Güte des Königs, der ihn zuerst zum Kanzler, dann zum Erzbischof machte, sein Vertrauen mißbraucht und Zwietracht gesät». Dieses Argument sollte in Zukunft noch öfter zu hören sein…

Doch es hat nicht den Anschein, als habe Heinrich II. damals schon tatsächlich geglaubt, der Primas wolle alle Brücken abbrechen. Im Februar 1163 schiffte sich der König nach Southampton ein. Der Erzbischof wurde durch einen Boten vom Besuch des Königs unterrichtet und ging dem Herrscher entgegen. Heinrich der Jüngere, über dessen Erziehung er nach wie vor wachte, begleitete ihn. Herbert von Bosham war Augenzeuge der Begegnung. Er schildert, wie die beiden Männer einander in die Arme fielen. In diesem Augenblick war ihre Beziehung ungetrübt. Heinrich sah nach monatelanger Trennung einen Freund wieder. Er freute sich so sehr, daß er kaum Notiz von seinem ältesten Sohn nahm. Die beschwerliche Reise im Winter hatte den König sichtlich erschöpft, und Thomas zog sich nach der Begrüßung bald zurück.

Am nächsten Morgen setzte der Hof den Weg nach London fort. Der König und der Erzbischof ritten nebeneinander, hielten sich «abseits von lästigen Zuhörern und sprachen vertraulich über alles, was sie bewegte». Mehrere Tage lang führten sie endlose, offene Gespräche. Es sah so aus, als habe sich zwischen ihnen nichts geändert. Der Chronist weist sogar ausdrücklich darauf hin, daß Thomas Beckets Widersacher es vorzogen zu schweigen, obwohl sie zunächst geglaubt hatten, nun wäre endlich die Gelegenheit da, ihr Gift zu verspritzen…

Im übrigen gab der König von England schon sehr bald ein sichtbares Zeichen seinen guten Willens.

Im Frühjahr 1162 hatte Papst Alexander III. Italien verlassen und war im Languedoc gelandet, weil ihn die Unternehmungen Friedrich Barbarossas und des Gegenpapstes Viktor IV. beunruhigt hatten. Seither war er in erster Linie darum bemüht, Heinrich II. und Ludwig VII. für seine Sache zu gewinnen. Angesichts der erfolgreichen Bündnispolitik des deutschen Kaisers brauchte er dringender denn je tatkräftige Verbündete. Nur wenn es dem Papst gelang, die beiden mächtigsten Könige der Christenheit auf seine Seite zu ziehen, würde er verhindern können, daß das neuerliche Schisma unkontrollierbare Ausmaße annahm. Wie bereits gesehen, hatte Heinrich II. den klugen Rat seines Kanzlers befolgt und den legitimen Papst anerkannt. Das Verhältnis zum französischen König hingegen verschlechterte sich zusehends. Ludwig VII. war sehr verärgert, weil Alexander III. die nötigen Dispensen für die Eheschließung Heinrichs des Jüngeren mit Margarete von Frankreich erteilt hatte. Friedrich Barbarossa, erstaunlich gut informiert, schlug in diese Kerbe. Die Abgesandten des kaiserlichen Hofes zückten alle Register der Überredungskunst, und am Hof des französischen Königs formierte sich eine pro-deutsche Fraktion von beachtlicher Größe und reger Aktivität. Um ein Haar wäre Ludwig VII. in das Lager Viktors IV. umgeschwenkt. Zwei Fehler machten die Taktik zunichte: Der Kaiser versäumte es, persönlich zu einer seit langem geplanten Unterredung mit dem König an die Ufer der Saône zu kommen. Den zweiten Fehler beging Barbarossas Kanzler Rainald von Dassel, der Erzbischof von Köln, als er sagte, Friedrich werde das «Recht der Jurisdiktion über die Kirche von Rom» nicht mit «Zaunkönigen» teilen. Als Ludwig VII. diese unverschämte Bemerkung zu Ohren kam, erbleichte er. Im September 1162 erkannte der König von Frankreich Papst Alexander III. als rechtmäßiges Oberhaupt der Kirche an.

Danach hatte der Papst wieder freiere Hand. Noch vor Jahresende kündigte er mit Zustimmung der Könige von Frankreich und England die Einberufung einer Synode an. Sie sollte in der Woche nach Pfingsten in Tours stattfinden, im Herzen der Besitzungen des Plantagenet. Thomas Becket legte großen Wert darauf, daß der englische Episkopat geschlossen erschien: Die Versammlung bot eine einmalige Gelegenheit, die Unterwerfung unter die päpstliche Autorität zu demonstrieren. Heinrich II. wollte nicht den Fehler seines Vorgängers Stephan von Blois wiederholen und England abschotten. Allerdings verlangte er Garantien für seine Macht und die ihm zustehenden «Gewohnheitsrechte». Alexander III. entsprach seinen Wünschen weitgehend.

Mitte April brach der Erzbischof von Canterbury zu seiner Reise aufs Festland auf. Erste Station war das kleine Dorf Rumnel an der Küste der Grafschaft Kent, die zum Sitz des Primas gehörte. In Begleitung seines Sekretärs Herbert von Bosham wartete Thomas auf günstige Winde. Einige Tage später lief sein Schiff in Gravelines ein. Thierry d'Alsace, der Graf von Flandern, ein betagter Lehnsmann mit ruhmreicher Vergangenheit, der einst eine Pilgerfahrt nach Jerusalem unternommen hatte, ritt dem Gast entgegen. Diese Geste drückte deutlich aus, wie angesehen Thomas Becket war. Wo er auch vorüberkam, ob in der Normandie oder in Maine, überhaupt in allen Gebieten, die dem König von England unterstanden, bereitete man ihm einen begeisterten Empfang. Die Bewohner der Städte und Schlösser, ja selbst die Bauern der unbedeutendsten Weiler säumten die Straßen und jubelten ihm zu.

Thomas traf drei Tage vor Beginn der Synode in Tours ein. Als sich die Nachricht von seiner Ankunft verbreitet hatte, «war die ganze Stadt auf den Beinen». Jeder wollte den Erzbischof sehen. Bürger und Handwerker, Fremde, die auf der Durchreise waren, Bischöfe, die vor ihm eingetroffen waren, keiner wollte sich das Schauspiel entgehen lassen. Selbst die Kardinäle erlagen ihrer Neugier und gingen dem Neuankömmling entgegen. Nur zwei, so bemerkt Herbert von Bosham humorvoll, blieben beim Papst und leisteten ihm Gesellschaft. Das war das Mindeste… Als Thomas bei Alexander III. eintraf, entstand ein solches Gedränge, daß der Papst dem bedrohlichen Geschubse nur durch einen hastigen Rückzug in seine Privatgemächer entging. Dann endlich gelang es dem Erzbischof, sich von den allzu stürmischen Sympathiebekundungen loszumachen und zum Papst vorzudringen. Der Empfang war freundlich. Der Papst gab ihm den wohlmeinenden Rat, sich nach einem so turbulenten Tag erst einmal zu erholen. Doch bereits am nächsten Tag umlagerten und umschmeichelten ihn wieder lästige Besucher aller Art, «weil sie gehört hatten, daß der Erzbischof in der Gunst des Königs stand». Selbst die Kleriker aus der Umgebung des Papstes begegneten ihm mit ausgesuchter Freundlichkeit, denn sie wußten, was sie Thomas verdankten und was er künftig noch für sie tun konnte. Er war, wie man so sagt, der Mann des Tages.

Die Synode wurde am 21. Mai eröffnet. In der Kirche Saint-Maurice, im Herzen des alten römischen *castrum,* versammelten sich 17 Kardinäle, 124 Bischöfe und mehr als 400 Äbte. Aus England waren alle Prälaten, Äbte und Ordensprioren gekommen. Nur der alte Heinrich von Winchester und die Bischöfe von Lincoln und Bath hatten aus gesundheitlichen Gründen die Reise nicht antreten können.

Zwei englische Bischöfe waren nicht zu übersehen: Gilbert Foliot und Roger von Pont-l'Évêque. Vor kurzem war der Inhaber des Bischofsstuhls von London gestorben. In einem beispielhaften Verfahren hatten sich der König, der Papst, das Domkapitel und der Metropolit, der dem Bischof von Hereford den kurzen, aber heftigen Widerstand gegen seine Wahl bereits verziehen hatte, auf Gilbert Foliot als neuen Erzbischof geeinigt. Foliot machte bei der Synode offenbar nicht von sich reden, obwohl ihm der Ruf des Asketen zweifellos vorausgeeilt war...

Roger von Pont-l'Évêque hingegen, der Erzbischof von York, ergriff die einmalige Gelegenheit und entfachte mit einem großen Auftritt von neuem den seit 550 Jahren schwelenden Streit um die Frage, ob dem Bischofssitz in Canterbury oder dem in York der Vorrang gebühre. Roger führte das zwar unbestreitbare, aber doch offenkundig wenig überzeugende Argument ins Feld, er sei länger im Amt als Thomas Becket. In Wahrheit war es ein offenes Geheimnis, daß er für Thomas nie auch nur die leiseste Sympathie empfunden hatte. Wie Ralph von Diceto schreibt, ging Alexander III. auf diesen Vorwand nicht ein. Thomas Becket und die Bischöfe seiner Diözese saßen zur Rechten des römischen Oberhirten, der Erzbischof von York und der Bischof von Durham zu seiner Linken. Eine förmliche Entscheidung vermied der Papst mit dem Hinweis auf die Räumlichkeiten: In Anbetracht der beengten Verhältnisse müsse man Nachsicht walten lassen, wenn dem Protokoll nicht immer Genüge getan werden könne. Auf jeden Fall nahm dieses Possenspiel bald schon eine dramatische Wendung.

Glücklicherweise gab es noch andere Themen. Der hochangesehene Bischof Arnulf von Lisieux eröffnete die Synode mit einer feurigen Rede über die Pflichten der Bischöfe, im Anschluß daran nahmen die Geistlichen ihre Beratungen auf. Zwei Probleme standen im Mittelpunkt: «die verdammungswürdige Ketzerei», die «vor einiger Zeit in der Gegend von Toulouse aufgekommen war», und Oktavian Monticello, Papst Viktor IV. von Barbarossas Gnaden. Man verdammte die Katharer und exkommunizierte den Gegenpapst. Eine Reihe von disziplinarischen Maßnahmen wurde beschlossen, und zwei Canones bekräftigten noch einmal das Verbot, Kirchengut anderen Zwecken zuzuführen. Diese Entscheidungen betrafen in erster Linie die englische Kirche. Während der gesamten Regierungszeit von Stephan von Blois waren Schenkungen an der Tagesordnung gewesen.

Zwar wissen wir nichts Genaues darüber, wie sich der Erzbischof von Canterbury an den Beratungen beteiligte, aber wir können doch vermuten, daß er nicht untätig blieb. Versammlungen dieser Art boten immer schon die Gelegenheit, Kontakte zu knüpfen. Thomas Becket schloß Freundschaft mit dem Kardinal Humbald von Ostia und mit Konrad von Wittelsbach, dem Erzbischof von Mainz. Konrad hatte Papst Alexander III. die Treue gehalten und war daraufhin von Friedrich Barbarossa aus Deutschland vertrieben worden. Alexander III. hatte ihn mit offenen Armen aufgenommen und zum Kardinal von Sabina ernannt. Darüber hinaus nutzte Thomas Becket die Synode dazu, dem Papst ein Anliegen zu unterbreiten, das ihm besonders am Herzen lag: die Heiligsprechung seines Vorgängers Anselm von Bec. Nach seiner Rückkehr nach Canterbury erhielt Thomas einen vom 9. Juni datierten Brief, in dem ihn der Papst autorisierte, das kanonische Verfahren einzuleiten. Dieses Verfahren hatte man unlängst erst eingeführt, um die Heiligsprechung als Rechtsakt zu formalisieren.[1]

Die meisten Historiker haben mit Recht hervorgehoben, daß die Synode von Tours eine nachhaltige Wirkung auf Thomas Becket hatte. Beeindruckt hatten ihn vor allem, wie geschlossen die Geistlichen hinter dem Papst standen, wie entschieden sie immer wieder den Willen zur Reform bekundet und die Privilegien der Kirche bekräftigt hatten (Canon 3 untersagte Laien ausdrücklich, für sich etwas in Anspruch zu nehmen, «was dem Priesterstand zukommt»). Die Erfahrungen bei der Synode bestärkten den Erzbischof von Canterbury in der Vorstellung, die er sich von Anfang an von seiner Rolle an der Spitze der Kirche von England gemacht hatte. Sobald er wieder auf englischen Boden zurückgekehrt war, bemühte er sich, die Canones der Synode praktisch umzusetzen und die Güter zurückzuholen, die man der Bischofskirche von Canterbury entzogen hatte.

Mit seinen durchaus berechtigten Ansprüchen stieß er auf erheblichen Widerstand. Während der gesamten Regierungszeit Stephans waren bedauerlicherweise immer wieder verschwenderische Ausgaben nötig geworden, und einige Leute hatten sich in räuberischer Weise an Kirchengut bereichert. Keiner wußte das besser als der Kanzler. Ebenfalls auf heftigen Widerstand trafen Nachforschungen Heinrichs II., mit deren Hilfe er das unerträgliche Durcheinander beenden und ein für allemal klären wollte, wer welchem Herrn zu Lehnsdiensten verpflichtet war. So versäumte man in der Grafschaft Kent nicht, darauf hinzuweisen, daß ein unbedeutender Ritter namens Wilhelm von Ros ein unmittelbarer Vasall der Krone sei und nicht, wie es den Anschein habe, dem Erzbischof von Canterbury unterstehe. Thomas hatte sofort nach seiner Bischofsweihe ein ordnungsgemäßes Verfahren eingeleitet, es dann aber vorgezogen abzuwarten, bis der König vom Festland zurückgekehrt war. Heinrich II. sollte dieses Geschwür aufschneiden. Da die Frage viel Sprengstoff in sich barg, ließ man sie bis auf weiteres offen.

Die habgierigen Großvasallen hatten von den Wirren nach dem Tod König Heinrichs I. Beauclerc erheblich profitiert. Freilich war es in dem Chaos nicht selten auch zu Übergriffen der königlichen Gewalt gegen Rechte der Feudalherren gekommen. Meist war es dabei um Schlösser gegangen. In der Grafschaft Kent gab es drei Schlösser, die – das war allgemein bekannt – zur Kirche von Canterbury gehörten. Eines davon war das Schloß von Rochester. Erzbischof Wilhelm von Corbeil hatte in der ersten Hälfte des Jahrhunderts den Hauptturm erbauen lassen – er zählt noch heute zu den eindrucksvollsten Beispielen anglonormannischer Militärarchitektur. Das Schloß von Hythe und das Schloß im benachbarten Saltwood, das später große Berühmtheit erlangte, waren ebenfalls unrechtmäßig in königlichen Lehnsbesitz übergegangen. In den meisten Fällen konnten Verleihungsurkunden beigebracht werden, und wie es scheint, gab der König dem Ansinnen des Erzbischofs ohne nennenswerte Schwierigkeiten nach. Auf Widerstand traf Thomas allerdings bei dem Grafen Roger von Clare. Der Graf behauptete nämlich, er habe Schloß Tonbridge aus den Händen des Königs erhalten, und weigerte sich beharrlich, dem Erzbischof zu huldigen. Der Graf stammte aus der vornehmen Familie von Brionne, deren Stammbaum bis zu Richard I., dem Herzog der Normandie und Urgroßvater Wilhelms des Eroberers, zurückreichte. Er war mit den bedeutendsten Familien Englands verbündet und wußte, daß der englische

Hochadel wie ein Mann hinter ihm stand. Niemand konnte ihm seine Position streitig machen. Es ist nur zu verständlich, daß Heinrich II. keine besonderes Interesse daran hatte, diesen treuen Gefolgsmann an die Kirche zu verlieren. Der Streit um Tonbridge war die erste schwere Krise in einem Verhältnis, über dem allmählich Gewitterwolken aufzogen. Binnen kurzer Zeit heizten mehrere und auf den ersten Blick eher belanglose Ereignisse die Gemüter weiter an. Die Konfrontation war unausweichlich.

Die Auseinandersetzung um die Pfarrei von Eynesford ist ein typisches Beispiel. William Fitzstephen berichtet in allen Einzelheiten darüber. Die Pfarrstelle war frei geworden, und der Primas besetzte sie mit einem gewissen Laurentius, einem Kleriker aus seiner Umgebung. Der Chronist hebt eigens hervor, daß die Ernennung im Einklang mit dem Recht des Primas stand, «alle Kirchen auf dem Land zu besetzen, auch wenn sie Vasallen oder den Mönchen von Canterbury unterstehen». Wilhelm von Eynesford, der Grundherr, war anderer Meinung. Er sah in der Entscheidung des Primas eine unerträgliche Einmischung, weigerte sich, sie zu akzeptieren, und vertrieb Laurentius und seine Männer. Der Erzbischof reagierte prompt und exkommunizierte den Widerspenstigen. Daraufhin wandte sich Wilhelm an den König und bat ihn, eine Entscheidung zu fällen – ein ebenso geschickter wie erfolgreicher Schachzug. Heinrich schrieb unverzüglich an Thomas und verlangte die Aufhebung der gegen seinen Vasallen verhängten kanonischen Strafe. Der ehemalige Bologneser Student war von dieser Reaktion nicht überrascht und antwortete, es stehe der weltlichen Gewalt nicht zu, sich in ein Verfahren der Exkommunikation einzumischen oder eine Absolution zu erteilen. Darauf erwiderte Heinrich, Wilhelm von Eynesford habe der Krone einen Lehnseid geleistet *(qui de eo in capite teneat)* und dürfe deshalb auf keinen Fall aus der Gemeinschaft der Gläubigen ausgeschlossen werden, ohne daß sein Lehnsherr an dem Verfahren beteiligt werde. Damit war der Konflikt unausweichlich. Heinrich tobte. Da Thomas Becket das feurige Temperament des Königs kannte und wußte, wie er wüten konnte, hob er die Exkommunikation auf. Heinrich residierte damals in Windsor. Er ließ Thomas mitteilen, die Angelegenheit habe sich zu lange hingezogen, als daß er ihm für sein Einlenken noch danken könne… Immerhin hatte Thomas das schnelle Reaktionsvermögen noch nicht verloren, das ihn als Kanzler von England ausgezeichnet hatte.

In dem Psychodrama um Philipp von Brois wurde der Konflikt zwar in einen anderen Bereich verlagert, doch die Kluft zwischen den beiden Männern vertiefte sich. Philipp, Domherr aus Bedford, war des Mordes an einem Ritter angeklagt worden, und das Gericht des Bischofs von Lincoln hatte ihn in einem ordnungsgemäßen Verfahren freigesprochen. Doch Simon Fitzpeter, Reiserichter und Sheriff von Bedfordshire, beschloß, den bereits abgeschlossenen Fall wieder aufzugreifen. Und das wollte sich der Domherr nicht gefallen lassen. Er war außer sich und beschimpfte den königlichen Beamten. Irgendwie kam der Zwischenfall dem König zu Ohren, der daraufhin verlangte, die Sache von Anfang an neu aufzurollen – ein Ansinnen, das mit dem geltenden Recht nicht zu vereinbaren war. Thomas griff ein. Er lud Philipp von Brois vor sein Gericht, bestätigte den Freispruch des Bischofs von Lincoln, verurteilte Philipp aber zu zwei Jahren Verbannung und Verlust seines Besitzes, weil er einen Vertreter der königlichen Gewalt beleidigt hatte. Vergebens führte Philipp sein aufbrausendes Temperament ins Feld und bat um mildernde Umstände. Außerdem mußte sich der Unglückliche vor dem königlichen Beamten, den er beschimpft hatte, demütigen und eine Züchtigung auf den nackten Rücken erdulden. Die Strafe wurde peinlich genau vollzogen, aber, so schreibt William Fitzstephen, «der König war damit nicht zufriedengestellt»…

Ungefähr zur gleichen Zeit wurde ein Kleriker aus der Grafschaft Worcester beschuldigt, ein junges Mädchen vergewaltigt und ihren Vater ermordet zu haben. Eine abscheuliche Geschichte. Ohne dem Urteil vorgreifen zu wollen, befahl Thomas seinem Suffragan Roger von Gloucester, einem Vetter des Königs, er solle mit allen Mitteln versuchen, die Vorladung des Klerikers vor ein weltliches Gericht zu verhindern. Wie dieser Kriminalfall ausging, ist nicht überliefert.

Besser unterrichtet sind wir über zwei andere, nicht minder häßliche Fälle. Ein Priester aus der Diözese Salisbury wurde des Mordes angeklagt. Auch ihm gelang es, der weltlichen Gerichtsbarkeit zu entkommen. Gemäß dem geltenden Recht wurde sein Fall vor einem Kirchengericht verhandelt. Der Angeklagte konnte seine Schuld nicht leugnen, denn die Zeugenaussagen sprachen übereinstimmend gegen ihn. Daraufhin verwies der Bischof den Fall zur Entscheidung an den Erzbischof von Canterbury. Die Strafe fiel hart aus: Amtsenthebung, Einzug aller Pfründen, lebenslängliche Gefangenschaft hinter Klostermauern... Ein anderer Kleriker hatte einen silbernen Abendmahlskelch aus einer Kirche in London entwendet. Er wurde unverzüglich Thomas Becket vorgeführt. Der Erzbischof erkannte ihm alle seine Rechte ab und ließ ihn mit einem glühenden Eisen brandmarken.

In allen Fällen waren die Strafen hart, aber nicht hart genug, um den in diesem Punkt empfindlichen König zufriedenzustellen. Heinrich II. sah seinen Traum, weltliche und geistliche Macht zu verschmelzen, dahinschwinden. In allen geschilderten Fällen, ob es dabei um vakante Benefizien oder um die Gerichtsbarkeit ging, ging es im Kern um ein und dasselbe: um den Konflikt zwischen geistlichen und weltlichen Rechten. Bei der Ernennung von Klerikern – einer Frage, die gleichsam wie eine Seeschlange immer wieder auftauchte – konnte man sich von Fall zu Fall arrangieren. Doch in der Frage der Gerichtsbarkeit hatte die Kirche immer an der Immunität festgehalten. Daß Verstöße gegen die Kirchengesetze ausschließlich von kirchlichen Gerichten abgeurteilt wurden, war unbestritten. Im Verlauf der Jahrhunderte hatte sich, begünstigt durch die kontinuierliche Schwächung der weltlichen Macht, die Gewohnheit herausgebildet, daß Priester, die gegen das allgemeine Recht verstoßen hatten, der weltlichen Gerichtsbarkeit entzogen wurden, «wenn es das Wohl der Kirche erforderte». Und natürlich war das immer der Fall. Dieser Satz war sehr dehnbar. Wenn ein Angehöriger des Klerus öffentlich verurteilt wurde, war immer das «Wohl» der Kirche in Gefahr, denn ihr Ansehen stand auf dem Spiel. Die Gläubigen waren entsetzt, wenn ein Priester abgeurteilt wurde, und der Kirche entstand daraus ein nicht wiedergutzumachender Schaden. Kurz und gut, es ging dabei um nichts Geringeres als um das «Seelenheil», und das wog schwerer als alles andere. Die Kirche weigerte sich daher beharrlich, Kleriker der weltlichen Gerichtsbarkeit zu überstellen, wenn ihnen körperliche Strafen drohten. Körperstrafen wurden allein von weltlichen Gerichten verhängt und galten als unvereinbar mit der körperlichen Unversehrtheit eines geweihten Mannes. In Herbert von Boshams Bericht über die Strafe, die Thomas Becket gegen den Priester von Salisbury verhängte, klingt diese instinktive Ablehnung an: «Auf diese Weise bestraft man Kleriker, anstatt sie zu verstümmeln oder ihnen Glieder abzuhacken.» Oder Schlimmeres.

In unserer weitgehend säkularisierten Zeit mögen solche Überlegungen belanglos erscheinen, doch damals galten sie als selbstverständliche Wahrheiten. Und das umso mehr, als die politischen und sozialen Beziehungen stark von einem Phänomen geprägt waren, das Gabriel Le Bras die «Verherrlichung der Kleriker» genannt hat. «Von den Laien dürfen die Kleriker Respekt erwarten. Gewalttaten gegen Kleriker werden streng geahndet. In der Kirche und bei Prozessionen gehen die Kleriker stets vor den Laien, und die Regeln der Ehrerbietung machen jederzeit deutlich, daß das Weltliche vor dem Geistlichen die Knie zu beugen hat.» Guernes von Pont-Sainte-Maxence drückt es in einem bewegenden Bild so aus: «Der einfache Kleriker … ist der Thron Gottes, und Gott muß sich auf ihn setzen können.»

Die Regierenden hatten dem Privileg der Immunität, wie es in den Canones verankert war, zunächst sehr ablehnend gegenübergestanden. Doch Wilhelm der Eroberer selbst hatte dieses Prinzip in England eingeführt in der Hoffnung, seine Anwendung so besser kontrollieren zu können. Zu Konflikten kam es, weil das alles in allem durchaus akzeptable Gewohnheitsrecht in einem Maße ausgedehnt wurde, das schließlich nicht mehr geduldet werden konnte. Allein schon der Status des Klerikers war sehr vage. Kleriker war jeder Mann der Kirche, angefangen vom Bischof bis hinunter zum Mönch, der gerade die Tonsur erhalten hatte. Und an diesen Status waren die Pflichten und Rechte eines Standes gekoppelt. Um die Mitte des 12. Jahrhunderts, zu einer Zeit also, da der Arm der weltlichen Macht nicht überall hinreichte, waren Verfehlungen an der Tagesordnung. In vielen Fällen gelang es den Übeltätern, sich der Rechtsprechung der Laien zu entziehen und dadurch der Bestrafung zu entgehen.

Heinrich II. führte einen verbissenen Kampf gegen alle Formen der privaten Gerichtsbarkeit. Um die Kosten zu senken und die Verfahren zu beschleunigen, wollte er zugleich, wo immer möglich, Gerichtsverhandlungen *coram rege* durch eine stärker «dezentralisierte» Justiz ersetzen, die von Reiserichtern, deren Loyalität gegenüber der Krone über jeden Zweifel erhaben war, streng kontrolliert werden sollte. Vor diesem Hintergrund ist es verständlich, daß der König in der Existenz der kirchlichen Gerichtsbarkeit eine unerträgliche Bedrohung für das Herzstück der königlichen Macht sah.[2] Oder allgemeiner ausgedrückt: Im Europa des 12. Jahrhunderts bildeten sich allmählich Territorialstaaten heraus. Mit dieser Entwicklung war es unvereinbar, daß ein Teil der allgemeinen Gerichtsbarkeit dem Staat entzogen bleiben sollte.

Hinzu kam, daß Thomas Becket es nicht damit bewenden ließ, die Pläne des Königs auf dem Gebiet des Rechtswesens zu durchkreuzen, sondern auch an der königlichen Steuerpolitik Anstoß nahm. Anfang Juli 1163, einige Monate nach seiner Rückkehr auf die Insel und dem freudigen Wiedersehen mit seinem ehemaligen Kanzler, hielt Heinrich einen Reichstag in Woodstock ab. Heinrich der Jüngere saß an seiner Seite. Der König nahm Huldigungen von König Malcolm von Schottland, von Rhys, dem Fürsten von Südwales, von Owen, dem Fürsten von Nordwales, und von den Großen des Reiches entgegen. Bei dieser Gelegenheit regelte er eine Reihe von Verwaltungsproblemen und Finanzfragen. Beim *danegeld* kam es zu einem heftigen Zusammenstoß. Das *danegeld* war eine Grundsteuer in Höhe von zwei Silberpfennigen; ursprünglich war es eingeführt worden, um den Krieg gegen die anstürmenden Dänen zu finanzieren. Jeder, der mehr als ein Pfluggespann Land besaß, mußte diese Steuer entrichten. Wie bereits erwähnt, hatte Wilhelm der Eroberer das kostbare (und dann so verhängnisvolle...) *Domesday Book* erstellen lassen, um die Erhebung des *danegeld* zu erleichtern. Diese allgemeine Bodensteuer wurde von königlichen Kommissaren eingetrieben. Doch in letzter Zeit war sie fast in Vergessenheit geraten oder wurde anderen Zwecken zugeführt. Der König wollte an ihr festhalten, allerdings sollte der Ertrag nicht mehr den Grafschaften, sondern dem königlichen Schatzamt zugute kommen. Sie hätte eine sichere und regelmäßige Einnahmequelle bedeutet.

Nach Edward Grim widersetzte sich der Erzbischof von Canterbury entschieden diesem Vorhaben, weil er darin einen Machtmißbrauch und die Veruntreuung von Geldern sah. Er wies darauf hin, daß man diese Steuer stets bereitwillig bezahlt habe und es auch in Zukunft tun werde, sofern die Sheriffs sich an das Recht hielten. Sollte jedoch das Gegenteil der Fall sein, könne niemand dazu gezwungen werden. Ganz offensichtlich fürchtete Thomas Becket die Auswirkungen der neuen Regelung auf den Kirchenbesitz und verteidigte deshalb mit Nachdruck die alten Gewohnheitsrechte. Heinrich II. war verblüfft. «Gott ist mein Zeuge», tobte er, «diese Steuer wird der Krone zufließen, und du hast nicht den geringsten Grund, dich dem zu widersetzen, denn niemand wird dadurch geschädigt.» «Ich schwöre dir», erwiderte Thomas, «daß niemand, der ein Stück Land auf dem Grund der Kirche besitzt, dir auch nur einen Silberpfennig bezahlen wird.»

Der König sagte nichts mehr. Wieder mußte er eine Demütigung einstecken. Von da an «wandte sich sein Zorn gegen den Erzbischof».

Thomas war sich dessen voll bewußt. In seinem ersten Brief an Alexander III. – der uns erhalten geblieben ist – versucht er mit allen rhetorischen Mitteln, die Situation möglichst dramatisch zu schildern: «Die Unwetter folgen aufeinander wie die Wogen des Meeres, und wir werden Schiffbruch erleiden. Was können wir anderes tun als versuchen, den aufzuwecken, der im Kahn zu schlafen scheint, und ihm zuzurufen: ‹Herr, hilf uns, wir gehen zugrunde.› Das Unrecht hat den Zeitpunkt gut gewählt. Es hat die heikle Lage der römischen Kirche erkannt und glaubt, die Gelegenheit sei günstig für die Ausführung seiner finsteren Pläne... Man entreißt Jesus Christus, was er mit seinem Blut erkauft hat. Die Macht greift nach dem Erbe des Herrn. Weder die Lehren der heiligen Väter noch die Vorschriften der Canones, deren Namen man hier sogar anficht, nichts von alledem vermag die Kleriker zu schützen. Und doch genossen sie bislang das Privileg, daß sie nicht der Gerichtsbarkeit der Laien unterstanden. Doch es wäre langwierig und ermüdend, wollte ich Dir in allen Einzelheiten unsere Leiden schildern. Ich sende Dir Heinrich, der Dir wohlbekannt ist. Ich trage ihm auf, Dir alles mündlich zu berichten, was er gesehen und gehört hat. Glaube ihm, wie Du mir glauben würdest. Wenn es sich einrichten ließe, käme ich nur zu gern persönlich zu Dir... Ich bitte Dich eindringlich, bewahre absolutes Stillschweigen über das, was ich Dir anvertraut habe. Man spioniert uns nach. Dem König kommt jedes Wort zu Ohren, das hier gesprochen wird, selbst wenn es in der Abgeschiedenheit meines Zimmers geflüstert wird... Sollten wir nicht fliehen, um nicht mitansehen zu müssen, wie das Erbe des Gekreuzigten geplündert wird? Zweifellos. Aber zu wem sollen wir fliehen, wenn nicht zu dem, der unsere Kraft und Zuflucht ist?»

Dieser angsterfüllte Brief – einer von vielen, die auch aufs Festland geschickt wurden, um dort die öffentliche Meinung aufzurütteln – verdeutlicht, daß sich der Streit auf die Frage der Immunität konzentrierte. Darüber hinaus zeigt er in fast schon karikierender Form Thomas Beckets Hang zum Dramatisieren, seine Neigung, eine Situation immer gleich in extremer Zuspitzung zu sehen. Und etwas anderes kam noch verstärkend hinzu: Er war auf krankhafte Weise fasziniert von dem Gedanken an die «große Verweigerung», und sollte sie auch eine ausweglose Situation heraufbeschwören. Schon zu diesem Zeitpunkt. Doch der Primas hatte lange genug mit dem König zusammengearbeitet und ihm treu gedient, um zu wissen, daß Heinrich II. an einer einmal gefaßten Meinung festhielt und schwerlich ein Verhalten verzeihen würde, das er nicht nur als Störung seiner Politik, sondern als Verrat an seiner Freundschaft auffaßte. Dieser Streit, der seine Wurzeln in dem fruchtbaren Boden von Staatsräson und persönlichen Gefühlen hatte, eskalierte schnell. Er sollte einen tödlichen Ausgang nehmen.

Der Erzbischof von Canterbury war sehr beunruhigt, zumal er spürte, daß sich auch in der Kirche von England Widerstand regte. Roger von Pont-l'Évêque, Erzbischof von York und seit langem sein entschiedener Feind, erkannte die Gunst der Stunde und entfachte erneut den alten Streit um die Vorrangstellung, die der Erzbischof von Canterbury seit der Amtszeit Lanfrancs für sich in Anspruch nahm. Der Gegenstand des Streits war keineswegs unbedeutend (man hat oft auf die einigende Funktion des Primas hingewiesen, die bei der Entwicklung des Nationalbewußtseins in der gesamten abendländische Christenheit und mithin auch bei der Entstehung der *ecclesia anglicana* eine wichtige Rolle gespielt hat), trotzdem ging es bei diesem Prestigekampf nicht ohne kleinliche Angriffe von beiden Seiten ab. Wir haben bereits gesehen, mit welch lächerlicher Empfindlichkeit die beiden Kampfhähne um den Ehrenplatz auf der Synode von Tours gestritten hatten. Das äußere Zeichen der Vorrangstellung war das Prozessionskreuz. Jedesmal, wenn Roger von Pont-l'Évêque in amtlicher Eigenschaft den Bezirk von Canterbury besuchte – und das war häufig der Fall –, ließ er mit größtem Vergnügen dieses Symbol seiner Stellung vor sich hertragen. Solche Demonstrationen waren damals in der gesamten Christenheit gang und gäbe; die Chroniken und die Akten der Konzilien berichten seitenlang darüber. Auf uns wirken sie vielleicht wie alberne Versuche, den anderen zu provozieren, doch tatsächlich verbargen sich dahinter sensible rechtliche Konflikte. Der Erzbischof von York wandte sich ordnungsgemäß an den Papst und berichtete ihm vom Widerstand seines Gegners. Doch Alexander III. hatte es ganz und gar nicht eilig, in einer heiklen Frage wie dieser eine Entscheidung zu treffen.

Doch Widerstand gegen Thomas schwelte an mehreren Stellen zugleich. Gilbert Foliot, der neue Bischof von London, hatte sich im Grunde niemals damit abgefunden, daß der Vertraute des Erzbischofs Theobald von Bec eine so glänzende Karriere gemacht hatte, und ließ seinem Ärger freien Lauf. Selbst unmittelbar vor den Toren des erzbischöflichen Palais entflammte Widerstand und verlosch nicht mehr. Die Abtei St. Augustine, die im ausgehenden 6. Jahrhundert unter der Schirmherrschaft von König Ethelbert von Kent, dem Schwiegersohn des Frankenkönigs Charibert, gegründet worden war, wurde zum Symbol des Widerstands. Die Abtei besaß Reliquien des Apostels von England, und ihr Ruf hatte sich in der ganzen Kirche verbreitet. In St. Augustine war man von jeher auf Unabhängigkeit bedacht, und die Äbte hatten dem zuständigen Bischof, der ganz in der Nähe residierte, immer nur widerstrebend Gehorsam gelobt. Im Jahr 1163 lehnte es der neugewählte Abt Clarembald kategorisch ab, die Gerichtshoheit des Erzbischofs Thomas anzuerkennen. Der Streitfall wurde an das päpstliche Gericht überwiesen. Zur gleichen Zeit berief der König von England eine Versammlung der Prälaten und Barone des Reiches ein.

Die Reichsversammlung trat am 1. Oktober 1163 in Westminster zusammen. Die Atmosphäre war zum Zerreißen gespannt. Der König griff zunächst den Streit zwischen den Erzbischöfen von York und von Canterbury auf, wetterte dann gegen die Machtfülle der Archidiakone und ging schließlich zum Generalangriff auf die Privilegien der Kirche im Bereich der Rechtsprechung über. Er war erbost über die Vorfälle der jüngsten Zeit und hatte sich vorgenommen, dieses Geschwür auszubrennen. Offenkundig gut beraten, legte der König einen unanfechtbaren Plan vor. Die Bischöfe waren sprachlos. Wie Ralph von Diceto berichtet, ging es dabei um nichts Geringeres als um eine Angleichung der weltlichen und der kirchlichen Gerichtsbarkeit. Ein Geistlicher, der eines Verbrechens angeklagt war, sollte in Gegenwart eines königlichen Beamten vor ein bischöfliches Gericht gestellt werden. Befanden ihn die Richter für schuldig, sollte er unverzüglich in den Laienstand zurückversetzt und, als Folge davon, dem königlichen Gerichtshof zugeführt werden. In der Kompetenz des königlichen Gerichtshof läge es dann, eine angemessene Strafe zu verhängen. Heinrich II. wollte das Privileg der Immunität nicht abschaffen, sondern er gewährte, wie man es einmal ausgedrückt hat, «der Kirche das Recht zu urteilen, dem Staat das Recht zu strafen».

Sein Vorschlag stützte sich auf das berühmte *traditur curiae* des Gratian, das Herbert von Bosham erwähnt und demzufolge Kleriker unter gewissen Umständen von einem weltlichen Gericht abgeurteilt werden konnten, wenn sie gegen das allgemeine Recht verstoßen hatten. Das war ein höchst bedeutsamer Punkt. Auf Thomas Beckets Bitte hin berieten die Bischöfe hinter verschlossenen Türen. Die Meinungen waren geteilt. Einige beriefen sich auf die mosaische Gesetzgebung. Andere sprachen sich für den Vorschlag des Königs aus, weil er alles in allem nicht so schlimm sei und lediglich darauf abziele, uneinheitliche Verfahrensregeln, die den Klerus begünstigten, zu vereinheitlichen. Tatsächlich waren Heinrichs Forderungen weder mit den rechtlichen Gepflogenheiten vereinbar, die sich in England seit der Eroberung eingebürgert hatten, noch mit dem Geist der Canones, die sie innerhalb kürzester Zeit vollkommen aushöhlen konnten. Diese Gefahr führte Thomas seinen Amtsbrüdern eindringlich vor Augen. Er spottete über den Kleinmut des Episkopats, und schließlich gelang es ihm, die Bischöfe davon zu überzeugen, daß sie mit einer unsinnigen Unterwerfung unter den Willen des Monarchen eine Situation schaffen würden, in der künftige Verzichtleistungen vorgezeichnet wären.

Der König war gescheitert. Er verlangte daraufhin von den Bischöfen, sie sollten ihm schwören, daß sie die «alten Gewohnheiten» respektieren würden. Ein geschickter Schachzug. Zwar hatte man einen Teil der «alten Gewohnheiten» unter der Herrschaft des glücklosen Stephan von Blois aufgegeben, doch sie galten noch immer als ein Faktor, der das Reich zusammenhielt. Auf einmal ging Heinrich II. vom Besonderen zum Allgemeinen über und stellte den gesamten Episkopat vor eine unmögliche Entscheidung: Unterwerfung oder Verrat. Er wurde enttäuscht. Nach kurzer Beratung beschlossen die Bischöfe, dem Herrscher den üblichen Eid zu leisten, allerdings mit der einschränkenden Formel: «unter dem Vorbehalt der Ehre Gottes und meines Standes». Thomas trat vor den König, teilte ihm die gemäß den Canones getroffene Entscheidung der Bischöfe mit und legte ihm die Motive dar. Daß diese Entscheidung für den Fortbestand der Kirche von England unerläßlich war, erscheint heute klarer denn je. Heinrich war außer sich vor Wut und verlangte, daß der Eid in der vorgeschriebenen Form ohne Vorbehalt geleistet werden solle. Alle Bischöfe mit Ausnahme des unglücklichen Hilarius von Chichester blieben bei ihrer Entscheidung. Hilarius war so verängstigt, daß er der Forderung des Herrschers nachgab. Vom Erzbischof von Canterbury wurde er streng für sein Verhalten getadelt, vom König erhielt er nicht ein Wort des Dankes.

Wutentbrannt verließ Heinrich den Palast. Die Nacht war bereits hereingebrochen. Der Zorn des Königs war auch am nächsten Morgen noch nicht verraucht. Bevor er nach London aufbrach, erteilte er Thomas Becket den Befehl, der Krone alle Lehen und Schlösser zurückzugeben, die er als Kanzler erhalten habe. Der Erzbischof gehorchte sofort. Es fiel ihm nicht besonders schwer.

Die Reichsversammlung von Westminster war in zweierlei Hinsicht aufschlußreich. In den Augen des Königs hatte sie den endgültigen Beweis für die Unnachgiebigkeit des Erzbischofs erbracht. Jetzt, wo er sich anschickte, in allen Gebieten, die ihm unterstanden, seine königliche Macht auf ein Fundament aus Granit zu stellen (Johannes von Belméis, inzwischen Erzbischof von Poitiers, mußte dies bitter erfahren), sollte ausgerechnet ein aus dem Nichts emporgestiegener Erzbischof, den er zu seinem Kanzler und Freund gemacht hatte und folglich als sein Geschöpf betrachtete, wie ein Sandkorn sein wohldurchdachtes Räderwerk blockieren? Der König war fest entschlossen, diesen unsinnigen Widerstand zu brechen. Mit allen Mitteln.

Für Thomas Becket gab es nach der Versammlung in Westminster keinen Zweifel mehr, daß der König in seiner Wut zu allem entschlossen war. Und er schätzte die Gefahr um so bedrohlicher ein, als sie aus der Tiefe einer verletzten Seele kam. Der Zorn des Königs würde sich Bahn brechen, unaufhaltsam wie der Lavastrom eines Vulkans. Diese Einsicht und die hohe Bedeutung, die Thomas Becket seiner Mission beimaß, bestärkten ihn in seiner Haltung. Der Charme, mit dem er den König stets für sich gewonnen hatte, schien zu verblassen. Im Konflikt entpuppte sich der Erzbischof als unbeugsamer Gegner mit einem eisernen Willen. Er, der früher meisterlich mit Kompromissen taktiert hatte, verweigerte nun jedes Zugeständnis. Bald war er nicht einmal mehr zum Gespräch bereit. Ein inneres Feuer verzehrte ihn. Im Kreise seiner Bischöfe entwarf er ein düsteres Bild der Zukunft: «Wenn ihr sagt, man müsse der unglücklichen Zeit Rechnung tragen, so widerspreche ich nicht, sofern das nicht bedeutet, daß man Verbrechen an Verbrechen reiht. Sollte denn Gott nicht imstande sein, das Los seiner Kirche zu verbessern, ohne daß er uns dazu verdammt, uns mit Schande zu bedecken? Sollte es denn schon so schlimm um die Kirche stehen, daß sie nur durch die Feigheit ihrer Lehrer gerettet werden kann? … Wenn ein Unwetter die Kirche erschüttert, dann müssen die Hirten der Gefahr trotzen. Denn wisset: Die Bischöfe, die in den ersten Jahrhunderten das Fundament der Kirche mit ihrem Blute härteten, haben sich nicht mehr um sie verdient gemacht als wir, die wir heute unser Leben für die Verteidigung ihrer Freiheit hingeben.»

Das klang hart. Viele Bischöfe dürften sich *in petto* gesagt haben, daß man Übertreibungen jeder Art nicht ernst zu nehmen brauche. Andere verspürten wohl nicht den geringsten Hang zum Märtyrertum – das ist menschlich nur zu verständlich. Hilarius von Chichester war beim ersten Windstoß umgeknickt. Andere sollten seinem Beispiel folgen. Ermutigt wurden sie dabei von einem Mann, der sich – und das überrascht keineswegs – in diese verworrene Angelegenheit einmischte: Gemeint ist Bischof Arnulf von Lisieux.

Und wie er das tat, war typisch für ihn. Er war ein brillanter Kopf, ehrgeizig, gewinnend und geradezu besessen von dem Wunsch, anderen zu gefallen. Wie wir gesehen haben, hatte er den Kanzler mit überschwenglichen Lobeshymnen bedacht (beileibe nicht als einziger) und sich ihrer «alten Freundschaft» gerühmt. Inzwischen hatte Bischof Arnulf Karriere gemacht. Er war mit Männern wie Petrus Venerabilis, Bernhard von Clairvaux und dem amtierenden Papst befreundet, genoß aber nicht mehr das volle Vertrauen seines Königs, wenigstens glaubte er das. Denn bereits im Jahr zuvor hatte Heinrich in Rouen einen Vorstoß unternommen und die alten normannischen Gewohnheiten im kirchlichen Recht wieder in Kraft gesetzt. Und der Herzog-König hatte das Spiel gewonnen. Oder hatten die normannischen Prälaten nur so wenig wie möglich von der «einzigartigen Vorsicht» abweichen wollen, auf die sie so stolz waren? Wie auch immer, für den virtuosen Vermittler war das jedenfalls ganz und gar unerträglich.

Guernes von Pont-Sainte-Maxence und Roger von Pontigny nennen Arnulfs Vorgehen schimpflich. Unmittelbar nach der gescheiterten Reichsversammlung in Westminster suchte der Bischof den König in Salisbury auf. Heinrich war immer noch erbost und verbiß seinen Ärger. Um die Gnade des Königs wiederzuerlangen, schlug ihm Arnulf ohne Umschweife vor, den

Klerus zu entzweien. Wenn man einige Bischöfe klug beeinflußte – genauer: unter Druck setzte –, würden sie sich dem König anschließen und die Rechtseinheit befürworten. Hätte das Gebäude erst einmal Risse, würde es bald von selbst zusammenstürzen. Und Thomas müßte sich den vollendeten Tatsachen beugen…

Man hat die Haltung des Arnulf von Lisieux immer unnachsichtig verurteilt. Doch auch wenn er sich in Mißkredit gebracht hat: Waren seine Absichten tatsächlich so verwerflich? Er taktierte wie ein mit allen Wassern gewaschener Diplomat, und der Kanzler Thomas Becket hätte das sicherlich verstanden. Arnulf hatte eine hochgelehrte Abhandlung über den Gegenpapast Honorius II. verfaßt und wußte, was ein Schisma bedeutete und wie verheerend sich innere Kämpfe auf eine Kirche auswirken konnten, die durch den Konflikt zwischen Papst und Herrscher geschwächt war. Es gab keinen Grund, eine neuerliche Tragödie heraufzubeschwören. Arnulf kannte den Charakter der beiden Protagonisten. Er ahnte, daß ein Wirbelsturm die Kirche von England hinwegzufegen drohte.

Doch unabhängig davon, ob er mit seinem Plan Erfolg hatte oder nicht, sein Vorgehen war verwerflich. Er erreichte sein Ziel. Hilarius von Chichester wurde nach Gloucester bestellt und wiederholte seinen Eid. Der Erzbischof von York kämpfte verbissener denn je um die Würde des Primas und ließ sich nicht lange bitten. Auch Gilbert Foliot hatte gute Gründe, sich dem Herrscher zu beugen. Er wurde mit Wohlwollen aufgenommen. Der Wurm war in der Frucht.

Während die Lage in England zum Zerreißen gespannt war, herrschte jenseits des Kanals rege Aktivität. Seit Oktober 1163 residierte Papst Alexander III. in Sens, im Kernland der Capetinger. Seine Lage war nach wie vor prekär. Zwar regte sich einigen italienischen Städten erster Unmut gegen die deutsche Herrschaft, doch in der Lombardei und in der Toskana faßte Friedrich Barbarossa immer fester Fuß, «so daß an keinem Ort ein Italiener seinem Willen Widerstand leisten konnte», wie Kardinalkämmerer Boso schrieb. Das Schisma dauerte an, und der Papst erschreckte bei dem Gedanken, daß er an einer besonders bedrohlichen Front einen weiteren Konflikt schüren könnte. Folglich blieb er Thomas Becket gegenüber reserviert. Natürlich stand er auf der Seite des Erzbischofs von Canterbury, aber er war auch dem Druck seiner Umgebung ausgesetzt. Die Kardinäle waren sich uneins. Einige standen Thomas nahe (wie etwa Heinrich von Pisa und Humbald von Ostia, die ihn auf der Synode von Tours kennengelernt hatten). Andere, wie Wilhem von Pavia oder Johannes von Neapel, waren ihm entschieden feindlich gesonnen.

Abgesandte des Erzbischofs hielten Alexander III. über die Situation in England auf dem laufenden. Kurz nach der Reichsversammlung in Westminster sollte er Gelegenheit zu einem Gespräch mit Johannes von Salisbury erhalten. Heinrich II. war es nämlich schon lange ein Dorn im Auge, daß dieser ungewöhnliche Mann solchen Einfluß auf den Primas von Canterbury ausübte, und er befahl ihm, England unverzüglich zu verlassen. Damit trennte er Thomas von einem Ratgeber, der über jeden Verdacht erhaben war und immer ausgleichend gewirkt hatte. Auf dem Kontinent setzte Johannes künftig all seine Kraft und Intelligenz für die Sache der Kirche von England ein.

In einem am 26. Oktober 1163 aus Sens abgesandten Brief an Thomas beklagte der Papst die düstere Zukunft des Erzbischofs. Er wußte genau Bescheid und «sein Geist war bewegt und ziemlich aufgewühlt». Er mahnte zu Geduld und Vorsicht (zwei Eigenschaften, die Thomas inzwischen gar nicht mehr schätzte), ermutigte ihn, weiter in Rom auf eine Entscheidung zu drängen (bislang waren die Bemühungen erfolglos gewesen), und riet ihm dringend davon ab, England zu verlassen, denn dort könne jederzeit etwas Unvorhersehbares geschehen, und dann müsse der Erzbischof verfügbar sein. Der Papst bat die Mönche von Cîteaux, Clairvaux und Pontigny, für den Primas zu beten. Aber zu einer direkten Intervention beim König konnte er sich nicht durchringen. Das schien ihm zu gefährlich.

Heinrich II. gab nicht nach. Bald nach der Reichsversammlung in Westminster zitierte er Thomas nach Northampton, wo er mit seinem Hof residierte. Wie Roger von Pontigny schreibt, wollte der König den Erzbischof zur Unterwerfung zwingen. Der Empfang fiel kühl aus. Der Erzbischof war mit großem Gefolge angereist, doch der König untersagte ihm, die Stadt zu betreten, da sie «eine solche Menschenmenge» nicht aufnehmen könne. Die hitzige Begegnung fand auf einem Feld am Ortsrand statt. Die Umgebung hallte wider vom Hufschlag und Wiehern der Pferde. Wie es seinem Charakter entsprach, rückte Heinrich den Konflikt auf eine emotionale Ebene. Er fragte Thomas, wie er sich «nach so vielen Beweisen seiner Zuneigung so plötzlich» habe undankbar zeigen, ja schlimmer noch, zu einem unbeugsamen Widersacher habe entwickeln können. Ganz offensichtlich konnte er nicht begreifen, weshalb Thomas sich von ihm abgewendet hatte. Thomas verstand den Appell des Königs sehr wohl, und vermutlich empfand er sogar Mitleid, weil er wußte, daß Heinrich insgeheim litt. Er versicherte ihn seiner Treue und erinnerte ihn an ihre Freundschaft und an die Dienste, die er ihm früher erwiesen hatte, doch der König sah nur die Gegenwart. Der Erzbischof kam bald auf Grundsätzliches zu sprechen. Der König beschwor ihn, er solle den Treueid ohne die einschränkende Formel leisten, wie es mehrere seiner Diözesanbischöfe getan hatten. Thomas erwiderte, er sei zu allem bereit, was die Ehre und die Wünsche des Königs verlangten, «sofern es nicht gegen die Pflichten meines Standes vestößt». Er blieb unbeugsam. Keiner gab nur einen Zentimeter nach.

Heinrich erntete zunächst einmal die Früchte seiner Taktik und seiner Bemühungen, einzelne Prälaten aus der gegnerischen Front herauszubrechen. Bald unterstützte nur noch sein Vetter Roger von Worcester die Sache des Erzbischofs. Roger war vielleicht der einzige, der keine Angst hatte. Sehr viel später sprach der Erzbischof in einem Brief an das Kapitel von Christchurch unmißverständlich aus, wen er für den Urheber der Spaltung hielt: Gilbert Foliot, den Erzbischof von London. Dieser weigerte sich nach wie vor, die Gerichtsbarkeit des Primas anzuerkennen, weil er gegen alle Vernunft weiter hoffte, selbst Primas zu werden. «Er hat das Herz und die Hände des Königs und seiner Beamten mit Waffen ausgestattet, dann ist er unserem Bruder und Freund, dem Erzbischof von York, zu Hilfe gekommen und hat es geschickt verstanden, einige unserer Brüder gegen ihre Mutter, die Kirche von Canterbury, zu beeinflussen, obgleich sie ihr durch ihre Berufung Treue und Gehorsam schulden. Er hat sie dazu gebracht, sich bei unserem Herrn, dem Papst, für den genannten Erzbischof zu verwenden (seit seiner Ernennung hat er all seine Macht und all sein Wissen darangesetzt, gegen die Kirche von Canterbury, die ihn genährt hat, Fallstricke auszulegen) und ihn zu bitten, er möge ihm erlauben, sein Kreuz, das dem Kreuz des Heils den Rang streitig macht und einen Stamm aus Hochmut schmückt, durch unseren Bezirk zu tragen, damit es den Anschein habe, als sei er der Kirche von Canterbury gleichgestellt.»

Hinter dieser Auseinandersetzung zwischen den beiden Metropoliten wurden weitere Intrigen gesponnen. Der unermüdliche und hartnäckige Arnulf von Lisieux reiste regelmäßig über den Kanal. Richard von Ilchester, Archidiakon von Poitiers und bedingungsloser Anhänger des Königs, begleitete ihn (Heinrich II. ernannte ihn später zu seinem Gesandten beim deutschen Kaiser). Bei diesen Reisen versuchte Arnulf, Alexander III. von den guten Absichten des Königs zu überzeugen. Hilarius von Chichester war zwar schwach, aber aufrichtig. Er übernahm die Aufgabe, Thomas umzustimmen. Wie Roger von Pontigny berichtet, redeten sie vollkommen aneinander vorbei. Für Hilarius war es keineswegs unvereinbar, zugleich Gott und dem König zu dienen. Er sah nicht ein, was für einen Sinn es haben sollte, den Zorn des Monarchen zu schüren. Doch Thomas war nicht umsonst der Vertraute des Plantagenet gewesen. Er hatte ihn lange genug bei seinen Plänen unterstützt, um seine autokratischen Hintergedanken zu kennen. Unbeeindruckt erwiderte er Hilarius: «Der König wird verlangen, daß ihr eure Versprechen strikt einhaltet, aber welche Macht habt ihr, ihn zu veranlassen, daß er die seinen hält?»

Der Einfluß des Königs auf den päpstlichen Hof, der übrigens nach wie vor in Sens residierte, war so groß, daß im Landhaus des Erzbischofs von Canterbury eines Tages eine seltsame Gesandtschaft vorsprach. Ihr gehörten an: der Zisterzienserabt Philip von l'Aumône, «ein Mann von hohem Ansehen und großem Einfluß», der Graf Johannes von Vendôme und vor allem der berühmte Robert von Melun. Robert von Melun war nicht nur der gewählte Erzbischof von Hereford, sondern auch einer der bedeutendsten Theologieprofessoren seiner Zeit. Wahrscheinlich hatte Thomas ihn bei seinem viel zu kurzen Aufenthalt in Paris kennen- und schätzen gelernt. Er sollte ihn kurz vor Weihnachten weihen. Die drei Gesandten, einer so vertrauenswürdig wie der andere, überbrachten eine Botschaft Alexanders III. Der Papst riet zu Kompromissen. Offenkundig quälte ihn der Gedanke, daß es in der englischen Kirche zu einem Schisma kommen könnte, und die geschickte Propaganda des Königs war nicht dazu angetan, seine Bedenken zu zerstreuen. Die päpstlichen Gesandten wußten zu berichten, daß Alexander III. vom König die Bestätigung erhalten habe, daß Thomas Beckets Unterwerfung ein rein formaler Akt und schon allein deshalb vonnöten sei, damit der Vorfall in Westminster aus der Welt geschafft werde. Dies sei der einzige Ausweg aus der verfahrenen Situation. «Du weißt, wie sehr der Fürst dir zugetan war, und du selbst hast ihm mit unbedingter Treue gedient. Die Bande, die durch diese Freundschaft entstanden sind, sollten nicht zerschnitten werden.» Dieses Argument war überzeugend.

Der Erzbischof konnte den Schritt nicht länger aufschieben und sich gegen den Wunsch des Papstes und des Kardinalskollegiums sperren. Er brach unverzüglich nach Woodstock auf. Woodstock war eine der prächtig ausgestatteten Lieblingsresidenzen des Königspaares. Ohne erkennbares Zögern huldigte Thomas dem König. Den bekannten einschränkenden Zusatz ließ er weg. Aber zu seiner Verblüffung antwortete der König auf diese Geste des guten Willens mit einer Provokation: Die Beleidigung sei öffentlich erfolgt, also müsse auch die Genugtuung in aller Öffentlichkeit geleistet werden. Dazu werde er ordnungsgemäß die Bischöfe und Barone von England zusammenrufen. Anläßlich eines Reichstags, den er in der zweiten Januarhälfte in seinem Schloß zu Clarendon abzuhalten gedenke, sollten sie diesem Akt als aufmerksame Zeugen beiwohnen.

Kapitel III

«Die geschriebene Vernunft»

Knapp eine Meile von Salisbury entfernt, in der Grafschaft Wiltshire, kann man heute noch die spärlichen Überreste des Landsitzes von Clarendon besichtigen. Ende Januar 1164 war das königliche Schloß für einige Tage Schauplatz eines der bedeutendsten Ereignisse der englischen Geschichte. Der genaue Ablauf ist kaum zu rekonstruieren, da die Berichte widersprüchlich und lückenhaft sind. In einem umso dramatischeren Licht erscheint diese für die Rechte der Krone entscheidende Episode.

Wie bei solchen Anlässen in England wie auch auf dem Kontinent üblich, kamen zu dem vom König anberaumten Hoftag in Clarendon die Großen des Reiches, die Kronvasallen und die bedeutendsten Mitglieder des Klerus zusammen. Alles wartete gespannt auf den Augenblick, wo Thomas Becket das Versprechen erfüllen würde, das er dem König in Woodstock gegeben hatte: nämlich «in gutem Glauben» und öffentlich sein Treuebekenntnis zum König und zu den alten Gewohnheiten des Reiches zu erneuern. Keiner wollte sich das entgehen lassen. Und der Erzbischof hatte zu diesem Zeitpunkt keineswegs nur Freunde, um es einmal ganz vorsichtig auszudrücken. Viele Barone hatten dem Kanzler nie verziehen, daß er bei der Wiederherstellung der königlichen Macht nicht nur Berater, sondern in vielen Fällen auch erfolgreicher Vollstrecker gewesen war. Unerbittlich hatte er die unter Stephan von Blois errungenen Adelsprivilegien beschnitten, Lehen und unrechtmäßig erworbene Schlösser konfisziert und dem Adel die frisch gewachsenen Flügel gestutzt. Viele Bischöfe und Äbte hatten nicht vergessen, wie eifrig er als Kanzler bei der Erhebung des Schildgeldes verfahren war, um das tiefe Loch im Staatssäckel zu stopfen, das der gescheiterte Vorstoß nach Toulouse gerissen hatte. Einige hatten sich von seinen Feinden oder entschlossenen Opportunisten beeinflussen lassen, andere wollten die Versöhnungsbemühungen Alexanders III. unterstützen, und wieder andere waren von Heinrich II. unter Druck gesetzt worden. Doch was im einzelnen auch die Motive gewesen sein mochten, fest steht, daß sich die meisten vom Erzbischof von Canterbury abgewendet hatten. Der gnadenlose Kampf um die Würde des Primas, bei dem zwei ehrgeizige Kleriker und mit ihnen zwei Zukunftskonzepte der englischen Kirche aufeinanderprallten, drängte den Konflikt mit dem König, in dem viele ohnehin nur Wortklauberei sahen, fast in den Hintergrund. Die Vermutung liegt nahe, daß viele auch die plötzliche Wandlung des Thomas Becket befremdete: Immerhin war aus dem Verteidiger der königlichen Rechte binnen kurzer Zeit ein unerschütterlicher Verfechter der kirchlichen Privilegien geworden. Einiges spricht für diese Vermutung.

Die Stimmung war gegen Thomas Becket. Das ermutigte den König, den gordischen Knoten zu zerschlagen und die königlichen Machtbefugnisse gegenüber der Unabhängigkeit der Kirche ein für allemal fest und dauerhaft zu verankern. Herbert von Bosham und Edward Grim nahmen kraft ihres Amtes im Gefolge des Erzbischofs an der Versammlung teil. Roger von Pontigny war als Thomas Beckets Vertrauter zugegen. In ihren Berichten wird die beklemmende Atmosphäre dieser dramatischen Stunden greifbar. Das Kommen und Gehen der alten Haudegen und das Klirren der Waffen waren nicht dazu angetan, Heiterkeit zu verbreiten. Stundenlang sprach man über das Wesen der alten Gewohnheiten, über ihre Entstehung, ihren Umfang und ihre Vereinbarkeit mit dem kanonischen Recht. Aber Heinrich bestand darauf, daß der Unterwerfungseid auf der Stelle und ohne Einschränkung geleistet werden sollte.

Die wenigen Bischöfe, die Thomas noch die Treue hielten oder einfach nur entsetzt waren (Roger von Pontigny nennt Roger von Worcester, den Vetter des Königs, und Jocelin von Bohun, den Bischof von Salisbury, an dessen Integrität es keinen Zweifel gibt; Herbert von Bosham erwähnt Heinrich von Winchester), drängten ihn, den Treueid in derselben Form abzulegen, wie er es aus freien Stücken in Woodstock getan hatte. Einige der Großen des Reiches, die dem Erzbischof nahestanden – der Justitiar Robert von Leicester und Reginald von Cornwall, ein illegitimer Sohn Heinrichs I. Beauclerc – beschworen ihn nachzugeben. Sie fürchteten, der König könnte sich in seinem Jähzorn zu einer nicht wiedergutzumachenden Handlung hinreißen lassen. Richard von Hastings, der Großmeister des Templerordens in England, und ein weiterer Templer flehten Thomas unter Tränen an, sich dem König zu beugen: Der König bestehe auf seiner Unterwerfung, weil sie seinem Selbstgefühl schmeichele; diese Geste genüge, dann werde wieder Eintracht herrschen zwischen ihm und dem König, der doch lange Jahre sein Freund gewesen sei. Diese ergreifenden Appelle von verschiedener Seite verfehlten ihre Wirkung nicht. Thomas Becket, mit den Nerven am Ende, trat vor Heinrich II. und versprach ihm *bona fide,* die Gewohnheiten des Reiches zu respektieren. Alle anwesenden Bischöfe taten es ihm nach.

Und dann kam die große Überraschung. Auf einen Wink des Königs hin erschien ein Kleriker mit einer Urkunde, über der man wohl geraume Zeit gebrütet hatte. Schwarz auf weiß waren darin die «uralten Gewohnheiten» festgehalten. Sie ist für die englische Geschichte und für das Schicksal Thomas Beckets von so herausragender Bedeutung, daß wir hier ungekürzt alle sechzehn Artikel dieses – wie Herbert von Bosham es genannt hat – «verhängnisvollen» Dokumentes wiedergeben.

I. Wenn zwischen Laien oder zwischen Geistlichen oder zwischen Geistlichen und Laien ein Streit über das Patronat und die Besetzung einer Kirche entsteht, dann wird dieser vor dem königlichen Gericht verhandelt und entschieden.

II. Kirchen, die zum Lehnsgut des Königs gehören, können ohne seine Zustimmung und Erlaubnis nicht auf Lebenszeit verliehen werden.

III. Geistliche, die vor Gericht zitiert und mit welchem Vorwurf auch immer angeklagt werden, erscheinen, wenn sie vom Justitiar des Königs vorgeladen werden, vor dessen Gerichtshof, um dort alle Fragen zu beantworten, die das Gericht für nötig befindet, und sie erscheinen vor dem geistlichen Gericht für alle Fragen, die man dort für nötig befindet, jedoch in der Weise, daß der königliche Gerichtshof einen Vertreter an den Gerichtshof der heiligen Kirche entsendet, um festzustellen, wie dort entschieden wird. Und wenn der Geistliche überführt wird oder gesteht, darf die Kirche nicht länger ihre Hand über ihn halten.

IV. Erzbischöfen, Bischöfen und geistlichen Lehnsträgern des Königreiches ist es nicht gestattet, das Land ohne Erlaubnis des Königs zu verlassen. Und wenn sie die Erlaubnis des Königs erhalten, sollen sie geloben, während ihrer Reise alles zu unterlassen, was dem König und dem Königreich zum Schaden gereichen könnte.

V. Wer exkommuniziert ist, braucht, damit er die Absolution erhält, weder Sicherheiten noch Eide für künftiges Wohlverhalten zu leisten; er muß sich nur dem Urteil der Kirche unterwerfen.

VI. Laien dürfen vor (dem Erzbischof oder) dem Bischof nur durch anerkannte und rechtmäßige Ankläger und Zeugen angeklagt werden, und zwar dergestalt, daß kein Recht des Archidiakons und nichts, was ihm zusteht, geschmälert wird. Und wenn niemand bereit ist oder wagt, gegen die angeklagten Personen Vorwürfe zu erheben, dann wird der Sheriff, wenn (der Erzbischof oder) der Bischof ihn darum ersucht, zwölf befugte Männer aus dem Ort oder aus der Nachbarschaft auswählen, die vor dem Bischof schwören, daß sie nach bestem Wissen die Wahrheit aufdecken.

VII. Kronvasallen und Mitglieder des königlichen Hofes können weder exkommuniziert werden, noch kann über ihre Gebiete ein Interdikt verhängt werden, ohne daß zuvor der König, sofern er sich im Königreich aufhält, oder, wenn er außer Landes ist, sein (oberster) Justitiar angerufen wird, damit ihnen Gerechtigkeit widerfahre und das, was in die Zuständigkeit des königlichen Gerichts fällt, dort entschieden werde, und das, was in die Zuständigkeit des kirchlichen Gerichts fällt, dorthin verwiesen und dort entschieden werde.

VIII. Der Archidiakon richtet Berufungen, so es denn welche gibt, an den Bischof, der Bischof an den Erzbischof. Und wenn der Erzbischof es versäumt, Gerechtigkeit walten zu lassen, so ist die höchste Berufungsinstanz der König, damit auf seinen Befehl hin der Fall vor dem Gericht des Erzbischofs entschieden werde, und zwar in der Weise, daß man ohne Zustimmung des Königs das Verfahren nicht weiterführt.

IX. Wenn zwischen einem Geistlichen und einem Laien ein Streit darüber entsteht, ob ein Besitz Kirchengut oder weltliches Lehen ist, so befinden darüber zwölf Geschworene in Gegenwart des obersten Justitiars des Königs. Wenn darauf erkannt wird, daß es Kirchengut ist, wird der Fall vor dem kirchlichen Gerichtshof verhandelt; wenn es sich um ein weltliches Lehen handelt, wird er vor dem königlichen Gericht verhandelt, es sei denn, beide Parteien unterstehen demselben Bischof oder Baron. In diesem Fall wird am Hofe des letzteren verhandelt, woraus aber nicht folgert, daß der ursprüngliche Besitzer durch diese Anerkennung seinen Besitz verliert, bevor nicht das endgültige Urteil gesprochen ist.

X. Wenn ein Mann aus einer Stadt oder einem Schloß oder einem Marktflecken oder einem Landsitz aus des Königs Krongut vom Archidiakon oder vom Bischof wegen einer Straftat vorgeladen wird, zu der er aussagen muß, und sich weigert zu erscheinen, so kann das Interdikt über ihn verhängt werden; doch er darf nicht exkommuniziert werden, solange man nicht den obersten Beamten des Königs am Ort ersucht hat, den Beschuldigten zum Erscheinen zu zwingen. Wenn der Beamte des Königs das versäumt, wird er vom König zur Verantwortung gezogen. Der Bischof kann den Angeklagten dann mit den Mitteln der kirchlichen Gerichtsbarkeit zwingen.

XI. Die Erzbischöfe, Bischöfe und alle Geistlichen des Reiches, die unmittelbar vom König belehnt wurden und ihre Länder vom König als Baronate empfangen haben, bürgen dafür den Beamten und Justitiaren des Königs, achten alle Rechte und Gewohnheitsrechte des Königs und wohnen wie die anderen Barone und mit ihnen zusammen den Verhandlungen des königlichen Gerichts bei, außer wenn eine Todesstrafe oder Körperstrafe verhängt wird.

XII. Erledigte Erzbistümer, Bistümer, Abteien und Klöster im königlichen Besitz fallen bis zur Wiederbesetzung dem König anheim, der während dieser Zeit die Einkünfte derselben bezieht. Und wenn ein solches Amt wiederbesetzt werden soll, dann wird der König die wichtigsten Geistlichen zu sich bestellen. Die Wahl findet in seiner Kapelle statt mit seiner Zustimmung und nach dem Rat der Männer des Königreichs, die er mit dieser Aufgabe betraut hat. Und der gewählte Geistliche soll dem König noch dort den Treueid leisten und noch vor der Weihe geloben, daß er sein Leben und seine Glieder und seine weltlichen Würden in den Dienst des Königs stellen wird, unter dem Vorbehalt seines Standes.

XIII. Wenn einer der Großen des Reiches sich weigert, sich einem Urteil des Erzbischofs, des Bischofs oder des Archidiakons zu unterwerfen, dann muß der König selbst Recht schaffen. Und wenn es geschieht, daß jemand sich weigert, das Urteil des Königs anzuerkennen, dann muß der Erzbischof, der Bischof oder der Archidiakon ihn zwingen, dem König Genugtuung zu leisten.

XIV. Die Kirche darf bewegliche Habe, die dem König anheimgefallen ist, diesem nicht vorenthalten, denn sie gehört dem König, gleichgültig, ob sie innerhalb oder außerhalb einer Kirche gefunden wurde.

XV. Schuldsachen werden vor dem königlichen Gericht verfolgt, gleichgültig ob ein Eid geleistet wurde oder nicht.

XVI. Söhne leibeigener Bauern dürfen nicht zu Priestern geweiht werden ohne die Zustimmung des Grundherrn, auf dessen Land sie geboren wurden.[1]

Zweifellos hatten die in juristischen Fragen versierten königlichen Beamten jedes einzelne Wort der Urkunde genau abgewogen. Diese rücksichtslose, auf Überrumpelung angelegte Taktik, ein umfangreiches juristisches Schriftstück ohne Vorankündigung zu präsentieren, konnte Thomas Becket nur entsetzen. Umso mehr, als der König den Erzbischof und seine Amtsbrüder aufforderte, «zur Sicherheit ihre Siegel auf das Dokument zu setzen». Hatten ihm nicht der Großmeister des Templerordens und die Bischöfe zugesichert, der König werde sich maßvoll verhalten? Er hatte keinen Grund gehabt, an ihren guten Absichten zu zweifeln. Und was war nun aus ihren Zusicherungen geworden? Konnte er «in gutem Glauben» einem wohlüberlegten Vorhaben zustimmen, das nur allzu deutlich nach einer Falle roch? Man brauchte nur die bis ins einzelne geschliffenen Artikel des Dokuments zu lesen, und es war klar, was auf dem Spiel stand. Die anwesenden Bischöfe unterzeichneten die Urkunde allem Anschein nach ohne zu zögern, Thomas jedoch wies dieses Ansinnen empört zurück. Im ersten Moment sah er darin nur eine üble Machenschaft, später einen tödlichen Stoß gegen die Kirche. «Ich rufe den allmächtigen Gott zu meinem Zeugen auf: Solange ich lebe, werde ich mein Siegel niemals unter eine solche Urkunde setzen!»[2]

Heinrich II. bestand nicht darauf. Er wußte, daß er über seinen Gegner die Oberhand gewonnen hatte. Die *Constitutiones* wurden in nicht beglaubigter Form in drei Exemplaren hinterlegt. Ein Exemplar kam in die königlichen Archive, ein zweites nahm der Erzbischof von York an sich, das dritte, «Beweis für die bösen Absichten, die der König gegen die Kirche hegte», erhielt Thomas Becket. Der Erzbischof verließ die Versammlung unverzüglich mit seinem gesamten Gefolge.

Auf dem Heimweg machte er in Winchester Station. Die ganze Zeit über war er in düstere Gedanken versunken. Deprimiert und niedergeschlagen «ritt er allein und sinnend vor sich hin». Er kannte den König genau. Er wußte, daß Heinrich alles seinem unbeugsamen Willen zu unterwerfen gedachte und nicht den geringsten Widerspruch duldete. Über viele glückliche Jahre hinweg hatte er seinen ganzen Einfallsreichtum aufgeboten und alle Register der hohen Kunst der Diplomatie gezogen, um Heinrich vor sich selbst zu schützen und ihm gegen seinen Willen immer wieder Kompromisse abzuringen. Spürte er jetzt, daß er mit seiner Diplomatie am Ende war? Hatten ihm die Ereignisse der letzten Tage die Augen geöffnet über die wahren Ziele des Königs? Machte er sich Vorwürfe, weil er einen Augenblick lang versucht hatte, zwei Herren zu dienen? Fragte er sich, was sein Amt von ihm verlangte? Und steuerte er nicht, trotz der beschwörenden Bitten Alexanders III., unweigerlich auf den endgültigen Bruch zu?

In einiger Entfernung ritten seine Begleiter und unterhielten sich leise. Sie spürten, wie bedrückt der Erzbischof war. Sei es aus Neugier, sei es aus Mitgefühl, Herbert von Bosham faßte sich schließlich ein Herz und ritt an seine Seite: «Herr, woher kommt diese tiefe Niedergeschlagenheit, die auf Deinem Gesicht zu lesen ist? Diese Traurigkeit paßt nicht zu Dir. Du hast mit keinem von uns ein Wort gewechselt.»

«Wie könnte ich anderer Stimmung sein», erwiderte Thomas. «Ich muß unablässig daran denken, daß die Kirche von England durch mein Verschulden heute der Sklaverei verfallen ist. Meine Vorgänger haben sie mit bemerkenswerter Vorsicht geführt und erfolgreich an ungezählten gefährlichen Klippen vorbeigelenkt. Doch statt über ihre Feinde zu triumphieren, liegt sie nun in Ketten. Und ich Unglücklicher bin an allem schuld. Denn es ist kein Zufall, daß die Kirche gerade unter meinem Pontifikat in diese Lage geraten ist. Ich komme weder aus einem Kloster noch aus einem Ordenshaus, und doch bin ich das geworden, was ich heute bin. Ich kam nicht aus der Schule des Herrn, sondern aus dem Palast des Cäsars. Ich war hochmütig und oberflächlich, und vom Vogelsteller bin ich zum Hirten der Lämmer geworden. Ich war der Förderer der Gaukler, der Wächter der Hunde, und mir hat man Seelen anvertraut. Ich war kaum imstande, meinen eigenen Weinberg zu bestellen, und mir hat man hat die Weinberge der anderen in Obhut gegeben. Durch nichts in meinem früheren Leben war ich darauf vorbereitet, für das Wohl der Kirche zu sorgen. Und nun sieh, wohin es gekommen ist! Ich fühle, daß Gott mich ganz und gar verlassen hat, und daß ich nichts anderes verdiene, als daß man mich aus einem Amt jagt, in das ich zwar gewählt wurde, dessen ich mich aber nicht würdig erwiesen habe.»

Verzweifelt, gebeugt von Schmerz und Furcht, ritt Thomas Becket weiter. Den ganzen Weg über liefen ihm die Tränen über das Gesicht.

Thomas Becket war erst seit acht Monaten Erzbischof von Canterbury, und schon hatte der Konflikt zwischen den beiden Gewalten verheerende Ausmaße angenommen. Wenigstens lag inzwischen ein detailliertes Dokument vor, das in aller Deutlichkeit zeigte, wie zielstrebig sein Verfasser zu Werke ging. Heinrichs Ziel war klar und einfach: Er wollte die Kirche von England dem allgemeinen Recht unterwerfen und damit der Autorität des Staates zum Sieg verhelfen. Die Mittel, mit denen er dieses Ziel verfolgte, ordneten sich zu einem wohldurchdachten Triptychon: Er wollte seine weltliche Macht auf allgemein anerkannte lehnsrechtliche Praktiken stützen, im Bereich der Gerichtsbarkeit alle Privilegien abschaffen und die Beziehungen zum Papst so nachhaltig behindern, daß in England eine autokephale Kirche entstünde.

Die Artikel, in denen es um die Stellung der Kirche im normannisch-angevinischen Königtum ging, enthielten nichts grundlegend Neues und verankerten lediglich Verfahrensregeln, die seit langem angewandt wurden. Vier Artikel definierten Rechte und Pflichten. Kirchengut wurde wie weltliche Lehen behandelt und galt wie diese als nicht übertragbar. Die Güter der Bischöfe waren königliche Lehen, und die Bischöfe unterlagen den üblichen lehnsrechtlichen Verpflichtungen zu Abgaben, Mannschaftsleistung, Rat und Beisitz vor Gericht. Nur bei der Verhängung der Todesstrafe oder einer Körperstrafe waren sie von der Mitwirkung entbunden. Artikel XVI, der krönende Abschluß des Dokuments, sah vor, daß ein Bauernsohn nur mit der Erlaubnis seines Grundherrn die geistliche Laufbahn einschlagen durfte. Diese Bestimmung zielte darauf ab, das bekannte Privileg des Klerus zu beseitigen. Der Nachlässigkeit einiger Bischöfe war es zu verdanken, daß im Königreich ein zerlumptes Völkchen niederer Kleriker herangewachsen war, die dem geistlichen Stand nur beigetreten waren, um im Schutz der Immunität ungestraft alle erdenklichen Verbrechen zu begehen. Nichts von alledem widersprach dem geltenden kanonischen Recht.

Anders verhielt es sich mit Artikel XII. Zwar war die Vorbehaltsklausel noch enthalten, aber im Kern ging es darum, mit dem zweckentfremdeten Mittel des Lehnseides die Kirchengüter in den weltlichen Lehnsbesitz einzugliedern. Die Inhaber kirchlicher Ämter und Güter wurden vom König bestellt, damit war die Freiheit der Wahl aufgehoben. Diese Klausel stand zwar nicht in explizitem Gegensatz zu dem entsprechenden *Dekret* des Gratian, das in diesem Punkt, wie bereits erwähnt, ziemlich verschwommen war. Doch ohne Frage verletzte die Klausel den Geist der kanonischen Grundsätze und lief den Reformbestrebungen zuwider, die seit einem Jahrhundert überall, auch in England, mit Erfolg unternommen worden waren.

Nicht weniger als 10 der 16 Artikel der Konstitutionen betrafen direkt oder indirekt die kirchliche Gerichtsbarkeit. Das zeigt, wie wichtig Heinrich II. die Beschneidung des *privilegium fori* war. Man hat immer wieder hervorgehoben, daß sich um diese entscheidende Frage das gesamte politische Denken des englischen Königs drehte. Der Wortlaut des Textes ist klar genug, sodaß man auf endlose Kommentare zu dieser deutlichen Bekundung des «königlichen Willens» getrost verzichten kann. In diesen Artikeln sind die politischen Bestrebungen des Herrschers zusammengefaßt, die darauf abzielten, den kirchlichen Gerichten in naher Zukunft alle Macht zu entziehen und der königlichen Rechtsprechung zu übertragen. Mit Ausnahme von Artikel III kodifizierten die Konstitutionen lediglich Praktiken, die im Herzogtum Normandie und in England seit Wilhelm dem Eroberer und Heinrich I. Beauclerc an der Tagesordnung waren. Artikel III jedoch brachte das Faß zum Überlaufen. Nach diesem Artikel lag die Entscheidung, welches Gericht – auch bei Straftaten – zuständig war, allein bei der königlichen Macht. Diese Klausel beherrschte alle künftigen Diskussionen und entfachte endlose Auseinandersetzungen. Sieben Artikel verletzten die kanonischen Bestimmungen und wurden von Thomas Becket, kurz darauf auch von Alexander III. selbst verurteilt.

Drei Artikel zielten – in unterschiedlichen Formulierungen – darauf ab, die Macht des Apostolischen Stuhls so weit zu schwächen, daß die englische Kirche in nächster Zukunft einen vollkommen autonomen oder, wenn dieser historisch nicht korrekte Begriff gestattet ist, nationalen Status bekäme. Den «Erzbischöfen, Bischöfen und geistlichen Lehnsträgern des Königsreiches» war es künftig untersagt, «das Land ohne Erlaubnis des Königs zu verlassen». Damit wurde die Nabelschnur zerschnitten. Die Bischöfe konnten nicht mehr ohne weiteres an Konzilien teilnehmen, und Reisen ins Ausland *ad limina* wurden eingeschränkt. Damit waren genau die Kontakte unterbunden, die den Zusammenhalt der katholischen Kirche gewährleisteten. Diese Regelung wirkte sich besonders hart aus, da sie mit einer «moralischen Verpflichtung» verknüpft war, wie wir heute sagen würden. Damit sollte gewährleistet werden, daß in jedem Fall die unmittelbaren Interessen des Königreichs Vorrang hatten. Artikel VIII untersagte den englischen Gerichten Berufungen an die römische Kurie. Für den Archidiakon war nur die Berufung beim Bischof zulässig, für den Bischof nur beim Erzbischof; in letzter Instanz sollte der König entscheiden. Die Konsequenzen, die sich aus diesen Einschränkungen ergaben, waren nicht absehbar. Päpstliche Bullen, Hirtenbriefe und Sanktionen nach kanonischem Recht konnten nur mit Erlaubnis des Königs bekanntgemacht werden. Die päpstlichen Legaten waren als Gäste des Königs dessen Autorität unterworfen, folglich entmachtet. Das gesamte kirchliche Leben in England stand damit unter der Verfügungsgewalt des Königs. Zwei Artikel liefen den kanonischen Bestimmungen explizit zuwider und wurden aus diesem Grund verurteilt. Insgesamt waren von den 16 Artikeln der Konstitutionen von Clarendon 10 in dieser Form für die Kirche unannehmbar.

Aber was war das eigentlich Wesentliche an den Konstitutionen? Das scheint die Kernfrage gewesen zu sein, und alle Beteiligten waren bald darüber im klaren. Thomas Becket, der die Bestimmungen mündlich «in gutem Glauben» angenommen hatte, begriff es als erster.

Selbstverständlich war dieses juristische Instrumentarium nicht von einem Tag auf den anderen der Phantasie Heinrichs II. entsprungen, wie Minerva in voller Rüstung dem Haupt des Jupiter. Die meisten der königlichen Verfügungen schöpften ihre Kraft aus den «alten Gewohnheiten», die von den normannischen Herzog-Königen in England eingeführt worden waren. Wir wissen über diese Gewohnheiten nicht sehr viel, aber auf jeden Fall hatten sie unter Heinrich I. Beauclerc eine so große Geltung erlangt, daß die Kirche in Unruhe geraten war und der Konflikt zunehmend eskaliert war. Nur dem Verhandlungsgeschick beider Seiten und dem geduldig, aber beharrlich vorgetragenen Wunsch nach einem Kompromiß war es zu verdanken, daß im August 1107 das sogenannte Konkordat zustande kam. Papst Paschalis II., Erzbischof Anselm von Canterbury, Ivo von Chartres, Hugo von Fleury, der Verfasser einer maßvollen Abhandlung mit dem Titel *Tractatus de regia potestate et sacerdotali dignitate,* und Heinrich I. selbst, der von seiner Schwester Adela von Blois beraten wurde, erzielten mit gutem Willen eine Übereinkunft, bei der die unterschiedlichen Interessen berücksichtigt wurden. Stephan von Blois mußte dann zwar mit ansehen, wie in der Zeit der «Anarchie» Gewicht und Einfluß der Kirche unverhältnismäßig wuchsen. Doch er achtete stets peinlich genau darauf, daß die «Würden seiner Vorfahren» respektiert wurden. So etwa, als er Erzbischof Theobald von Canterbury die Reise zum Konzil nach Reims untersagt hatte.

Die Konstitutionen von Clarendon stellten nun insofern eine Neuerung und Herausforderung dar, als die Tür für künftige Übereinkünfte mit ihnen von vornherein zugeschlagen wurde. Seit einem Jahrhundert gründete die Koexistenz von Kirche und Königtum in England auf der Einhaltung von «Gewohnheiten», die man je nach den Umständen unterschiedlich auslegen konnte, wenn man das nötige Fingerspitzengefühl walten ließ. Notfalls konnte man sie sogar umgehen, ohne daß man damit den Weg zu einem Kompromiß ein für allemal verbaute. Auch in den schwersten Krisen war es immer gelungen, das Wesentliche vom Nebensächlichen zu trennen und sich gütlich zu einigen. Doch in diesen letzten Tagen des Januar 1164 hatte man diese feingesponnene Dialektik, die bislang die täglichen Beziehungen geregelt hatte, zugunsten einer starren Kodifizierung aufgegeben. Was man bislang von Fall zu Fall und den jeweiligen Erfordernissen entsprechend stillschweigend geregelt hatte, wurde jetzt mit einem normativen Schriftstück in einer starren und lähmenden Fassung festgeschrieben.

William Fitzstephen geht auf die einzelnen Klauseln kaum ein; das Gesamtwerk steht seinem Urteil nach «offenkundig im Widerspruch zu den geheiligten Bestimmungen der Canones». Das Kernproblem der Konstitutionen hat er sehr genau erfaßt: den Übergang vom mündlichen zum schriftlichen Recht. «Diese Gewohnheiten», heißt es bei ihm, «waren niemals schriftlich niedergelegt worden.» Eine entscheidende Neuerung. An die Stelle einer kaum überschaubaren Fülle von Gewohnheitsrechten und Freiheiten, die im Laufe der Zeit gewährt worden waren und jederzeit widerrufen werden konnten, trat nun das, was die Präambel der Konstitutionen ohne Umschweife «die Aufzählung und Anerkennung der Gewohnheiten, Freiheiten und Würden der Ahnen» nennt. Die Trockenheit juristischer Formulierungen eines in Geist und Buchstaben unveränderlichen Gesetzbuches trat an die Stelle der Flexibilität der lebendigen Überlieferung.

Dieser schriftlich fixierte *corpus* «zielte», wie William Fitzstephen schreibt, «darauf ab, die Freiheit der Kirche zu beseitigen und die Kleriker zu unterdrücken». Für Thomas Becket war er vor allem deshalb nicht akzeptabel, weil er in völligem Widerspruch zum *Decretum Gratiani* stand. Dieses Denkmal des Kirchenrechts gründete auf dem Argument der Autorität, das in der Entwicklung des mittelalterlichen Denkens eine so große Rolle spielte. Derselbe scharfsinnige Chronist führt seine Gedanken weiter aus und bestreitet den Wert der «Gewohnheiten»: «Selbst wenn sie gültig gewesen wären, hätte sich der König bei dem Vorhaben, diese Bestimmungen zu erlassen, nicht auf das Herkommen und den Gebrauch berufen dürfen, denn der Herr hat gesagt: ‹Achtet meine Gesetze›, und weiter: ›Unglück komme über die, die ungerechte Gesetze machen.› Der Herr hat niemals gesagt: ‹Ich bin das Gewohnheitsrecht›, aber er hat sehr wohl gesagt: ‹Ich bin die Wahrheit.› Weder die Gewohnheit noch der althergebrachte Brauch haben eine größere Bedeutung als Vernunft oder Gesetz, hat einmal ein heidnischer Kaiser gesagt. Und mehr noch: Wenn Gerechtigkeit und Wahrheit erkannt worden sind, muß der Brauch der Vernunft weichen *(cedat usus rationi),* wie die Kirchenväter in den Canones geschrieben haben. Und unter Mißachtung derselben wagt nun ein christlicher König gegen die Vernunft und gegen die Freiheit der Kirche ein Gesetz zu erlassen und niederzuschreiben.»

In den Augen Thomas Beckets gingen die Konstitutionen von Clarendon über das hinaus, was er mit Rücksicht auf die «Ehre Gottes und seines Standes» hinnehmen konnte. Alle Berichte von Zeugen sprechen dafür, daß der Erzbischof von Canterbury sich fortan an keine Verpflichtungen mehr gebunden fühlte, weil sie dem Recht zuwiderliefen. Er hatte den Satz des heiligen Augustinus im Ohr, nach dem «ein ungerechtes Gesetz kein Gesetz mehr ist, sondern die Verneinung des Gesetzes». Und von Gratian hatte er gelernt, daß «Bestimmungen, die den Canones und Dekreten der römischen Prälaten widersprechen, wirkungslos sind». Zwei Gewalten standen sich unversöhnlich gegenüber, und beide gründeten – Ironie der Geschichte – auf der «geschriebenen Vernunft», wie sie von den gregorianischen Reformern in ihrem Streben nach Kodifizierung des Rechts und Zentralisation vertreten wurde.

Allein der Gedanke, daß er diesem Unrecht zugestimmt hatte, wenn auch nur in einem Augenblick der Verwirrung oder Täuschung, stürzte Thomas Becket in einen schweren inneren Konflikt. Er erlegte sich Bußübungen auf, die uns heute, die wir zu mehr Nachsicht neigen, übertrieben vorkommen. Er fastete noch strenger als sonst, kleidete sich in grobe Gewänder und wollte so lange keine Messe feiern, bis Alexander III. ihm verziehen habe. Der Brief des Papstes traf bald ein: Erwartungsgemäß erteilte er die Absolution. Aber diese gute Nachricht wurde überschattet von der ebenso überraschenden wie betrüblichen Mitteilung, daß Roger von Pont-l'Évêque, der Erzbischof von York, als päpstlicher Legat anerkannt worden war.

«Du mußt die gegenwärtigen Umstände berücksichtigen», schrieb der Papst, «und durch Weisheit und Mäßigung in Deinem Verhalten den Zorn des Fürsten besänftigen. Denn dank der Umsicht und dem Scharfblick, die Gott Dir verliehen hat, ist Dir nicht verborgen geblieben, welche Heftigkeit unser innig geliebter Sohn in Jesus Christus, Heinrich, der König von England, in der Regierung seines Reiches bezeigt, und wie sehr er wünscht, seine Vorschriften zu befestigen und allgemein durchzusetzen, indem er sie auf die Autorität der römischen Kirche gründet. Vor einiger

Zeit hat er unseren verehrten Bruder, den Bischof von Lisieux, und unseren geliebten Sohn, den Archidiakon von Poitiers, zu uns gesandt mit dem Auftrag, bei uns und unseren Brüdern darauf zu dringen, daß man den Erzbischof von York zum päpstlichen Legaten für ganz England ernenne und Dir und allen Bischöfen einschärfe, die alten Gewohnheiten und die Privilegien des Königreiches zu achten. Wir haben entgegen seiner Erwartung diesen Bitten nicht in vollem Umfang entsprochen. Doch weil wir in ihm keinen übermäßigen Zorn gegen Dich und gegen uns selbst wecken wollten und weil wir fürchteten, er könnte glauben, seinem Wunsch werde Deinetwegen nicht entsprochen, und sich dann in seinem gefährlichen Ärger zu etwas hinreißen lassen, haben wir nach reiflicher Überlegung und nach Erwägung der augenblicklichen Gefahren dem König schriftlich die Ernennung des Erzbischofs von York zu unserem Legaten in England gewährt. Weil es geboten ist, gegenüber den Absichten der Fürsten Nachsicht zu üben und ihren Wünschen nachzugeben, empfehlen und raten wir Dir dringend, klug und maßvoll vorzugehen, wie ein Mann, der die Erfordernisse der Situation berücksichtigt und sehr genau die Gefahren bedenkt, in die er sich und die gesamte Kirche unversehens bringen könnte. Versuche stets und in allem liebenswürdig zum König zu sein und zugleich über die Ehre der Kirche zu wachen. Bemühe Dich unermüdlich um seine Gunst und Freundschaft und hüte Dich davor, ihn gegen Dich oder uns aufzubringen und den Störenfrieden Gelegenheit zu geben, uns in Bedrängnis zu stürzen. Im übrigen werden wir es nicht versäumen, mit dem König über Dich und Deine Prärogativen zu sprechen, so sich die Gelegenheit dazu bietet. Wir werden uns mit aller gebotenen Sorgfalt und Behutsamkeit darum bemühen, die Rechte und Privilegien Deiner Kirche zu wahren. Gegeben zu Sens, am dritten Tag der Kalenden des März (27. Februar 1164).»

Vorsichtiger – und realistischer – konnte man nicht taktieren. Ganz offenkundig wäre es dem Papst lieber gewesen, wenn der Primas seine schroffe Haltung aufgegeben und auf der Basis allgemeiner und «vage formulierter» Grundsätze einen Kompromiß angestrebt hätte, «der es einerseits ermöglichte, einen endgültigen

Bruch zwischen König und Kirche zu vermeiden, andererseits unmöglich machte, den Klerus auf bestimmte Regelungen festzulegen...» Vergebens versicherte der Papst Thomas Becket in einem weiteren Brief vom 1. April, daß «seine Person, seine Kirche und seine Stadt stets von der Jurisdiktion des Legaten ausgenommen» blieben. Der Erzbischof von Canterbury hatte allen Grund zur Bitterkeit.

Der diplomatische Verkehr zwischen England und Sens war nie zuvor so rege gewesen. Es waren immer wieder dieselben Personen, die dabei in Erscheinung traten: Arnulf von Lisieux, der «zu allen Betrügereien und Versprechungen fähig war», Richard von Ilchester, der Archidiakon von Poitiers, ferner Rotrou von Warwick, ein ehrlicher, aber wankelmütiger Prälat und zu der Zeit Bischof von Évreux, sowie Johannes von Oxford und Geoffrey Ridel, Archidiakon von Canterbury und erbitterter Feind des Erzbischofs. Alexander III. wollte die englischen Angelegenheiten diplomatisch angehen, außerdem war er Druck von verschiedenen Seiten ausgesetzt. In der Frage, wem die Würde des Primas gebührte, bemühte er sich, auf beiden Seiten keine Empfindlichkeiten zu verletzen.

Auf dem Festland gab es keinen halbwegs gut unterrichteten Mann mehr, der die «berühmten Artikel» nicht gekannt hätte; der Graf von Soissons konnte sie angeblich auswendig hersagen. Ein paar Freunde Thomas Beckets versuchten, seine Sache zu vertreten, aber das war nicht immer leicht. Johannes von Salisbury, der Anfang 1163 auf Befehl des Königs England verlassen hatte, entwickelte sich zu einem hervorragenden Vermittler. Zuerst verausgabte er sich bis zur Erschöpfung in Flandern, dann reiste er weiter nach Noyon und sprach anschließend in Paris bei König Ludwig VII. vor. «Er nimmt großen Anteil an Deiner Sache», schrieb er schon bald an Thomas Becket, «und sagt Dir seine Unterstützung zu. Er sagt, er habe an den Papst geschrieben und sich für Dich eingesetzt. Wenn es nötig sein sollte, will er es wieder tun und so laut und nachdrücklich für Dich sprechen, wie er nur kann.» Aber Thomas Beckets Freund zögerte, sich nach Sens zu begeben. Der päpstliche Hof war eine Schlangengrube, man setzte besser keinen Fuß dorthin. Das Geld des englischen Königs floß in Strömen nach Sens. Die Ungelegenheiten des Exils hatten die Prälaten für solche Gaben empfänglich gemacht. Was waren dagegen schon die zweihundert Mark des Erzbischofs von Canterbury? Der ehemalige Sekretär Theobalds von Bec zog sich nach Reims zu seinem Freund Petrus von Celle, dem Abt von Saint-Rémi, zurück. Auch künftig erwies er sich stets als treu, kritisch und aufmerksam.

Johannes von Belméis, der Bischof von Poitiers, kämpfte mit ähnlichen Schwierigkeiten wie sein Freund. In der Umgebung Alexanders III. war er nicht wohl gelitten. «Nimm es mir nicht übel», schrieb er an Thomas, «wenn ich unserem Herrn, dem Papst, und der Kurie nicht häufiger einen Besuch abstatte. Ich bemühe mich, hier in Poitiers möglichst wenig Anlaß zu boshaften Angriffen zu geben. Jedesmal, wenn ich dort war, schrieben sie an den König, ich spänne tausend Intrigen mit der Kurie, um ihn in Verruf zu bringen und seine Herrschaft zu untergraben.» Einige Monate später informierte ihn der Bischof von Poitiers über seine Streitigkeiten mit Gilbert Foliot und dem Abt von Saint-Augustine und schrieb ganz unverblümt: «In einer Angelegenheit, die den König verärgern könnte, darfst Du von der Kurie nichts erwarten. Sie zittert vor ihm und wagt nicht das geringste zu schreiben aus Furcht, sie könnte sich seinen Zorn zuziehen. Alles muß mündlich verhandelt werden. Nur von Gott kannst Du Trost und Lohn erhoffen für Deine Bemühungen, die Freiheit Deiner Kirche zu wahren.» Er riet ihm, sich an den Zisterzienserabt Isaak von Stella und den Abt Guichard von Pontigny, «einen verehrungswürdigen Mann von unvergleichlichem Rufe», zu wenden. Beide seien weniger umstritten und könnten wirksamer als Unterhändler tätig werden. In Wahrheit hatten inzwischen alle genug von diesem Streit.

Thomas Becket blieb nichts anderes übrig, als die Ratschläge Alexanders III. buchstabengetreu zu befolgen. Eine harte Prüfung. Doch unverzüglich machte sich der Erzbischof noch einmal auf den Weg zum königlichen Landsitz in Woodstock, der mit so schmerzlichen Erinnerungen verbunden war. Heinrich II. weigerte sich, ihn zu empfangen. Daraufhin entschloß sich Thomas, alle Brücken abzubrechen und England zu verlassen. Damit würde er in eklatanter Weise gegen eine der härtesten Bestimmungen der Konstitutionen von Clarendon verstoßen.

Zweimal versuchte Thomas, mit dem nächstbesten Schiff den Kanal zu überqueren. Zweimal trieb der Wind ihn an die Küste zurück. Wie Guernes de Pont-Sainte-Maxence berichtet, verweigerten ihm die Seeleute schließlich die Überfahrt. Adam von Charing, einer seiner erbittersten Feinde, hatte sie unter Druck gesetzt. Entmutigt kehrte er in das bischöfliche Palais von Canterbury zurück. Alan von Tewkesbury, der damals als Mönch im Kloster Christchurch lebte, schildert uns, wie er «allein in einer Ecke seines Zimmers saß», während sich königliche Beamten, die von den Fluchtplänen des Erzbischofs erfahren hatten, anschickten, das Gebäude zu durchsuchen.

Nach William Fitzstephen bekam der König einen Wutanfall, faßte sich aber schnell wieder. Er hatte gesehen, wie weit Thomas Becket zu gehen bereit war, um seinem Recht zum Sieg zu verhelfen, und das beunruhigte ihn. Er lud den Erzbischof nach Woodstock ein. Vielleicht ließen sich die Gegensätze überwinden. Er hatte den Stolz dieses Mannes, der einst sein Freund gewesen war, tief verletzt, als er ihn vor der Tür hatte stehen lassen, und wollte nun besonders aufmerksam und zuvorkommend sein. Aber sein Scharfblick war ungetrübt: «Du willst also mein Königreich verlassen?» fragte er den Erzbischof. «Ich nehme an, weil es nicht groß genug ist für uns beide?» Damit traf er den Nagel auf den Kopf.

Die willkommene Initiative eines gewissen John the Marshal, Mitglied im Schatzamt, lieferte schließlich den Vorwand zum Bruch – möglicherweise eine abgekartete Sache. John the Marshal war dem Hause Plantagenet seit langem treu ergeben und besaß reiche Ländereien auf dem Festland und im walisischen Grenzland. Dort gehörten ihm mehrere wichtige Festungen.[3] Dieser wohlhabende Feudalherr erhob ganz plötzlich Ansprüche auf ein ziemlich bescheidenes Stück Land, das zum erzbischöflichen Landsitz Pagenham gehörte. Er setzte Himmel und Hölle in Bewegung, um an dieses Land zu kommen, und brachte den Fall vor das kirchliche Gericht. Doch seine Ansprüche standen auf tönernen Füßen. Die Klage wurde abgewiesen. Daraufhin wandte er sich unter Berufung auf Artikel IX der neuen Konstitutionen von Clarendon an den königlichen Gerichtshof. Heinrich II. ergriff begeistert Partei für seinen Vasallen und urteilte, man habe dessen Rechte verletzt. Er lud den Erzbischof von Canterbury für den 14. September 1164 vor.

Wie William Fitzstephen schreibt, «erschien Thomas an dem festgesetzten Tag nicht. Aber er ließ sich durch vier Ritter vertreten, die Briefe von ihm vorlegten. Darin bezeugten er und der Sheriff von Kent, daß die von John the Marshal erhobenen Ansprüche unberechtigt und die von ihm vorgelegten Beweise nichtig seien.» Der König war außer sich. Thomas Beckets Verhalten kam in seinen Augen fast einer Majestätsbeleidigung gleich. Er wütete und verlor so weit die Selbstbeherrschung, daß er drohte, er werde die Gesandten des Erzbischofs als Geiseln nehmen. Inzwischen kamen John the Marshal offenbar Zweifel, ob seine Klage klug war. Auf sein Ersuchen hin vertagte der König die Verhandlung. Doch er war entschlossen, aus dieser zwielichtigen Affäre einen aufsehenerregenden Prozeß zu machen und Thomas Becket öffentlich mit den Konstitutionen von Clarendon zu konfrontieren. Er ließ dem Erzbischof mitteilen, daß er am 6. Oktober in Northampton vor den Großen des Reiches zu erscheinen habe. Der Befehl wurde vom Sheriff zugestellt. So brauchte der König an den Erzbischof nicht die Grußformel zu richten, die üblicherweise den Kopf jedes königlichen Briefes zierte.

An dem festgesetzten Termin, einem Dienstag, traf Thomas in Northampton ein und stieg wie immer im Kluniazenserkloster St. Andrews ab. Als sein Gefolge die lange im voraus reservierten Quartiere beziehen wollte, stellte man fest, daß sich dort bereits die Männer des Justitiars der Normandie, Wilhelms von Courcy, eingerichtet hatten. Das war kein Zufall, wohl eher eine gezielte Provokation. Dieser Beginn verhieß nichts Gutes. Kurz darauf wurde bekannt, daß der König sich auf der Jagd verspätet hatte und die Begegnung mit dem Erzbischof deswegen erst am nächsten Tag stattfinden konnte.

«Nachdem man die Messe gelesen und das Hochgebet gesprochen hatte», berichtet William Fitzstephen, «begab sich der Erzbischof zum König und seinem Gefolge, die im Schloß versammelt waren. Er betrat den ersten Saal, setzte sich und wartete auf den König, der noch in der Kapelle war. Als er sah, daß der König nahte, verneigte er sich ehrerbietig vor ihm und schickte sich an, den König mit einem Kuß auf die Wange zu begrüßen, so er denn dazu bereit sei.» Heinrich war denkbar schlechter Laune. Thomas blieb ruhig und legte dar, wie rüde Wilhelm von Courcy sich verhalten habe. Der König versprach, die Angelegenheit in Ordnung zu bringen. Daraufhin versuchte der Erzbischof, auf den Kern der Meinungsverschiedenheit zu sprechen zu kommen. Heinrich schnitt ihm das Wort ab und erklärte, «John the Marshal sei in London beim Schatzamt mit den Steuereinnehmern und den königlichen Finanzbeamten beschäftigt, werde aber am nächsten Tag eintreffen, dann werde man den Fall verhandeln. Heute könne man nichts tun. Der Erzbischof verabschiedete sich und zog sich zurück.»

In den folgenden Tagen braute sich das Unheil über Thomas Becket zusammen. Am Donnerstag morgen erschien er vor den weltlichen und geistlichen Würdenträgern des Reiches, darunter auch mehrere Bischöfe aus der Normandie. Ohne lange Vorreden klagte man ihn der Verletzung seiner Lehnspflichten an, weil er der ersten Aufforderung seines Herrn nicht Folge geleistet habe. Seine Besitzungen wurden konfisziert und fielen an die Krone. Thomas Becket sah in dieser Farce nur den Versuch, den eigentlichen Streitpunkt zu verschleiern. Er protestierte. Daraufhin verlangte der König, daß alle Pairs die verhängte Strafe billigen sollten. Alle Anwesenden, die weltlichen Barone wie die Geistlichen, erklärten sich unter Berufung auf ihren jeweiligen Stand für nicht zuständig. Keiner wollte ein so ungewöhnlich hartes Urteil aussprechen. Wütend befahl der König Heinrich von Winchester, das Urteil zu verkünden. Das Nichterscheinen vor Gericht wurde mit einer beträchtlichen Geldbuße geahndet; alle Bischöfe bis auf Gilbert Foliot stellten sich als Bürgen zur Verfügung. Heinrich, der alte Erzbischof, den man in so vielen zweifelhaften Streitfällen hinzugezogen hatte, fügte sich widerstrebend. Was blieb ihm auch anderes übrig?

Thomas Becket wahrte stolze Zurückhaltung. Aber der König war entschlossen, das Eisen noch tiefer in die Wunde zu stoßen.

Er verlangte die Rückerstattung der 300 Pfund, die Thomas für seine Obhut über die Schlösser Eye in der Grafschaft Suffolk und Berkhamstead in der Grafschaft Hertford erhalten hatte. Diese Forderung kam völlig überraschend, zumal der König Schloß Berkhamstead seinem Kanzler nach dessen Ernennung verliehen hatte. 300 Pfund waren eine stattliche Summe. Der Erzbischof machte geltend, daß er im Dienst des Königs für die Krone beträchtliche Ausgaben getätigt und Reparaturen am Tower von London und nicht zuletzt an den beiden fraglichen Schlössern bezahlt habe. Doch er wollte nicht darüber streiten, ob die Arbeiten mit Zustimmung des Königs erfolgt waren oder nicht, und erklärte sich einverstanden, die 300 Pfund zu bezahlen. Zwei Barone stellten sich ohne weiteres als Bürgen zur Verfügung.

Für Heinrich II. war der Fall damit noch nicht erledigt. Am 9. und 10. Oktober brachte er weitere heikle Geldfragen ins Spiel, und diesmal ging es um erheblich mehr. Wir haben bereits erwähnt, daß Thomas vor seiner Wahl zum Erzbischof von Canterbury von allen Verpflichtungen entbunden worden war. Und klagte man ihn jetzt nicht des Mißbrauchs öffentlicher Gelder an? Die Forderungen des Königs – sie betrafen vor allem die Einkünfte aus vakanten Bistümern und Abteien – waren so präzise, so geschickt formuliert und untermauert, daß Thomas sich nicht wirksam dagegen wehren konnte. Außerdem fielen sie genau in den Grenzbereich zwischen kirchlichen und königlichen Rechten. Vergebens verwies Thomas Becket auf die Dienste, die er dem König erwiesen hatte, insbesondere bei der Affäre um Toulouse (den Männern der Kirche war das noch in bitterer Erinnerung). Heinrich gab nicht nach. Die anwesenden Bischöfe waren geteilter Meinung. Heinrich von Winchester, ein alter Hase in der Politik, schlug vor, einen Kompromiß zu schließen und sich auf 2 000 Silbermark zu einigen. Eine schwindelerregende Summe (75 Jahre zuvor hatte Robert Kurzhose das gesamte Herzogtum Normandie nur für das Fünffache dieser Summe verpfändet, bevor er zum Kreuzzug aufgebrochen war), auf jeden Fall viel zu hoch für einen Mann, dem man gerade seinen gesamten Besitz genommen hatte. Die Barone schwiegen dazu.

Am Samstag und Sonntag herrschte reges Kommen und Gehen, überall wurde verhandelt und beraten. Hilarius von Chichester, Gilbert Foliot, Robert von Lincoln und Bartholomäus von Exeter dachten in erster Linie an die kurzfristigen Interessen der Kirche von England und entschlossen sich leichten Herzens, Thomas Becket seinem traurigen Schicksal zu überlassen. «Es ist besser, wenn nur ein Mann stirbt für das Volk.» Anders Heinrich von Winchester, der Thomas Becket gesalbt hatte. In seinem abenteuerlichen Leben hatte er reichlich Erfahrung gesammelt, und er war nicht nur ein weltgewandter Prälat, sondern auch ein Mann mit gesundem Menschenverstand. Er gab seinen Mitbrüdern zu bedenken, daß diese schmerzliche Episode einen Präzedenzfall schaffen könnte, unter dessen Folgen möglicherweise sie alle später zu leiden haben würden. Der klügste Lösungsvorschlag kam schließlich von Roger von Worcester, dem Vetter des Königs. Er plädierte für Abwarten. Thomas war damit einverstanden, jedoch nur unter der ausdrücklichen Bedingung, daß nach einer gründlichen – und entsprechend langwierigen – Prüfung der Akten ein für beide Seiten akzeptabler Kompromiß gefunden werden müsse. Er beauftragte Gilbert Foliot und Walter von Rochester, dem König diesen Vorschlag zu unterbreiten. Doch die beiden Männer verrieten seine Sache: Sie signalisierten dem König, daß der Erzbischof bereit sei, sich am nächsten Tag zu unterwerfen.

Die Nachricht von der bevorstehenden Lösung drang rasch auch zu Thomas Becket. Er war niedergeschmettert. Er stand ganz allein, um ihn herum war nichts mehr. Er fühlte, wie er den Boden unter den Füßen verlor. Am späten Sonntagabend erlitt er eine schwere Nierenkolik, die ihn ans Bett fesselte. Den ganzen Montag über konnte er sein Zimmer nicht verlassen. In seinen Eingeweiden wütete der Schmerz, und der Schüttelfrost quälte ihn so sehr, daß man ihn mit Kissen wärmen mußte. Der König wußte, daß Thomas Becket regelmäßig solche Anfälle bekam, wenn er sich überanstrengt hatte. Trotzdem sandte er umgehend einige Barone ins Kloster St. Andrews, die sich davon überzeugen sollten, daß der Erzbischof tatsächlich krank war. Das war zumindest unhöflich. Thomas Becket war nicht der Mann, der sich davonstahl. Jetzt war er endgültig entschlossen, diesem unwürdigen Feilschen mit einem Eklat ein Ende zu bereiten, koste es, was es wolle.

Was am Dienstag, dem 13. Oktober, geschah, läßt sich nicht mehr exakt rekonstruieren. Die Berichte der zahlreichen Augenzeugen sind unvollständig oder widersprüchlich. Vieles klingt allzu sehr nach einem Loblied auf Thomas Becket. Allein schon die Schilderung der Ereignisse wirkt unglaubwürdig. Ohne Zweifel wurden sie im Licht der späteren Entwicklung verzerrt und ausgeschmückt. Hatte die Spannung, die seit einigen Tagen über Northampton lag, einen solchen Höhepunkt erreicht, daß Thomas Becket den Entschluß faßte, an diesem Morgen die Messe des heiligen Stefan, des ersten Märtyrers, zu lesen?

In aller Frühe führte Thomas eine lange Unterredung mit den anwesenden Bischöfen. Wir wissen nicht, ob diese Zusammenkunft spontan zustande kam oder nicht. Thomas hatte den bischöflichen Ornat und das Pallium angelegt. Wie um sich zu schützen trug er ein Ziborium vor sich her, das eine konsekrierte Hostie enthielt: das letzte Mittel gegen die Gefahren, die er heraufziehen sah. Er richtete eine letzte Mahnung an seine Brüder; Herbert von Bosham hat uns seine Worte in einer mit Phrasen überladenen Version überliefert. Zunächst einmal umriß er seine Machtbefugnisse und tadelte die Bischöfe für ihre Unterwürfigkeit gegenüber dem König in den letzten Tagen. Dann erinnerte er sie an ihre Pflicht zum Gehorsam: Es sei ihnen verboten, an einem gegen ihn verhängten Urteil mitzuwirken, andernfalls drohten ihnen Kirchenstrafen. Daraufhin verließ der Erzbischof das Kloster St. Andrews. Nur Heinrich von Winchester, Jocelin von Salisbury und der unentbehrliche Herbert von Bosham begleiteten ihn.

Vor dem königlichen Landsitz sprang Thomas Becket vom Pferd, nahm Alexander Llewelyn das Prozessionskreuz aus der Hand und stürzte in den großen Saal des Schlosses. Robert von Melun, der neue Bischof von Hereford, beobachtete die Szene verblüfft und bestand darauf, das Kreuz zum Platz des Primas zu tragen. Thomas von Nonant, Archidiakon von Lisieux und an den erzbischöflichen Hof von Canterbury gebunden, mischte sich ebenfalls ein und machte zu dem neben ihm stehenden Gilbert Foliot die Bemerkung, dieser Auftritt sei doch recht unpassend. «Mein lieber Freund», antwortete der Bischof von London, «er war schon immer ein wenig verrückt, und es sieht nicht so aus, als wolle er sich ändern!»

Diese bissige Bemerkung war natürlich eine Spitze gegen Thomas Beckets Hang zu spektakulären Auftritten, und sie enthielt durchaus einen wahren Kern. Sofort entbrannte ein Wortgefecht. Gilbert Foliot warf Thomas vor, er säe Streit und trage das Kreuz, als drohe er mit einem Schwert. Der Erzbischof erwiderte: «Wenn es möglich wäre, würde ich dieses Kreuz immer in meinen Händen tragen. Heute weiß ich sehr wohl, was ich tue. Ich will den Frieden Gottes bewahren, für mich selbst und für die Kirche von England. Du kannst einwenden, was du willst, wärest du an meiner Stelle, würdest du deine Meinung ändern. Und was den König anbetrifft: Zöge er nun das Schwert, wie du es ausdrückst, wäre das ein Zeichen des Friedens?»

William Fitzstephen, der von diesem Wortwechsel berichtet, flicht hier an richtiger Stelle ein, daß Thomas Becket sich noch sehr gut daran erinnerte, wie man ihm in Clarendon eine Falle gestellt hatte. Auf jeden Fall war dieser Wortwechsel fruchtlos. Der Erzbischof betrat den Konferenzsaal, nach und nach folgten ihm alle Prälaten. Kaum hatten sie sich niedergelassen, als ihnen ein Befehl des Königs überbracht wurde: Sie sollten sich alle im ersten Stock einfinden. Thomas blieb zurück, umgeben von einigen wenigen Getreuen wie Herbert von Bosham und William Fitzstephen. Sie gaben ihm widersprüchliche Ratschläge.

Die Atmosphäre war zum Zerreißen gespannt. Ralph von Diceto, der Archidiakon von London, brach in Tränen aus. William machte dem Erzbischof Mut, «für die Sache des Rechts zu sterben». Ein königlicher Beamter herrschte ihn an: Niemand dürfe ohne Erlaubnis mit dem Erzbischof sprechen. Offensichtlich wurde man sich seiner Verurteilung von Stunde zu Stunde sicherer.

Im oberen Stockwerk herrschte heillose Verwirrung. Der König ließ sich bis ins kleinste berichten, welche Vorkehrungen Thomas getroffen hatte. War heute nicht der Tag, an dem er sich endlich unterwerfen wollte? Doch bald mußte jeder einsehen, daß der Erzbischof mehr denn je zum Widerstand entschlossen war und sich der weltlichen Gerichtsbarkeit nicht beugen würde. Die Berufung an das päpstliche Gericht und der damit verbundene Verstoß gegen die jüngst erlassenen Bestimmungen schienen unausweichlich. Heinrich II. wollte diese Angelegenheit endlich zu Ende bringen. Er bekam einen seiner berüchtigten «Anfälle von schwarzer Galle». Überall herrschte ein bedrohliches Kommen und Gehen von Baronen und Haudegen. Heinrich liebte das harte Geräusch der Stiefel und wollte den Erzbischof beeindrucken. Würde er sich seinem Willen beugen und die Konstitutionen von Clarendon vorbehaltlos akzeptieren? Würde er endlich detaillierte Abrechnungen vorlegen und den Forderungen des Königs entsprechen?

Den Abgesandten, die seine Haltung ergründen sollten, gab Thomas eine eindeutige Antwort: «Ich betrachte mich als Vasall des Königs, und ich bin durch einen Treueid gebunden. Ich erweise dem König Ehrerbietung, und ich bin bereit, ihm meine ganze Ergebenheit zu beweisen, sofern es mich nicht daran hindert, das zu tun, was ich Gott, der Würde der Kirche und meiner Stellung als Erzbischof schuldig bin. Ich bin nicht vor Gericht geladen worden, damit ich Abrechnungen vorlege oder in irgendeiner anderen Sache aussage als in der Sache John the Marshal. Und nur in dieser Sache will ich mich verteidigen und abgeurteilt werden. Ich erinnere mich und gebe zu, daß ich vom König mehrere Ämter und Würden empfangen habe. Ich habe ihm in allen Belangen treu gedient. Und ich habe nicht nur mein Vermögen dafür eingesetzt, sondern darüber hinaus auch Schulden gemacht. Als ich durch den Willen Gottes und die Güte des Königs Erzbischof wurde, hat der König vor meiner Weihe erklärt, daß ich aller weltlichen Verpflichtungen vollständig ledig sei, auch wenn er das heute in seinem Zorn nicht mehr zugeben will. Viele von euch wissen das, und jeder Geistliche im ganzen Königreich hat davon Kenntnis. Darum bitte und beschwöre ich euch, ruft dem König all das ins Gedächtnis zurück. Als Erzbischof habe ich versucht, meine Pflicht zu erfüllen und der Kirche zu dienen. Daß mir das nicht immer gelungen ist, laste ich weder dem König noch sonst irgend jemandem an, sondern nur meinen Sünden.

Denn Gott verleiht seine Gnade wem er will und wann es ihm gefällt. Was die Abrechnungen betrifft, die man von mir verlangt, so habe ich keine Sicherheit zu stellen. Seit meiner Ankunft hier habe ich alle Bischöfe und alle meine Freunde als Bürgen beigebracht. Im übrigen ist es unbillig, wenn mir eine solche Last auferlegt wird, solange noch kein Urteilsspruch ergangen ist. Ich wiederhole: Ich bin nur in der Sache John the Marshal vorgeladen worden, und nicht, um Abrechnungen beizubringen oder aus irgendeinem anderen Grund. Und was schließlich mein Verbot an die Bischöfe und die von mir eingelegte Berufung anlangt: Ich gebe zu, daß ich zu meinen Amtsbrüdern gesagt habe, sie hätten mich zu Unrecht verurteilt, weil ich mir allenfalls eine Nachlässigkeit *(absentia)* habe zuschulden kommen lassen und kein absichtliches Nichterscheinen vor Gericht. Im übrigen haben sie die seit langem bestehende Gewohnheit nicht beachtet. Deshalb habe ich Berufung eingelegt und ihnen verboten, in irgendeiner Sache über mich zu urteilen, die in die Zeit vor meiner Ernennung zum Erzbischof fällt. Ich halte an der Berufung fest und stelle mich und die Kirche von Canterbury unter den Schutz Gottes und des Papstes.»

Thomas Becket blieb unnachgiebig. Ein letztes Mal versuchten die Bischöfe und Barone, den Erzbischof zu erweichen und ihn für ein maßvolleres Vorgehen zu gewinnen. Sie führten ihm berühmte Präzedenzfälle vor Augen: die fürchterlichen Strafen, die Wilhelm der Eroberer über Stigand verhängt hatte, weil er Harold gekrönt hatte, ja sogar über seinen Halbbruder Odo, den Bischof von Bayeux und *Earl* von Kent; die unvorstellbare Grausamkeit von Gottfried Plantagenet, dem Vater des Königs und Grafen von Anjou, der den Bischof Arnulf von Séez und mehrere seiner Kleriker ohne Zögern entmannen ließ, weil sie in dem Verdacht standen, Rebellen zu sein…

Heinrich wurde unverzüglich davon unterrichtet, daß Thomas bei seiner unnachgiebigen Haltung bleibe und nach wie vor entschlossen sei, die Angelegenheit vor das römische Gericht zu bringen. Daraufhin befahl er den Bischöfen und Baronen, feierlich und mit äußerster Strenge den Mann zu verurteilen, der in seinen Augen nur noch ein eidbrüchiger Vasall war. Die meisten der großen Feudalherren waren dazu bereit, aber die Prälaten schreckten entsetzt zurück. Die Falle war zugeschnappt. Konnten sie gegen den Eid verstoßen, den sie dem König geschworen hatten? Hatten sie nicht ihre Siegel unter die Konstitutionen von Clarendon gesetzt? Aber schuldeten sie dem Erzbischof-Primas, ihrem Vater, nicht Gehorsam?

Roger von Pont-l'Évêque ahnte das Schlimmste und ritt Hals über Kopf davon. Robert von Lincoln weinte. Viele waren erschüttert bei dem Gedanken, daß sie in eine so schändliche Tat verwickelt werden sollten. Bartholomäus von Exeter, Jocelin von Salisbury und Wilhelm von Norwich gingen wieder zu Thomas Becket. Sie hatten Angst. Auch Hilarius von Chichester hatte Angst. Er flehte Thomas an, appellierte an seine Vernunft und erinnerte ihn an einige unbequeme Wahrheiten.

Alle fanden sich wieder im oberen Saal ein. Die Versammlung der Großen des Reiches erklärte den Erzbischof von Canterbury zu einem Rebellen und Verräter an seinem König und erließ den Befehl, ihn zu verhaften. Wie Roger von Pontigny berichtet, erhielten Graf Robert von Leicester und Reginald von Cornwall den Auftrag, dem Erzbischof die Entscheidung zu eröffnen. Thomas Becket akzeptierte den Spruch nicht. Ein Urteil? Vor welchem rechtmäßigen Gericht war er denn erschienen? Wer hatte ihn angehört? Was waren die Hauptanklagepunkte? Erneut legte Thomas Becket seine Beweggründe dar. Seine überlegene Ruhe machte Eindruck auf die Boten. Konnte man einen solchen Mann ergreifen?

Inzwischen hatte das allgemeine Durcheinander in dem Landsitz seinen Höhepunkt erreicht. Mit dem Prozessionskreuz in Händen bahnte sich Thomas Becket einen Weg durch die Menge der Kleriker, königlichen Beamten, Bischöfe und Barone. Immer mehr Menschen strömten herbei. Sprachlos vor Verblüffung beobachteten sie die Szene. Entschlossen schritt Thomas Becket über den Hof und hielt auf die Tür zu, gefolgt von Herbert von Bosham, der mit den Ellbogen die Menge auseinanderschob. Der Primas stolperte über Diener, Krieger und herumliegende Habe. Beleidigungen wurden ihm entgegengeschleudert. Ein skrupelloser Ritter namens Ranulf de Broc spuckte ihm seinen Haß ins Gesicht. Hamelin, ein illegitimer Halbbruder des Königs, schrie noch lauter. Vertraute des Erzbischofs und Zuschauer, die bisher tatenlos zugesehen hatten, gingen dazwischen. Thomas sprang auf sein Pferd. Er nutzte den Tumult und sprengte über die Zugbrücke hinaus.

In den Straßen von Northampton drängte sich eine bunte Menschenmenge. Seit Tagen hatten die kleinen Leute alarmierende Nachrichten über das Drama im Schloß gehört, und nun zogen sie dem Opfer spontan entgegen. Im Triumphzug begleiteten sie ihn zum Kloster St. Andrews. An diesem Abend bewirtete der Erzbischof von Canterbury an seiner Tafel Menschen aus der Schicht, in der er bis zum Schluß seine treuesten Anhänger finden sollte: aus der armen Bevölkerung.

Kapitel IV

Der Rebell

Die Nacht brach herein. Thomas Becket wollte auf keinen Fall von seinen Gewohnheiten abweichen. Er ging in die Kapelle, legte das Prozessionskreuz, mit dem er soviel Aufsehen erregt hatte, vor dem Altar der Jungfrau Maria ab und sammelte sich ein paar Minuten. William Fitzstephen machte eine banale Bemerkung über die unglücklichen Zeiten. Darauf erwiderte der Erzbischof, das Schlimmste stehe ihnen noch bevor, aber niemand aus seiner Umgebung dürfe sich zu einer Gewalttat oder auch nur zu unbedachten Äußerungen hinreißen lassen, welchen Provokationen sie auch immer ausgesetzt sein würden. Danach begab er sich ins Refektorium.

Nach Herbert von Bosham wurde dort die *Historia ecclesiastica tripartita* gelesen, die auf Anregung von Cassiodorus zusammengestellt worden war und weite Verbreitung gefunden hatte. Die Verfolgung von Papst Liberius durch Kaiser Konstantin wird mit einem Satz aus dem Evangelium nach Matthäus kommentiert: «Wenn ihr in einer Stadt verfolgt werdet, so flieht in eine andere.» *Se non è vero…*

In den folgenden Stunden überstürzten sich die Ereignisse. Die genaue Abfolge läßt sich nicht mehr rekonstruieren. Die weltlichen Vasallen der Kirche von Canterbury sprachen beim Erzbischof vor und baten ihn darum, sie von ihrem Treueid zu entbinden. Sie waren zur Lehnstreue gegenüber dem König verpflichtet, und der gerade zu Ende gegangene Tag hatte deutlich gezeigt, wie der Konflikt ausgehen würde. Ihre Lage war äußerst unangenehm. Von welcher Seite man die Sache auch betrachtete, sie konnten auf keinen Fall in einem Lehnsverhältnis zu einem Herrn bleiben, der wegen Pflichtverletzung verurteilt worden war. Thomas entsprach ihrem Ersuchen. Kurz darauf kamen drei Bischöfe, die ihm die Treue hielten: Walter von Rochester,

Roger von Worcester und Robert von Hereford. Thomas hatte sie rufen lassen, um sie mit einem heiklen Auftrag zu betrauen: Sie sollten zum König gehen und für den Erzbischof gemäß den Konstitutionen von Clarendon einen Passierschein erwirken, damit er das Königreich verlassen konnte. Wie William Fitzstephen schreibt, fanden die Abgesandten des Erzbischofs Heinrich II. in heiterer Stimmung vor. Doch er erfüllte die Bitte nicht sogleich, sondern wollte bis zum nächsten Tag darüber nachdenken. Das war ein schlechtes Zeichen. Einige gut informierte Getreue rieten dem Erzbischof dringend zur Vorsicht. Überdies statteten ihm Gilbert Foliot und Hilarius von Chichester einen Besuch ab und unterbreiteten ihm einen merkwürdigen Einigungsvorschlag. Diese nächtliche Betriebsamkeit verhieß nichts Gutes.

Nach den dramatischen Ereignissen dieses nervenaufreibenden Tages war Thomas Becket jetzt ruhig. Doch er hielt an seinem Entschluß fest, England zu verlassen. Es war weniger die Furcht vor einer – tatsächlichen oder vermuteten – Gefahr, die ihn antrieb, als vielmehr der Wunsch, seinen Fall persönlich dem Papst Alexander III. vorzutragen. Doch war es ratsam, auf der Stelle aufzubrechen.

Die Gelegenheit war günstig. Der Wind hatte aufgefrischt und wehte in kräftigen Böen. Es regnete in Strömen. Der Erzbischof sang die Komplet, dann ordnete er an, man solle sein Bett in der Kapelle hinter dem Hauptaltar aufschlagen. Er begab sich in den Schutz eines heiligen Ortes, denn es war nicht auszuschließen, daß man ihn verhaften wollte. Zugleich zeigte er damit demonstrativ seine Präsenz und führte seine Gegner hinters Licht. Dann entließ er alle Kleriker bis auf Herbert von Bosham und einige Regularkanoniker aus Sempringham, denen er bedingungslos vertraute. Sein Diener Roger von Bray blieb ebenfalls bei ihm. Herbert von Bosham erhielt den Auftrag, nach Canterbury zu reiten und zu regeln, was noch zu regeln war. Außerdem sollte er möglichst viel Münzgeld und das Siegel des Erzbischofs an sich nehmen. Er sollte auf dem Kontinent wieder zu seinem Herrn stoßen. Die übrigen erkundeten die Gegend, besorgten Reitpferde und trafen Vorbereitungen für die Flucht. Der Erzbischof wollte unter falschem Namen reisen.

Eine Klosterpforte war unbewacht. Ganz in der Nähe warteten vier Pferde. Thomas Becket war in einen weiten Mantel gehüllt. Er bestieg ein Pferd, sprengte in Richtung Northampton davon und verlor sich auf der Straße nach Norden im Dunkel der Nacht. Roger von Bray und zwei Laienbrüder ritten mit ihm. Der Erzbischof mußte damit rechnen, daß man ihm in den nächsten Tagen und Nächten Fallen stellen würde. Er durfte nur bei absolut zuverlässigen Freunden absteigen, denn er führte jetzt das gefährliche und demütigende Leben eines Geächteten.

Eiskalter Regen schlug ihnen ins Gesicht. In der ersten Nacht ritten sie im Galopp die knapp fünfundzwanzig Meilen bis zu dem kleinen Dorf Grantham. Todmüde trafen sie dort ein und ruhten sich einige Stunden aus. Sie waren längst noch nicht in Sicherheit, und «vor dem ersten Hahnenschrei» schwangen sie sich wieder auf die Pferde. Meile um Meile legten sie auf den aufgeweichten Straßen in dieser schon von Natur aus sumpfigen Gegend zurück. Einige Stunden später erreichten sie die Stadt Lincoln, erschöpft, durchnäßt bis auf die Haut und steif vor Kälte. Sie kamen bei einem Gerber unter, der mit einem der Laienbrüder befreundet war. Thomas Becket sollte es diesem einfachen und großzügigen Mann nie vergessen, daß er ihn in einem Augenblick höchster Not in dieser großen Stadt aufgenommen hatte. Später erzählte er Roger von Pontigny von dem Gerber. Er hieß James.

Lincoln war nicht sicher genug. Die Flüchtlinge konnten dort nicht lange bleiben. Sie ließen ihre Pferde in der Stadt und fuhren mit einem Schiff die Witham hinunter zur Bucht von The Wash. Unter erheblichen Schwierigkeiten legten sie mehr als vierzig Meilen zurück. Dann kamen sie zu einer Einsiedelei. Sie lag auf einer Insel, die den Kanonikern von Sempringham gehörte. Dieser Ort war einsam und schwer zugänglich. Dort waren sie «in Sicherheit und sammelten Kräfte für den Weg, der noch vor ihnen lag». Der Erzbischof hatte alles verloren. Einer seiner Leidensgefährten beobachtete ihn, wie er allein an einem Tisch vor einer kärglichen Mahlzeit saß. Ihm kamen die Tränen.

Nach drei Tagen gingen sie wieder auf ein Schiff. Es brachte sie nach St. Botolph,[1] einem Ort, der sich damals gerade zu einem der bedeutendsten Häfen des Königreichs entwickelte. Die Fahrt dauerte mehrere Stunden. Von St. Botolph ging es weiter nach Haverholm, wo die Mönche von Sempringham ebenfalls ein Haus besaßen.

Der Erzbischof wollte sich an der Küste von Kent für die Überfahrt einschiffen, möglichst nahe bei Canterbury. Der Abschied von Canterbury brach ihm fast das Herz. Er mußte die weiten Flächen von Norfolk und Suffolk durchqueren und östlich von London über die Themse setzen. Schließlich kam er in Gebiete, wo er seit langem bekannt war. Aus Vorsicht ritten die Flüchtlinge nur bei Nacht. Acht nicht enden wollende Nächte voller Angst. Acht viel zu kurze Tage, an denen sie auf gut Glück eine Unterkunft finden mußten, darauf hoffend, daß niemand sie verraten würde.

Bei dem kleinen Dorf Eastry in der Nähe von Sandwich, einen halben Tagesritt von Canterbury entfernt, erreichten sie schließlich die Küste. Dort warteten sie eine volle Woche, bis sie endlich im Schutz eines Klosters, das der Gerichtsbarkeit von Thomas Becket unterstand, in See stechen konnten. Am 2. November 1164 landete das schmale Boot, auf dem der Erzbischof seinem Schicksal entgegenfuhr, nach schwieriger Überfahrt an der Küste von Boulogne, einige Kilometer westlich von Gravelines, vor dem Weiler Oye: ein paar Häuser in einem Meer von Sand.

Vor mehr als zwei Wochen war Thomas Becket aus Northampton verschwunden. Am Morgen des 14. Oktober hatte man seine Flucht bemerkt. Heinrich II., beunruhigt und außer sich vor Zorn, rief unverzüglich seine Ratgeber zusammen. Sollte dem Erzbischof die Flucht aus England gelingen, würde er mit Sicherheit dafür sorgen, daß diese Angelegenheit, die man erledigt geglaubt hatte, überall großes Aufsehen erregte. Jetzt kam es vor allem darauf an, einen Skandal zu vermeiden. Nach William Fitzstephen, der dank seiner Position gut unterrichtet war, ordnete der König an, die Güter und Rechte der Kirche von Canterbury unangetastet zu lassen, und beschloß, eine vielköpfige Gesandtschaft aus kompetenten Männern zu Papst Alexander III. und zum König von Frankreich zu schicken. Sie sollte den Schaden begrenzen und, falls nötig, das Ansehen des Prälaten untergraben.

Gilbert Foliot erhielt den Befehl, Ludwig VII. unverzüglich einen Brief zu überbringen. Richard von Ilchester und Wilhelm von Aubigny, der Graf von Arundel, begleiteten ihn. Roger von York, Hilarius von Chichester, Bartholomäus von Exeter und Roger von Worcester sollten später mit einigen zuverlässigen Vasallen zu ihm stoßen. Richard von Lucé sollte persönlich so schnell wie möglich Kontakt mit dem Grafen Thierry von Flandern aufnehmen, ihn von den unheilvollen Ereignissen unterrichten und bitten, alles daranzusetzen, um sich des Verräters zu bemächtigen. Am selben Tag, als Thomas Becket heimlich Sandwich verließ, schifften sich Gilbert Foliot und der Graf von Arundel nach Dover ein. Die Überfahrt war schrecklich. Sie gerieten in ein schweres Unwetter. Hut und Umhang des Bischofs von London flogen davon, man befürchtete das Schlimmste. Doch am Abend konnten sie sich in der Abtei Saint-Bertin bei Saint-Omer von der Aufregung erholen.

Thomas Beckets Lage war weniger beneidenswert. Alles an der Küste schien sich gegen ihn verschworen zu haben. Die Elemente waren wie entfesselt. Überall nur mit Wasser durchtränkte Dünen, nichts als Sand, soweit das Auge reichte. Eine unwirtliche Landschaft, in der tausend Gefahren lauerten. Jeden Moment konnten die Männer des Grafen Matthäus von Boulogne auftauchen. Als Kanzler von England hatte er sich diesen brutalen Lehnsherrn zum erbitterten Feind gemacht, weil er sich der Heirat des Grafen mit seiner Cousine Maria von Blois, der Tochter des verstorbenen Königs Stephan und Äbtissin von Romsey, hartnäckig widersetzt hatte. Heinrich II. hatte aber unbedingt verhindern wollen, daß die Grafschaft in die Hände des Königs von Frankreich fiel. Also erwirkte er eine Dispens des Papstes, holte die Äbtissin aus ihrem Kloster und warf sie Matthäus in die Arme. Obwohl der Kanzler öffentlich bloßgestellt wurde, hatte ihm der Graf von Boulogne die Brüskierung nie verzeihen.

Thomas schleppte sich mit blutenden Füßen voran. Doch schon nach wenigen Schritten brach er erschöpft zusammen, außerstande, seinen Leidensweg fortzusetzen. Unter größten Schwierigkeiten gelang es seinen Begleitern, einen klapprigen Gaul aufzutreiben. Das Tier trug weder Zaumzeug noch Sattel, und nachdem

Thomas Becket mühsam einige hundert Meter geritten war, stieg er wieder ab. Er nahm seine letzte Kraft zusammen und setzte den Weg zu Fuß fort.

Sämtliche Biographen Thomas Beckets – allen voran Roger von Pontigny, der den Erzählungen des Vertriebenen aufmerksam zugehört hat – schildern in ergreifender Weise diese Augenblicke der tiefsten Verlassenheit. Das unglückliche Häuflein durchnäßter und zerlumpter Männer traf überall auf spontanes Mitleid. In dem ersten Dorf, durch das sie kamen, war eine Frau von Thomas' Anblick so erschüttert, daß sie nach Hause lief, einen Stock holte und dem abgerissenen Mann hinhielt. Der Stock war ein häßlicher Bratspieß, fettig und schwarz. Den Erzbischof rührte diese Geste zutiefst. Er sah in diesem Stab ein «unschätzbares Geschenk». Das Scherflein der Witwe...

An diesem Tag wäre Thomas mehrfach beinahe erkannt worden. Folgt man der Schilderung von Herbert von Bosham, dann wurde er in einem Fall tatsächlich erkannt, und zwar von den Bewohnern einer armseligen Hütte in Gravelines, in der er am Abend dieses an Prüfungen so reichen Tages Unterschlupf gefunden hatte. Seine Gastgeber waren einfache Leute. Ihnen fiel das vornehme und liebenswürdige Benehmen dieses seltsamen Laienbruders auf. Thomas Becket war eine bedeutende Persönlichkeit, und in dieser Gegend, durch die viele Reisende zogen, war er jedem ein Begriff. Er war so etwas wie eine Legende. Die Nachricht von der Flucht des Primas dürfte sich in Windeseile verbreitet haben. Das Paar, das ihn so bereitwillig aufgenommen hatte, bedrängte ihn mit Fragen. Schließlich brachte es der Erzbischof nicht mehr übers Herz, seine wahre Identität noch länger zu verbergen. Sogleich boten ihm die Gastgeber «Nüsse, Früchte und Käse» an, und mit rührender Begeisterung bereiteten sie dem Flüchtling ein Fest.

Aber welche Gefühle auch das niedere Volk für ihn hegte, Thomas Becket blieb doch ein Verfemter, den der Rat des Königreichs wegen Verletzung seiner Amtspflichten rechtmäßig verurteilt hatte. Die Bischöfe in seinem Amtsbereich hatten nun freie Hand und schickten sich an, beim Papst gegen ihren Metropoliten zu sprechen. Er mußte sich weiterhin versteckt halten. Nach einer erholsamen Nacht ging es weiter, sein Gastgeber zeigte ihm den Weg. Das Wetter war noch immer abscheulich. Unter größten Gefahren folgte man dem Lauf der Aa. Am Abend fand Thomas Becket Zuflucht in einer Dependance des Zisterzienserklosters Clairmarais.

Dort stieß Herbert von Bosham zu ihm. Dank der Immunität, die Heinrich II. unmittelbar nach der Flucht des Primas und der Entsendung seiner Gesandten erlassen hatte, war es dem Vertrauten des Erzbischofs gelungen, seine Mission zu erfüllen. Er hatte bereits vier oder fünf Tage in Saint-Omer gewartet, als er von Thomas Beckets Ankunft erfuhr, und war ihm sofort entgegengeeilt. Herbert erschrak über die körperliche Verfassung des Mannes, der ihm wie ein Vater geworden war. Thomas Becket, damals 44 Jahre alt und von robuster Konstitution, war nur noch ein Schatten seiner selbst. Er hatte «den Gefahren auf See und an Land» trotzen müssen, «den Feinden und falschen Freunden, den Schmerzen, dem Sand, den durchwachten Nächten, Hunger und Durst, dem freiwilligem Fasten, der Kälte, dem Mangel an Kleidung und dem Büßerhemd», das er immer noch trug. Herbert von Bosham versuchte, ihn aufzumuntern. Die Gesandten des Königs hielten sich noch in der Abtei auf. Herbert hatte sie gleich nach ihrer Ankunft gesehen. Aber der Abt von Saint-Bertin war bereit, Thomas Becket mit offenen Armen aufzunehmen. Dort erwarteten ihn «Pferde, Kleider und alles, was er und seine Begleiter brauchten». Thomas Becket blieb noch drei Tage in den Sümpfen versteckt. Am 7. November begab er sich nach Saint-Omer.

Johannes von Belméis, der sich stets lieber für eine Sache begeisterte, als daß er sich für sie engagierte, pries die Flucht des Prälaten in lyrischen Tönen. «Jedermann wußte Bescheid», rief er aus, «und die ganze Welt war erfüllt vom Lob des Herrn. Ein jeder, der die Neuigkeit erfuhr, pries Gott, weil da ein Mann war, der die Sprache der Weisheit zu den Fürsten der Erde sprach.» Und der Bischof von Poitiers forderte seinen Freund auf, er solle «das widrige Geschick in der Hoffnung auf den himmlischen Lohn auf sich nehmen». Thomas Becket war in gefährlicher Weise dazu entschlossen.

Ähnliches, wenn auch nicht so deutlich, empfand jeder, dem die Gerüchte vom freiwilligen Exil des Erzbischofs zu Ohren kamen. Thomas Beckets Ankläger begaben sich eilends zum Papst und zum König von Frankreich. Diese ersten Kontakte sollten für die Zukunft des Primas von entscheidender Bedeutung sein.

Thomas Becket und seine Begleiter wurden in Saint-Bertin herzlich empfangen. Hier befanden sie sich auf dem Gebiet des Grafen Thierry von Flandern und hatten *a priori* nichts zu befürchten: Als Thomas Becket zum Konzil nach Tours gereist war, hatte der Graf ihn freundlich aufgenommen. Aber dieser große Feudalherr war kein charakterstarker Mann, zudem unterhielt er enge Beziehungen zum König von England und zu Matthäus von Boulogne. Man mußte also auf Überraschungen gefaßt sein. Diese Auffassung vertrat jedenfalls Bischof Milo von Thérouanne, der zu Thomas Beckets Begrüßung in die Abtei gekommen war. Schon allein die Anwesenheit von Richard von Lucé in Saint-Omer stellte eine Bedrohung dar. Die Unterredung zwischen Thomas Becket und dem Justitiar verlief in gereizter Atmosphäre. Der Erzbischof mußte Richard von Lucé an seine Pflichten als Lehnsmann der Kirche von Canterbury erinnern. Am Ende der Unterredung widerrief Richard seinen Lehnseid.

Die Vorsicht gebot, das Gebiet von Flandern so schnell wie möglich zu verlassen und ins französische Königreich weiterzureisen. Der Erzbischof schickte Herbert von Bosham umgehend nach Compiègne, wo Ludwig VII. zu der Zeit residierte. Herbert von Bosham sollte die baldige Ankunft seines Herrn melden und beim König seine Sache vertreten. Im Schutz der Nacht verließ Thomas Becket zu Pferd Saint-Omer. Nur Milo von Thérouanne begleitete ihn. Ihm vertraute der Erzbischof voll und ganz. Als der Morgen graute, ritten sie auf der Straße nach Soissons.

Gilbert Foliot und der Graf Wilhelm von Arundel weilten bereits im Schloß von Compiègne. Ihr Auftrag lautete, den Erzbischof beim französischen König in Mißkredit zu bringen und seine Auslieferung zu erwirken. Heinrich II. hatte ihnen ein ausführliches Schreiben mitgegeben: «Seinem Herrn und erlauchten Freund, dem König Ludwig von Frankreich, sendet Heinrich, König von England, Herzog der Normandie und von Aquitanien,

Graf von Anjou, seinen Gruß und seine Freundschaft. Wisse, daß Thomas, vormals Erzbischof von Canterbury, in einer Versammlung aller Barone meines Königreichs von meinem Gericht öffentlich abgeurteilt und niederträchtiger Machenschaften, des Verrats sowie des Eidbruchs gegenüber meiner Person überführt wurde. Wisse auch, daß er den Fehler begangen hat zu fliehen und als Verräter gebrandmarkt ist. Meine Gesandten werden Dir darüber in allen Einzelheiten berichten. Ich bitte Dich also, einem Mann, der wegen eines solchen Verrats verurteilt wurde, keinen Unterschlupf zu gewähren, ebensowenig einem seiner Begleiter. Diesem meinem Feind sollst Du weder Rat noch Hilfe zuteil werden lassen und auch Deinen Untertanen untersagen, Hilfe zu gewähren. Denn weder ich noch meine Untertanen würden Deinen Feinden helfen. Ich bitte Dich fernerhin darum, mich nach Kräften darin zu unterstützen, die Beleidigung zu rächen, die mir dieser mein erbitterter Feind zugefügt hat, und Dir die Sorge um meine Ehre ebenso angelegen sein zu lassen, wie Du es Dir im umgekehrten Fall von meiner Seite wünschen würdest. Geschrieben zu Northampton. Gegengezeichnet: Robert, Graf von Leicester.» Der Brief war zwar respektvoll, doch der schulmeisterliche Unterton stieß dem König unangenehm auf. Die Wendung «vormals Erzbischof von Canterbury» begleitete er mit einem Ausruf scheinbaren Erstaunens: «Nun aber! Ein Prälat wird vom König verurteilt und abgesetzt! Wie mag das zugehen? Ich bin auch König in meinem Königreich, wie der König von England in dem seinen, und doch liegt es gänzlich außerhalb meiner Macht, auch nur den unbedeutendsten Kleriker in meinem Königreich abzusetzen.»

Diese unüberhörbare Mißbilligung brachte die Gesandten aus dem Konzept. Es folgte eine lange Diskussion, über die Roger von Pontigny ausführlich berichtet. Während Gilbert Foliot und der Graf auf der Auslieferung Thomas Beckets bestanden, betrachtete ihn der König in seinem Innersten bereits als seinen Gast. Er sagte unverblümt, daß er dieses Ansinnen für schändlich halte und nicht gewillt sei, der Aufforderung nachzukommen. Er verhehlte nicht, daß er für die Person und die Sache des Erzbischofs Sympathie hegte. Daraufhin gab sich Wilhem von Arundel alle Mühe, Thomas Becket in den Schmutz zu ziehen, und erinnerte an Konflikte in der Vergangenheit. War der Mann, über den Ludwig VII. so ehrerbietig sprach und den er in Schutz nahm, einst nicht einer seiner erbittertsten Feinde gewesen? Hatte er nicht gegen ihn gerüstet? Hatte er nicht seine Länder zerstört und seine Städte eingenommen, überall Verwüstung angerichtet und versucht, seine Macht zu untergraben? Diese Attacke auf den ehemaligen Kanzler von England zeugte von bemerkenswerter Ungeschicktheit. Der König von Frankreich konnte es nicht mißbilligen, wenn ein Lehnsmann seinem Lehnsherrn treu ergeben war. Er erwiderte: «Das macht ihn in meinen Augen nur desto teurer und aller Achtung würdig. Er hat sich damals als treuer Diener seines Herrn gezeigt. Wäre er der meinige gewesen, hätte er mir ebenso treu gedient. Und du willst, daß ich das Gute ins Böse verkehre?»

Diese Lektion war ziemlich deutlich. Die Verhandlungen waren gescheitert. Dennoch unternahmen die Gesandten einen letzten Vorstoß: Der König von Frankreich solle Heinrich II. zumindest einen Brief senden und ihn seiner Unterstützung versichern, um seinem Lehnsmann angesichts einer schweren Prüfung wenigstens ein Zeichen seiner Freundschaft zu geben. Ludwig II. schnitt ihnen verärgert das Wort ab: «Ich werde einen Brief schikken, aber nicht des Inhalts, den ihr erhofft!»

Dann fiel sein Blick auf einen Geistlichen vom päpstlichen Hof. Er bat ihn, dem Papst mitzuteilen, daß der König von Frankreich nichts gegen den Erzbischof von Canterbury habe und daß er ihn persönlich mit Wohlwollen empfangen werde. Für Gilbert Foliot und Wilhelm von Arundel war das ein Schlag ins Gesicht. Sie verließen Compiègne auf der Stelle und reisten weiter nach Sens. Dort belagerten bereits etliche englische Bischöfe den Papst.

In den vergangenen fünfzehn Monaten, seit der Papst in der Nähe des französischen Königs Zuflucht gesucht hatte, waren die Dinge sehr langsam gereift. Das anfängliche, verständliche Mißtrauen Ludwigs VII. gegenüber diesem ungewöhnlichen und lästigen «Gast» war inzwischen begrenztem Vertrauen gewichen.

Zunächst hatte sich der König sehr reserviert verhalten, aber schon bald begriff er, daß die Anwesenheit des römischen Oberhirten auf seinem Territorium beachtliche Vorteile mit sich brachte. Alexander III. erhielt von Frankreich moralische und vor allem auch finanzielle Unterstüzung, und dafür überschüttete er den König mit Aufmerksamkeiten. Der Papst wandte sich an den König als «den einzigen Verteidiger der Kirche nach Gott», und wenn nötig, ließ er sich zu überraschenden Ausbrüchen der Begeisterung hinreißen: «Wir fragen uns, ob wir uns nicht versündigen würden, wenn wir dich nicht von ganzem Herzen liebten, ob wir nicht Gott beleidigen würden, wenn wir deine Person, dein Königreich und alles, was dir nahesteht, nicht mit dem gebührenden Eifer priesen.»

Doch die Zukunft blieb weiter ungewiß. Der Gegenpapst Viktor IV. war am 20. April 1164 in Lucca gestorben. Manche gaben sich daraufhin der Hoffnung hin, das Schisma könnte von selbst ein Ende finden. Friedrich Barbarossa, der exkommunizierte Kaiser, schien einen Moment lang zu schwanken, aber sein Kanzler Rainald von Dassel reagierte mit der gewohnten Rücksichtslosigkeit. Die Kardinäle, die auf der Seite des deutschen Kaisers standen, wählten Guido von Crema als Paschalis III. zu Viktors Nachfolger. Jedes Aufflackern von Widerstand auf der Halbinsel wurde streng unterdrückt. Die Situation in Italien schien soweit im Griff, daß der Kaiser nach Deutschland zurückkehren konnte, wo die Treue des Episkopats zu wanken begann. Zwei Anhänger Alexanders, der Metropolit Eberhard von Salzburg und Hartmann von Brixen, waren gestorben, aber die Freude der Kaisertreuen über diese Schwächung des Gegners währte nur kurz. Auch wer nicht gut unterrichtet war, konnte eine Reihe beunruhigender Anzeichen nicht mehr übersehen. Eberhards gewählter Nachfolger Konrad von Österreich, ehemaliger Bischof von Passau und Verwandter des Kaisers, hatte nie zu den glühenden Verfechtern des Schismas gehört. Und schlimmer noch: Konrad von Wittelsbach, Erzbischof von Mainz und Bruder des Pfalzgrafen, bekannte sich offen zu Alexander III. Die Erzbischöfe von Trier und Magdeburg folgten seinem Beispiel. Einflußreiche Theologen wie Gerhoch, der Propst von Reichersberg, oder Bischof Ulrich von Halberstadt äußerten offen ihre Zweifel.

Alexander III. war sehr genau über diese für ihn günstige Entwicklung unterrichtet. Er wußte auch, daß der Weg zurück zur Einigkeit lang und gefährlich sein würde. Behutsam mußte er das Schiff des heiligen Petrus an allen Klippen vorbeisteuern. Der mißtrauischen römischen Kurie in ihrer Isolation erschien der Konflikt in England als eine solche Klippe, zudem als eine sehr große.

Herbert von Bosham war einen Tag nach den Abgesandten des englischen Königs in Sens eingetroffen. An der Reaktion der Kardinäle, mit denen er seit seiner Ankunft gesprochen hatte, merkte er, daß seine Anwesenheit zumindest unerwünscht war. Trotzdem erhielt er noch am selben Abend eine Audienz beim Papst. Der Papst gab sich aufmerksam und mitfühlend, als Herbert endlos von den Gefahren berichtete, die Thomas Becket seit seiner Flucht aus Northampton begegnet waren. Die Schilderung war so eindringlich, daß der Oberhirte sogar geruhte, einige Tränen zu vergießen. Der Erzbischof, so bemerkte er, «obgleich noch unter den Lebenden, trägt jetzt schon den Ruhm des Märtyrers in sich». Damit griff er den Ereignissen freilich ein wenig vor...

Am nächsten Tag begann das feierliche Konsistorium, bei dem die Gesandten Heinrichs II. Papst Alexander III. die Klagen ihres Herrn unterbreiten sollten. Wie Roger von Pontigny berichtet, nahmen außer den bereits genannten Prälaten folgende Männer daran teil: der Graf von Arundel, Richard von Ilchester, Johannes von Oxford und Guido der Rote, der Dekan von Waltham, außerdem mehrere Barone und königliche Beamte, darunter Hugo von Gondeville, Rainald von Saint-Valery, der Seneschall der Normandie, und Henry Fitzgerald, «der dem König sehr nahe stand», sowie mehrere andere Männer, deren Namen nicht überliefert sind.

Herbert von Bosham war Augenzeuge der Versammlung. Man hat sich immer wieder gewundert, daß wir nicht ihm, dem Sekretär des Erzbischofs, sondern Alan von Tewkesbury die ausführlichste und lebendigste Schilderung dieser entscheidenden Augenblicke verdanken. Geschickt und rhetorisch brillant brachte der Bischof von London den Konflikt auf den Punkt: «Eine geringfügige Meinungsverschiedenheit zwischen der Kirche und dem Königtum, die man leicht hätte ausräumen können, wenn man sie ohne übertriebene Leidenschaft behandelt hätte.» Das war durchaus zutreffend. Wie auch seine weiteren Ausführungen, in denen er die Ratlosigkeit des englischen Episkopats betonte: «Der Erzbischof von Canterbury hat es vorgezogen, seinem Urteil mehr zu vertrauen als unserem Rat. Er hat die Augen vor den Schwierigkeiten des Augenblicks und den verheerenden Folgen seiner Haltung verschlossen und dem Konflikt eine Wendung gegeben, die uns in große Verlegenheit gestürzt hat. Da wir ihm auf diesem Weg nicht folgen konnten, hat er die ganze Verantwortung dem König, uns und dem Königreich als Ganzem aufgebürdet. Danach ist er geflohen, um seine Irrtümer zu verschleiern, obgleich niemand ihn bedrohte oder auch nur die Absicht hatte, dies zu tun. Wie da geschrieben steht: ‹Der Frevler flieht, wo niemand ihn verfolgt.›»[2]

Eine solche Übertreibung konnte Alexander III. nicht dulden. «Mein Bruder», unterbrach er den Bischof, «etwas mehr Erbarmen!» Der Bischof von London hatte keinerlei Sinn für Humor und ging in die Falle: «Was? Erbarmen mit diesem Mann!»

«Nein. Nicht mit ihm. Mit dir!»

Der Hieb saß. Gilbert Foliot war sprachlos. Statt seiner ergriff nun Hilarius von Chichester das Wort. Der für seine rhetorischen Fähigkeiten bekannte Bischof setzte zu einer feurigen Rede an, doch im Eifer unterliefen ihm zwei schwere Lateinfehler (mit dem Verb *oportet*...). Die Zuhörer waren erst verdutzt, dann brachen sie in schallendes Gelächter aus. Ein Spaßvogel machte daraus ein Wortspiel: «Du hast wohl Schwierigkeiten, den Hafen anzulaufen!»[3]

Ungewollt hatte die Versammlung damit eine Wendung ins Lächerliche genommen. Roger von Pont-l'Évêque versuchte noch einen Vorstoß und geißelte Thomas Beckets unerträglichen Starrsinn. Bartholomäus von Exeter wollte die Wogen glätten und schlug vor, erst einmal Zeit zu gewinnen: Der Papst solle «Legaten ernennen, die befugt sind, den Streit an Ort und Stelle beizulegen und ein Urteil zu fällen».

Das war eine gefährliche Lösung. Die Beratungen gerieten ins Stocken. Die englischen Bischöfe hatten auf die Versammlung von Klerikern, Prälaten und Kardinälen einen schlechten Eindruck gemacht, weil sie allzu verbissen ihren Standpunkt vertreten hatten. Graf Wilhelm von Arundel spürte das instinktiv, obwohl er nicht ein Wort Latein sprach und die Ausführungen der hohen englischen Geistlichkeit nicht verstanden hatte. Wilhelm besaß viel gesunden Menschenverstand und bat um die Erlaubnis, sich seiner Muttersprache, des Normannischen, zu bedienen:

«Herr,» wandte er sich an den Papst, «wir ungebildeten Männer haben nichts von dem verstanden, was die Bischöfe gesagt haben. Aber vielleicht sollten wir dir in unseren eigenen Worten erklären, was uns hierher führt. Wir haben weder den Auftrag zu diskutieren noch irgend jemanden zu beleidigen. Uns wurde aufgetragen, dich und die römische Kirche der Ergebenheit und Liebe zu versichern, die der König, unser Herr, immer für euch gehegt hat und noch hegt. Und wem hat er diesen Auftrag anvertraut? Den angesehensten und edelsten Männern seines Staates: den Erzbischöfen, Bischöfen, Grafen und Baronen. Er hätte keine besseren finden können. Seit du, unser Vater, an der Spitze der Kirche stehst, hast du gesehen, mit welcher Treue und Ergebenheit der König sich und sein Volk und alles, was er besitzt, deinem Willen unterworfen hat. Wir sind überzeugt, daß es in der ganzen Kirche, die du im Namen Christi in der Einheit des Glaubens lenkst, niemanden gibt, der sich dem Dienst an Gott und an dem, was du vertrittst, mit größerer Ergebenheit widmete und sich mehr um den Frieden sorgte. Ebenso gewiß ist, daß der Erzbischof von Canterbury in allen Angelegenheiten seines Amtes umsichtig und vornehm handelt. Manche finden freilich, daß er sich bisweilen zu schroff verhält. Wenn es nicht zu diesem Zerwürfnis zwischen dem König und dem Erzbischof gekommen wäre, hätten Kirche und Staat nur den einen Wunsch, in Frieden und Eintracht unter der Führung eines guten Fürsten und eines hervorragenden Hirten zu leben. Darum haben wir nur diese eine Bitte: Möge deine Heiligkeit den Streit beenden und uns Ruhe und Liebe zurückgeben.»

Wilhelm von Arundel mochte zwar von sich behaupten, er sei «ungebildet», doch hatte er meisterlich das erreicht, woran die Kleriker jämmerlich gescheitert waren. Seine Anspielungen auf die herausragenden Qualitäten des Primas, der diskrete Hinweis auf die Verdienste des englischen Königs, all das bewirkte mehr als die geschliffene und verbissene Rhetorik der Schulmeister. Seine kaum geflüsterte Bemerkung, der Papst sei «der einzige Vertreter des katholischen Glaubens» war ein Meisterstück: Zu einer Zeit, da das Schisma wütete, konnte sie Alexander III. nur mit Genugtuung erfüllen. Der Papst war so angetan, daß er sich in der allgemeinen Begeisterung zu dem «sehr unvorsichtigen» Versprechen hinreißen ließ, er werde Legaten entsenden.

Damit schien der Fall entschieden. Der unglückliche Herbert von Bosham, das Schicksal seines Herrn vor Augen, konnte nichts mehr ausrichten. Obwohl von einer Auslieferung Thomas Beckets nicht die Rede war und der Papst persönlich mit ihm sprechen wollte, war von den Legaten das Schlimmste zu befürchten. Wie wir bereits gesehen haben, waren einige dem Erzbischof äußerst feindselig gesinnt. Andere hatten eine weniger klare Meinung, doch «ihre Nasen waren sehr empfänglich für den Geruch von Geld», wie Alan von Tewkesbury schreibt.

Gilbert Foliot wollte ganz sicher gehen und brachte damit ungewollt das schöne Gebäude zum Einsturz. Aus einer seltsamen Anwandlung heraus kehrte er noch einmal zu Alexander III. zurück und erkundigte sich, mit welchen Vollmachten die Legaten ausgestattet würden. «Mit den üblichen Vollmachten», antwortete der Papst.

«Dann also auch mit der Vollmacht», präzisierte der Bischof von London, «in letzter Instanz zu entscheiden, ohne Berufungsmöglichkeit.»

Das war ein so kapitaler Fehler, daß auch der schlechteste Kanonist stutzig geworden wäre. Alexander III. fuhr in die Höhe. Niemals würde er ein Recht aus der Hand geben, das die Frucht von mehr als hundert Jahren bitterer und schmerzlicher Bemühungen sei: die Möglichkeit zur Berufung vor dem römischen Gericht. So zerstörte Gilbert Foliot durch eine unbedachte Äußerung mit einem Schlag die Hoffnungen des englischen Episkopats, Thomas Becket werde rasch vor Gericht gestellt, verurteilt und seines Amtes enthoben.

Mit gesenkten Köpfen verließen die Gesandten Sens und kehrten an die flämische Küste zurück, um von dort über den Kanal zu setzen. Als sie die Yonne entlangritten, erblickten sie auf dem gegenüberliegenden Flußufer den Erzbischof von Canterbury. Er war mit seinen Leuten auf dem Weg zur päpstlichen Residenz. Daraufhin schickten die Gesandten Guido den Roten, den Dekan von Waltham, sofort wieder zurück. Er sollte für den König von England vor Ort Augen und Ohren offenhalten.

In seiner Verzweiflung hatte Thomas Becket ein bemerkenswertes Zeichen der Aufmerksamkeit erhalten. Noch am 8. November war Ludwig VII., kurz nachdem er mit Herbert von Bosham gesprochen und die englischen Gesandten unverrichteter Dinge fortgeschickt hatte, in Begleitung des Kardinals Heinrich von Pisa, einem glühenden Bewunderer des Erzbischofs, aus Compiègne aufgebrochen und Thomas Becket die zehn Meilen bis nach Soissons entgegengeritten. Dort hatte er ihn persönlich begrüßt und ihm die Gastfreundschaft seines Königreichs angeboten.

Es wäre freilich naiv, wollte man in dieser spektakulären Geste nur einen Akt der Ehrerbietung gegenüber einem entmachteten Mann der Kirche sehen. Der König von Frankreich war zwar sehr fromm und nahm lebhaften Anteil am Schicksal Thomas Beckets, der einen für die damalige Zeit beispiellosen Ruhm genossen hatte und dann jäh in die Tiefe gestürzt worden war. Aber der König war auch – entgegen allen anderslautenden Interpretationen – ein versierter Politiker, und er wußte genau, wie diese Geste auf seinen ungeliebten Vasallen Heinrich Plantagenet wirken würde. Ludwig hatte dafür gesorgt, daß man Thomas Becket mit aller Zuvorkommenheit behandelte.

Einige Tage später zog der Flüchtling unter großem Aufsehen in Sens ein. Alexander III. begrüßte ihn freundlich. Der Erzbischof stand im Mittelpunkt einer komplizierten, äußerst verwickelten Angelegenheit, die der Papst entwirren mußte. Er durfte die Klagen der englischen Bischöfe und Barone ebensowenig ignorieren wie die Gefahren, die der englischen Kirche drohten. Er mußte

Thomas Becket anhören und in der Kernfrage ein klares Urteil fällen.

Der Erzbischof erholte sich zunächst einige Tage, dann wurde er zum Papst bestellt. Demütig neigte er sich vor Alexander III. und warf sich ihm zu Füßen. In einer seiner plötzlichen Eingebungen, die seine Biographen immer wieder in Staunen versetzten, entrollte er vor den Augen des Papstes sein Exemplar der Konstitutionen von Clarendon. «Heiliger Vater, dies sind die Gewohnheitsrechte, die der König von England unter Mißachtung der Canones und der Dekrete schriftlich niedergelegt hat. Dieser Artikel wegen mußte ich England verlassen. Befiehl, daß man sie verlese. Höre sie an. Jedermann wird erkennen, daß sie den Gesetzen der Kirche und der Kirchenväter zuwiderlaufen.»

Ein Kleriker des Papstes las die Konstitutionen vor. Thomas Becket kommentierte jeden einzelnen Artikel mit der Genauigkeit und Gründlichkeit, die man von einem ehemaligen Studenten aus Bologna erwarten konnte, und mit dem Eifer des Kämpfers. Er setzte dem Papst ihre unerbittliche Logik auseinander und warnte vor den Gefahren. Nach einigen Sätzen unterbrach ihn der Kardinal Wilhelm von Pavia. Der Kardinal verabscheute ihn, außerdem erhielt er – wenn man Roger von Pontigny in diesem Punkt glauben darf – beträchtliche Zuwendungen vom König von England. Man «disputierte», wie man es gelernt hatte, und beide Kontrahenten beherrschten diese Kunst. Mehrere Stunden lang tobte eine erbitterte Schlacht mit theologischen und kanonischen Argumenten. Aber die Beweggründe der Gegner waren zu verschieden, und das Thema war zu wichtig für einen Disput nach dem Lehrbuch, und schließlich gewann der Erzbischof von Canterbury die Oberhand über die Sophisterei des Kardinals von Pavia. Der Papst wußte die Brillanz zu schätzen, mit der Thomas Becket die Sache darstellte, und bat ihn, an seiner Seite Platz zu nehmen. Was er allerdings weniger schätzte, war die Tatsache, daß der Primas in einem Augenblick der Verwirrung einem Text zugestimmt hatte – wenn auch nur mündlich und nur im ersten Moment –, der so offensichtlich den Kirchengesetzen zuwiderlief. Und er hielt ihm das auch ohne Umschweife vor, so jedenfalls berichtet Herbert von Bosham, der bei der Begegnung zugegen war. Doch gleich darauf milderte er den Vorwurf wieder ab. Er erinnerte daran, daß Thomas Becket in gutem Glauben gehandelt habe, und hielt ihm seine fast schon übertriebene Reue zugute.

Doch der Primas war offensichtlich bis ins Mark getroffen. Am nächsten Morgen trat er noch einmal vor Alexander III., der sich im engeren Kreis mit seinen Kardinälen beriet. Thomas war zutiefst aufgewühlt. Er legte ausführlich dar, wo seiner Meinung nach der Grund für sein Scheitern lag: Seine Wahl sei nicht ordnungsgemäß erfolgt. Wie William Fitzstephen berichtet, «legte er daraufhin sein Amt in die Hände des Papstes zurück, weil er sich nicht würdig erwiesen habe», und verließ den Raum.

Zwischen den Kardinälen entbrannte sogleich eine hitzige Diskussion. Einige empfahlen dem Papst, diesen unverhofften Rücktritt anzunehmen. Zwar könne man damit den Kern des Konflikts nicht aus der Welt schaffen, aber doch mit relativ geringem Aufwand einen Streit beilegen, der in Anbetracht der unruhigen Zeiten verhängnisvolle Folgen für die gesamte Christenheit zeitigen könne. Andere unterstützten nachdrücklich den Standpunkt des Erzbischofs und gaben zu bedenken, daß eine kurzfristige Entspannung wenig wiege im Vergleich zu Rechten und Prinzipien und daß bei diesem Streit die Freiheit der Kirche auf dem Spiel stehe, auch außerhalb Englands.

Alexander III. war in einem schweren Gewissenskonflikt. Er wußte, daß der mächtige König von England zu allem entschlossen war; ein Bruch ließ das Schlimmste befürchten. Als ehemaliger Professor der Universität von Bologna neigte der Papst instinktiv dazu, die Dinge von einem übergeordneten Standpunkt zu betrachten und Für und Wider gegeneinander abzuwägen. Er dachte ein paar Tage darüber nach und kam zu einer Entscheidung: Thomas Becket mußte Gerechtigkeit widerfahren. Und das geschah mit einem Donnerschlag: Der Papst erklärte den größten Teil der Konstitutionen von Clarendon für null und nichtig. Aber, und das ist ein höchst bedeutsames Detail, auf das Robert Genestal hingewiesen hat: Er verurteilte sie nicht insgesamt. «Das konnte der König nicht ohne weiteres mißbilligen, und es ließ die Tür für Verhandlungen offen.» Thomas Becket wurde von der unglücklichen mündlichen Zustimmung entbunden. Die Gültigkeit seiner Wahl wurde feierlich bekräftigt. Er wurde mit allen Rechten wieder in das Amt des Erzbischofs von Canterbury eingesetzt und erhielt den Titel des Primas, der traditionell zu diesem Bischofsstuhl gehörte. Sein moralischer Sieg war vollkommen. Die Konsequenz daraus war klar: Jetzt, wo Thomas Becket all seine Machtbefugnisse und Rechte als Primas von England wiedererlangt hatte, war er nur noch ein Verbannter.

Kapitel V

In der Wüste

Im Jahr 1114 hatte Stephan Harding, der Abt von Cîteaux, einem Dutzend Mönchen unter der Führung von Hugo von Mâcon, einem Freund des Bernhard von Clairvaux, an den Ufern des Serein ein tief in den Wäldern gelegenes Stück Brachland übertragen. Pontigny war nach La Ferté-sur-Grosne die zweite «Tochterabtei» dieses Ordens, der mit seinen Reformeifer das gesamte Abendland beeindruckte. Pontigny lag einige Dutzend Meilen von Sens entfernt, an der Grenze zwischen der Region Auxerre und der Champagne. Das Kloster erlebte einen raschen Aufschwung. Ein halbes Jahrhundert nach seiner Gründung gehörten von Langres bis Rom und von Bordeaux bis Viterbo bereits mehr als 40 Klöster dem Filiationsverband an. Der Landesherr, Graf Theobald von der Champagne, ein Enkel Wilhelms des Eroberers, hatte durch seine Großzügigkeit den Bau der großartigen Abtei ermöglicht, die heute noch als ein besonders gelungenes Kleinod der Zisterzienserbaukunst gilt.

Am 30. November 1164 traf Thomas Becket in Pontigny ein. Eine Handvoll Mönche begleitete ihn; auf Ersuchen des Papstes waren sie dem Primas bis nach Sens entgegengereist. Ob er der riesigen Kirche einen Blick schenkte? Elegante Strebepfeiler und hohe Fenster überragten das mächtige Kirchenschiff und füllten den gesamten Horizont aus. Ob er die kunstvolle Fassade in ihrer nüchternen, luftigen, faszinierenden Schönheit auf sich wirken ließ? Der Mann, der sich zusammen mit Herbert von Bosham und einigen ihm ergebenen Klerikern an diesem Ort in Treue zu Gott und seinem Stand vergraben wollte, war ein Verbannter, angeblich ein Verräter an seinem König.[1] Der Abt und die Mönche nahmen den Erzbischof freundlich auf. Mehr als andernorts war man hier über sein Unglück erschüttert. Der Zisterzienserorden war bereits früh nach England vorgedrungen. Auf

Bitten von Bischof Giffard von Winchester und mit Unterstützung der Gräfin Adela von Blois, der Schwester Heinrichs I. Beauclerc, hatte man schon 1128 das Tochterkloster Waverley in der Grafschaft Surrey gegründet, aus dem bald weitere Klöster im gesamten Süden der Insel hervorgingen. Es folgten Rielvaux und Fountains in Yorkshire, Melrose und Kinloss in Schottland, Whitland in Wales, Buildwas, Tintern und Byland, die ihrerseits wieder Tochterklöster gründeten. Die Zisterzienser, eine in Gebet und Austausch florierende Gemeinschaft, erlebten mit, wie die Reformbewegung die Kirche bis in ihre Grundfesten erschütterte. Sie verfolgten aufmerksam und kritisch den zunächst unterschwelligen, dann offen ausgetragenen Konflikt zwischen dem König und dem Prälaten. Wir haben bereits erwähnt, daß die Mönche von Pontigny auf Bitten von Johannes von Belméis inbrünstig für Thomas Becket beteten. Der Bischof von Poitiers hatte volles Vertrauen in diesen Hafen des Friedens und seinen Abt: «Ich sage Dir im Vertrauen», schrieb er an seinen Freund, «daß ich mir diesen Ort selbst als Asyl auserkoren habe für den Tag, da ich die Demütigungen unseres Peinigers nicht länger werde ertragen können.» Freilich muß man sagen, daß Johannes von Belméis – wie untadelig er auch gewesen sein mag – die Übergriffe des «Tyrannen» leichter ertrug als Thomas.

Ungefähr zwei Jahre lang blieb der Erzbischof Gast in der angesehenen Abtei.[2] Jeder war bemüht, ihm das Exil so angenehm wie möglich zu gestalten, auch wenn dafür beträchtliche Opfer gebracht werden mußten. Thomas wollte so wenig wie möglich den Rhythmus des Klosterlebens stören. Er paßte sich an, wo es ging, und trug sogar das Ordensgewand.

Trotzdem war er der Erzbischof von Canterbury und Primas von England. Und es ist immer schwer, sich von seinem Stand zu lösen. Ein Mönch namens Roger wurde zu seiner Bedienung abgestellt und gewann bald sein Vertrauen. Roger hat uns ein flüchtiges Porträt des Erzbischofs hinterlassen.

Wie Raymonde Foreville[3] gezeigt hat, verfügte der Primas schon Anfang November wieder über eine bescheidene Kanzlei. Herbert von Bosham hatte aus England das erzbischöfliche Siegel und das persönliche Gegensiegel des ehemaligen Kanzlers mitgebracht. Das persönliche Siegel findet sich auf einer Urkunde in den Archiven der Abtei Saint-Bertin: eine antike Gemme, die einen Mann mit Helm zeigt, der an einer Säule lehnt. Diese Urkunde zugunsten der Kirche von Throwley in der Grafschaft Kent haben außerdem einige Gefährten des Erzbischofs unterschrieben: Balduin von Boulogne, der Archidiakon von Norwich, der den späteren Erzbischof einst bei Theobald von Canterbury eingeführt hatte; ein gewisser Theodelin, Chorherr von Saint-Martin; Robert, Chorherr von Merton, der nach menschlichen Ermessen nicht derselbe sein kann, dem Thomas seine erste Bildung verdankt; Lombardus von Plaisance, ein Kleriker aus Canterbury und späterer Erzbischof von Benevent; Silvester, der Schatzmeister von Lisieux; Richard von Salisbury, ein Verwandter des Johannes von Salisbury; Alexander der Waliser; Gontier von Winchester und ein Kleriker namens Ernulf. Einige von vielen...

Wie wirkte sich das ständige Kommen und Gehen der Besucher auf den Alltag der Klosterbrüder aus, die ihr Leben der Ruhe und Sammlung geweiht hatten? Thomas Becket schränkte sich zwar sehr ein, aber seine Lebensführung belastete dennoch ernstlich die Finanzen des Klosters. Vermutlich waren Johannes von Belméis diesbezügliche Klagen zu Ohren gekommen, denn im Sommer 1165 befand er es für nötig, dem Freund einen Brief zu schreiben. Er mahnte ihn zu größerer Sparsamkeit und ermunterte ihn, er solle «ohne zu erröten sich den neuen Umständen anpassen». Er drängte ihn, das Personal in seinem Haus und die Zahl der Pferde in seinen Ställen zu verringern und so die Kasse des Klosters zu entlasten, das für seinen Unterhalt sorgte.

Und der Bischof von Poitiers war nicht der einzige, dem Thomas Beckets Verhalten Sorgen bereitete. Der Erzbischof, der sich stets der Unzulänglichkeit seiner Bildung bewußt war, hatte sich gleich nach seiner Ankunft in Pontigny blindlings in das Studium des kanonischen und des römischen Rechts gestürzt. Vermutlich feilte er an einer Erwiderung auf die Ansprüche des Königs und wollte sie juristisch untermauern. Johannes von Salisbury, der nie ein Blatt vor den Mund nahm, kritisierte dieses Verhalten in einem Brief, in dem er Thomas über den neuesten Stand seiner Angelegenheit unterrichtete. Er schlägt überraschend heftige Töne an: «Es ist mein größter Wunsch, daß Du mit der ganzen Kraft Deiner Seele Zuflucht im Herrn suchen mögest. Wenn Dir das gelingt, dann schiebe jede andere Beschäftigung beiseite, so unerläßlich sie Dir auch scheinen mag. Die Canones und Dekrete sind nützlich, aber, glaube mir, nicht so nützlich, daß Du ihnen jetzt Vorrang einräumen solltest. Diese Studien nähren mehr die Neugier als die Demut. Wer hat je durch das Studium juristischer Bücher zur Reue gefunden? Ich gehe sogar noch weiter: Diese Schulübungen werden wohl Deine Kenntnisse erweitern, doch sie werden Dich schwerlich – oder gar nicht – zum Gebet ermuntern. Es wäre besser, Du meditiertest über die Psalmen oder die moralischen Schriften des glücklichen Gregorius[4]... Wenn Du dies beherzigst, wird Gott Dir zu Hilfe kommen, und Du wirst nicht mehr zu fürchten haben, was die Menschen gegen Dich unternehmen.»

Und weiß Gott, die Menschen «unternahmen» einiges! Gilbert Foliot, Wilhelm von Arundel und die übrigen Abgesandten des Königs waren inzwischen nach England zurückgekehrt. Einen Tag vor Weihnachten hatte Heinrich II. sie in seinem Schloß Marlborough in der Grafschaft Wiltshire empfangen. Die Gesandten berichteten – in abgemilderter Form, wie man vermuten kann – von ihren gescheiterten Unterredungen mit Ludwig VII. und Alexander III. Der König blieb ruhig und erließ drei Anordnungen, die unverzüglich auszuführen waren. Die erste betraf die Bischöfe aller englischen Diözesen: Sie wurden angewiesen, alle Einkünfte aus den Pfründen der Geistlichen, die unter Verletzung der Konstitutionen von Clarendon mit dem Erzbischof geflohen waren, einzubehalten. Mit der zweiten untersagte er jede Berufung an Rom; das Verbot galt für Geistliche und Laien, und jedem, der dagegen verstieß, drohte die Verhaftung. Die dritte Anordnung betraf den Besitz der Kirche von Canterbury und die Getreuen des Erzbischofs. Der Besitz fiel an die Krone. Besonders schändlich behandelte der König die Menschen: Alle Sheriffs wurden angewiesen, «die Väter und Mütter, Brüder und Schwester, Neffen und Nichten der Geistlichen, die den Erzbischof begleitet haben, als Geiseln zu nehmen und ihren Besitz einzuziehen, bis sie sich erklärt haben». Thomas Beckets engste Verwandte wurden ausgeplündert und dann fortgejagt.

Daß der König Unschuldige als Geiseln nehmen ließ, war ein Zeichen von Schwäche und ein Fehler. Daß er mit der Ausführung dieser niederträchtigen Polizeiaktion aber ausgerechnet einen Haudegen vom Schlage eines Ranulf von Broc beauftragte, war ein Verbrechen. Ranulf war ein erbitterter Feind des Primas und hatte ihn in Northampton mit Beleidigungen überschüttet. Jetzt ging er weit über den Befehl des Königs hinaus und ließ jeden, der in irgendeiner Beziehung zu Thomas Becket gestanden hatte, ohne Vorwarnung aus England vertreiben. Die meisten Chronisten haben den richtigen Ton getroffen und diese Tragödie ohne falsches Pathos beschrieben. Sie schildern uns, wie Ranulf von Broc die Bewohner von Schloß Lambeth, der bischöflichen Residenz in London, vertreibt und eine Schar verängstigter Menschen schwören läßt, daß sie mit dem ersten Schiff zum Festland übersetzen würden. Die Unglücklichen flohen kopflos – Männer, Frauen, Greise und Kleinkinder. Mitten im Winter standen sie völlig mittellos auf der Straße. Mehrere hundert unschuldige Opfer mußten am eigenen Leib für eine Sache büßen, die sie gar nicht durchschauten.

Die Menschen, die durch Zufall dieser gigantischen Razzia entkommen waren, lebten gefährlich. Manche verschwanden für Jahre im Gefängnis. Andere tauchten unter, für wie lange, war nicht abzusehen. William Fitzstephen, Mitarbeiter der Kanzlei von Canterbury, machte von seinen Talenten Gebrauch. Er verfaßte ein langes Bittgedicht an den König, ein wenig belehrend, aber ohne Spitzen. Als guter Chronist hat er dafür gesorgt, daß das Werk für die Nachwelt erhalten blieb. Heinrich II. schwärmte für Poesie. Die Anspielungen entgingen ihm sicher nicht, aber er war so geschmeichelt, daß er darüber hinwegsah. Ein geschickter Schachzug…

In einem langen Zug strömten die aus England vertriebenen Menschen zum Kloster Pontigny und drängten sich, zerlumpt und verängstigt, um Thomas Becket. Sie erregten sein Mitleid. Er mußte sich ihrer annehmen, für jeden eine Zuflucht finden, und wandte sich hilfesuchend an kirchliche Einrichtungen und an die

Großen des Landes. Die Flüchtlinge wurden auf Schlösser oder befreundete Klöster verteilt, wo eben gerade Platz war.

Das Schicksal dieser Unglücklichen bewegte ganz Europa. Einige von ihnen gelangten bis ins ferne normannische Königreich Sizilien. Königin Margarethe, die Tochter des Königs Garcia Ramirez von Navarra und alsbald Regentin im Namen ihres Sohnes Wilhelm II., nahm etliche Flüchtlinge auf, darunter auch nahe Verwandte des Erzbischofs. Margarethe war normannischer Abstammung und hatte ihre Herkunft nicht vergessen. In einem langen, bewegenden Brief dankte Thomas Becket ihr für «die Großzügigkeit, mit der sie die Gefährten seines Exils und seine Verwandten, Verbannte um der Sache Gottes willen, in ihrem Unglück getröstet» habe. Einige Monate später dankte er dem Bischof von Syrakus dafür, daß er «die Seinen mit Beweisen seiner Güte überhäuft». Bei dieser Gelegenheit warnte er ihn vor dem jungen Stephan von Perche, den Königin Margarethe unbedachterweise zu ihrem Kanzler und Erzbischof von Palermo ernannt hatte. Diese unglückliche Verbindung alarmierte Thomas Becket. Seine Vorsicht war im übrigen berechtigt. Nach einem kometenhaften Aufstieg und einer wechselhaften Karriere starb Stephan einsam im Heiligen Land.[5]

Wertvolle Unterstützung fand Thomas Becket bei Nicolas, dem Prior des Klosters Mont-aux-Malades. Thomas hatte den Prior kennengelernt, als er krank im benachbarten Kloster Saint-Gervais in Rouen lag. Kaum hatte Nicolas vom Unglück des Erzbischofs erfahren, setzte er auch schon alles daran, die Kaiserin Mathilde, die Mutter Heinrichs II., für die Sache des Verbannten zu gewinnen. Johannes von Oxford hatte sie bereits unterrichtet, und so mußte Nicolas einige Beharrlichkeit aufbieten. Mathilde war eine stolze und unbeugsame Frau, die sich nichts vormachte, doch schließlich ließ sie sich dazu bewegen, mit dem König zu sprechen. Sie bat ihren Sohn, er solle die Bischöfe von dem in Clarendon geleisteten Eid entbinden und einen Mittelweg suchen zwischen dem unverzichtbaren Respekt vor den alten königlichen Gewohnheitsrechten und den Freiheiten der Kirche. Vergebens.

Der Prior war unermüdlich. Er reiste nach Nonant unweit von Bayeux und versuchte, Bischof Arnulf von Lisieux auf seine Seite zu ziehen. Auch diesem Vorstoß war kein Erfolg beschieden. Anfang des Jahres 1165 schrieb er an Thomas Becket.

Aus jeder Zeile, auch aus den etwas ungestümen Ermahnungen, sprach tiefes Mitgefühl: «Welch ein Schmerz wütet in meinem Innersten, wenn ich sehe, wie Du das ganze Unglück der Kirche mutig auf Deine Schultern lädst! Meine Feder und mein Mund sind außerstande, ihn in Worte zu fassen. Doch wozu über die Gefühle in meinem Herzen reden? Du weißt, daß es nur für Dich atmet und schlägt... Unermüdlich bitten die Ordensbrüder um weniger düstere Tage für Dich und um die Wohltaten des Friedens und der Freiheit für die Kirche. Sie beten und sind der festen Überzeugung, daß sie erhört werden. Deshalb setze die Aufgabe, die Du begonnen hast, mit unermüdlichem Eifer fort und zeige Dich unerschütterlich. Von den himmlischen Höhen verfolgt Jesus Christus Deinen Kampf auf der Erde. Das Zeugnis Deines Gewissens und die Gebete der unzähligen Gläubigen, die Deiner Haltung Beifall spenden, werden Dir Kraft geben. Was Du auch von mir verlangen wirst, ich werde es getreulich ausführen.»

Thomas Beckets Hang zum Luxus – dieser Ruf haftete ihm hartnäckig an – erfüllte auch den Prior mit Sorge. Doch im Gegensatz zum Bischof von Poitiers oder zu Johannes von Salisbury wagte der schüchterne Nicolas nicht, den Primas persönlich zu ermahnen. Statt dessen wandte er sich an Herbert von Bosham, der ihn mit der üblichen Weitschweifigkeit beruhigte: «Du willst, daß ich den Eifer des Erzbischofs von Canterbury anstachle? Aber braucht denn die Sonne das Licht der Fackeln und der Balsam den Beistand der anderen Düfte? Wozu soll es gut sein, wenn man einem Streitroß die Sporen gibt? Ich sehe den Streiter Gottes vor mir, wie er unverzagt kämpft und mutiger ist als alle, die ihn so gerne ermahnen, das Rechte zu tun. Ich sehe ihn vor mir, auf der Flucht, verkauft wie sein Herr, verraten von seinen Brüdern, verfolgt von den Königen und Großen, in allem ein treuer Nachahmer des Herrn, der durch seine Leiden die verheißene Krone errungen hat. Er steht auf der Bühne der Welt, Engel und Menschen beobachten das Schauspiel, und er kämpft edelmütig um den Preis des ewigen Ruhmes.»

Aber der Kampf war hart und nur allzu irdisch! Im Januar 1165 sandte Thomas Becket Papst Alexander III. einen Brief oder vielmehr ein langes Memorandum. Darin führte er noch einmal die «ungerechten Ansprüche» Heinrichs II. auf und erinnerte daran, daß er unter Mißachtung des kanonischen Rechts vor ein weltliches Gericht geladen worden sei. Er zählte die Gründe auf, die ihn zu seiner Flucht bewogen hatten, und vor allem geißelte er die Haltung seiner Amtsbrüder: «Es erstaunt mich nicht, daß die Kirche von Laien angegriffen wird. Ich wundere mich freilich, daß meine Herren und Brüder diesen Angriffen gleichgültig zusehen und zu diesen Demütigungen sogar noch anstiften. Konnte ich denn mit dem feindseligen Widerstand derjenigen rechnen, für die ich so viel Schlimmes erduldet habe? Wenn sie gewollt hätten, hätte ich triumphiert... Wenn die Bischöfe mehr Weitblick besessen hätten, dann hätten sie verstanden, daß jeder Angriff auf mich auch ein Schlag gegen sie war und daß man sich ihrer bediente, um die Ketten für mich zu schmieden. Woher rührt dieser Haß, der sie dazu treibt, sich selbst zu zerstören? ... Wie konnten sie ihren Vater verurteilen, obwohl er Einspruch eingelegt und Dein Gericht angerufen hat? Wie konnten sie sich mit einem aufgebrachten Fürsten gegen uns verbünden und an einer Verschwörung gegen die ganze Kirche mitwirken?»

Ganz offensichtlich blieb Thomas Becket die Haltung des englischen Episkopats, der inzwischen weitgehend durch normannische Bischöfe ersetzt worden war, unverständlich. Er sah nur ein Faktum: Seine Amtsbrüder hatten ihn am Beginn eines in seinen Augen entscheidenden und exemplarischen Konflikts nicht unterstützt. Später hatten sie ihn allein gelassen, als er sich bemühte, weltliche lehnsrechtliche Bestimmungen zu beseitigen, die seiner Auffassung nach unvereinbar waren mit «der Überlegenheit des Priesteramtes, dem die Macht übertragen war, alle Gläubigen zu binden und zu lösen, die Person des Königs nicht ausgenommen». Schlimmer noch: Sie alle hatten gemeinschaftlich und ohne Ausnahme seinen Sturz herbeigeführt.

Muß man sich der Einschätzung des Primas anschließen und den vielen Chronisten folgen, die den Stab über den Episkopat gebrochen haben? Ein gerechtes Urteil wird zweifellos differenzierter ausfallen. Schon seit geraumer Zeit standen die normannischen Bischöfe unter Druck. Sie «hatten in England eine Form der Willfährigkeit gegenüber dem Herrscher eingeführt, die an Unterwürfigkeit grenzte», wie Johannes von Salisbury schrieb. Man hat völlig zu Recht betont, in welch hohem Maße «die mehr oder weniger direkten und mehr oder weniger gewaltsamen Eingriffe der weltlichen Macht ... das politische Auf und Ab im Herzogtum Normandie widerspiegelten». Als dieser besonders heikle Konflikt immer weitere Kreise zog, lavierten die Bischöfe zwischen den Fronten. Arnulf von Lisieux, Froger von Sées oder Rotrou von Warwick, inzwischen Erzbischof von Rouen, versuchten, auf beide Seiten Rücksicht zu nehmen und – mit wechselndem Erfolg – zu vermitteln.

Die englischen Bischöfe der damaligen Zeit, die zumeist noch unter Stephan von Blois gewählt worden waren, hatten sich durchaus verdient gemacht; wir haben darauf bereits hingewiesen. Auf den Bischofsstühlen der beiden Kirchenprovinzen saßen vier Mönche (drei davon waren Kluniazenser), drei Kanonisten, sieben aufgestiegene Geistliche und zwei königliche Beamte.

D. Knowles kommt in einer detaillierten Untersuchung zu dem Ergebnis, der Episkopat sei mit wenigen Ausnahmen «ein gesunder Körper ohne allzu gravierende Mängel» gewesen. Thomas Becket, der Kleriker und erster königlicher Beamter zugleich gewesen war, entsprach alles in allem kaum dem Ideal des Prälaten, wie es die gregorianische Reform vertrat.

Allerdings muß man von einigen hartnäckigen Vorurteilen Abschied nehmen. Es ist unbestritten, daß persönliche Gefühle bisweilen die Urteile und Standpunkte bestimmten (Roger von York und Gilbert Foliot beispielsweise erhoben Ansprüche auf die Würde des Primas und hegten einen erbitterten Haß auf Thomas Becket), daß opportunistische Bischöfe sich allzu sehr von dem Wunsch leiten ließen, es dem schwierigen König recht zu machen, und daß gelegentlich auch persönlicher Groll eine Rolle spielte, doch wie wir noch sehen werden, änderten im Laufe der Jahre nicht wenige Bischöfe ihre Haltung und schlugen gefährliche Wege ein. Ebenso gilt es festzuhalten, daß ihre Einschätzung der höchst verwirrenden politischen Entwicklung niemals von niedrigen Beweggründen bestimmt wurde.

Viele schätzten den Primas nicht, weil er für ihren Geschmack zu ehrgeizig war und eine Karriere gemacht hatte, die ihnen suspekt vorkam. Sie erkannten nur widerstrebend die Rechtmäßigkeit seiner Wahl an und stießen sich an seinem allzu schroffen Charakter. Manche waren auch durch seine Unentschlossenheit in Clarendon irritiert. Andere – die besten, und dazu gehörte zweifellos auch Gilbert Foliot – glaubten einen zentralen Bereich der Politik Heinrichs II. nicht einfach ignorieren zu können. Marcel Pacaut hat sehr richtig bemerkt, daß «der König durchaus um die Sache des Christentums besorgt ist. Die Befestigung seiner Macht ist in seinen Augen das einzige Mittel, Ordnung und Gerechtigkeit in England wiederherzustellen. Er will alle Bischöfe in diese Aufgabe einbinden, weil sie der Kirche zugute kommen wird. So ... ist er bereit, einige der herkömmlichen Freiheiten der Kirche für Frieden und Ordnung zu opfern.» Als Kanzler des Königreiches war Thomas Becket im ersten Teil dieses umfangreichen Programms der Erneuerung die treibende Kraft gewesen. Insofern überrascht es nicht, daß einige auf den Glanz der Kirche bedachte Kleriker sich wunderten, als der Primas mit allen Kräften gegen die logische Fortführung des begonnenen Werkes kämpfte. War er denn nicht gerade deshalb gewählt worden? Als verantwortungsbewußte Männer sahen die Bischöfe sehr genau, daß sich jenseits der kanonischen Debatten und endlosen juristischen Kontroversen eine beunruhigende und bedrohliche Entwicklung abzeichnete.

Wieder einmal drehte sich alles um die Politik des Kaisers. Am 23. Mai 1165, dem Pfingsttag, verlangte Friedrich Barbarossa von den deutschen Bischöfen und Fürsten, sich mit Eiden zu verpflichten, weder Alexander III. noch einen seiner Nachfolger jemals anzuerkennen. Obwohl sich Widerstand regte, war das Schisma damit befestigt.

Heinrich II. war über diese Ereignisse auf dem laufenden und gedachte davon zu profitieren. Sollte Friedrich Barbarossa mit dem König von England gemeinsame Sache machen und die englische Kirche den Starrsinn des Erzbischofs von Canterbury als Vorwand für eine Abspaltung nehmen, dann wären die Konsequenzen für das Papsttum verheerend. Jeder der Protagonisten versuchte, den anderen für sich zu gewinnen. Heinrich II. wandte sich an Rainald von Dassel, den Erzbischof von Köln und Kanzler des Reiches. «Ich warte schon lange auf eine Gelegenheit», schrieb ihm der König, «Papst Alexander und seinen hinterhältigen Kardinälen den Rücken zu kehren, die den Verräter Thomas, vormals Erzbischof von Canterbury, gegen mich unterstützen. Deshalb werde ich dem Rat aller meiner Barone und des Klerus folgen und einige der Großen meines Reiches nach Rom entsenden (den Erzbischof von York, den Bischof von London, den Archidiakon von Poitiers, Johannes von Oxford und Richard von Lucé). Dort werden sie in meinem Namen und im Namen des Königreichs und aller meiner Länder dem Papst Alexander und seinen Kardinälen öffentlich vorschlagen und zur Pflicht machen, sich von dem Verräter Thomas abzuwenden und ihn mir auszuliefern, damit ich zusammen mit dem Klerus in Canterbury einen neuen Erzbischof einsetzen kann. Zugleich sollen sie alle Entscheidungen des Thomas Becket für nichtig erklären. Meine Gesandten werden den Papst dazu auffordern, für sich und seine Nachfolger zu versprechen und eidlich zu bekräftigen, daß die königlichen Gewohnheitsrechte meines Ahnherrn Heinrich für alle Zeit als unantastbar und unverletzlich anerkannt werden. Sollte der Papst meinem Ersuchen nicht in allen Punkten nachgeben, so werden ich, meine Barone und mein Klerus ihm die Obödienz aufkündigen und ihn und seine Männer offen bekämpfen. Alle, die in meinem Königreich auf seiner Seite stehen, werden vertrieben.» Klarer ließ sich nicht ausdrücken, wie eng das Schicksal des Primas und die Zukunft der Kirche verknüpft waren.

Friedrich Barbarossa konnte eine solche Werbung nicht ignorieren. Seit April weilte Rainald von Dassel zu schwierigen Verhandlungen in Rouen: Es ging um die Heirat der ältesten Tochter von Heinrich II. und Königin Eleonore, der neunjährigen Mathilde, mit Heinrich dem Löwen, dem Herzog von Bayern und Sachsen. In einer Zeit, da dynastische Verbindungen politischen Allianzen vorausgingen, wurde die Nachricht vom glücklichen

Ausgang der Verhandlungen wie ein Alarmsignal aufgenommen.[6] Der Kanzler hatte sogar noch mehr erreicht: Der König von England hatte ihm zugesagt, er werde den Gegenpapst Paschalis III. anerkennen. Und wenig später geschah dann das Unerhörte: Zwei Abgesandte des englischen Königs, Johannes von Oxford und Richard von Ilchester, leisteten beim Würzburger Hoftag zusammen mit den Bischöfen und Großen des Kaiserreichs im Namen ihres Herrn dem schismatischen Papst den Treueid.

Damit waren sie zweifellos zu weit gegangen. Der König von England wußte besser als jeder andere, wie sehr der englische Klerus an Papst Alexander III. hing. Am Rande der Beratungen in Rouen hatten die normannischen Bischöfe kein Hehl aus ihre Abneigung gegen das Schisma gemacht. Raymonde Foreville schreibt: «Ohne sie (seine Gesandten) öffentlich bloßzustellen, gelang es dem König, sich von dem Vorwurf reinzuwaschen, er habe das Schisma unterstützt. Gleichzeitig liebäugelte er kurzfristig damit. In den Augen der verbannten Kleriker war diese unglaublich doppelzüngige Politik schändlich, dem französischen König in seiner etwas naiven Loyalität war sie schlicht unbegreiflich. Doch sie war überaus raffiniert. Solange Heinrich im Verdacht stand, er wolle dem Beispiel des deutschen Verbündeten folgen, konnte er den römischen Gegner erpressen, ihm Zugeständnisse abringen und ihn zu einer Figur in seinem Spiel machen.»

Zunächst einmal intensivierte der König von England die Kontakte. Am 11. April kam er mit Ludwig VII. in der Festung Gisors zusammen. Bei dieser Gelegenheit wurde natürlich auch über Thomas Becket gesprochen. Dem König von Frankreich gelang es, Heinrich II. zu einem Treffen mit dem Erzbischof von Canterbury zu überreden. Die Begegnung sollte binnen acht Tagen stattfinden. Papst Alexander III. hatte in Sens das Osterfest gefeiert und hielt sich jetzt in Paris auf; von dort wollte er nach Rom zurückkehren, wo – wie er hoffte – inzwischen Ruhe eingekehrt war. Er bot sich an, an dem bevorstehenden Treffen in Pontoise teilzunehmen. Als der König von England davon erfuhr, «machte er auf dem Absatz kehrt», wie Guernes von Pont-Sainte-Maxence in einer hübschen Formulierung schreibt. Heinrich hatte sich inzwischen so in den Widersprüchen seiner Politik verfangen, daß er eine Gelegenheit nach der anderen verpaßte. Der Chronist Hugo von Poitiers meint in seiner *Historia Vigeliacensis monasterii,* der König sei «aus Haß auf den Erzbischof von Canterbury» zurückgewichen. Alexander III. setzte in Etappen seine Reise auf die Halbinsel fort. In Bourges erwartete ihn zu seiner Überraschung Thomas Becket. Er war aus Pontigny herbeigeeilt, weil er sich verabschieden wollte. Nach einem kurzen Aufenthalt im Kloster Fleury-sur-Loire, das Reliquien des heiligen Benedikt besaß, kehrte der Erzbischof wieder in die Einsamkeit von Pontigny zurück, die ihn von Tag zu Tag mehr bedrückte und die auch die Fürsorge der wenigen Freunde nicht lindern konnte.

Prior Nicolas von Mont-aux-Malades fühlte mit dem von ihm bewunderten Erzbischof; er ließ seinen Gefühlen freien Lauf: «Es bekümmert mich zutiefst», schrieb er an Thomas, «und schmerzt mich unsäglich, daß ich noch nicht zu Dir kommen konnte. Tausend unüberwindliche Hindernisse halten mich davon ab. Die Schulden lasten schwer auf uns. Der König weilt mit seinem Hof in Rouen, und wenn ich mich entfernte, würde er, so fürchte ich, von meiner Reise erfahren. Den Namen Thomas will er nicht hören, und niemand hat die Kühnheit, ihn vor ihm auszusprechen und ein gutes Wort für Dich einzulegen... Bei der ersten Gelegenheit werde ich selbst zu Dir kommen, oder Herbert von Bosham an meiner Stelle schicken, und Du wirst über alles, was vor sich geht, genau unterrichtet.»

Doch die Dinge entwickelten sich ganz und gar nicht im Sinne des Primas. Zwar erklärte Alexander III. in Clermont-Ferrand den Urteilsspruch von Northampton für nichtig, wo der König «unter Mißachtung der Rechtsformen und der kirchlichen Gepflogenheiten die Konfiszierung aller beweglichen Güter des Erzbischofs von Canterbury» verfügt hatte, «die alle ohne Ausnahme Eigentum der Kirche sind». Doch der Papst durfte auf keinen Fall den Kontakt zu England abreißen lassen. Und als Unterhändler wählte er einen Mann, mit dem Thomas Becket gewiß nicht einverstanden war: den unentbehrlichen Gilbert Foliot. Geschickt erinnerte der Papst den Bischof von London an frühere Beweise seines Wohlwollens. Dann kam er auf die augenblickliche Situation zu sprechen und drückte zwei gegensätzliche Anliegen aus: «Du weißt», schrieb er ihm, «daß der Eifer des Königs für die Kirche sich abgekühlt hat, daß er sogar entschlossen scheint, sie anzugreifen und gegen sie zu kämpfen, indem er Berufungen und Reisen nach Rom behindert, indem er zu Schismatikern und solchen, die namentlich exkommuniziert wurden, Kontakte unterhält und sich mit ihnen verbündet, indem er schließlich unseren verehrungswürdigen Bruder Thomas, den Erzbischof von Canterbury, ins Exil zwingt.» Er forderte ihn auf, zusammen mit Robert von Hereford «auf den König einzuwirken, damit er von seinen verhängnisvollen Absichten abläßt», dem Primas sein Amt zurückgebe und «die Kirchen und die Geistlichen in seinem Land weder unterdrückt noch zuläßt, daß sie unterdrückt werden, wie man ihm vorwirft... Natürlich lieben wir den König, weil wir wissen, daß er uns ergeben ist, und weil er uns in unseren Prüfungen zahlreiche Dienste erwiesen hat. Wir empfinden für ihn die lebhafteste Zärtlichkeit und wünschen inbrünstig, daß sein Ruhm und Wohlstand sich mehren mögen, auch wenn er argwöhnt, wir hegten gegenteilige Gefühle. Führe ihm aber vor Augen, daß er, so er sich nicht bald besinnt, Gefahr läuft, daß Gott ihm ob seiner Fehler zürnt und Strafe über ihn und die Seinen schickt, und daß wir selbst gezwungen sein könnten, unser Schweigen zu brechen.»

Auch in der alten Stadt in der Auvergne vergaß Alexander III. keinen Augenblick, wie heikel seine Lage war und welche Schwierigkeiten ihn in Rom erwarteten. Die Situation in Rom war immer noch undurchsichtig. Und die finanzielle Misere hatte bedrohliche Ausmaße angenommen... Er beendete dieses zwiespältige Breve als Bittsteller: «Wir zählen auf Deine Umsicht bei der Ausführung einer Maßnahme, mit der wir Dich betrauen wollen. Mit dem vorliegenden Schreiben ermächtigen wir Dich, Bruder, in ganz England den Peterspfennig für das laufende Jahr zu erheben und uns den Betrag so schnell als möglich zu übersenden.[7] Wir bitten dich sogar, uns das Geld bis zum 1. August vorzuschießen, sei es aus Deiner eigenen Kasse oder mit geliehenem Geld, und wenn Du es eingezogen hast, kannst Du den Vorschuß von der Gesamtsumme wieder für Dich abziehen. Das ist uns nicht weniger angenehm, als daß Du das Geld sofort erhebst. Gegeben zu Clermont, am 6. der Iden des Juli.» Wie der doppelgesichtige Janus blickte der Papst in zwei Richtungen zugleich und verfolgte seine Doppelstrategie mit dem wachen diplomatischen Instinkt, der einen Mann wie Johannes von Salisbury so sehr verwirrte.

Wie nicht anders zu erwarten, erfüllte Gilbert Foliot seine Aufgabe hervorragend. Er teilte Alexander III. mit, daß er Heinrich II. das Schreiben ausgehändigt habe. Der König habe nie aufgehört, ihn «zu lieben wie einen Vater, die heilige römische Kirche zu verehren und zu unterstützen wie eine Mutter, und mit demütiger Unterwerfung allen seinen geheiligten Befehlen zu gehorchen, unter dem Vorbehalt seiner eigenen Würde und der Vorrechte der Krone». Er sei freilich überrascht über die Weigerung des Papstes, die alten Gewohnheitsrechte zu bestätigen. Was seine angebliche Unterstützung des kaiserlichen Schismas angehe, so handele es sich dabei um ein bedauerliches Mißverständnis. Im übrigen lasse ihm der König mitteilen, daß er «unseren Vater, den Erzbischof von Canterbury, nie aus dem Land gejagt hat. Der Prälat ist von sich aus gegangen, und deshalb kann er in seine Kirche zurückkehren, wann immer es ihm gefällt, sofern er sich bereitfindet, den Klagen des Königs abzuhelfen und die königlichen Gewohnheitsrechte zu respektieren, die zu beachten er selbst geschworen hat. Wenn eine Kirche oder ein Geistlicher Beweise vorlegt, daß er oder seine Leute ihnen Unrecht angetan haben, so ist er bereit, den Schaden wiedergutzumachen.»

Dann kam der Bischof von London auf «die Mittel» zu sprechen, «mit denen man diese Angelegenheit beilegen» könne. Er sprach als Mann der Ordnung, ließ zugleich aber auch Drohungen anklingen: «Wir beschwören Dich ..., daß Du eine Zeitlang den lobenswerten und vom Himmel eingegebenen Eifer zügelst, der Dich dazu treibt, das Unrecht zu rächen, das der Kirche widerfahren ist. Denn es steht zu befürchten, daß Du, so Du ein Interdikt oder eine Exkommunikation verhängst, in tiefem Schmerz wirst mit ansehen müssen, daß viele Kirchen ihr Haupt verlieren, und daß der König im Einklang mit seinem Volk Dir endgültig die Obödienz aufkündigt. Es ist besser, daß ein Glied mit dem

Kopf verbunden bleibt, selbst wenn es krank ist, als daß man es vom Körper abtrennt... Der königliche Stolz läßt sich besiegen, wenn man ihm in einem Punkt nachgibt. Er wird sich beugen, wenn er seine Kraft gezeigt hat. Man muß ihn mit Milde besänftigen und mit Geduld besiegen. Höre auf mich, denn nur aufrichtige Nächstenliebe gibt mir meine Worte ein: Sollte der Konflikt damit enden, daß der Erzbischof von Canterbury getrennt von seinem gesamten Besitz für immer im Exil bleibt und England – was Gott verhüten möge – Deiner Autorität entgleitet, dann wirst Du sehen, daß es besser gewesen wäre, eine Zeitlang Unannehmlichkeiten zu ertragen, als übermäßige Strenge an den Tag zu legen... Nicht aus irgendeinem persönlichen Interesse bringen wir diese Klagen vor. Uns treibt die Sorge vor einem Umsturz in der Kirche, so Du nicht die Gefahr abwendest, und wir wünschten uns eher den Tod, als Zeugen eines so schmerzlichen Schauspiels zu werden.» Gilbert Foliot schloß seine Lehrstunde in strategischem Denken mit einer Ankündigung, die Balsam auf die quälendsten Wunden des Papstes war: «Was den Peterspfennig anbetrifft, so hätte niemand Deiner Bitte auch nur die geringste Beachtung geschenkt, hätte unser Herr König nicht einen entsprechenden Befehl erlassen. Jetzt wird die Kollekte ohne Widerstand durchgeführt, wie früher, und wir werden Deiner Heiligkeit den Ertrag senden.»

Der Inhalt dieses klug ausgewogenen Briefes deckte sich mit den Überlegungen des Papstes. Noch aus der Auvergne schickte er Thomas eine Nachricht in ziemlich schroffem Ton. Er forderte ihn dringend dazu auf, sich ruhig zu verhalten. «Wir leben in schlechten Zeiten, und man muß auf die Umstände Rücksicht nehmen. Deshalb mahnen, raten und bitten wir Dich, daß Du bei allem, was Deine Angelegenheiten und die der Kirche betrifft, die größte Vorsicht und Umsicht walten läßt, daß Du nichts überstürzt und nichts unternimmst, ohne vorher reiflich darüber nachzudenken. Du sollst keine Mühe und Anstrengung scheuen, die Gnade und Freundschaft des Königs von England zu gewinnen, solange die Freiheit der Kirche und die Würde Deines Amtes dabei keinen Schaden nehmen. Halte bis Ostern aus. Bis dahin unternimm nichts gegen den König oder sein Königreich. Dann wird Gott uns bessere Zeiten senden, und wir werden beide tun können, was getan werden muß.» Ganz offenkundig fürchtete der Papst vom Ungestüm des Erzbischofs von Canterbury das Schlimmste.

Alexander III. war zwar vorsichtig, aber seine Vorsicht ging nicht so weit, daß er dafür seine Grundsätze geopfert hätte. Von Montpellier aus, wo er sich zwei Monate lang aufhielt, befahl er dem Abt Clarembald vom Kloster St. Augustine im Bezirk Canterbury, sich vorbehaltlos dem Erzbischof zu unterwerfen. Am 6. August bat er Ludwig VII., er möge Thomas Becket, «falls sein Exil andauern sollte», eine Abtei oder ein Bistum als Pfründe geben, sobald etwas vakant werde. Am 22. August bat er Gilbert Foliot in einem Brief, Heinrich II. an seine Pflichten zu erinnern und ihn aufzufordern, den Kontakt zu Thomas Becket wiederaufzunehmen.

Am 23. September 1165 empfingen der Klerus, der Senat und das Volk von Rom Papst Alexander III. in der Ewigen Stadt und geleiteten ihn in einem großen Zug zum Lateranpalast. Wenig später, als sich bereits neue Probleme anbahnten, fand der Papst noch die Zeit zu einem Brief an den Prior und die Mönche von Canterbury. Darin forderte er sie auf, den Erzbischof, der im Exil ein kümmerliches Dasein friste, finanziell zu unterstützen. Thomas Becket teilte er mit, daß er den kirchlichen Bannstrahl gegen Johannes von Oxford und Richard von Ilchester nach ihrem mehr als skandalösen Auftritt vor dem Hoftag in Würzburg nachdrücklich billige. Am 28. Januar 1166 ermahnte er einmal mehr und ohne große Hoffnung die englischen Bischöfe, sich der Autorität des Primas zu unterwerfen. Was hätte er in Anbetracht der schwierigen Situation auch mehr tun können? Paschalis III. hatte soeben Karl den Großen heiliggesprochen und damit dem Heiligen Römischen Reich Deutscher Nation neuen Glanz verliehen; jetzt schickte er sich an, seine Residenz in Viterbo zu beziehen. Überdies hielten sich beharrlich Gerüchte, Friedrich Barbarossa bereite einen neuen Zug nach Italien vor. Alexander III. konnte dem Erzbischof von Canterbury allenfalls ein paar Knochen zum Kauen hinwerfen.

Arnulf von Lisieux, ein versierter Diplomat, nahm schließlich den Kontakt zu Thomas Becket wieder auf und verurteilte schamlos den englischen Episkopat, gleichwohl er lange Zeit an der Seite der Bischöfe gestanden hatte. «Die Zeit hat es ans Licht gebracht, und zahlreiche Beweise zeigen die Lauterkeit Deiner Absichten. Die redlichen Menschen erfüllt es mit Freude, Deine Feinde bedeckt es mit Schmach… Hätte jeder seine Pflicht getan und die ersten Schritte ungeachtet der drohenden Gefahr unterstützt, so hätte sich der Aufruhr bald von alleine gelegt.» Gewiß war der normannische Bischof ebenso aufrichtig wie Gilbert Foliot um das Wohl der Kirche besorgt. Er entdeckte seine Talente als Vermittler wieder und schrieb dem Primas: «Ich werde Dir treu und mit meinem ganzen Herzen dienen. Aber wundere Dich nicht, wenn ich mich zunächst als Dein Gegner ausgebe. Mich als Dein Freund erkennen zu geben, hieße, mich jeder Möglichkeit zu berauben, Dir nützlich zu sein. Verstellung ist hier das oberste Gebot.»

Das waren wenigstens offene Worte. Wohin Thomas Becket sich auch wandte, überall hörte er nur Ermahnungen, Appelle zur Zurückhaltung, kurzum nur einen Rat: sich taktisch klug zu verhalten. Doch solche Ratschläge konnten nur den Widerwillen dieses Mannes erregen, der von Natur aus zur Maßlosigkeit neigte. Würde er «bis Ostern» warten?

Kapitel VI

Vézelay

Geduld gehörte nicht zu den hervorstechendsten Charakterzügen des Thomas Becket. Zwar arbeitete er beharrlich an der juristischen Untermauerung seines Standpunkts, doch noch immer hatte er Mühe, seinen Zorn zu zügeln. Die Nachrichten aus England klangen keineswegs ermutigend. Auf den ersten Blick schien sich niemand um die lange Abwesenheit des Prälaten zu kümmern oder deswegen gegen die königliche Macht rebellieren zu wollen. In der *Pipe Roll,* die so minutiös geführt wurde, finden wir keinerlei Hinweis auf Unruhen. Johannes von Salisbury versuchte zu vermitteln, ebenso die Kaiserin Mathilde. Thomas Becket schickte immer wieder Boten nach England und versuchte so, seine Autorität zu wahren. Doch in Wirklichkeit hatte er sie bereits verloren.

Auf der Insel blieb alles ruhig. So ruhig, daß der König sich zu einer Reise aufs Festland entschloß. Dort lief nicht alles wunschgemäß. Die Kirche von Frankreich hatte sich ohne Zögern auf die Seite des Erzbischofs gestellt und verurteilte Johannes von Oxford und Richard von Ilchester, den Archidiakon von Poitiers, für ihr übertriebenes Engagement beim deutschen Kaiser. Man empfand es als eine Provokation, daß Heinrich II. unter Mißachtung der kanonischen Bestimmungen die Wahl des Johannes von Oxford zum Dekan von Salisbury durchgesetzt hatte. Nach der Wahl waren mehrere Chorherren in Thomas Beckets Lager umgeschwenkt. Der König war über den Unmut im Bilde, ignorierte ihn aber. Unmittelbar nach seiner Ankunft ließ er sich gegen eine stattliche Geldsumme von William Talvas wieder die Schlösser von Alençon und La Roche-Mabile zurückgeben, zwei äußerst wichtige strategische Punkte auf dem Weg von Caen nach Le Mans und Tours. Mit der erzwungenen Übergabe der Schlösser endete die Herrschaft der berüchtigten Familie Bellême, die mit ihren Verbrechen im Herzogtum so lange Angst und Schrecken verbreitet hatte. Während Heinrich die Machtverhältnisse in seinem Bereich mit fester Hand neu ordnete, schonte er Ludwig VII., seinen Lehnsherrn. Gegen Ostern 1166 traf er in Nogent-le-Rotrou mit Ludwig zusammen. Dieses «Parlament» führte zu keinem greifbaren Ergebnis. Heinrich, auf dem Höhepunkt seiner Macht, spielte an mehreren Fronten zugleich die Rolle des Schiedsrichters und hatte wenig Interesse an einer Versöhnung mit dem starrköpfigen Primas.

Als Thomas Becket hörte, daß der König auf seine kontinentalen Besitzungen zurückgekehrt war, bemühte er sich intensiv darum, den Kontakt wiederaufzunehmen. Noch im April ließ er Heinrich II. durch den Abt von Cîteaux, «einen frommen und geachteten Mann», einen wichtigen Brief überbringen. Der Brief ist ein Versuch, den Kern des Konflikts zu beleuchten und mit dem König wieder ins Gespräch zu kommen.

«Seinem hochwürdigsten Herrn Heinrich, von Gottes Gnaden erhabener König der Engländer, Herzog der Normandie, Graf von Anjou und Herzog von Aquitanien, wünscht Thomas, von selbiger Gnade ergebener Diener der Kirche von Canterbury, Wohlergehen und Gedeihen in allen Dingen. Wer darüber spricht, was Gott gebührt, braucht einen ruhigen und freien Geist. Ich wage deshalb, meinen Herrn König anzuflehen, er möge gegenüber jedermann die Ruhe seiner Seele bewahren und geduldig Ratschläge anhören, die dank der allmächtigen Gnade Gottes dazu beitragen können, meine Seele zu erleichtern und die Deinige zu erretten. Von allen Seiten bedrängen mich Ängste. Schmerz und Sorge lassen mir nur zwei Möglichkeiten, denen ich furchtsam und unschlüssig gegenüberstehe: sprechen oder schweigen. Wenn ich schweige, ist das mein Tod, und ich werde den Händen des Herrn nicht entgehen, der da spricht: ‹Wenn ich zum Frevler sage: Du mußt sterben! und du verwarnst ihn nicht, so wird jener Frevler um seiner Schuld willen sterben, sein Blut aber fordere ich von dir.› Wenn ich die Stimme erhebe, muß ich fürchten, daß ich mir – was Gott nicht gefallen möge! – den Unwillen des Königs zuziehe und den Satz des Weisen bestätigt finde: ‹Wenn man als Vermittler einen Mann auswählt oder aussendet, der nicht gefällt, so ist zu befürchten, daß er den Zorn nicht mildert, sondern im Gegenteil noch anfacht.› Was also soll ich tun? Sprechen oder schweigen? Beides ist gefährlich. Da es jedoch weniger gefährlich ist, den Unwillen eines Menschen auf sich zu ziehen, als in die Hände des lebendigen Gottes zu fallen, vertraue ich auf die Barmherzigkeit des Allerhöchsten, der die Herzen der Könige in Händen hält und dorthin neigt, wohin es ihm beliebt, und spreche zu meinem Herrn, da ich nun einmal begonnen habe. Denn oft tut man den Menschen Gutes wider ihren Willen, vor allem dann, wenn man ihnen zu einem tatsächlichen Vorteil verhilft und ihnen nicht nur ihren Willen erfüllt. Die Tochter Zions, die Gemahlin des Großen Königs wird in Deinem Königreich von vielen Feinden in Ketten gehalten und mißhandelt von jenen, die sie seit langem mit ihrem Haß verfolgen und die sie hätten ehren sollen anstatt sie zu beleidigen. Es geht dabei vor allem um Dich selbst, der Du Dich hättest an die Wohltaten erinnern sollen, mit denen Gott Dich am Anfang deiner Herrschaft und fast ohne Unterbrechungen bis auf den heutigen Tag überschüttet hat. Gib der Kirche die Freiheit und laß sie herrschen mit ihrem Gemahl, auf daß Dich Gott auch weiterhin schützt, Dein Thron noch fester steht, das Unglück Deine Familie verschont und Frieden über Dich kommt. Glaube mir, vielgeliebter Herr und erhabenster Fürst, Gott ist geduldig und voll der Nachsicht, aber seine Rache ist fürchterlich. Höre auf mich und kehre auf den rechten Weg zurück. Sonst mußt Du fürchten, daß der Allmächtige sein Schwert zieht und über Dich kommt und Angst und Schrecken verbreitet mit seinem Arm und mit der Gewalt seiner Waffen, seine Gemahlin befreit und den mit Strenge heimsucht, der sie verfolgt und versklavt. So Du meinen Rat befolgst – denn in diesem Fall ist es Gottes Wille, daß Du Gehorsam leistest wie ein an Zucht gewöhnter Soldat –, so wird er Dich mit seinen Wohltaten überschütten und Ehren häufen auf Dein Haupt und auf die Häupter deiner Söhne und Töchter über Jahrhunderte hinweg. Im anderen Fall jedoch, ich betone es noch einmal, zittere ich bei dem Gedanken, daß das Schwert über Deinem Haus bleiben wird bis zu dem Tag, da der Herr selbst kommt und seinen Streit und den seiner Kinder rächt. Dann wirst Du das Schicksal des Salomon erleiden. Der Herr hatte ihn erwählt und ihm ein so weises und friedvolles Herz gegeben, daß man ihn ‹Sohn der Weisheit und des Friedens› nannte. Als er aber vom rechten Weg abwich und den Weg des Unrechts und der Sünde einschlug, da spaltete Gott sein Königreich und gab die Hälfte einem Diener dieses unglücklichen Königs: Der Fürst hatte sich nicht bemüht, den Himmel wieder zu versöhnen, nachdem er ihn beleidigt hatte, und hatte nicht gehandelt wie sein Vater David, der, nachdem er gesündigt hatte, sogleich in tiefe Reue versank, um Erbarmen flehte und erhört wurde. Könntest Du doch mit der Gnade Gottes dasselbe tun. Ich schreibe Dir fürs erste nur soviel. Dem Überbringer des Briefes habe ich aufgetragen, daß er Dir das übrige mündlich auseinandersetze. Er ist ein frommer, geachteter Mann und Dir, wie ich denke, treu ergeben. Ich bitte Dich, glaube ihm jedes Wort, gleichwohl hoffe ich, daß mir noch die Gunst eines persönlichen Gesprächs mit Dir zuteil wird.»

Eine solche Ermahnung im Tonfall der Bibel schätzte der König von England ganz und gar nicht. Mehr noch dürfte ihm die plumpe Anspielung auf die Rolle der Kirche bei seiner Thronbesteigung mißfallen haben. Er nahm die Botschaft mit eisiger Gleichgültigkeit entgegen. Thomas Beckets Bitte um eine Unterredung blieb unbeantwortet. Der Erzbischof war zutiefst verletzt. Das Osterfest verbrachte Heinrich II. in Angers.

Seit Alexander III. wieder in Rom weilte, verfolgte er entschlossener seine Ziele. Er widerstand den Verlockungen des englischen Goldes und dem Drängen seiner Umgebung, den allzu starrsinnigen Erzbischof einfach fallenzulassen und den Konflikt damit endlich beizulegen. Am 5. und 8. April siegelte er zwei Bullen. Darin bestätigte er dem Erzbischof von Canterbury die Würde des Primas und das Privileg, die englischen Könige zu krönen. Am 24. April, dem Tag der Auferstehung, sandte der Papst einen Brief an Thomas Becket und verlieh ihm die Rechte eines Legaten «für ganz England». Mit einer bedeutsamen Einschränkung: Roger von Pont-l'Évêque, der Legat für Schottland, sollte nicht Thomas Beckets Jurisdiktion unterstehen. Am selben Tag gab Alexander III. in einem feierlichen Breve seinen Willen den «Bischöfen, Äbten und übrigen Prälaten von ganz England, ausgenommen den Bischof von York», bekannt.

Thomas Becket sah weniger Grund zu diplomatischem Vorgehen. Hatte der Papst ihm nicht geschrieben, er solle sich «bis Ostern» gedulden? Ende Mai hielt sich der König von England auf der Durchreise in Chinon auf; dort übergab ihm der Abt von Cercamp einen weiteren Brief des Erzbischofs. Thomas Becket bedauerte, daß noch keine persönliche Begegnung zustande gekommen sei: «Ich habe sehnlichst gewünscht, Dich zu sehen und mit Dir zu sprechen.» Seine Enttäuschung war um so größer, als am 1. Mai, dem Weißen Sonntag, Johannes von Salisbury, Herbert von Bosham und einige andere seiner Getreuen in Angers eine Audienz beim König erhalten hatten. Bei dieser Gelegenheit wurden die Kernfragen des Konflikts angesprochen. William Fitzstephen hat uns einen anschaulichen Bericht von dieser lebhaften Audienz hinterlassen. In dem Brief reihte der Erzbischof noch einmal seine Klagen auf. Schon im zweiten Satz war ihm eine ungeschickte Formulierung unterlaufen: «Es geht hier mehr um Deine Interessen als um meine», schrieb Thomas an den König. Bei der Lektüre dürfte Heinrich II. bereits an dieser Stelle in Wut geraten sein. Noch schlimmer kam es im letzten Absatz: Kaum verhüllt drohte Thomas Becket mit Kirchenstrafen. «Mein Herr möge, wenn es ihm gefällt, den Rat seines Freundes, die Warnung seines Bischofs und den Vorwurf seines Vaters anhören. In Zukunft soll er keinerlei Umgang mit den Schismatikern pflegen und keine Verbindung mit ihnen eingehen. Jeder weiß, mit welcher Ergebenheit und Achtung Du den (rechtmäßigen) Papst anerkannt hast, wie sehr Du die römische Kirche beschützt und geehrt hast, wieviel Rücksicht und Zuneigung der Papst und die Kirche Dir entgegengebracht und wie sie sich bemüht haben, Deinen Wünschen zu entsprechen, wenn dem nichts entgegenstand. Wenn Dir Dein Heil am Herzen liegt, dann, Herr, darfst Du der Kirche nicht, gleich unter welchem Vorwand, etwas rauben, was ihr gehört, und Du darfst ihr kein Unrecht zufügen. Im Gegenteil, gewähre ihr in Deinem Königreich die Freiheit, die sie andernorts genießt. Erinnere Dich, daß Du in Westminster, als Dich mein Vorgänger salbte und zum König krönte, auf dem Altar geschworen hast, die Freiheiten der Kirche zu wahren. Darum gib der Kirche von Canterbury, die Dich gekrönt, das Wohlergehen und die Ehre zurück, die sie unter Deinen und meinen Vorgängern genossen hat. Gib ihr alle Ländereien, alle Schlösser und alle Pachthöfe zurück, die ihr gehörten und die Du nach Deinem Willen verteilt hast. Gib jedem, ob Kleriker oder Laie, alles das zurück, was ihm gestohlen wurde. Laß mich schließlich in Sicherheit und Frieden zu meiner kleinen Herde zurückkehren, auf daß ich mein Amt bei ihr erfülle, wie es mein Recht und meine Pflicht ist. Was mich anbetrifft, so bin ich bereit, Dir zu dienen als meinem vielgeliebten Herrn und König, in Treue und Ergebenheit, mit allen meinen Kräften und in allem, unter dem Vorbehalt der Ehre Gottes und der römischen Kirche und meines geistlichen Standes. Solltest Du Dich anders verhalten, dann wisse, daß Du der Härte der göttlichen Strafen nicht entgehen wirst.»

Die wiederholten Anspielungen, die Mischung aus Vorhaltungen und Erinnerungen an ihre alte Freundschaft, der immer wiederkehrende Hinweis auf «die Ehre Gottes und seines Standes» versetzten den König regelmäßig in Wut. Wir wissen nicht genau, was geschah, aber höchstwahrscheinlich ging auf das Haupt des Abtes von Cercamp ein heftiges Donnerwetter nieder. Unmittelbar darauf schrieb der König einen geharnischten Brief an den Abt von Cîteaux: Der Abt solle künftig seine Gläubigen keine beleidigenden Botschaften aus dem Mund des Erzbischofs von Canterbury mehr überbringen lassen.

Thomas Becket wollte der Entscheidung nicht mehr ausweichen. Alle Nachrichten, die ihn erreichten, bestärkten ihn in der Ansicht, daß noch länger zu warten ihm nur schaden würde. Mitte Mai traf sein treuer Gefährte Johannes von Belméis in Le Mans anläßlich einer großen Versammlung der Bischöfe und Barone aus dem Poitou mit dem König zusammen und söhnte sich mit ihm aus. Doch der Bischof von Poitiers vergaß darüber nicht den notleidenden Freund. Er hatte Thomas Beckets Neffen bei sich aufgenommen und steuerte beträchtliche Summen zu Thomas' Lebensunterhalt bei. In Anbetracht der Umstände verlangte das einigen Mut.

In Chinon klagte Heinrich II. «unter Seufzen und Stöhnen über das Verhalten des Erzbischofs ihm gegenüber. Anschließend sagte er – mit Tränen in den Augen, wie die Zeugen berichten –, daß dieser Prälat ihm zugleich den Leib und die Seele rauben wolle, und beschimpfte alle als Verräter, die nicht den Mut aufbrächten, ihn von einem Mann zu befreien, der ihm soviel Unbill bereite.» Vor allem scheint ihn die Sorge bewegt zu haben, Thomas Becket könnte die schrecklichen Waffen des kanonischen Rechts gegen ihn schleudern, über die er als päpstlicher Legat verfügte. Der König sandte Froger von Sées, Arnulf von Lisieux und Rotrou von Warwick, den Erzbischof von Rouen, nach Pontigny. Alle drei waren höchst beunruhigt. Der Erzbischof hatte seine Zuflucht inzwischen verlassen.

Thomas wollte endlich zum Schlag ausholen und bereitete sich vor «wie ein Mann, der vor der Schlacht seine Waffen putzt», wie Johannes von Salisbury in einem Brief an den Bischof Bartholomäus von Exeter schrieb. Dieser Brief ist ein unersetzliches Dokument für jeden, der die Ereignisse der ersten beiden Juni-Wochen zu rekonstruieren versucht. Thomas Becket hatte Pontigny verlassen und war nach Soissons geritten. Dort blieb er drei Tage und drei Nächte. In dieser Zeit betete er «vor drei berühmten Heiligen: vor einem Altar der Jungfrau Maria, die man in dieser Gegend inbrünstig verehrt; vor einem Altar des heiligen Drausius, zu dem die Kämpfer vor der Schlacht beten; schließlich vor einem Altar des heiligen Gregor, des Begründers der englischen Kirche».[1] Danach kehrte der Erzbischof nicht ins Kloster Pontigny zurück, sondern ritt weiter nach Vézelay. Abt Wilhelm von Merlot begrüßte ihn mit allen Ehren.

Der berühmte Hügel zog damals bereits beträchtliche Menschenmassen an. Seine Blüte und seinen Ruf als Pilgerstätte verdankte Vézelay den Reliquien der heiligen Maria Magdalena, der reuigen Sünderin aus dem Neuen Testament. Die Legende, vermischt mit den Heldentaten des Girard de Roussillon aus dem 9. Jahrhundert, faszinierte die Gläubigen. Aus dem gesamten christlichen Abendland strömten die Pilger herbei, und zu ihnen gesellten sich Dichter, Händler, Wechsler und Geschäftemacher aller Art, die alle auf ihre Weise von dem Menschenstrom profitieren wollten. Denn nicht allein zu Maria Magdalena pilgerten die Menschen; viele Gläubige aus Lothringen und Deutschland kamen auf dem Weg nach Santiago de Compostela, der berühmtesten Pilgerstätte des Abendlandes, in Vezélay vorbei.

Thomas Becket hatte noch Gelegenheit, das wunderbare Langhaus der Abteikirche mit den schlichten Gurtbögen aus farbigen Quadern zu betrachten, die ausgewogenen Proportionen, die Vielfalt der Skulpturen, die gewaltige Vorhalle, das Querschiff und den Chor im romanischen Stil. Einige Jahrzehnte später wurden Querschiff und Chor abgerissen und im neuen Stil wiederaufgebaut. Im Jahr 1165 hatte ein Brand die Krypta, wo die Reliquien aufbewahrt wurden, zerstört und die Abtei in Aufregung versetzt. Thomas Becket sah ein Jahr später davon keine Spuren mehr. Sehr lebendig war in Vézelay noch die Erinnerung an die denkwürdigen Ereignisse, die sich 20 Jahre zuvor, genauer zu Ostern des Jahres 1146, hier abgespielt hatten. Damals versammelte sich auf dem Hang vor der Kirche eine riesige Menschenmenge – Prälaten, Mönche, Ritter und Leute aus dem Volk. König Ludwig VII. von Frankreich, Königin Eleonore – mußte nicht Thomas allein schon deshalb daran denken, weil sie heute die Gattin seines Souveräns war? – und die zahlreichen Großvasallen wollten die flammende Rede Bernhards von Clairvaux hören, der von einer einfachen Holztribüne aus in mitreißenden Worten zum Zweiten Kreuzzug aufrief. Der Kreuzzug sollte in einem Desaster enden.

Dieses einzigartige Bauwerk vor dem endlosen Horizont schien von Anbeginn an der richtige Ort für flammende Reden. Am 12. Juni, dem Pfingsttag, wetterte der Erzbischof von Canterbury vom Lettner der Abteikirche gegen seine Gegner, unter ihm eine unüberschaubare Menschenmenge. Als erstes exkommunizierte er Johannes von Oxford, weil er «sich des Schismas schuldig gemacht hat, als er dem Kaiser einen frevelhaften Eid leistete, weil er Verbindungen zu Schismatikern in Köln unterhält und weil er das Dekanat der Kirche von Salisbury gegen den strikten Befehl des Papstes an sich gerissen hat...» Johannes von Salisbury führt in seinem Bericht die zahlreichen berechtigten Gründe dafür auf und fährt dann fort: «Desgleichen hat er den Kirchenbann verhängt über Richard (von Ilchester), den Archidiakon von Poitiers, über Richard von Lucé, Jocelin von Bailleul, Ranulf von

Broc, Hugo von Saint-Clair, Thomas Fitzbernard und über alle, die künftig Güter und Besitz der Kirche von Canterbury an sich reißen... Darüber hinaus hat der Erzbischof öffentlich das Schriftstück verurteilt, in dem die Bösewichte ihre verderblichen Pläne gegen die Kirche niedergelegt haben und das sie die *alten Gewohnheitsrechte* nennen. Er verhängte sein Anathema über alles, was gegen seine Autorität verstößt, besonders über die Bestimmungen, welche die Kirche von Rom ausdrücklich verdammt hat: daß ein Bischof einen Kronvasallen nicht ohne Zustimmung des Königs exkommunizieren darf; daß ein Bischof über die Angehörigen seiner Diözese nicht richten darf, wenn sie des Eidbruchs oder der Felonie angeklagt sind; daß Kleriker vor weltlichen Gerichten abgeurteilt werden; daß jeder Laie, ob Fürst oder nicht, über Streitfälle urteilen kann, welche die Kirchen oder den Zehnten betreffen; daß die Berufung zum Heiligen Stuhl, aus welchem Grund sie auch erfolgen mag, nur mit Zustimmung des Königs oder seiner Beamten zulässig ist; daß Erzbischöfe, Bischöfe und andere Würdenträger einem Ersuchen des Papstes nur dann folgen dürfen, wenn sie die Erlaubnis des Königs erhalten haben. Es folgten weitere Bestimmungen, die gleichfalls dem göttlichen Recht und den Grundsätzen der Kirchenväter zuwiderliefen. Dann entband Thomas Becket die Bischöfe von ihrer eidlichen Verpflichtung, diese Gewohnheitsrechte, die im Widerspruch zur Freiheit der Kirche standen, zu achten.»

Diese Geste hatte ungeheure Auswirkungen. Der Erzbischof von Canterbury hatte das Geschwür feierlich und in aller Öffentlichkeit aufgeschnitten. Ritter, Ratgeber, Beamte und Schreiber, kurzum alle, die sich wissentlich zum Instrument der königlichen Politik gemacht hatten, waren jetzt exkommuniziert, und die Artikel der Konstitutionen von Clarendon, in denen Heinrich II. seine politischen Absichten festgeschrieben hatte, öffentlich verurteilt.

Heinrich II. schlüpfte noch einmal durch die Maschen dieses Netzes. Doch es hat nicht den Anschein, als habe Thomas Becket den Herrscher schonen wollen. Vielmehr berichtet Johannes von Salisbury, der Erzbischof habe noch in Soissons einen Boten von Ludwig VII. empfangen. Der Bote habe ihm die Nachricht überbracht, daß «der König von England schwer erkrankt ist und nicht zu dem geplanten Treffen mit dem König der Franzosen kommen kann». Später sandte der König noch Richard von Ilchester und Richard von Le Hommet, den Konnetabel der Normandie. Beide bezeugten unter Eid, daß der König tatsächlich verhindert war. Diese Begründung akzeptierte Thomas, und er verschob die Exkommunikation des Königs. Etwas selbstgefällig fügt Johannes von Salisbury an, daß er dem Erzbischof zu diesem Aufschub geraten habe.

Von seiner Tribüne herab hatte Thomas Becket vor aller Ohren deutlich ausgesprochen, was er dachte: «Was den König anbetrifft, so hat er ihn öffentlich aufgefordert, Buße zu tun. Er hat ihm mit der Exkommunikation gedroht, sofern er nicht bald seine Haltung ändere und die Kränkungen, die er der Kirche zugefügt habe, sühne. Doch werde er es zum Äußersten nur kommen lassen, wenn es ganz und gar unumgänglich sei.» Johannes von Salisbury schließt mit dem lakonischen Satz: «Ich wüßte niemanden aus seiner Umgebung, der ihn drängte, diese Drohung wahrzumachen.»

Unmittelbar nach seiner Rückkehr nach Pontigny schrieb Thomas Becket dem König einen dritten, sehr langen Brief, gespickt mit Anspielungen auf die Bibel, die Kirchenväter und die Geschichte. In aggressivem Ton verdeutlichte er noch einmal seine Drohungen: «Ich habe die große Hoffnung gehegt, der Herr möge sich Dir zuwenden; Du mögest bereuen und als ein anderer Mensch den Weg des Bösen aufgeben, Dich von Deinen verderbten Freunden trennen, deren Rat und Ermutigung Dich an den Rand des Abgrunds treiben... Solltest Du nicht auf mich hören, auf mich, der ich jeden Tag vor der Majestät des fleischlich gegenwärtigen Christus unter Tränen und Seufzern für Dich bete, so werde ich meine Stimme gegen Dich erheben und rufen: Stehe auf, mein Gott, und richte in deiner Sache; bedenke, welches Unrecht und welche Kränkungen der König von England und die Seinen Tag für Tag dir und den Deinen zugefügt haben... Räche, Herr, die zahllosen Kränkungen, die sie erlitten haben.»[2]

Mit dem ihm eigenen Sinn fürs Dramatische richtete sich der Erzbischof in diesen ersten Sommerwochen des Jahres 1166 wild und bedrohlich auf. Äußerlich wirkte er schwach, doch er war standhaft und unnachgiebig. So sah man ihn bald auch in Stein gehauen in der Krypta der Kathedrale von Canterbury: Die Mitra auf dem Kopf, das entfaltete Pallium vor sich und den gebieterischen Krummstab in der Hand wirft er einen vernichtenden Blick auf einen unsichtbaren Widersacher.[3]

Heinrich II. empfing diese Schelte mit prophetischem Unterton in der zweiten Hälfte des Monats Juni. Er war gerade auf dem Weg in die Bretagne, um aufständische Vasallen niederzuwerfen. Obwohl er strikt befohlen hatte, alle Küsten und Häfen zu überwachen, damit der Erzbischof dem englischen Klerus keine Anweisungen übermitteln konnte, gelangten die päpstliches Breves und die von Thomas Becket verhängten Sanktionen über den Kanal.

Am 30. Juni 1166 beging Gilbert Foliot in der Kathedrale von London feierlich das Fest des heiligen Paulus. Mitten in der Feier übergab man ihm zwei zusammengefaltete, gesiegelte Schreiben. Das eine datierte vom 5. Mai und stammte von Papst Alexander III. Darin wurden der Bischof von London und die Suffragane von Canterbury gemahnt, die Entscheidungen Thomas Bekkets, des päpstlichen Legaten, zu respektieren. Das zweite Schreiben kam vom Erzbischof selbst. Er verkündete offiziell die kanonischen Sanktionen, die er in Vézelay verhängt hatte, und verurteilte definitiv die Konstitutionen von Clarendon. «Nachdem wir den Heiligen Geist angerufen haben», schrieb der Primas, «haben wir das Dokument verdammt und für null und nichtig erklärt, das die Gewohnheiten oder vielmehr die Mißbräuche enthält, die die Kirche von England erschüttern und in Unruhe versetzen. Wir haben diejenigen exkommuniziert, die zu diesen Maßnahmen geraten und sie verteidigt haben, wie auch diejenigen, die sie verkündet und sich daran gehalten haben... Wir entbinden Euch alle von dem Eid, diese Bestimmungen einzuhalten, da sie im Widerspruch zu den kirchlichen Gesetzen stehen... Wir haben bislang noch davon abgesehen, gegen den König die Strafe der Exkommunikation auszusprechen, weil wir hoffen, daß Gott in seiner Gnade ihn zur Reue führen möge. Doch wir sind entschlossen, sie alsbald zu verhängen, sollte die Reue allzu lange auf sich warten lassen... Alle Bischöfe werden dafür Sorge tragen, daß die Namen der Exkommunizierten den benachbarten Bischöfen und den Angehörigen ihrer Diözese bekannt gemacht werden. Die Namen werden für jedermann sichtbar an den Kirchentüren angeschlagen, auf daß niemand Unwissenheit vorschützen kann, und den Schuldigen wird der Zutritt zu den Kirchen verwehrt. Was Dich betrifft, Bruder, Bischof von London, so fordern wir Dich im Namen des Gehorsams auf, das Vorliegende allen unseren verehrungswürdigen Brüdern und Amtsbrüdern in unserem Bezirk zur Kenntnis zu bringen. Auf Wiedersehen im Herrn. Und bete inbrünstig für uns.»

Nach einer so langen Zeit des Abwartens wirkte eine solche Aufforderung wie eine Provokation. Gilbert Foliot war aufs höchste bestürzt und schrieb umgehend an Heinrich II. Der Brief steckte voller Widersprüche und zeigte deutlich, wie verwirrt und ratlos der englische Episkopat war. Die Bischöfe reagierten auf das Alarmläuten mit einem honigsüßen Brief. Mit großer Bewegung hätten sie vernommen, daß der Erzbischof sich «in Bescheidenheit und Armut» zurückgezogen habe und sich ganz «der Lektüre, dem Gebet und geistlichen Übungen» hingebe. Und, so muß man wohl ergänzen, sie bedauerten, daß er es nicht damit bewenden ließ. Man unterstrich mehrfach, wieviel Wohlwollen ihm der König entgegengebracht habe und wie undankbar sich ein Mann verhalte, den ein so mächtiger Herrscher «von den unsteten menschlichen Dingen zu den unwandelbaren göttlichen Dingen» habe führen wollen. Es sei undenkbar, daß der Primas so weit gehe, seinen Herrscher zu exkommunizieren. «Man darf sich nicht von Gefühlen fortreißen lassen, sondern man muß umsichtig und wohlüberlegt handeln. Deshalb bitten wir Dich mit einer Stimme: Setze nicht die Herde aufs Spiel, die Deiner Obhut anvertraut ist; durch unbedachte Maßnahmen würdest Du Gefahr laufen, sie zu verlieren. Bemühe Dich vielmehr, mit väterlicher Güte dafür zu sorgen, daß sie in Ruhe und Sicherheit leben kann.»

Für den Fall, daß Thomas Becket seine pflichtwidrigen Unternehmungen fortsetzen sollte, hatten die Bischöfe beschlossen, vor dem römischen Gericht Berufung einzulegen. In diesem Entschluß bestärkte sie der König, der seit dem unerhörten Vorfall von Vézelay vor Wut kochte. Für die Anhänger des Erzbischofs war es ein leichtes, die Inkonsequenz einer solchen Haltung aufzuzeigen: Die Bischöfe wollten zu einem Rechtsmittel greifen, das in den Konstitutionen von Clarendon ausdrücklich verboten worden war. Verwunderung löste auch die Wahl des Prälaten aus, der das Verfahren in die Wege leiten sollte: Jocelin von Salisbury, den Thomas Becket exkommuniziert hatte, weil er unter Mißachtung der Canones Johannes von Oxford, einen der Teilnehmer des Würzburger Hoftages, zum Dekan ernannt hatte. Im Mai hatte Alexander III. diese Strafe zweimal bestätigt.

Spielte das eine Rolle? Der Episkopat war in äußerster Bedrängnis. Man teilte dem Legaten den endgültigen Beschluß mit: «Aus Furcht, Du könntest etwas tun, was dem Herrn zum Nachteil gereicht, was die Ehre der heiligen römischen Kirche befleckt und ihr schadet und was schließlich uns alle in die größte Verlegenheit brächte, legen wir Berufung in Rom ein. Wir haben bereits laut und im Angesicht der Kirche unseren Herrn Papst angerufen, da wir fürchten, Du könntest diese Strafe verhängen.[4] Wir wiederholen unsere Berufung heute schriftlich und setzen als Fristende den Tag der Auferstehung (1167) fest. Wir wünschen inbrünstig, daß Du den nützlichen Ratschlägen folgst und uns wie Dir neue Verwicklungen ersparst, indem Du eine Lösung für diese Schwierigkeiten findest. Vater, wir grüßen Dich im Herrn.»

Thomas Becket fühlte sich keineswegs in die Enge getrieben. In einem Zug schrieb er einen mehrseitigen Brief, der ihm bereits in den ersten Zeilen zu einem bissigen Pamphlet geriet: «Thomas, von Gottes Gnaden demütiger Diener der Kirche von Canterbury, grüßt seine verehrungswürdigen Brüder, von Gottes Gnaden Bischöfe im Bezirk Kent, soweit sie den Brief geschrieben haben, den er erhalten hat, und ermutigt sie, das zu tun, was sie nicht tun.» Konnte man mit mehr Unbefangenheit unverschämt sein?

Es ist unmöglich, den gesamten Brief hier wiederzugeben. Wie in einem Manifest listet Thomas Becket seine in Studien und durch Erfahrung gereiften Gedanken auf. Einmal mehr und fast bis zum Überdruß beklagt er den fehlenden Mut des englischen

Episkopats. Sein langes Schweigen rechtfertigt er damit, daß er allgemeine Empörung erwartet habe. Mit beißender Ironie fährt er fort: «Gebe der Himmel, Ihr hättet für die Verteidigung der kirchlichen Freiheiten denselben Eifer entfaltet, mit dem Ihr jetzt alles daransetzt, sie zu zerstören, und der Eure Berufungsschrift beseelt!» Nachdem er sein Verhalten als Primas gerechtfertigt hat, versucht er, den Kampfgeist dieser «müßigen und nachlässigen Hirten» anzustacheln. Dann hält er ihnen vor, wie schlecht man ihn behandelt habe, setzt ihnen die Gründe für seine heimliche Abreise auseinander und prangert diejenigen an, die eine moralische Schuld trifft. Mit jeder Seite taucht er tiefer in den Konflikt ein, kommt ausführlich auf die Bedingungen seiner Wahl zu sprechen (mit einem Seitenhieb auf Gilbert Foliot) und wäscht sich von der Sünde der Undankbarkeit rein, die man ihm immer wieder vorgeworfen hat. Auch für ihn gelte, daß «der Dienst an Gott Vorrang hat». Was die in Vézelay verhängten Exkommunikationen anbetrifft: Lag es denn nicht in der Natur der Sache, die Schismatiker zu bestrafen, Männer ohne Glauben, die uralte Privilegien der Kirche angreifen wollten? Er beruft sich auf Dekrete der Konzilien und auf unanfechtbare Autoritäten: die Päpste Leo, Kalixt, Clemens und Gregor. Dann auch noch auf die Heilige Schrift. Ausführlich geht er auf den Fall des Johannes von Oxford ein. Alle sollten mißtrauisch sein gegenüber den «Sicherheiten», die der König versprochen habe. Aber der Souverän solle «sich nicht schämen, in sich zu gehen, sich in Demut und Reue Gott zu Füßen zu werfen und das Unrecht wiedergutzumachen, das er gegen den Herrn und seine Kirche verübt hat». Die Bischöfe sollten sich hüten, ihn schlecht zu beraten mit honigsüßen Worten, «vergleichbar dem strahlenden Kelch von Babylon, der, obschon außen und innen vergiftet, mit dem Glanz seines Goldes die Lippen verführte».

Die Beweisführung war so wortreich, die Angriffe so wütend und der Ton mitunter so bissig, daß Gilbert Foliot empört beschloß, Thomas Becket persönlich zu antworten. Seine Erwiderung kleidete er in die Form einer Persiflage. Er verneige sich vor der Brillanz des erzbischöflichen Briefes, «der ebenso gelehrt wie ausführlich ist, mannigfaltig und reich an Inhalt», aber er frage sich, warum der Erzbischof gerade ihn als Zielscheibe auserkoren habe. «Es ist verwunderlich, daß ein Mann von besonnenem Geist, eine bedeutende und fromme Persönlichkeit, ein Meister, den seine Würde und seine Lehre darauf verpflichten, die Wahrheit über alles zu stellen, so heftig aufbraust, wenn man ihm die Wahrheit sagt, die Ratschläge eines Sohnes zurückweist, ihm Absichten unterstellt, die er nie gehabt hat, und ihn in einer Weise verurteilt, die er nicht verdient.» Jeder, der Thomas Beckets zügelloses Temperament kannte, mußte den grausamen Humor dieser Zeilen verstehen.

Aber der Bischof von London ging noch weiter. Auf den Vorwurf, er habe die Würde des Primas angestrebt, antwortet er: «Wir beklagen nicht, daß man Dir bei der Wahl (auf den Bischofsstuhl von Canterbury) vor uns den Vorzug gegeben hat. Unser ganzes Sehnen und Wünschen galt nicht unserem persönlichen Interesse, sondern dem unseres Herrn Jesus Christus; nicht für uns wünschten wir den Ruhm, sondern für seinen Namen, und wir bedauern, daß die Dinge einen anderen Verlauf genommen haben.» Dann holt er aus seiner Sicht noch einmal die Vergangenheit hervor, geht ausführlich auf die Ereignisse in Clarendon ein und rechtfertigt das Verhalten seiner bischöflichen Amtsbrüder: «Sie haben es nicht an Mut fehlen lassen. Weil sie den Dingen dieser Welt keinen Wert beimessen, haben sie sich mit ihrem Besitz Christus und seiner Kirche verschrieben... Unser Feldherr hat die Flucht ergriffen. Unser Oberhaupt ist fahnenflüchtig geworden.» Wieder begegnet uns dieser bohrende Zweifel. Man verstand nicht, warum Thomas Becket umgeschwenkt war, den Eid gebrochen hatte.

Und dann kommt Gilbert Foliot auf die Rechte und Pflichten der Kirche und die Prärogativen des Fürsten zu sprechen. Auch er führt – und weitaus gekonnter als Thomas – Beispiele aus Büchern an. Mit sichtlicher Genugtuung zitiert er Papst Gelasius, Leo IV., erinnert an Präzedenzfälle und reiht Bibelstelle an Bibelstelle. Der Erzbischof solle sich hüten, Heinrich II. zu exkommunizieren, «denn davon ist nicht nur die kleine Zahl seiner Söhne betroffen, sondern eine ganze Schar von Völkern... Der Herr stellte seinen Jüngern die Kindheit als Vorbild vor Augen, die weder Zorn noch Rachsucht, weder Ehrgeiz noch Bosheit kennt und alle Ungerechtigkeit mit der Unschuld und dem Glück ihres Lebens bedeckt. Wenn Du unseren Kummer zerstreust, wird allenthalben wieder Freude und Frieden einkehren. Darüber hinaus wird unser vielgeliebter und frommer Herr König Dir alles gewähren, um was Du bittest, und noch viel mehr, denn Gott hat seinen Geist erleuchtet und erfüllt mit jedem Tag mehr sein Herz mit Barmherzigkeit.»

Trotz aller Spitzen zeugt dieser Brief durchaus von vornehmer Gesinnung. Einige Bemerkungen zeigen, daß der Bischof von London die Situation klar erfaßte: «Du solltest all deine Klugheit aufbieten und verhindern, daß der Zank zwischen Dir und dem König nach und nach immer größere Ausmaße annimmt, bis schließlich ein winziger Funken zum Unglück aller einen riesigen Brand entfacht.» Das war klug erkannt. Leider macht Gilbert Foliot diese hellsichtige Analyse der Ereignisse dann wieder teilweise zunichte. So wirft er dem Primas vor, er habe seinen Bischofsstuhl für tausend Mark gekauft, und fährt dann fort: «Ein Unternehmen, daß so schäbig begonnen wurde, verhieß von vornherein nichts Gutes». Der Prälat war alles andere als ein Heiliger. Aber es gibt keinen Anlaß zu der Vermutung, daß er nicht ehrlich gewesen wäre. Er sprach das aus, was die Mehrheit der Bischöfe dachte und was Rotrou von Warwick, der mit einem differenzierteren Urteilsvermögen ausgestattete Erzbischof von Rouen, an Papst Alexander III. schrieb: «Die kirchliche Würde und die königliche Würde schreiten Hand in Hand voran, denn weder erreichen die Könige ihr Heil ohne die Kirche, noch gelangt die Kirche zum Frieden ohne den Schutz der Könige.»

Zur gleichen Zeit betonten die Suffragane von Canterbury, daß die Reform der Kirche in England parallel zu einer Reform des Staatswesens erfolgen müsse. Diese Haltung entsprach weitgehend auch der Auffassung des Papstes. Als Verfechter der Ordnung konnte Gilbert Foliot diesen endlosen Zwist nur streng verurteilen. «Vielleicht hat er sich über den König und dessen wahre Absichten getäuscht», schrieb Marcel Pacaut, «vielleicht hat er Thomas Becket wirklich gehaßt; aber die Sache der Kirche, die sich nicht immer mit der des Primas deckte, hat er nicht verraten.»

Heinrich II. ließ nicht von seinem Zorn ab. Seine gefährlichen Absichten traten immer deutlicher hervor. Zwar hatte der Bannstrahl von der Kanzel in Vézelay ihn persönlich nicht getroffen, aber doch mehrere köngliche Beamte und damit indirekt auch den König. Die Briefe, die zwischen dem Legaten und den Bischöfen hin- und hergingen, zeigten deutlich, daß Thomas Becket zum Äußersten entschlossen war, und Heinrich verspürte nicht die geringste Lust, sich dem Willen seines ehemaligen Kanzlers zu beugen. Er wollte die Pläne des Primas mit allen Mitteln durchkreuzen und ihm das tägliche Leben so schwer wie möglich machen.

Am 14. September 1166 erhielt das Generalkapitel des Zisterzienserordens vom englischen König den strikten Befehl, den unerwünschten Gast aus Pontigny zu vertreiben. Die Aufforderung war mit einer erschreckend deutlichen Drohung verbunden: Sollte das Kapitel dem Willen des Königs nicht umgehend entsprechen, behalte er es sich vor, mit den Besitzungen des Ordens auf königlichem Territorium nach Gutdünken zu verfahren. Wir haben bereits gesehen, wie rasch sich diese Stätten des Gebets innerhalb von vier Jahrzehnten von Schottland bis Aquitanien ausgebreitet hatten. Tausende von Mönchen waren von dieser Drohung unmittelbar betroffen. Die Äbte kamen in Cluny zusammen und berieten drei Tage lang. Das Ergebnis konnte nicht anders ausfallen: Der Erzbischof von Canterbury durfte in Pontigny, der symbolträchtigen zweiten Tochter des Ordens, nicht länger bleiben, aber ebensowenig auch in einem anderen Kloster, das aus der Reform von Robert von Molesme und Stephan Harding hervorgegangen war.

Es muß festgehalten werden, daß man sich keine Mühe gab, die Gefühle des Prälaten zu schonen. Zusammen mit einigen anderen Äbten und mit dem Bischof von Paris ritt der Abt von Cîteaux die wenigen Meilen nach Pontigny und klärte Thomas Becket über den Konflikt auf. Der Mönch Roger erwähnt diese kritische Episode – was verständlich ist – mit keinem Wort. Herbert von Bosham hingegen hatte keinen Grund, einen Schleier über dieses Musterbeispiel salbungsvoller kirchlicher Rhetorik zu breiten: «Das Kapitel, erklärten sie, verjagt dich nicht, und ebensowenig schickt es dich aufgrund dieser Anordnung (des Königs) fort. Es legt dir nur nahe, daß du weise abwägst, was zu tun ist. Das Kapitel weiß sehr genau, und auch wir wissen es, daß du unseren Orden viel zu sehr liebst, als daß du die Absicht haben könntest, ihm zu schaden oder zuzulassen, daß durch dein Verschulden seine geistlichen oder weltlichen Interessen geschmälert werden.»

Der Abt von Pontigny war über diese Behandlung empört, doch Thomas Becket begriff sofort, daß er die Ufer des Serein verlassen mußte. Der Erzbischof beugte sich in Würde und kommentierte, «er werde überall, wohin er mit den Gefährten seines Exils auch gehe, auf den Herrn bauen, der die Vögel des Himmels und die Lilien des Feldes ernährt». Es ist nicht zu leugnen, daß das Kapitel von Cîteaux sich feig verhalten hat. Heinrich II. hatte einmal mehr seinen niedersten Instinkten nachgegeben und sich wie ein Landsknecht betragen.

Ludwig VII., der «gekrönte Mönch», wie man ihn gelegentlich spöttisch nannte, bewies mehr Mut und strafte Johannes von Salisbury Lügen, der an Thomas Becket einmal geschrieben hatte, man dürfe vom König von Frankreich nicht viel erwarten, wenn die Lage brenzlig werde. Herbert von Bosham, der den König stets über seine Schritte auf dem laufenden hielt, erstattete ihm Bericht. Ludwig war aufgebracht über das Verhalten des Ordens. «Grüße den Erzbischof, deinen Herrn», trug er Herbert auf, «und sage ihm, daß ich ihn, bei meinem Glauben, niemals im Stich lassen werde, auch wenn alle ihn im Stich lassen, selbst diejenigen, die behaupten, daß sie der Welt abgestorben seien. Was immer auch der König von England, mein Lehnsmann, gegen ihn versucht oder unternimmt, ich werde ihn schützen... Er möge nur sagen, welche Stadt, welches Schloß, welche Residenz er auf unserem Territorium wünscht, und alles wird bei seiner Ankunft dort bereit sein.»

Soviel Großzügigkeit rührte den Erzbischof. Aber er lehnte das Angebot ab, weil es ihm zu prunkvoll erschien. Er gab sich mit einer einfachen Klosterzelle in einer Benediktinerabtei zufrieden, die er gut kannte: Sainte-Colombe bei Sens. Die Klostergebäude lagen südlich der Stadt am Ufer der Yonne auf königlichem Gebiet.

Im November nahm Thomas Becket bewegt Abschied von Pontigny. Seine innere Unruhe war umso größer, als er – wie Herbert von Bosham und William von Canterbury berichten – unter dem Eindruck einer schrecklichen Offenbarung stand, von der er nur unter Tränen erzählen konnte. In der Nacht vor seiner Abreise hatte der Primas bis ins kleinste Detail sein Ende gesehen. Die seelische Erschütterung, der Schock wurde ein wenig durch die Begeisterung gemildert, mit der ihn Erzbischof Hugo von Sens, die Geistlichen und die Bewohner von Sens begrüßten. Sie «empfingen ihn freudig und drängten sich um ihn». Jeder wollte Thomas Becket und seinen Begleitern – einige Geistliche und der Chorherr Robert von Merton – den Aufenthalt so angenehm wie möglich gestalten. Der Abt und die Mönche von Sainte-Colombe, einige der bedeutendsten Prälaten des Königreichs und der König selbst schützten seine Zufluchtsstätte. Vor Thomas Becket lagen vier karge Jahre, ausgefüllt mit Gebet und Studien. Er lebte zwischen den Mauern eines winzigen Zimmers, während draußen der Lärm der Welt weitertobte.

Kapitel VII

Eine übermenschliche Not

Ludwig VII. ließ es nicht an Aufmerksamkeit fehlen. Herbert von Bosham pries in lyrischen Worten das «liebliche Frankreich», das einzigartige Blau des Himmels, die saftigen Wiesen und die rührende Gastfreundschaft. Doch Thomas Becket war am Tiefpunkt angelangt. Vergebens machte Johannes von Salisbury seiner Empörung darüber Luft, daß die englischen Bischöfe gegen ihren Primas und päpstlichen Legaten beim Papst Berufung eingelegt hatten. Was nützte es angesichts der diplomatischen Erfordernisse, daß einer der besten Köpfe der Zeit sich für Thomas Becket einsetzte? Was wogen schon die zaghaften Vermittlungsversuche eines Arnulf von Lisieux oder die deutlichen Worte des neugewählten Bischofs Wilhelm von Chartres (auch wenn er der Sohn des Grafen Theobald von der Champagne war)? Unversöhnlich standen sich die unterschiedlichen Interessen gegenüber. Es ging um das das Schicksal der Christenheit und die Zukunft des im Entstehen begriffenen Europa.

Die Machtposition des deutschen Kaisers, kurzfristig durch die Aufstände in den italienischen Städten bedroht, festigte sich in gefährlicher Weise. Alexander III. hatte ständig das Schreckensbild einer Allianz zischen Friedrich Barbarossa und dem sizilianisch-normannischen Königreich vor Augen, das unter den Wirren einer langen Regentschaft litt. Der Kirchenstaat wäre außerstande, diesem gigantischen Schraubstock lange standzuhalten. Der Papst war über die Kontakte zwischen dem Kaiser und Heinrich Plantagenet genau im Bilde. Anfang des Jahres wurde anläßlich der Kanonisierung Karls des Großen eine Urkunde veröffentlicht – ein Dokument von geradezu blendender Klarheit –, in der Friedrich Barbarossa ganz offen bekannte, er sei «durch die Bitte seines vielgeliebten Freundes Heinrich, des Königs von England, ermutigt» worden. Nach Johannes von Salisbury hätte

Heinrich gegen eine italienische Allianz nichts einzuwenden gehabt. Wilhelm V. von Montferrat schwankte zwischen den Fronten, je nachdem, wo er gerade seine Interessen sah (während des Zweiten Kreuzzugs hatte er bald mit der kaiserlichen Armee, bald an der Seite der französischen Truppen gekämpft). Vor kurzem hatte er eine Gesandtschaft zu Heinrich geschickt, um den König zu «bitten, seinem Sohn eine seiner Töchter zur Frau zu geben». Heinrich II. ergriff diese einmalige Gelegenheit und sandte drei Botschafter nach Italien, von denen er annahm, daß sie seine Sache dort gut vertreten würden: Johannes Cumin, Ralph von Stamford und den unverwüstlichen Johannes von Oxford.

Bis auf den Archidiakon von Salisbury waren die Unterhändler unbedeutende Männer. Und doch hatte Heinrich damit einen gewagten Schachzug unternommen: Nach seinem Auftritt beim Hoftag in Würzburg war Johannes von Oxford exkommuniziert worden, und zweimal hatte der Mann, den er jetzt überzeugen sollte, die Strafe bestätigt: der Papst.

Inzwischen zweifelte auch der sonst so selbstsichere König daran, ob diese in der Tat merkwürdige Entscheidung richtig war. Er wählte Gilbert Foliot als Mittelsmann und schrieb an eine Reihe von Kardinälen einen ziemlich nichtssagenden Brief, mit dem er seinen Standpunkt in der Auseinandersetzung rechtfertigen wollte. Gilbert Foliot hat diesen Brief der Nachwelt überliefert. Der König ging darin auf die Konstitutionen von Clarendon ein und betonte, sie entsprächen den Gepflogenheiten «aus der Zeit (seiner) glorreichen Ahnen, ... wie die ältesten und weisesten Männer des Königsreichs, Geistliche wie Laien, bezeugen können». Er zeigte sich erstaunt über den Vorwurf, er verkehre mit einem Exkommunizierten, denn, so Heinrich, der Kaiser sei nie exkommuniziert worden. Strenggenommen war das richtig. Und was die Heirat seiner Tochter mit einem Abkömmling Friedrich Barbarossas anbetraf, so konnte er auf berühmte Vorbilder verweisen: Hatte nicht seine noch lebende Mutter, die Tochter Heinrichs I. Beauclerc, Kaiser Heinrich V. «glorreichen Angedenkens» geheiratet?[1] Und zu Thomas Becket: Der Erzbischof habe nie auch nur den geringsten Grund zur Flucht gehabt und könne jederzeit in sein Königreich zurückkehren. Heinrich versuchte offensichtlich, dem Streit die Spitze zu nehmen.

Der Brief schloß mit einer stolzen Bekräftigung der königlichen Macht: «Wenn man Dir beweist, daß wir in irgendeinem Punkt gefehlt oder unsere Rechte überschritten haben, so werden wir gemäß dem Rat der Geistlichen und der Barone gerne Abhilfe schaffen, unter Beachtung der Rechte, Gewohnheiten und Prärogative des Königsreichs. Wenn jemand die Absicht hegt, diese Rechte, Gewohnheiten und Prärogative abzuschaffen oder zu beschneiden, werden wir ihn als Staatsfeind betrachten, als Gegner unseres Glücks und des Glücks der Krone. Wir werden niemals dulden, daß man das Erbe schmälert, das unsere glorreichen Ahnen unter den heiligsten Päpsten besessen und an uns weitergegeben haben.»

So lautstark der König auch auf seine Rechte pochte, es schwang Besorgnis mit in dem Brief. Doch er unterschätzte die bemerkenswerten Talente des Johannes von Oxford. Meisterlich nutzte er die Ängste Alexanders III. aus, beeinflußte wichtige Angehörige der Kurie, heuchelte Erstaunen über die gegen ihn erhobenen Vorwürfe, rechtfertigte aus dem Stegreif die Positionen des Königs und erreichte so sein Ziel. Und sogar noch mehr. Der beharrliche Unterhändler wurde vom Kirchenbann losgesprochen und kehrte hoch erhobenen Hauptes nach England zurück; der Papst hatte ihn als Dekan von Salisbury bestätigt. Johannes von Oxford, der überall «der Schwörer» genannt wurde, hatte im Verlauf eines heftigen Wortgefechts durchgesetzt, daß der Papst zwei Legaten *a latere* entsandte und mit außerordentlichen Vollmachten zur Beilegung des Konflikts zwischen Heinrich II. und dem Primas ausstattete.

Thomas Becket erfuhr von dieser Entscheidung des Papstes einige Tage nach seiner Ankunft in Sainte-Colombe. All seine Bemühungen waren damit zunichte. Mit einem Federstrich hatte der Papst ihm die Macht genommen, die er ihm im Jahr zuvor erst verliehen hatte. Alexander III. verzichtete zugunsten eines Dritten auf sein Recht, in letzter Instanz zu urteilen. Als Thomas Becket die Namen der Legaten erfuhr, war er vollends niedergeschlagen: Wilhelm von Pavia, Kardinalpriester mit der Titelkirche San Pietro in Vincoli, war ein erbitterter Feind des Primas und stand erklärtermaßen auf der Seite des englischen Königs. Der zweite Legat, Odo von Ostia, Kardinaldiakon mit der Titelkirche San Nicolò in Carcere Tulliano, war zwar kein Feind Thomas Beckets, jedoch eine farblose Persönlichkeit und dem zu erwartenden Sturm kaum gewachsen.

Alexander III. setzte Heinrich II. und den König von Frankreich von seiner Entscheidung in Kenntnis. Zugleich schrieb er Thomas Becket einen Brief und forderte ihn dringend dazu auf, sich in das Unabänderliche zu fügen. Der Auftrag der Legaten laute, «durch gütliche Einigung Frieden und Einvernehmen zwischen (dem Erzbischof) und dem Monarchen wiederherzustellen». Da Alexander nach wie vor wütende Vorstöße von seiten des Primas fürchtete, warnte er ihn unmißverständlich: «Weil wir Wert darauf legen, daß Du und die Kirche Frieden finden, und weil wir glauben, daß es für die gesamte Kirche von Vorteil sein wird, bitten wir Dich, und durch dieses apostolische Breve raten und befehlen wir Dir, daß Du Dir in Ruhe vor Augen führst und zu der Einsicht gelangst, wie gefährlich die gegenwärtige Lage ist, und daß die Kirche, die Deiner Fürsorge anvertraut wurde, Deiner Anwesenheit und Führung bedarf. Darum mußt Du guten Willen zeigen und Dich mit dem Souverän aussöhnen, dann wird Deine Ehre und die der Kirche unangetastet bleiben. Und wenn nicht alles nach Deinen Wünschen vonstatten geht, dann fasse Dich in Geduld... Später wirst Du nach und nach all das beseitigen können, wovon Du heute nicht einmal sprechen darfst, so Du nicht einen Sturm entfachen willst... Du kannst Dich diesen Kardinälen voll und ganz anvertrauen und darfst Wilhelm gegenüber kein Mißtrauen hegen. Wir haben ihm in aller Form befohlen, alles in seiner Macht Stehende zu tun, um Dir wieder Frieden zu geben, und er hat uns das in einer Weise versprochen, daß wir in dieser Sache nicht den geringsten Zweifel hegen.»

Thomas Becket war niedergeschmettert. Zu allem Überfluß hatte ihm ein aufmerksamer Freund auch noch etwas Gutes tun wollen und ihm eine Abschrift der Nachricht zukommen lassen, die Alexander an den englischen König geschickt hatte. Das Schreiben war maßvoll im Ton, aber die Legaten wurden mit geradezu überwältigenden Vollmachten ausgestattet. Sie sollten im Namen des Papstes «mit der ganzen Fülle seiner Macht» handeln und «in allen Angelegenheiten seine Stelle einnehmen». Der Papst bat Ludwig VII., alles zu tun, um eine Annäherung zu fördern, und vertraute ihm eine Bitte an: «Für den Fall, daß diese Angelegenheit scheitern sollte – was Gott verhindern möge –, sähen wir es gern, ja wünschten wir lebhaft, sofern es Dir genehm wäre und die Großen Deines Reiches nicht über die Maßen verärgerte, daß Du dem Erzbischof eine besondere Würde verliehest und er als Legat in deinem Land unsere Macht ausübte.»

Die Situation des Papstes war schwierig; er spürte, daß sich ein schreckliches Gewitter zusammenbraute. Er hätte nicht deutlicher zeigen können, wie lästig ihm Thomas Becket geworden war. In Fragen der Lehre stimmten die beiden Männer im wesentlichen zwar überein (wenn auch mit sehr vielen kleinen Nuancen, was das «Petrusamt» und den konkreten Ausdruck der Vorrangstellung des geistlichen Bereichs anging). In ihrer Wesensart jedoch, in der Einschätzung von Kräfteverhältnissen, in ihrer intellektuellen und charakterlichen Bildung waren sie grundverschieden. Marcel Pacaut hat die Gegensätze sehr genau erfaßt: «Zwischen ihnen steht mehr als nur eine unterschiedliche Auffassung davon, welche Taktik man verfolgen und welche Ziele man erreichen soll. Es sind charakterliche Gegensätze... Alexander III. mag keine unvorsichtigen Menschen; er ärgert sich über Schwätzer und über alle, die meinen, sie müßten ihren Gedanken und Gefühlen unablässig durch theatralische Gesten und lautstarke Erklärungen Ausdruck verleihen. Das Aufheben, das von dieser Angelegenheit und ihrem Protagonisten gemacht wird, mißfällt ihm sehr. Thomas Becket hat allzu wenig von der sanften Demut eines Franz von Assisi.» Fügen wir hinzu, daß der ehemalige Student, der einen so kometenhaften Aufstieg hinter sich hatte, oftmals zu einseitig dachte und zu ungestümen Ausbrüchen neigte. Sein Gegenüber war einer der glänzendsten Köpfe der Universität von Bologna, der in einer schwierigen Zeit zwischen den Fronten lavierte. Mißt man die Situation der Zeit mit der Elle des gesunden

Menschenverstands, so kann man sich des Eindrucks nicht erwehren, daß der Erzbischof geradewegs in die Katastrophe steuerte.

Die Benennung der Legaten wirkte auf Thomas Becket wie eine Ohrfeige. Dieser Akt war ein öffentlicher Tadel, in seinen Augen gar Verrat. Und er versäumte es nicht, das überall auch laut und deutlich auszusprechen. In rüden Worten warf er dem Papst vor, seine Haltung beflecke «eine Ehre, die bis zum heutigen Tag makellos geglänzt hat». Einem seiner Kleriker, Johannes von Canterbury, der zu der Zeit gerade in Rom weilte, berichtete er von skandalösen Ereignissen: Johannes von Oxford sei in Southampton triumphal empfangen worden und habe die Niedertracht besessen, Robert von Melun, dem Bischof von Hereford, Reisen aufs Festland zu untersagen; und Gilbert Foliot habe sich schamlos gefreut.

Dem Papst wollte er nun endlich die Wahrheit ins Gesicht sagen: «Wir werden niemals dulden, daß unsere Feinde über uns richten, und vor allem werden wir Wilhelm von Pavia nicht als Richter anerkennen, denn er haßt uns und möchte uns beseitigen, damit er sich dann selbst auf unseren Stuhl setzen kann, der ihm, wie man hört, versprochen wurde.» Eine maßlose Übertreibung, und auf ein bloßes Gerücht hin. Gegenüber dem Erzbischof Konrad von Mainz, den Thomas auf dem Konzil von Tours als Freund gewonnen hatte, ließ er seinem Zorn freien Lauf: «Rom hatte fast das ganze Universum unterworfen, nun ist es der Habgier erlegen... Um den Preis weltlichen Gewinns reißt es die Freiheiten der Kirche mit in die Tiefe. Der Weg zu seinem Untergang war mit Gold gepflastert. Rom hat sich öffentlich zur Hure der Könige gemacht. Es ist ihrem verderblichen Werben erlegen, hat das Unrecht empfangen und wird das Unglück der Unschuldigen gebären.»

Wie viele andere ermahnte ihn auch Johannes von Belméis, seinem Ärger etwas zurückhaltender Luft zu machen. «Du nennst den König einen verbrecherischen Tyrannen, und Du betonst zu oft seine Bosheit.» Solche gefährlichen Worte wurden Heinrich II. geflissentlich hinterbracht und vergifteten das Klima weiter. Thomas Becket verstand sich auf die Macht des Wortes.

Er verstand hingegen nicht, daß für einen weitgehend handlungsunfähigen Papst das Geld eine zentrale Rolle bei diesem Konflikt spielte. Anfang des Jahres hatte Alexander III. ohne Zögern den König von England um finanzielle Unterstützung gebeten. Man kann vermuten, daß die Legaten eine ähnliche Bitte überbrachten. Die Situation auf der Halbinsel war mehr als prekär. Friedrich Barbarossa schickte sich an, über das ohnehin schon wankende Italien herzufallen. Das Land stand am Rande eines Abgrunds, und die kaiserliche Vorhut hatte schon begonnen, es zu verwüsten. Das Chaos hatte ein solches Ausmaß angenommen, daß die Legaten erst zu Beginn des Frühjahrs Rom verlassen konnten. Kardinal Odo schilderte Thomas Becket die heldenhafte Unternehmung in lebhaften Farben: «Getreu den Befehlen des Papstes kamen wir nach Venedig, vorbei an tausend Fallen, die der Feind für uns ausgelegt hatte, denen wir aber mit Gottes Hilfe entgehen konnten. Von Venedig aus konnten wir unbehindert und gestärkt durch die Freude unserer Freunde nach Mantua, Verona und Brescia, unserer Geburtsstadt, weiterreisen, wo wir einige Tage verweilten. Dann setzten wir unter Umgehung von Turin unseren Weg über Bergamo, Mailand, Novara und Vercelli nach Saint-Michel de Cluse fort. Dann zogen wir durch die Provence nach Saint-Gilles, wo wir inzwischen wohlbehalten angekommen sind. Von hier aus wollen wir weiter nach Montpellier.»

Nach einer anstrengenden Odyssee gelangten die beiden Kardinäle nach Sens. Wie Herbert von Bosham berichtet, empfingen Thomas und seine Gefährten im Exil «ihren Besuch noch vor dem König. Sie waren die rechten Männer für eine Vermittlungsaufgabe; Männer mit gesundem Menschenverstand, die sich gut auszudrücken wußten. Sie unterrichteten uns über das Ziel ihrer Reise: Sie sollten zwischen uns und dem König den Frieden wiederherstellen und dabei die Ehre Gottes und der Kirche bewahren. Wir waren außer uns vor Freude.» Das Urteil von Thomas Beckets Sekretär hatte, wie man sich denken kann, einiges Gewicht.

Da sie so bald wie möglich mit dem König von England sprechen wollten, zogen sie weiter in die Normandie. Im Laufe des Novembers trafen sie dort ein. Der König bereiste bereits seit einigen Monaten seine kontinentalen Besitzungen. Er hatte es nicht eilig, die Legaten zu empfangen, was Herbert von Bosham zu dem Schluß veranlaßte, er sei an einer raschen Beilegung der Angelegenheit nicht interessiert. Aber Heinrich Plantagenet hatte eine Ruhepause verdient.

Bei einer Reise ins Limousin war Heinrich II. im Frühjahr in Grandmont mit dem Grafen Raimund von Toulouse zusammengetroffen. Raimund stand in gespanntem Verhältnis zum französischen König und hatte Heinrich für seine Grafschaft die ligische Lehnshuldigung geleistet. Ludwig VII. konnte einen solchen Affront nicht hinnehmen, um so weniger, als Heinrich II. nicht geneigt schien, den Unabhängigkeitsbestrebungen des Grafen der Auvergne nachzugeben. Der Krieg brach erneut und an allen Fronten zugleich aus. Am 4. Juni 1167 waren Verhandlungen zwischen den beiden Königen im Vexin gescheitert. Daraufhin verwüstete Ludwig VII. die so sehr begehrte Mark und die Grafschaft Eu. Heinrich rächte sich, indem er das Zeughaus von Chaumont-en-Vexin in Brand setzen ließ; normannische Truppen verwüsteten die Region Perche. Die Hungersnot in Paris nahm solche Ausmaße an, daß alle ausländischen Studenten nach Hause geschickt werden mußten. Der König von Frankreich drängte den Grafen Matthäus von Boulogne zu einer Invasion in England, aber diese Unternehmung scheiterte dank der Entschlossenheit des Justitiars Richard von Lucé. Am 22. Juli starb Kaiserin Mathilde in Rouen. Ihr verdankte Heinrich sein Königreich. Thomas Becket verlor mit ihr eine objektive Verbündete. Für den englischen König war ihr Tod ein Einschnitt, das Ende einer Epoche und das Verstummen einer gebieterischen und klaren Stimme. Die volle Bedeutung dieses Verlusts sollte er erst später begreifen.

Im Sommer hatte sich der Konflikt verschärft. Tours war in Flammen aufgegangen. Schließlich vereinbarten die erschöpften Gegner einen Waffenstillstand bis Ostern des folgenden Jahres. Damit waren die Kräfte des englischen Königs im Osten nicht mehr gebunden, und er nahm die Operationen in der Bretagne wieder auf, die er im vergangenen Jahr abgebrochen hatte. Er mußte den Grafen von Vannes, Eudon von Porhoët, seinen

Schwiegervater, Graf Guismarch von Léon, und den Grafen Roland von Dinan in die Knie zwingen und ihren erbitterten Widerstand brechen. Die Stadt Josselin wurde in Brand gesteckt, Dinan und eine Reihe weiterer Städte wurden geplündert. Halb Cornwall – Vannes, Le Broërech, Auray – fielen an den Plantagenet. Die Operationen dauerten bis Ende September.

Die Legaten wurden von Bischof Arnulf von Lisieux aufgenommen. Er war mit Wilhelm von Pavia persönlich befreundet und wollte sich überdies wieder einmal unentbehrlich machen. Die Legaten mußten wochenlang warten, bis es dem König beliebte, ihre Anwesenheit zur Kenntnis zu nehmen. Unterdessen drangen immer wieder alarmierende Nachrichten aus Rom zu ihnen. Nicht genug, daß der Adel in der Ewigen Stadt sich in Bruderkämpfen zerfleischte, nun hatte auch noch der Kaiser einen Schlag gegen Rom geführt. Am 29. Mai hatten Christian von Mainz und Rainald von Dassel die Römer bei Monteporzio besiegt, der Tag endete in einem Gemetzel. Am 24. Juli schlug Friedrich Barbarossa auf dem Monte Mario sein Lager auf. Obwohl König Wilhelm II. von Sizilien Papst Alexander III. Unterstützung schickte, konnte sich der Papst nicht lange halten. Er gab den Lateranpalast auf und verkroch sich im *Turris cartularia,* der unter dem Schutz der Familie Frangipane stand. Friedrich Barbarossa legte die Umgebung von Rom in Schutt und Asche. In panischer Angst und aufgehetzt von den Agenten des Kaisers verlangten die Bewohner lautstark die Absetzung des Papstes. Alexander III. fügte sich in das Unvermeidliche. Er verkleidete sich als Pilger und floh. Über Terracine und Gaëte kam er nach Benevent, wo die Normannen ihn vor dem Zugriff der Kaiserlichen schützten.

Am 30. Juli wurde der Gegenpapst Paschalis III. in der Peterskirche inthronisiert. Zwei Tage später nahmen Friedrich Barbarossa und Beatrix von Burgund zum zweiten Mal[2] die Kaiserkrone entgegen. Doch der Triumph währte nicht lange. Am 2. August brach ein furchtbares Unwetter los und verwandelte Rom in eine schlammige Kloake. Aus der Kanalisation drangen übelriechende Ausdünstungen; die Hitze war unerträglich. In der kaiserlichen Armee grassierte die Pest, die Soldaten starben zu Hunderten. Friedrich Barbarossas Kanzler Rainald von Dassel, der Erzbischof von Köln, der all seine Kraft darangesetzt hatte, die Macht der Staufer zu stärken, starb mit einem Gebet auf den Lippen. Die Geißel verschonte auch die kaiserliche Familie nicht. Innerhalb weniger Tage verließ das Glück den Eroberer, Friedrich Barbarossa befahl den Rückzug. Die Armee war nur noch ein ungeordenter Haufen. Auf der Flucht vor der Epidemie und dem Chaos entging der Kaiser nur knapp einer Falle der Bergbewohner von Pontremoli. Am 12. September erreichte er Pavia und verschanzte sich dort. Damit war der Traum wieder einmal zerplatzt. Aber Alexander III. war noch nicht zur Rückkehr nach Rom bereit.

Aus seinem Exil in Benevent erinnerte der Papst im Laufe des August seine Legaten zweimal an das Ziel ihrer Mission: Sie sollten den Frieden zwischen den Königen von Frankreich und England wiederherstellen und diskret, aber beharrlich darauf hinwirken, daß der Konflikt zwischen Thomas Becket und Heinrich II. endlich beigelegt werde. Überdies erteilte der Papst ihnen zwei Anweisungen, die ihre Machtbefugnisse erheblich einschränkten: Er untersagte ihnen, diejenigen, die der Primas exkommunziert hatte, vom Kirchenbann loszusprechen, solange sie der Kirche nicht den geraubten Besitz zurückgegeben hätten. Und er verbot ihnen, den Kanal zu überschreiten, bevor der Konflikt nicht endgültig geregelt sei. Offenkundig traute Alexander III. dem König von England nicht.

Wilhelm von Pavia schrieb dem Erzbischof von Canterbury einen sehr maßvollen Brief und versuchte, seine Vorbehalte auszuräumen. «Manche glaubten, durch die Ereignisse hätten sich unsere Gefühle für Dich verändert. Damals ging es in erster Linie darum, der durch das Schisma zerrissenen Kirche noch größeres Unglück zu ersparen. Aber Er, der in den Herzen liest, weiß, daß wir Dich immer geliebt haben. Wie wir Dir schon einmal gesagt haben, mußten wir zuerst den Argwohn des englischen Königs zerstreuen und wollten dann mit Hilfe der Zeit und durch freundschaftliche Vermittlung auf Eure Versöhnung hinwirken, um zu verhindern, daß ein so bedeutender Fürst dem Heiligen Stuhl seine Ergebenheit aufkündigte. Heute hat man uns zusammen mit unserem verehrten Bruder Odo, dem Kardinaldiakon, ausgesandt, um den Streit zwischen Dir und dem König in der Weise zu schlichten, die uns am besten für die Kirche dünkt. Wir ermahnen und beschwören Dich daher, daß Du unbedingt alles unterläßt, was den Konflikt verschärfen könnte, und daß Du Dich tatkräftig darum bemühst, die Eintracht wiederherzustellen. Wir werden ohne Ansehen der Personen mit Gottes Hilfe alles tun, damit wieder Frieden einkehrt und Du das Glück wiedererlangst. Und wir werden unsere ganze Kraft für die Ehre Gottes und seiner Kirche einsetzen, wie die Tatsachen zeigen mögen.»

Thomas Becket war empört und setzte unverzüglich ein schroffes Antwortschreiben auf. Johannes von Salisbury las seinen Brief und riet dringend, ihn nicht abzusenden. Er schlug einen weniger aggressiven Ton vor, und der Erzbischof erklärte sich schließlich mit der geänderten Fassung einverstanden. Wieder einmal sehen wir, welche Haltung der große Denker vertrat: Im Konflikt zwischen seinem Freund und dem König unterstützte er den Primas vorbehaltlos in der Sache, aber – um es einmal ganz vorsichtig auszudrücken – keineswegs immer in der Form. Bei jeder Gelegenheit predigte er Mäßigung und mißbilligte, bisweilen sehr offen, Übertreibungen. Die Rechte der Kirche verteidigte er kompromißlos, aber zugleich verstand er es, klug der Sache des Friedens zu dienen. Diese Position vertraten auch Johannes von Belméis und der Papst. Nichts deutet darauf hin, daß die Legaten anderer Meinung gewesen wären.

Der Primas bombardierte den Papst und die Kardinäle buchstäblich mit wütenden Briefen. Er geißelte «den Hochmut und die Unverschämtheit» des Kardinals von San Pietro in Vincoli und kritisierte das Verhalten der Legaten in diesem Konflikt. Ungeachtet der Angriffe verfolgten die päpstlichen Gesandten ihren Auftrag weiter.

Schließlich erwirkten sie doch noch eine Begegnung mit Heinrich II. Der König weilte mit seinem Hof in Caen; bei ihm waren zahlreiche Barone und Bischöfe, darunter Roger von York, Gilbert Foliot, Hilarius von Chichester, Jocelin von Salisbury, Arnulf von Lisieux und Rotrou von Rouen. Der Handlungsspielraum von Wilhelm von Pavia und Odo war inzwischen eingeschränkt. Von Anfang an war der König in der entscheidenden Frage der «alten

Gewohnheiten» unnachgiebig. Die Legaten beschlossen daraufhin, mit dem Erzbischof persönlich zu sprechen. Sie baten Ludwig VII. um einen Geleitbrief und setzten einen Termin für eine Begegnung fest. Dieser Anordnung konnte sich Thomas Becket nicht entziehen.

In einem Brief an Alexander III. schilderte Thomas Becket die Ereignisse so: «Sie haben uns zehn Tage im voraus zu einem Treffen geladen, das an der Grenze zwischen den beiden Königreichen stattfinden sollte. Da uns nur drei Pferde zur Verfügung standen, erwirkten wir eine Frist von sieben Tagen. In dieser Zeit riefen wir alle zusammen, die mit uns ins Exil gegangen waren und nun aufs schmerzlichste zerstreut waren, denn auf der Reise wollten wir den Trost ihrer Gegenwart und die Stütze ihrer Ratschläge nicht entbehren. Sie entsprachen unserer dringenden Bitte, obwohl die bewilligte Frist so kurz bemessen war und sie nur über bescheidene Geldmittel verfügten... Wie wir schon einmal geschrieben haben, wollen unsere Verfolger uns durch Reisen und Ausgaben aller Art auszehren, bis unser Aufenthalt dem König von Frankreich, der uns unter allen Armen in Christo mit seinen Almosen überschüttet, zu teuer und lästig wird. Und es wäre ein großer Sieg für ihre Bosheit, wenn es ihnen gelänge, uns aus dem Asyl zu vertreiben, das die Vorsehung für uns bereitgehalten hat, und wenn wir die Hilfe eines großen Monarchen verlören, wie sie bereits dafür gesorgt haben, daß uns der Schutz von Cîteaux entzogen wurde.» Diese Zeilen zeigen, daß Thomas Becket nicht den geringsten Sinn für politische Zusammenhänge hatte. Für Ludwig VII. war er nach wie vor ein wertvolles Pfand in dem schwelenden Konflikt mit seinem zudringlichen Vasallen. Der Primas sollte noch erkennen, wie «wohlwollend und großmütig der König ihn und seine Getreuen mit seiner Gastfreundschaft bedachte; Gott vergelte es ihm in seiner Barmherzigkeit».

Begleitet von einer kleinen Schar seiner Getreuen, darunter Herbert von Bosham, Johannes von Salisbury und Lombardus von Plaisance, ein Kleriker aus Canterbury, der ihm als Sekretär diente, ritt Thomas also ins Vexin. Unterwegs quälten ihn wieder dunkle Vorahnungen. Wenn man Herbert von Bosham glauben will, der solche Einzelheiten stets begierig aufgriff, hatte Thomas Becket in der Nacht vor der Begegnung geträumt, jemand führe einen goldenen Kelch mit einem vergifteten Getränk an seine Lippen.

Der Ort, den man für das Zusammentreffen ausgewählt hatte, war geradezu symbolisch für die Positionen der beiden Gegenspieler. Er lag in einer Ebene unweit der Troëne, die sich behäbig zwischen den Festungen Gisors und Trie hindurchschlängelte. Gisors war unter Wilhelm dem Roten zur Verteidigung des normannischen Vexins erbaut worden; Trie, eine Meile vor Chaumont gelegen, diente unter Philipp I. zur Verteidigung des französischen Vexins. An dem bezeichneten Ort, der Les Planches genannt wurde, stand eine jahrhundertealte Ulme und breitete ihre schattenspendenden Äste aus. Der Baum war mit Eisenringen eingefaßt und so breit, daß – wie es hieß – acht Männer nicht ausreichten, ihn zu umfassen. Hier, auf französischem Boden, trafen sich in Krisenzeiten traditionsgemäß die Könige von Frankreich und England. Nun trat Thomas Becket hier vor die päpstlichen Legaten. Man schrieb den 18. November 1167, eine Woche nach dem Fest des heiligen Martin. Zu Thomas' Bedauern kamen Wilhelm von Pavia und Odo nur in Begleitung von Rotrou von Warwick; «die Bischöfe und Äbte, die der König aus England herbeigerufen hatte, waren in Rouen geblieben».

In einem ausführlichen Brief schilderte Thomas Becket Papst Alexander III. die Atmosphäre der Begegnung und den Ablauf der Gespräche: «Die Legaten sprachen zunächst über den schwierigen Charakter des Königs, über die schweren Zeiten, die Sorgen und Nöte der Kirche, die von allen Seiten mit Ausnahme Frankreichs angegriffen werde und den heftigsten Stürmen ausgesetzt sei. Dann priesen sie die Macht und die Seelengröße des Königs und die Ergebenheit, die er der römischen Kirche bezeigt habe.» Nach dieser Einleitung, die Thomas Becket so schon etliche Male gehört hatte, präzisierten die Legaten die Vorwürfe gegen den Erzbischof: «Sie verschärften die Klagen des Königs gegen uns und die Unsrigen, indem sie uns vorwarfen, wir hätten die Armeen des Königs von Frankreich und des Grafen von Flandern gegen ihn gehetzt. Dann forderten sie uns auf, tiefe Demut,

Ergebenheit und Mäßigung zu zeigen, um den Zorn des Königs zu beschwichtigen und, wenn möglich, seine unerbittliche und schroffe Haltung zu mildern. Sie fragten uns, die wir ihn doch am besten kennen, um Rat, wie sein Jähzorn zu zähmen sei. Denn er hatte auch ihnen seinen Zorn nicht erspart, als er erfuhr, daß sie, anders als Johannes von Oxford es versprochen hatte, nicht mit der Vollmacht ausgestattet waren, uns nach ihrem Gutdünken, unter Mißachtung von Gott und Recht, zu verurteilen. Über die Worte, die er im Beisein der Bischöfe gebrauchte, wird Dir unser Bote mit Gottes Hilfe besser berichten, als es schriftlich möglich wäre.»

Alles in allem und abgesehen von dem Vorwurf des Verrats (den Ludwig VII. höchstpersönlich bereits am nächsten Tag in Gegenwart der Legaten empört zurückwies) ließ sich die Unterredung gut an. Wilhelm und Odo baten den Erzbischof um Rat, wobei sie – nicht ungeschickt – das aufbrausende Temperament des Königs in den Vordergrund rückten. Als man freilich auf die Kernfragen zu sprechen kam, war es mit dem Einvernehmen schnell vorbei. Die Legaten hatten beim König nichts erreicht, und sie sagten das Thomas Becket auch unumwunden. Trotzdem fragten sie ihn, ob er «nicht dazu bereit sei, dem König in ihrer Gegenwart zu versprechen, daß er künftig alle Gewohnheitsrechte achten werde, die unter seinen Vorfahren galten». Das war der Funke, der das Pulverfaß zur Explosion brachte. Der Primas war empört, fegte die Präzedenzfälle beiseite und schleuderte ihnen voller Hochmut entgegen, er werde eher «den Kopf auf den Richtblock des Henkers legen als einer solchen Ungeheuerlichkeit zustimmen».

Doch auf keinen Fall wollte er, daß die Verantwortung für einen Bruch zwischen dem Heiligen Stuhl und dem König von England auf ihn zurückfiele. Deshalb erklärte er, er werde den Richtspruch des Papstes oder seiner Abgesandten akzeptieren, aber nur unter der Bedingung, daß der Kirche zuvor der gesamte geraubte Besitz zurückgegeben werde. Ein Gespräch mit den englischen Bischöfen über die Formulierung ihrer Berufung nach Rom stand nicht zur Diskussion: Weil sie seiner Wahl einstimmig zugestimmt hatten, waren sie alle beim König in Mißkredit geraten. Damit war der Fall entschieden, Wilhelm von Pavia und Odo hatten nichts erreicht. In seinem Brief an Alexander III. ließ Thomas Becket an Wilhelm kein gutes Haar, Odo dagegen billigte er zu, daß er «vom Geist des Herrn geleitet» sei. Was für ein Kompliment!

Nach einer kurzen Unterredung mit dem König von Frankreich kehrten die Legaten in die Normandie zurück. Am Donnerstag, dem 23. November, trafen sie in der Abtei Bec ein, am nächsten Tag waren sie in Lisieux, am 25. November in Saint-Pierre-sur-Dive. Am 26. erreichten sie Argentan. Dort verlebten sie einige äußerst stürmische Tage, wie einer von Thomas Beckets Freunden, der am Hof weilte, ihm voller Schadenfreude schrieb:

«Der König ritt zwei Meilen, um sie zu sprechen. Er empfing sie mit heiterer Miene und geleitete sie bis zu ihrer Unterkunft. Am Montag ließ er sie zu früher Stunde, gleich nach der Messe, zu einer Beratung mit den anwesenden Erzbischöfen, Bischöfen und Äbten in sein Zimmer rufen.» Die Diskussion dauerte zwei Stunden und war sehr hitzig. Heinrich II. wollte auf keinen Fall am Ende als Verlierer dastehen. Das Fiasko von Gisors ärgerte ihn. «Er begleitete sie bis zur Tür der Kapelle und dort sagte er so laut, daß sie ihn verstehen konnten: ‹Wenn ich doch nie mehr einen Kardinal sehen müßte!› Er verabschiedete sie grob. Er wartete nicht einmal ab, bis man ihre Pferde aus der nahen Unterkunft geholt hatte. Man gab ihnen welche, die gerade zufällig auf dem Hof standen.» Die anwesenden Bischöfe versuchten vergebens zu vermitteln. Am nächsten Morgen, dem 28. November, demonstrierte der König, daß die Gespräche beendet waren: Er stand im Morgengrauen auf, ließ die Hunde und die Falken herbeischaffen und ritt zur Jagd.

Damit war der Ball wieder im Lager der Bischöfe. Durch die Appellation des Episkopats waren die Machtbefugnisse des Primas mit Wirkung bis Ostern ausgesetzt. Seit einigen Monaten übte Thomas Becket juristisch gesehen wieder all seine Rechte aus, und die Kirche von England war unregierbar geworden. Die Prälaten hatten in aller Frühe Rat beim König eingeholt, dann gingen sie zu den Legaten und wiederholten feierlich ihre Berufung nach Rom. Das Ansinnen wurde vorgetragen von Rotrou von Warwick, Erzbischof von Rouen, Roger von Pont-l'Évêque, Erzbischof von York, Roger von Worcester, Jocelin von Canterbury, Heinrich von Beaumont, Bischof von Bayeux, Gilbert Foliot, Hilarius von Chichester und dem Bischof Petrus von Angoulême. Wie der unbekannte Briefschreiber Thomas Becket mitteilte, war Gilbert Foliot sehr aufgewühlt. Er trat als Sprecher der Bischöfe auf und legte die Berufung ein. Anschließend griff er Punkt für Punkt die Vorwürfe auf, die der Monarch gegen seinen ehemaligen Kanzler erhoben hatte. Nach wie vor hatte der König finanzielle Ansprüche an Thomas Becket. Der Bischof von London nahm dies zum Anlaß für die spöttische Bemerkung, der Erzbischof habe wohl «angenommen, die Schulden würden durch die Priesterweihe getilgt, so wie die Sünden durch die Taufe getilgt werden». Dann folgten bunt durcheinander die anderen Vorwürfe: der Widerstand des Primas gegen die Konstitutionen von Clarendon, seine Aufrufe zur Rebellion und seine unerträgliche Neigung, England mit gefährlichen Briefen zu überschwemmen. Vierzig Kuriere reichten kaum aus, um ihre Beförderung zu bewältigen.

Die Legaten waren sprachlos. Es blieb ihnen nichts anderes übrig, als die neuerliche Berufung zu akzeptieren. Die Frist lief diesmal bis zum Martinstag des nächsten Jahres. Die Legaten betrachteten ihre Mission als gescheitert, nichts hielt sie mehr in Argentan. «Sie verließen den König am Dienstag nach dem Adventssonntag. Er beschwor sie demütig, ihn (von dem Erzbischof) zu befreien, und brach in Tränen aus... Auch Wilhelm schien zu weinen. Odo hingegen hatte Mühe, sich das Lachen zu verkneifen.»

Sofort machten sich die Boten der Legaten und des englischen Königs auf den Weg, die einen nach Rom, die anderen nach Sainte-Colombe bei Sens. Walter, der Vorsänger von Salisbury, und Jocelin, der Kanzler von Chichester, überbrachten Thomas Becket am 14. Dezember 1167, dem Tag nach dem Fest der heiligen Lucia, die Nachricht von der neuerlichen Berufung. Der Erzbischof weigerte sich, sie zu empfangen, weil beide mit Kirchenstrafen belegt waren.

Thomas Becket fühlte schmerzlich, daß er in dieser Angelegenheit nicht vorankam, obwohl er mit ganzer Seele für sie kämpfte und alle Kraft seines Verstandes, seines Willens und seines Glaubens aufbot. Aber er war auch nicht zurückgewichen. Er war unbeugsam geblieben, trotz aller Machenschaften des Königs, trotz der Appelle seiner Kirche, trotz der vorsichtigen Taktik des Heiligen Stuhls. Doch er litt furchtbar unter dieser Situation. «Eile uns zu Hilfe», schrieb er wenig später an Alexander III., «und kürze diese nicht enden wollende Verfolgung ab. Die Last unseres Unglücks raubt uns den Atem. Beeile Dich, damit wir die Gnade Deiner Unterstützung spüren, bevor wir sterben.»

Bei aller Unnachgiebigkeit und Unbeugsamkeit war Thomas Becket nur noch ein zutiefst verletzter Mann.

Kapitel VIII

«Der Fuchs wechselt das Fell»

Der König von Frankreich urteilte gelegentlich hart über den politischen Opportunismus Alexanders III. Sein Urteil über die Stärken und Schwächen seines ehrgeizigen und ungestümen Vasallen stand seit langem fest. Ludwig VII., ein, wie wir gesehen haben, zurückhaltender und überraschend bescheidener Mann, hatte seine eigene Auffassung vom «Reichtum der Könige». Walter Map, dem Archidiakon von Oxford, vertraute er einmal an: «Dein Herr, der König von England, besitzt alles. Er hat Männer, Pferde, Gold und Seide, Edelsteine, Früchte, Vieh und alles. Wir in Frankreich besitzen nichts, nur Brot, Wein und Fröhlichkeit.»

Ludwig handelte zielstrebig, blieb stets wachsam und ließ sich von seinem gesunden Menschenverstand leiten. Er verstand es geschickt, bei seinem Vasallen Unruhen zu schüren, damit sein eigenes Königreich von bedrohlichen Übergriffen verschont blieb. Anfang des Jahres 1168 hatte die Machtbesessenheit des englischen Königs einen Sturm heraufbeschworen. Der Graf von Angoulême und Audebert von der Mark, Aimery von Lusignan und seine Brüder Robert und Hugo von Silly hatten sich gegen den Herzog-König erhoben. Im Poitou rebellierten die Barone, und Eleonore von Aquitanien unterstützte sie. Durch seine allzu innige Verbindung mit der schönen Rosamunde hatte Heinrich II. Eleonore gedemütigt, und sie sah in der Rebellion eine willkommene Gelegenheit, dem Gatten seine Torheit heimzuzahlen. Auch in der Bretagne regte sich erneut Widerstand. Die Aufständischen knüpften untereinander gefährliche Bande, und der französische König registrierte das alles mit Schadenfreude.

Der Papst lag immer noch verschanzt in Benevent und mußte den Reibereien, bei denen es indirekt auch um Thomas Becket ging, tatenlos zusehen. Er hatte vom Scheitern seiner Legaten erfahren. Daraufhin setzte er im Februar den Erzbischof Heinrich von Reims, den Bruder Ludwigs VII., mit dem er freundschaftlich verbunden war, und Hugo von Champfleury, den Bischof von Soissons und Kanzler des französischen Königsreichs, als Vermittler ein und beauftragte sie, einen Kompromiß auszuarbeiten. Theobald von der Champagne und Graf Philipp von Flandern, der vor kurzem das Erbe seines Vaters Thierry angetreten hatte, verteidigten Heinrichs II. Interessen. Im Winter und im Frühjahr kamen die Herrscher mehrfach zusammen, doch jedesmal gingen sie ohne Ergebnis wieder auseinander. Jeder kannte die Hintergedanken des anderen. Der König von Frankreich hatte den Rebellen aus dem Poitou und der Bretagne versprochen, keinen Separatfrieden auszuhandeln; die eidliche Zusicherung wurde mit Geiseln bekräftigt.

Thomas Becket schien selbst in Benevent kein Gehör mehr zu finden. Der persönliche Gesandte des Königs von England, Abt Clarembald aus dem Kloster St. Augustine von Canterbury, hatte alle möglichen Drohungen gegen den Erzbischof ausgestoßen. Clarembald und Thomas Becket lagen seit langem im Streit. Der päpstliche Hof mußte wieder einmal zwischen den Fronten lavieren. Am 19. Mai sandte Alexander III. dem Erzbischof einen niederschmetternden Brief: «Vermutlich weißt Du, daß der erlauchte König von England eine Gesandtschaft zu uns geschickt hat, daß er uns um strenge Maßnahmen ersucht und seine Bitte mit präzisen Drohungen geschmückt hat für den Fall, daß wir ihr nicht nachkommen. Wir haben seiner Bitte zwar nicht entsprochen, aber wir mußten doch berücksichtigen, daß die Kirche noch immer verfolgt wird... Daher haben wir versucht, die Bitterkeit und den Zorn des Königs zu besänftigen... In Anbetracht der schweren Zeiten und auf den übereinstimmenden Rat unserer Brüder hin, erlassen wir deshalb, in der Hoffnung oder annähernden Gewißheit, daß der König Dich huldvoll wiederaufnehmen und Dir den Bischofsstuhl von Canterbury zurückgeben wird, ein apostolisches Schreiben und fordern Dich auf, kein Interdikt, keine Exkommunikation und keine Suspension über den König, die Großen seines Reiches oder den Staat zu verhängen, bevor Du nicht ein neuerliches Schreiben erhalten hast... Wenn der König bis zum Beginn der nächsten Fastenzeit den Vorschlägen nicht nachgekommen ist, die wir ihm unterbreitet haben, werden wir Dir all Deine Befugnisse zurückgeben und freie Hand lassen, sie zu gebrauchen ..., und zwar ohne Möglichkeit der Berufung, wie Du es für nützlich und geboten hältst.»

Für den Erzbischof war dieses Breve, das ihn seiner sämtlichen Kompetenzen als Legat beraubte, wie ein Dolchstoß. Am 22. Mai unterrichtete der Papst den englischen König von seiner Entscheidung. Heinrich hatte damit für ein Jahr freie Hand. Er nahm diesen Freibrief mit besonderer Genugtuung auf, denn seine Herrschaft stand seit geraumer Zeit am Rande des Chaos. Die Rebellion versengte seine Ländereien auf dem Kontinent und erschütterte seine Macht bis in die Grundfesten. Die Situation hatte sich so zugespitzt, daß er den französischen König um eine Unterredung gebeten hatte. Außerdem erzählte er jedem, der es hören wollte, daß er demnächst zu einem Kreuzzug aufbrechen werde. Das Treffen mit Ludwig VII. sollte am 1. Juli in La Ferté-Bernard zwischen Nogent-le-Rotrou und Le Mans stattfinden. Philipp von Flandern, der seine Vermittlungsmission unbedingt mit einem Erfolg krönen wollte, hatte Thomas Becket überredet, ebenfalls zu erscheinen. Der Erzbischof hatte also Sens verlassen und auf dem Weg nach La Ferté-Bernard im Kloster Tiron unweit von Chartres Zuflucht gefunden.

Doch der Primas sollte nie nach La Ferté-Bernard gelangen. Heinrich II. fühlte sich durch die verhängnisvolle Bulle und die Anwesenheit der Kardinäle Wilhelm von Pavia, Johannes von Neapel und Johannes von Sutri so gestärkt, daß er Ludwig VII. eine unglaubliche Falle stellte. Ludwig VII. wurde nur von wenigen Männern begleitet. Am vereinbarten Tag schlug er auf dem linken Ufer des Huisne sein Lager auf. Den ganzen Tag über wartete er auf den Plantagenet, der auf dem anderen Ufer Stellung bezogen hatte, sich aber nicht regte. Am Abend war Ludwig so verwirrt und verärgert, daß er eine Handvoll Männer hinüberschickte, die sich nach den Absichten seines Vasallen erkundigen sollten. Heinrich II. stellte sich ihnen an der Spitze seiner Heeres entgegen; die Soldaten waren in Schlachtordnung angetreten. Es kam zu Scharmützeln, die französischen Truppen mußten das Gelände räumen. Der französische König begriff, daß man ihn hintergangen und gedemütigt hatte, und er begriff auch, wo die tieferen Ursachen dieses Affronts lagen, der seine Untertanen entsetzte und in ihren Augen die Position des Erzbischofs von Canterbury stärkte. Ludwig übermittelte Papst Alexander III. einen schonungslosen Bericht. Gab es nicht auch für die Erfordernisse der Politik natürliche Grenzen?

Der Papst war beunruhigt, da so viele gegensätzliche Forderungen an ihn herangetragen wurden. Er beschloß, diejenigen nicht im Stich zu lassen, die ihn lange unterstützt hatten. Ende Dezember 1168 benannte er eine neue Verhandlungskommission. Ihr gehörten an: Simon, der Prior des Kartäuserklosters Mont-Dieu in der Diözese Reims, Prior Engelbert von Val-Saint-Pierre und Prior Bernhard von Grandmont. Alle drei waren Ordensmänner und dachten in erster Linie an die Interessen des Heiligen Stuhls. Um ähnliche Unklarheiten auszuschließen, wie sie die Mission der Kardinäle belastet hatten, hatte Alexander III. diesmal den Auftrag der Unterhändler bis in Einzelheiten festgelegt: die bestehenden Verpflichtungen gegenüber dem englischen König standen nicht zur Disposition, aber bis zum Beginn der Fastenzeit im nächsten Jahr mußten alle ungeklärten Fragen definitiv gelöst sein. Heinrich II. dürfe nicht länger in der Illusion leben, «der Herr werde niemals aufwachen; das Schwert Petri ist nicht so verrostet, daß er es nicht aus der Scheide ziehen und die Schuldigen so schlagen kann, wie sie es verdienen.»

Kaum hatte Thomas Becket von dieser neuen Entwicklung erfahren, schrieb er an den Prior von Mont-Dieu. Ohne übermäßig auf die Sorgen des Vermittlers einzugehen, zeigte er doch Kompromißbereitschaft: «Wir sind bereit, sofern (der König) zustimmt, unsere Kirche und unseren Bischofsstuhl wieder zu übernehmen, mit seiner Freundschaft, gemäß den Anordnungen des Papstes. Erinnere Dich (jedoch), daß der Papst, als er Dir im Namen des Gehorsams seine Anweisungen erteilte, nicht verlangt hat, daß man uns durch irgendwelche Versprechungen binde. Wir bitten Dich, daß Du in dieser Angelegenheit nicht länger zögerst, sondern Deine Mission mit dem Eifer erfüllst, den man von Deiner Tugend erwarten kann.»

Die Gelegenheit für ein Treffen der beiden Könige bot sich schon bald. Die politische Position Heinrichs II. hatte sich in den letzten Monaten verbessert. Ludwig VII. hatte einen überstürzten Vorstoß ins Vexin unternommen und war rasch zurückgeschlagen worden. Wie es schien, mußte der französische König nun tatenlos zusehen, wie seine Stellungen immer mehr ins Wanken gerieten. Geld aus England hatte Matthäus von Boulogne zu einem Sinneswandel bewogen: Für eine beachtliche Summe trat er ohne Murren alle Ansprüche seiner Frau auf die Grafschaft Mortain ab. Die Gefahr eines Angriffsbündnisses zwischen Friedrich Barbarossa und Heinrich II. schien dem französischen König so bedrohlich, daß er sein Zögern schließlich aufgab. Man vereinbarte ein Treffen für das Dreikönigsfest 1169 an gewohnter Stelle, an der Grenze zwischen den Grafschaften Maine und Chartres, vier Meilen von La Ferté-Bernard und einen Steinwurf von Schloß Montmirail entfernt. Der König von England erschien mit seinen drei Söhnen im Alter von dreizehn, zwölf und elf Jahren. Heinrich der Jüngere leistete dem König von Frankreich den Lehnseid für die Normandie, das Maine und das Anjou, Richard für das Poitou und Aquitanien, Gottfried für die Bretagne.

«Herr», wandte sich Heinrich II. an den französischen König, «an diesem Dreikönigstag, da die drei Könige dem König der Könige ihre Geschenke dargebracht haben, empfehle ich meine drei Söhne und meine Ländereien deinem Schutz.» «Da es scheint, daß der König, der die Geschenke der Weisen angenommen hat, dir deine Worte eingegeben hat», erwiderte Ludwig VII., «mögen deine Söhne im Angesicht des Herrn ihre Ländereien in Besitz nehmen.»

Abgesehen vom Austausch solcher Höflichkeitsfloskeln verliefen die Gespräche hart. Keine der beiden Parteien wich von ihren Forderungen ab. Wie üblich ging es auch diesmal um Heiratspläne (der künftige Richard Löwenherz war mit Alix, der jüngeren Tochter des Königs von Frankreich, verlobt). Heinrich der Jüngere erhielt den – in der Tat ziemlich nichtssagenden – Titel eines königlichen Haushofmeisters. Man vermied es, den Konflikt um die Lehnshoheit der Auvergne und den Lehnseid des Grafen Raimund Berengar von Toulouse anzusprechen. Den Aufständischen im Poitou und in der Bretagne wurde verziehen. Blieb also noch die leidige, nicht enden wollende Affäre um Thomas Becket.

Der Erzbischof von Canterbury wünschte inbrünstig eine persönliche Begegnung mit Heinrich II., und Heinrich, durch die päpstliche Botschaft alarmiert, sah keine andere Möglichkeit, als diesem Wunsch nachzugeben. Unterhändler, die teils der Heilige Stuhl, teils Graf Theobald von der Champagne ernannt hatte, bereiteten das Treffen mit äußerster Sorgfalt vor. Nach dem Fiasko von La Ferté-Bernard quälten Thomas Becket Zweifel. Und zu allem Überfluß wurde er mit guten Ratschlägen, wie er sich zu verhalten habe, geradezu überschüttet. Johannes von Belméis drängte auf eine Versöhnung zwischen dem Erzbischof und dem König. Einige Monate zuvor hatte er Thomas Becket geschrieben: «Wenn (man) Dich zu einem Treffen lädt, dann begebe Dich vertrauensvoll dorthin, aber nur in Begleitung weniger Männer und nicht mit hundert Gefährten Deines Exils. So wirst Du mehr Mitgefühl erwecken. Welch ein beeindruckendes Schauspiel, wenn der ehemalige Kanzler des Königs, der einst ein prunkvolles Leben führte, nur in Begleitung zweier oder dreier Mönche erscheint! Im übrigen können Dich auf Deinem Hinweg und Rückweg die Kirchen leichter beherbergen, da Du ihnen ja große Ausgaben ersparst und nichts weiter verlangst, als daß sie für Dich beten mögen.» Der Bischof von Poitiers kannte Thomas Becket und seinen Hang zu großen Auftritten nur zu gut und ließ es sich nicht nehmen, ihn zu mahnen. So wie er auch immer wieder, in günstigen und weniger günstigen Momenten, an die Kompromißbereitschaft seines Freundes appellierte, die diesem – wie er wußte – vollkommen abging.

Dies versuchten im übrigen auch die Großen und die Bischöfe, die nach Montmirail gekommen waren. Während die beiden Könige ihre politischen Gespräche führten, erlebte Thomas Becket den Ansturm der Ratgeber. Seit nunmehr vier Jahren wütete der Kampf zwischen ihm und dem König, und hier in Montmirail sollte er endlich in einer Weise beigelegt werden, die es beiden Beteiligten ermöglichte, das Gesicht zu wahren. Die vom Papst benannten Prioren, die Erzbischöfe von Reims, von Sens und von

Rouen sowie zahlreiche Prälaten, darunter Johannes von Belméis, drängten ihn, nachzugeben und jede Anspielung auf die Konstitutionen von Clarendon zu unterlassen. Ludwig VII. höchstpersönlich hatte ihn dringend gebeten, Entgegenkommen zu zeigen.

Wie üblich begleitete Herbert von Bosham den Primas. Er schildert ausführlich, wie die wohlmeinenden Ratgeber ihn belagerten: «Man sagte ihm, er solle die Entscheidung in dieser Angelegenheit ganz und gar dem König überlassen und sich blind in seine Hände begeben. Auf Anregung und Rat derjenigen, die hier als Vermittler auftraten, hatte Thomas selbst inzwischen öffentlich erklärt, daß er zu jedem Zugeständnis bereit sei, *unter dem Vorbehalt der Ehre Gottes*. Aber seine engsten Freunde, Männer mit reicher Erfahrung und voller Zuneigung für ihn, denen er vertraute wie sich selbst, drängten ihn, diese Worte wegzulassen, weil sie den Monarchen nur erzürnen würden... Der Fürst, so erklärten sie, wäre damit glücklich und zufrieden und würde den Erzbischof in Gnaden wieder aufnehmen. Ganz gewiß hätte (Thomas) die einschränkende Klausel mit denselben Worten wie beim ersten Mal (in England) wieder hinzugefügt, wenn er nicht gefürchtet hätte, damit den Zorn des Königs anzustacheln. Nachdem man so lange auf den Erzbischof eingeredet, ihn bestürmt, geplagt, bedrängt hatte, schien es, als wolle er sich fügen.»

Thomas Becket schwankte. Angstvoll wandte er sich «an seine klügsten Ratgeber». In Gedanken sagte er sich immer wieder dasselbe: Es gab keinen Ausweg aus dem Dilemma, in das er sich fest verstrickt hatte. Wie konnte er den Souverän zufriedenstellen und gleichzeitig «die Freiheit der Kirche schützen»? Einige der anwesenden Kleriker ermutigten ihn, unnachgiebig zu bleiben. Die bedeutendsten unter ihnen, die zugleich «dem Erzbischof am meisten zugetan» waren, rieten ihm, die Kernfrage des Konflikts ganz einfach zu umgehen. Am Abend des 6. Januar sah es so aus, als sei das Spiel gewonnen.

Aber man hatte die Rechnung ohne Herbert von Bosham gemacht. Wie durch eine seltsame Art von Mimikry hatten sich seine Gedanken inzwischen denen seines Herrn angeglichen. Er hat uns eine dramatische Schilderung dieses 7. Januar gegeben, an dem Thomas Becket mit dem König zusammentraf. Freimütig berichtet er auch über seine eigene Rolle bei den Ereignissen.

«Kurz vor Beginn der Konferenz kam der Erzbischof in Begleitung der Unterhändler und seiner Freunde. Da schritt derjenige, der diese Zeilen schreibt, durch die Menge auf seinen Herrn zu und sagte ihm ganz leise einige wenige Sätze, denn die Zeit drängte: ‹Hüte dich, Herr, und sei vorsichtig. Ich sage es dir ganz offen und ehrlich: Wenn du die Klausel *unter dem Vorbehalt der Ehre Gottes* wegläßt, wirst du deinen langgehegten Kummer erneuern und verschlimmern, um so mehr, als du dann weißt, daß alle Gewissensbisse, die dein Zögern von damals dir verursacht hat, dich nicht klüger gemacht haben.› Als ich geendigt hatte, blickte der Erzbischof mich nur an. Er konnte mir nicht antworten, denn die Menschen drängten sich dicht um ihn und stießen einander, weil jeder das Wort an ihn richten wollte.»

Dann erblickte er weiter vorne die Könige von Frankreich und England. Er schritt auf sie zu, nur der Erzbischof Wilhelm von Sens ging an seiner Seite. Seit der Tragödie in Northampton im Herbst 1164 hatte der Primas von England den Plantagenet nicht wiedergesehen. Man kann sich ausmalen, wie aufgewühlt diese beiden übersensiblen Männer gewesen sein mußten, wie viele Erinnerungen in ihnen aufstiegen, Erinnerungen an eine glückliche Zeit, die unwiederbringlich in der Vergangenheit versunken schien. An endlose Ritte Seite an Seite in den wildreichen Wäldern, an ihren Zusammenhalt bei vielen Gelegenheiten, ihre tiefe Freundschaft, die in gemeinsamen politischen Zielen ihren Ausdruck gefunden hatte, ihre prunkvollen Auftritte und, wahrscheinlich sehr viel gegenwärtiger, an Augenblicke intensiver Verbundenheit, frei von äußerem Zwang. Erinnerungen auch an das Werk, das sie in mühevoller, gemeinsamer Arbeit errichtet hatten. Den Genuß der weltlichen Macht. Toulouse. Den Krieg. Canterbury. Das neue Leben. Mißverständnisse. Die Krise. Clarendon. Das Drama... Was lag nicht alles in den Blicken, die sie tauschten! «Die Dinge reifen nicht, wenn man sie ausspricht.»

Schweigen. Endloses Schweigen. Völlig außer Fassung warf sich Thomas Becket Heinrich zu Füßen, Heinrich stürzte auf ihn zu, reichte ihm die Hand und zog ihn zu sich herauf. Als sei nichts geschehen? Trügerische Hoffnung. Herbert von Bosham stand gebieterisch daneben, er war beunruhigt. «Thomas Becket hatte sich vor den beiden Fürsten aufgerichtet und flehte Heinrich demütig um Erbarmen für die Kirche von England an, deren Haupt er, obgleich nur ein unwürdiger Sünder, geworden sei. Und wie die Heiligen lastete er die Unruhen und Übel, unter denen die Kirche litt, nur seinen eigenen Fehlern an.» Während der Primas sprach, legte sich die Spannung ein wenig. Dann kam er zum Ende. «Hier nun, Herr, in Gegenwart unseres Herrn Königs von Frankreich, der Bischöfe, der Fürsten und all derer, die neben uns stehen, überlasse ich es deiner Einsicht und deinem Willen, unseren Streit zu regeln.» Es war geschehen. Die Spannung wich Erleichterung, als auf einmal deutlich und furchtbar die Worte ertönten, mit denen niemand mehr gerechnet hatte: «Unter dem Vorbehalt der Ehre Gottes.»

Alle waren wie vor den Kopf geschlagen. Der König zögerte einen Moment, verblüfft über soviel Starrsinn und Hochmut, dann explodierte er. Er stieß einen Schwall von Beleidigungen, Drohungen und Vorwürfen aus. Er war vollkommen außer sich und rief den König von Frankreich als Zeugen an: «Sieh die Torheit dieses Mannes... Er gebärdet sich wie ein Märtyrer der Kirche, wie ein Kämpfer für die Gerechtigkeit. Und dabei verlange ich nur eines: daß Thomas verspricht, in seinem Verhalten mir gegenüber die alten Gewohnheiten zu respektieren, die seine fünf Vorgänger gegenüber meinen Ahnen respektiert haben. Und unter seinen Vorgängern gab es etliche, die Heilige waren und im Glanz ihrer Wunder erstrahlten. Im übrigen hat er bereits einmal versprochen, diese Gewohnheiten zu achten. Er soll heute, vor dir, sein Wort als Priester und Bischof geben, daß er sie in gutem Glauben respektieren wird... Dann werde ich ihm die ganze Macht über seine Kirche zurückgeben und dazu mehr Freiheiten, als je einer seiner Vorgänger gehabt hat.»

Die Umstehenden flüsterten lebhaft miteinander. Der Erzbischof hatte die Grenzen des Wohlverhaltens und seiner berechtigten Ansprüche überschritten. Hatte der König von England nicht deutlich seine Bereitschaft bekundet, den Emigranten wieder aufzunehmen? Ludwig VII. wandte sich völlig überrascht an

Thomas Becket: «Mein Herr Erzbischof, bildest du dir etwa ein, du seist heiliger als die Heiligen?»

Der König von Frankreich hatte auf die Klugheit des Primas gezählt und sah sich nun getäuscht. Thomas Becket versuchte, seine Haltung zu rechtfertigen. Je genauer er seine Beweggründe darlegte, desto heftiger bedrängte ihn Heinrich. Heinrich spürte, daß er die Sympathie der Anwesenden gewonnen hatte. Er war entschlossen, nicht nachzugeben. Von einem Moment auf den anderen hatte der Erzbischof seinen Kredit verspielt. Der Meinungsumschwung des Königs von Frankreich hatte alle Schranken gebrochen. Thomas Becket verwickelte sich in Widersprüche. Man führte ihn weg. Die päpstlichen Vermittler ließen nicht locker: Diese einmalige Chance für eine Einigung dürfe nicht ungenutzt verstreichen. Alle drängten, mahnten. Die beiden Königreiche, ganz Europa und die Kirche wünschten nur eines, nämlich den Frieden. «Unaufhörlich wiederholten das vornehme Männer, Adlige und Bischöfe, Franzosen, Engländer, Normannen, Bretonen und Männer aus dem Poitou sowie die Mönche, die auf Anweisung des Papstes zu der Konferenz gekommen waren, um die Beilegung der Streitigkeiten vorzubereiten», schrieb Herbert von Bosham, der seine Wahl bereits getroffen hatte. «Alle baten und bedrängten ihn, er solle diesen kleinen Zusatz *unter dem Vorbehalt der Ehre Gottes* weglassen.»

Dieser «kleine Zusatz» wog in der Tat schwer. So schwer, daß einer der anwesenden Grafen aussprach, welche Schlußfolgerung aus der Tatsache zu ziehen sei, daß der Erzbischof eine Einigung absichtlich vereitelt habe: «Man hat ihn aus England vertrieben? Nun denn, so gewähre man ihm auch in Frankreich weder Unterstützung noch Schutz!»

Noch am selben Abend gaben Ludwig VII. und Heinrich II. ihren Pferden die Sporen und verließen den Ort der Versammlung. Mit Thomas Becket hatten sie kein Wort mehr gewechselt und sich auch nicht von ihm verabschiedet. Thomas blieb noch eine Nacht in Montmirail, dann kehrte er über Chartres und Étampes in die Abtei Sainte-Colombe zurück. Er war jetzt isolierter als je zuvor. Daß Ludwig VII. sich von ihm abgewendet hatte, berührte ihn so sehr, daß er einen Moment mit dem Gedanken spielte,

Frankreich zu verlassen. Aber der König, der wohl zu große Hoffnungen in das Treffen von Montmirail gesetzt hatte, drückte öffentlich und im Beisein Thomas Beckets sein Bedauern über seinen – verständlichen – Gefühlsausbruch aus, bat ihn, er möge ihm verzeihen, und versprach, er werde ihn weiterhin mit ganzer Kraft unterstützen, wie die Dinge sich auch entwickeln mochten.

Im übrigen schien sich das Rad der Fortuna zu drehen. Die Fastenzeit des Jahres 1169 nahte, und damit die Immunität, auf die der König von England nach dem Brief, den er nach der gescheiterten Unterredung in La Ferté-Bernard von Alexander III. erhalten hatte, hoffen durfte.

Die beiden Könige trafen sich erneut am 7. Februar in Saint-Léger-en-Yvelines, unweit von Montfort-l'Amaury. Hier wurden die Illusionen, die Heinrich II. hegte, brutal zerstört. Der Erzbischof von Canterbury wollte kein zweites Montmirail erleben. Auch hatte er die Bitten seines Freundes Johannes von Belméis ignoriert, der dringend zu einer Unterredung mit dem König riet. Thomas Becket machte dem Bischof von Poitiers sogar schwere Vorhaltungen, weil er ihn angeblich in einen Hinterhalt habe locken wollen.

Prior Simon von Mont-Dieu und Prior Engelbert von Val-Saint-Pierre kümmerten sich nun um den zweiten Teil ihrer Mission: die Drohung mit konkreten kanonischen Sanktionen. «Entsprechend den Anordnungen Deiner Heiligkeit», schrieben sie an Alexander III., «haben wir dem erlauchten König von England Deine Mahnschreiben übergeben und ihn aufs nachdrücklichste aufgefordert, Deinen Anweisungen nachzukommen, dem Erzbischof von Canterbury sein Vertrauen und seinen Bischofsstuhl zurückzugeben und ihm wieder zu ermöglichen, seine Kirche zu leiten. Wir haben lange gewartet in der Hoffnung, daß Gott sein Herz bewegen möge. Doch diese Hoffnung erwies sich als vergeblich. Daraufhin haben wir Deine Anordnungen ausgeführt und ... dem König von England Dein Schreiben mit der Androhung von Kirchenstrafen vorgelegt. Er hat das Schreiben erst nach heftigem Protest angenommen, nachdem wir und die anwesenden Großen seines Reiches ihn dringend darum ersucht hatten... Nach einer Reihe von Vorhaltungen sagte er, er werde eine Versammlung der Bischöfe seines Königreiches einberufen und ihre Meinung einholen; aber er setzte kein genaues Datum dafür fest, und er gab uns keine Zusicherung, daß der Erzbischof seinen Frieden haben werde und daß Deine Anordnungen ausgeführt würden... Wir drängten ihn, ein Handschreiben zu verfassen und zu unterzeichnen und seine Antwort mitzuteilen, denn, so sagten wir ihm, wir müßten Dir Gewißheit geben, könnten dies aber noch nicht, da seine Antworten beständig wechselten. Er lehnte ab...»

In der Tat war Heinrich II. bemüht, sich einen Fluchtweg offenzuhalten. Dennoch sandte er neue Unterhändler zum Papst und versuchte, durch allerlei Spitzfindigkeiten die Diskussion zu verschleppen und unbeschadet die Fastenzeit zu erreichen.

Wahrscheinlich auf Drängen Arnulfs von Lisieux, der in seinen Vermittlungsbemühungen nicht nachließ, fand er sich schließlich bereit, Thomas Becket wieder in alle seine Rechte einzusetzen. Der Erzbischof sollte einen Unterwerfungseid leisten, diesmal jedoch nicht auf die «Gewohnheiten», sondern auf die «Würden des Königreiches». Die Formulierung schien nichtssagend. Doch in der Vorstellung des Königs ging es jenseits der schillernden Bedeutung der Worte um nichts geringeres als darum, auf einem Umweg die Konstitutionen von Clarendon zu bestätigen. Oder wie Johannes von Salisbury es ausdrückte: «Der Fuchs hat das Fell gewechselt, aber nicht die Gesinnung.»

Der Primas durchschaute die simple Falle schnell. Er schrieb umgehend an Alexander III.: «Wir haben eingewandt, daß wir ohne Deine Einwilligung keine Eidesformel verändern können, die in der gesamten abendländischen Kirche gebräuchlich und im übrigen auch in diesen unheilbringenden Gewohnheitsrechten enthalten ist, die uns ins Exil getrieben haben. Dort heißt es in der Tat, daß die gewählten Bischöfe vor ihrer Weihe dem Monarchen Treue schwören und ihm bis zu ihrem Tode dienen müssen, unter dem Vorbehalt der Ehre ihres Standes. Warum sollten wir uns also einer zweifelhaften Verpflichtung unterwerfen, die uns abverlangt, daß wir weder auf die Ehre Gottes noch auf die Unabhängigkeit unseres Standes Rücksicht nehmen?...

Wir können unmöglich tun, was der König von uns verlangt, und gleichzeitig dem Heiligen Stuhl treu und gehorsam bleiben: Beides ist völlig unvereinbar. Wir bitten Dich also darum, daß Du den Schuldigen und jenen, die wir exkommuniziert haben, nicht zu unserem Schaden die Absolution erteilst, wenn sie zu Deiner Heiligkeit kommen oder Fürsprecher schicken. Wäre man unter ähnlichen Umständen in der Vergangenheit nicht bereits zu nachgiebig verfahren, lebte die Kirche heute in vollkommenem Frieden. Wenn es (dem König) gelänge..., uns den Verpflichtungen zu unterwerfen, die er aufgestellt hat, dann würde er später unter Berufung auf diesen Präzedenzfall nicht nur die Bischöfe, sondern den gesamten Klerus in ebendiese Pflichten zwingen. Schon sehr bald würden die anderen Fürsten seiner Kühnheit folgen. Im übrigen verlangt er das, was er von uns will, von keinem seiner Ritter, ja nicht einmal von den Bauern in seinem Königreich.»

Heinrichs Situation wurde prekär. Ein letztes Aufflackern der Unruhen in der Gascogne hielt ihn zwar noch auf dem Kontinent fest, aber es war nur eine Frage der Zeit, bis seine Ländereien wieder befriedet sein würden. Allein die Böswilligkeit seines ehemaligen Kanzlers nagte an ihm wie ein Krebsgeschwür. Ein Bruch mit dem Papsttum würde verheerende Folgen haben. Wieder einmal diente Gilbert Foliot ihm als Schild. Vor ein paar Statisten formulierte der Bischof von London am 18. März in der Kathedrale St. Paul's eine neuerliche Berufung und stellte die Kirche und das Königreich von England unter den Schutz des Heiligen Stuhls. Im Bemühen um Unterstützung für sein nicht besonders originelles Vorgehen schrieb er an Jocelin von Salisbury: «Ich habe mich entschlossen, dem Herrn von Canterbury meine Berufung durch Briefe und durch einen meiner Geistlichen zur Kenntnis zu bringen, der, so Gott will, am Freitag aufbrechen wird. Es war mir daran gelegen, Dich zu unterrichten, damit, sofern Du meinem Beispiel folgen willst, einer Deiner Geistlichen meinen Boten begleitet und sie sich gegenseitig mit Rat und Tat unterstützen können.»

Kurz darauf erhielt Thomas Becket ein ziemlich aggressives Schreiben von Gilbert Foliot: «Wir hatten bis zum heutigen Tage allen Grund, uns vor Deiner Unnachsichtigkeit in acht zu nehmen. Wir mußten befürchten, daß Du unseren Herrn, den König von England, sein Königreich, die Suffraganbischöfe von Canterbury und die Güter der Kirche, die unserer Obhut anvertraut sind, mit dem Anathema oder dem Interdikt belegen würdest, daß wir verurteilt würden, ohne zuvor gehört zu werden, obgleich wir uns stets an das Recht gehalten haben. Um solchen Vorhaben zu begegnen, haben wir beim Papst um den Beginn der Fastenzeit Berufung eingelegt; die Frist endet in der Oktav nach Mariä Lichtmeß. Mit dem vorliegenden Schreiben unterrichten wir Dich von unserem Schritt, damit, falls Du die Absicht hast, uns zu verfolgen, die Angelegenheit dem Papst vorgetragen wird, dem wir uns willig unterwerfen. Möge Gott seinen Zorn abwenden und verhindern, daß Du mit deinen Plänen Erfolg hast!»

Auf diese Weise versuchte der Bischof von London, schrittweise Zeit zu gewinnen. Die Aussicht auf eine Regelung des Konflikts, der sich nunmehr seit fast fünf Jahren hinzog und der Verwaltung der Kirche von England Verwirrung und Unsicherheit gebracht hatte, war damit bis zum 9. Februar 1170 hinausgeschoben.

Die Berufung mit aufschiebender Wirkung war ein Fehler. Thomas Becket, inzwischen wieder päpstlicher Legat, fühlte sich zutiefst verletzt. Er mußte einfach zurückschlagen. Und das tat er denn auch, und zwar in ähnlich spektakulärer Form wie seinerzeit beim Bannstrahl von Vézelay. Am Palmsonntag, dem 13. April 1169, war der Erzbischof von Canterbury eingeladen, in der Abteikirche von Clairvaux die Messe zu zelebrieren. Und bei dieser Gelegenheit verhängte er den großen Kirchenbann über die Bischöfe von London und Salisbury, den Grafen Hugo von Saint-Clair, Ranulf von Broc und seinen Bruder Robert, Thomas Fitzherbert, Letardus von Northfleet, Nigel von Sackville und Richard von Hastings. Ein junger Freiwilliger namens Berengar bot sich an, trotz der damit verbundenen Gefahren die Nachricht von dieser furchtbaren Strafe zu überbringen. Zu Beginn des Frühjahrs schiffte er sich nach England ein. In seinem Gepäck führte er zwei Briefe Thomas Beckets mit, einen an Gilbert Foliot, den anderen an seinen Dekan.

Am 29. Mai, dem Himmelfahrtstag, bahnte sich der Bote einen Weg durch das Gedränge in der Kathedrale St. Paul's. Ein Priester mit Namen Vitalis zelebrierte die Messe, «ein sanftmütiger und ängstlicher Mann», wie William Fitzstephen schreibt. Unmittelbar nach dem Offertorium stürzte Berengar nach vorn zum Altar, hielt Vitalis die beiden Briefe des Primas hin und drängte ihn, ihren Inhalt sogleich dem Volk bekanntzumachen. Der Priester war fassungslos, zögerte zunächst und lehnte dann ab, weil er sich nicht in Gefahr bringen wollte. Daraufhin drehte sich Berengar zu den Gläubigen um, rief William Hog und Wilhelm von Northall, die gerade die Epistel und ein Kapitel aus dem Evangelium gelesen hatten, als Zeugen an und verkündete dann laut: «Höret alle, daß Thomas, der Erzbischof von Canterbury und päpstliche Legat, den Bischof von London exkommuniziert hat.» Ein Tumult brach los. Dank der Hilfe eines Freundes, der ihn begleitet hatte, gelang Berengar die Flucht. Königliche Beamte hefteten sich an seine Fersen, doch sie bekamen ihn nicht mehr zu fassen.

Gilbert Foliot und der Dekan von London erfuhren einige Tage später von dem Skandal und den Kirchenstrafen, die zwei englische Bischöfe und die wichtigsten Beteiligten dieses Dramas getroffen hatten. Sie erfuhren auch, daß die Sanktionen von Clairvaux durch weitere, nicht weniger spektakuläre Maßnahmen ergänzt wurden. Am Himmelfahrtstag hatte Thomas Becket ein Anathema über den Archidiakon von Canterbury, Geoffrey Ridel, und seinen Vikar Robert sowie über Richard von Ilchester, den Archidiakon von Poitiers, Richard von Lucé, den Justitiar des Königreichs, William Giffard und Adam von Charing verhängt, weil sie «durch ihren Rat und Befehl und mit Billigung des Königs die Hand an Kirchengut gelegt haben, und weil sie den König durch ihre Empfehlung und Mithilfe ermutigt haben, die Kirche zu unterdrücken».

Man hätte erwarten können, daß der englische Episkopat nach dieser Welle von Exkommunikationen, die als Reaktion auf die Appellation von Gilbert Foliot und Jocelin von Bohon ergingen, enger um die Opfer zusammengerückt wäre. Nichts dergleichen geschah. Der Bischof von London unternahm mehrere Vorstöße und drängte seine Amtsbrüder, zu ihm zu stehen, aber alle wichen aus. Einige Bischöfe hatten sich bereits vor geraumer Zeit von der königlichen Partei abgewandt. Im Jahr 1166 hatten sich Roger von Gloucester, der Bischof von Worcester, und Heinrich von Winchester, beide Verwandte des Königs, hinter Thomas Becket gestellt. Ein Bischof führte sein hohes Alter ins Feld und hielt sich aus allem geschickt heraus; ein anderer wurde zum Staatsfeind erklärt und stieß auf dem Festland zum Primas. Die Initiative Gilbert Foliots trieb die Suffragane von Canterbury ins Lager ihres Erzbischofs.

Heinrich von Blois wagte sich aus der Deckung und erklärte feierlich, daß er sich zeit seines Lebens in allem den päpstlichen Weisungen und der Kirche unterwerfen werde, der er vor so langer Zeit Treue gelobt habe. Bartholomäus von Exeter schwankte lange, bis er sich schließlich in ein Kloster zurückzog, um dort das Ende des Sturms abzuwarten. Richard Peche, der Bischof von Coventry, tat es ihm nach. Um Schikanen der königlichen Beamten zu entgehen, suchte er Zuflucht in dem von Walisern bewohnten Teil seiner Diözese. Wilhelm von Norwich bewies besondere Kühnheit und verstieß offen gegen die königlichen Befehle. Von seiner Kanzel herab exkommunizierte er den Grafen Hugo von Norfolk. Wegen einer Farm, die den Kanonikern von Pentney gehörte, war der Graf seit langem in einen Streit mit der Kirche verwickelt. Dann legte Wilhelm seinen Krummstab auf den Altar und drohte jedem, der es wagen sollte, Kirchengut anzurühren, die gleiche Strafe an. Daraufhin schloß er sich in einem Kloster ein, um dort mit den Brüdern zu leben. Hilarius von Chichester starb wenig später; kurz vor seinem Tod hatte er sich noch Thomas Becket angeschlossen. Bischof Nigel von Ely war am Tag vor Christi Himmelfahrt gestorben, ohne von den Kirchenstrafen des Erzbischofs erfahren zu haben. Die Mehrzahl der übrigen Sitze war vakant. Eine bezeichnende Tatsache: Hugo von Durham, der einzige Suffragan des Erzbischofs von York und Thomas Becket unverändert feindselig gesinnt, schloß sich den Bischöfen des Bezirks Canterbury an.

Für den Bischof von London war das ein Alarmzeichen. Heinrich II. führte immer noch Krieg in der Gascogne. Er beruhigte den Bischof und schrieb Alexander III. einen Brief, aus dem zugleich Überraschung, Sorge und Empörung klangen. «Ich flehe Dich inständig an», endete das Schreiben, «alle widerrechtlichen Beschlüsse meines Feindes Thomas, die er nach der Berufung an den Heiligen Stuhl gegen meine Untertanen, Kleriker wie Laien, gefaßt hat, aufzuheben und für nichtig zu erklären.» Gilbert Foliot war so verwirrt, daß auch die königliche Intervention beim Papst ihn nicht davon abhalten konnte, aufs Festland zu reisen. Er wollte seinen Fall dem Papst persönlich vortragen. Der Primas war darüber genauestens informiert und warnte den Papst. Für das verlorene Schaf hatte er nicht übermäßig viel Nachsicht: «Laß Dich nicht von den Worten dieses betrügerischen Menschen verlocken, durch seine heuchlerische Frömmigkeit, seine Spitzfindigkeiten, seine falschen Versprechungen und seine Geschenke, welche die Autorität blenden und zersetzen und ins Verderben führen... Seine verführerischen Angebote dürfen Dich nicht dazu bewegen, mit Deiner Autorität die Verbrechen eines Mannes zu decken, der strenge Bestrafung verdient...» Diese Sätze schmeichelten weder dem Bischof von London, der solche Beleidigungen gewiß nicht verdiente, noch dem Nachfolger Petri, dem man immer nachsagte, er lasse sich durch schöne Worte und nicht zuletzt durch den unwiderstehlichen Reiz des englischen Goldes einwickeln. Im Exil in Benevent war das englische Gold eine unschätzbare Kostbarkeit.

Alexander III. schöpfte kurzfristig wieder etwas Hoffnung, weil die Liga der lombardischen Städte gegenüber dem Kaiserreich Erfolge errungen hatte und Zisterziensermönche in der englischen Angelegenheit aktiv zu vermitteln versuchten. In der ersten Hälfte des Mai 1169, noch bevor er von den neuerlichen Kirchenstrafen erfahren hatte[1], ernannte er zwei neue Legaten *a latere*. Er hatte mit besonderer Sorgfalt zwei Männer ausgewählt, die nicht zu weitsichtig waren und vermutlich keine Neigung verspürten, die Grenzen ihrer Mission zu sprengen. Außerdem waren sie als unabhängige und integre Persönlichkeiten bekannt; für den Erzbischof von Canterbury gab es daher keinen Grund, ihnen von vornherein mit Mißtrauen zu begegnen. Vivianus, der Archidiakon von Orvieto, bekleidete in der Kurie das Amt des Defensors.

Gratian, ein Neffe von Papst Eugen III., Subdiakon der römischen Kirche und apostolischer Notar, genoß viele Sympathien. Der Papst unterrichtete den König von ihrer Abreise und bat ihn, er möge sie wohlwollend aufnehmen. Thomas Becket erläuterte er die Ziele ihrer Mission: Sie sollten möglichst schnell eine Annäherung der Standpunkte erwirken, waren aber zu rechtlichen Schritten nicht autorisiert. Der Primas hatte durch diese Ernennungen seine Prärogativen als Legat verloren. Der Papst ergriff wieder die übliche – schon zu einem Ritual gewordene – Vorsichtsmaßnahme und ermahnte Thomas Becket, er solle «keine Strafe gegen den König, die Großen des Reiches oder das Königreich selbst verhängen».

Der Papst war verblüfft, als die Gesandten des Erzbischofs ihm von den neuerlichen Kirchenstrafen berichteten, die in zwei Wellen über den englischen Klerus hereingebrochen waren. Am 19. Juni schrieb er Thomas Becket einen recht bitteren Brief, in dem er klarstellte, daß die Initiative für einen Ausgleich von ihm ausgehen müsse: «Wir wollen nicht kraft unserer Autorität Dein Urteil aufheben, dennoch empfehlen und raten wir Dir, geliebter Bruder, daß Du von Dir aus die Wirkung dieser Verurteilungen aussetzest, um den Unmut des Königs zu besänftigen, bis Du durch unsere Gesandten erfährst, ob er zu einer Einigung bereit ist, und bis er Dich zurückrufen wird, wie er versprochen hat. Du mußt abwarten und zwei oder drei Monate Geduld mit dem König haben wie wir auch, um ihm keinen Vorwand zu liefern. Wenn Du zu einem anderen Urteil gelangst und die Dinge sich dann nicht zu Deinem Vorteil entwickeln, hast Du das Dir selbst zuzuschreiben und nicht uns.»

Alexander III. war nicht der einzige, der einmal mehr zur Mäßigung aufrief. Der unermüdliche Johannes von Poitiers wollte Thomas Becket unbedingt davon überzeugen, daß die Lage durch freimütige und direkte Kontakte zu klären war. Der König, so versicherte er, sei durchaus bereit, die Ehre Gottes über seine eigene und die seines Königreichs zu stellen. Er habe darüber übrigens offen mit dem König gesprochen und könne Thomas in diesem Punkt beruhigen. Dem Erzbischof stockte das Blut in den Adern: «Wie konntest du so etwas tun? Warum erdrosselt ihr uns nun beide? Damit gibst du diesem Mann die Gelegenheit, uns beiden zu schaden. Er ist ein ruhmgieriges Tier und sinnt nur darauf, der Kirche zu schaden. Er wird überall verbreiten und im Angesicht der Kirche verkünden lassen, daß wir uns vorbehaltlos seinen Entscheidungen unterwerfen, ohne auch nur eine Bedingung zu stellen, ohne die Ehre Gottes und unseres Standes zu erwähnen. Und dies darf doch auf keinen Fall verschwiegen werden.» Wieder so eine Unbeherrschtheit, die, sagen wir es ganz offen, nicht einmal diejenigen verstanden, die den Primas in den kritischsten Momenten entschlossen unterstützt hatten.

Die Angelegenheit nahm eine schlechte Wendung: für Thomas, weil man ihm mangelnde Kompromißbereitschaft vorwarf, für Heinrich, weil er sehr bald begriff, daß die Legaten nicht über die nötigen Vollmachten verfügten, um ein Ende zu machen. Mit dem Erzbischof von Canterbury hatten sie ausführlich in Sainte-Colombe gesprochen. Die Unterredung mit dem König von Frankreich verlief stürmisch. Heinrich II. empfing sie am 23. August in Domfront, unmittelbar nach seiner Rückkehr aus der Gascogne. Am nächsten Tag begannen die Verhandlungen. Dabei waren die Bischöfe von Rennes und Sées sowie Johannes von Oxford. Die Atmosphäre wurde dadurch jedoch nicht besser. Neun Stunden sprachen die Legaten mit dem König, und während der ganzen Zeit bot er ihnen nicht einmal einen Stuhl an. Heinrich versuchte es mit Schmeicheleien und Drohungen, aber er stieß gegen eine Wand: Vivianus und Gratian waren nicht ermächtigt, die Exkommunikationen aufzuheben. Der König war wütend. Er rief die anwesenden Bischöfe und Barone als Zeugen an und vertagte die Verhandlungen um eine Woche.

Die Konferenz wurde am 31. August in Bayeux und am 1. und 2. September auf dem königlichen Landsitz in Bures an der Drome, unweit von Noron-la-Poterie, fortgesetzt. Außer dem König und den beiden Legaten nahmen teil: Erzbischof Bertrand von Bordeaux, die Bischöfe von Rennes und Le Mans, Arnulf von Lisieux, der bei solchen Gelegenheit nicht fehlen durfte, Roger von Worcester, der zum großen Ärger seines Vetters auf das Festland geflohen war, und Rotrou von Warwick, der Erzbischof von Rouen. Auch Geoffrey Ridel, der Archidiakon von Canterbury, erschien bei den Verhandlungen, und das war ein schlechtes Zeichen.

Diese drei aufreibenden Tage verliefen so wie alle früheren Verhandlungen mit dem Plantagenet. Heinrich unterbreitete Vorschläge, suchte Ausflüchte, tobte, schmeichelte, stürzte aus dem Raum und sprengte zu Pferd durch die umliegenden Wälder, er argumentierte, drohte, machte Versprechungen, appellierte an das Mitleid, erhob Forderungen. Und er versuchte es mit Tricks. Am Ende ließ er in das Abschlußdokument eine Anspielung auf die «Würden des Königreichs» einfließen. Gratian brach die Gespräche sofort ab und zog sich zurück. Die Verhandlungen wurden zunächst in Caen, dann in Rouen fortgesetzt. Ohne Erfolg. Die Legaten traten ihm eisig entgegen, und der erzürnte König blieb unzugänglich. Jetzt schleuderte er seinen Haß offen heraus.

Während Gratian unverzüglich nach Italien zurückkehrte, wollte Heinrich ein Ergebnis erzwingen. Er schickte einen Boten nach England und erteilte dem Justitiar Richard von Lucé verschiedene Befehle, die unverzüglich ausgeführt werden sollten. Es war eine bunte Liste: Jeder, der Güter der englischen Krone besaß, hatte sich binnen drei Monaten auf der Insel einzufinden; niemand durfte Briefe des Papstes oder des Erzbischofs von Canterbury entgegennehmen, andernfalls drohten Gefängnisstrafen; kein Geistlicher durfte ohne Erlaubnis des Justitiars England verlassen; der Peterspfennig wurde konfisziert und an das königliche Schatzamt abgeführt.

Wie Robert Speaight sorgfältig herausgearbeitet hat, war dieses Husarenstück «von Angst diktiert». Von der Angst, das Gebäude, an dem Heinrich 15 Jahre lang geduldig gebaut hatte, könnte einstürzen. Gratian war aus anderem Holz geschnitzt als Wilhelm von Pavia. Und er war unterwegs nach Benevent. Erzbischof Wilhelm von Sens, der Sohn des Grafen Theobald von der Champagne und ein Freund Thomas Beckets, machte sich ebenfalls auf den Weg nach Italien. Gott mochte wissen, welche Nachrichten er überbringen würde. Die Möglichkeit eines Interdikts über das englische Königreich verfolgte Heinrich Tag und Nacht. Und er hatte doch die Absicht gehabt, eine Mauer um seine Ländereien auf der Insel zu errichten, die kein Wort durchdringen sollte. Welch lächerlicher Gedanke!

Aber im Grunde seines Herzens wußte Heinrich, daß Worte Flügel haben. Und daß sie töten können. Hatte er den Mut und den Scharfblick, um zu erkennen, wenn der Frieden, und sei es auch nur für einen Augenblick, in greifbare Nähe rückte?

Kapitel IX

Welcher Frieden?

Mitte November 1169, so berichtet Herbert von Bosham, «kam der König von England plötzlich und unerwartet nach Frankreich. Er hatte König Ludwig nicht einmal um eine Unterredung gebeten, weil er nicht glaubte, daß man seinem Wunsch entsprochen hätte. Doch unter dem Vorwand, er unternehme eine Pilgerfahrt, begab er sich zum Grab des heiligen Dionysios, des Märtyrers. Er hoffte, daß Ludwig ihn dort aufsuchen würde, sobald er von seiner Ankunft erfahren hatte, und daß auch der Erzbischof von Canterbury kommen und um Frieden bitten würde, wie er es schon so oft getan hatte. Im übrigen bereute er, daß er das Versöhnungsangebot in Montmirail ausgeschlagen hatte.»

Wie man sich denken kann, war nicht alles so glatt verlaufen. Vielmehr hatte der Legat Vivianus vorher zäh verhandeln und Heinrich II. regelrecht belagern müssen. Saint-Denis war die Grablege der Kapetinger und somit ein Symbol des französischen Königstums. Wenn Heinrich in Saint-Denis betete, war das für ihn eine Möglichkeit, das Gesicht zu wahren. Thomas Becket verhielt sich verständlicherweise sehr viel zurückhaltender. Obwohl Vivianus (dessen Legation juristisch beendet war) ihn bedrängt und ihm versichert hatte, sein ‹Triumph› sei in greifbarer Nähe, denn der König von Frankreich werde ihn wohlwollend unterstützen, zögerte er. «Du lädst uns zu einer Unterredung nach Saint-Denis», antwortete er. «Aber welche Gewißheit hast Du? Worauf gründen sich Deine Hoffnungen? Wer bedrängt Dich so sehr? Dein Brief läßt alle diese Fragen offen, und ich wundere mich, daß Du es so ohne weiteres für angebracht hältst, uns dorthin zu laden.»

Mit einem erstaunlichen Sinn für Organisation räumte der päpstliche Gesandte alle Hindernisse aus dem Weg. Er suchte Thomas Becket in Corbeil auf und verbürgte sich für die guten

Absichten des Königs von England. Ludwig VII., der bei dieser Gelegenheit einige Streitfälle beilegen wollte, war zu einer Unterredung mit Heinrich bereit. Konnte der Primas nicht mit dem Schutz des französischen Königs rechnen? Immerhin hatte der König ihm auch das Schloß der Templer zur Verfügung gestellt.

Am 18. November, eine Woche nach dem Fest des heiligen Martin, begaben sich die beiden Könige nach einer ersten Unterredung in Saint-Denis an den Fuß des Montmartre. Vom Montmartre gingen sie hinaus in die Ebene, und dort stieß der französische Thronerbe zu ihnen, ein Kind von viereinhalb Jahren. Wie ungeduldig und schmerzlich hatte man sich nach diesem Kind gesehnt! Seine Geburt in einer Augustnacht hatte die hegemonialen Träume des Plantagenet zunichte gemacht und Paris in einen wahren Freudentaumel versetzt.[1] Hier auf dem flachen Land stieß Thomas Becket zu den beiden Königen, die ihn bereits erwarteten. Er begrüßte sie, dann zog er sich in das ganz in der Nähe gelegene *Martyrium* zurück, wo Dionysios angeblich enthauptet worden war. Er hatte aus der letzten kurzen Begegnung eine Lehre gezogen; diesmal lehnte er direkte Verhandlungen ab.

Außer den Königen waren Erzbischof Rotrou von Rouen und Bischof Froger von Sées anwesend. Herbert von Bosham, Augenzeuge der Begegnung, berichtet, daß Vivianus «beim König von England lebhaft für uns sprach und beim König von Frankreich und den anwesenden Adligen Unterstützung suchte. Der König von Frankreich in seiner Güte, die Großen und die Bischöfe boten ihre Dienste als Vermittler an, auf daß man zu einer Annäherung gelange, und sie erfüllten ihre Rolle als Mittelsmänner mit großem Eifer. Sie überbrachten dem König die Erklärungen des Erzbischofs und dem Erzbischof die Stellungnahmen des Königs.» Aus mehreren Briefen von Vivianus und von Thomas Becket selbst wissen wir, worum es bei diesem unbequemen «Pendelverkehr» ging. Mit peinlicher Sorgfalt sprach man über Einzelheiten wie etwa die Frage, was alles zu dem umstrittenen Kirchenbesitz gehörte. Auch von den Abrechnungen des Kanzlers war die Rede, über die man einst so erbittert gestritten hatte.

Herbert von Bosham berichtet weiter: «Die Klausel *unter dem Vorbehalt der Ehre Gottes,* die bei der letzten Begegnung so viel

Verstimmung und so lebhafte Debatten ausgelöst hatte, wurde diesmal mit keinem Wort erwähnt. Und es gab keinen Anlaß, darüber zu sprechen, weil es für den Erzbischof nicht darum ging, sich in kirchlichen Dingen dem Gutdünken des Fürsten zu unterwerfen. Der König verlangte nur, der Erzbischof solle nach England zurückkehren, von wo er im übrigen niemals vertrieben worden sei. Er solle die Pflichten seines Amtes erfüllen, die königlichen Prärogativen und die Gewohnheitsrechte anerkennen und respektieren, und er solle sich nicht im Namen der Kirche in weltliche Dinge einmischen; ebensowenig werde der König sich Übergriffe in kirchliche Rechte erlauben... Es hatte also den Anschein, als habe der Sturm sich gelegt, und nachdem wir so viele Gefahren bestanden hatten, glaubten wir, daß wir nun endlich den Hafen erreicht hätten. Doch dann erbat der Erzbischof vom König ein Pfand für den Frieden. Nicht daß er die Verläßlichkeit des Monarchen angezweifelt hätte, aber nach so langwierigen Streitigkeiten hatte er einigen Grund, bestimmten Höflingen zu mißtrauen. Deshalb wünschte er eine Art Garantie als sichtbares Zeichen der Versöhnung...» Vorsichtsmaßnahmen dieser Art waren durchaus üblich. Thomas Becket hatte sich bei Papst Alexander III. erkundigt, was er verlangen könne, und der Papst hatte befunden, «der Erzbischof solle sich mit dem Friedenskuß zufriedengeben».

Der Friedenskuß war etwas sehr Verbindliches. Mit ihm wurde der Lehnseid besiegelt: Die Vereinigung des Atems von Lehnsherr und Lehnsmann war ein bedeutsamer symbolischer Akt. Er schuf eine enge Bindung. Wenn sie verletzt wurde, bedeutete das Verrat. Heinrich II. wußte das. Und er war zu einer solchen Bindung nicht bereit, auch auf die Gefahr hin, daß er dadurch seine politischen Pläne zunichte machte. Er zog sich mit einem plumpen Ausweichmanöver aus der Affäre und «erwiderte, er würde dem Wunsch des Erzbischofs gerne entsprechen, doch habe er in einem Augenblick des Zorns öffentlich geschworen, daß er ihm niemals den Friedenskuß geben werde, auch dann nicht, wenn es mit der Zeit zu einer Wiederannäherung zwischen ihnen kommen sollte. Er schrecke davor zurück, seinen Eid zu brechen, dies sei der einzige Grund für seine Weigerung. Er hege weder

Argwohn noch Groll in seinem Herzen.» Diese jämmerliche Ausrede täuschte niemanden. Thomas Becket begriff sofort und brach die Gespräche ab. Es wurde Nacht. Die beiden Könige wollten nach Nantes weiterreisen und verließen Paris. Ludwig VII. soll dem Erzbischof zugeflüstert haben: «Für mein Körpergewicht in Gold würde ich dir nicht raten, die Ländereien des Königs Heinrich zu betreten, solange du dieses Pfand nicht erhalten hast.»

Wieder einmal war alles gescheitert. Dem Erzbischof von Canterbury blieb nur noch das Mittel, Kirchenstrafen auszusprechen. In einem Rundbrief an die englischen Bischöfe teilte er mit, daß er das Interdikt über das Königreich verhängen werde, wenn nicht bis zu Mariä Lichtmeß, dem 2. Februar 1170, der Frieden wiederhergestellt sei. Er war jedoch überzeugt, daß er diese furchtbare Waffe, die auf unbestimmte Zeit das gesamte religiöse Leben in einem christlichen Land unterband, nicht würde anwenden müssen. An zwei seiner Kleriker schrieb Thomas Becket sogar: «(Der König) fürchtet so sehr, daß das Anathema ihn oder sein Königreich treffen könnte, daß er es trotz seiner Betrügereien und Drohungen nicht wagen würde, dem Papst etwas zu verweigern... Es genügte, damit zu drohen, dann bekäme man alles von ihm, was man will.»

Wieder einmal irrte Thomas Becket. Im Zwiespalt zwischen der königlichen Politik auf der einen und den unmittelbaren vitalen Interessen der Kirche auf der anderen Seite hatte er noch nie geschickt taktiert. Das Ziel war greifbar nahe gewesen, und nun erlebte er, wie innerhalb weniger Wochen seine Hoffnungen schwanden.

Gratian berichtete Papst Alexander III., was in Thomas Becket vorging und wie ungeduldig er war. Am 19. Januar 1170 sandte der Papst von Benevent aus ein ausführliches Schreiben an den Erzbischof von Rouen, Rotrou von Warwick, und an Bischof Bernhard von Nevers. Darin beauftragte er sie, den Frieden in der Kirche von England wiederherzustellen. Der Brief war unklar, voller Andeutungen und salbungsvoller Formulierungen, kurz, er bedurfte der Interpretation. Und in Anbetracht der Umstände konnten ihn die beiden Geistlichen vernünftigerweise nur im Sinne des Königs interpretieren. Rotrou, der sowohl seiner Kirche als auch seinem König aufrichtig zugetan war, verfocht seit langem eine Kompromißlösung, die ein neuerliches Aufflammen des Konflikts verhindern sollte. Und Bernhard von Nevers war eine so unbedeutende Persönlichkeit, daß man sich um ihn keine Sorgen zu machen brauchte.

Sehr schnell zerbröckelten alle Pläne. Ende Februar unternahm Heinrich II. einen ersten gezielten Angriff gegen Thomas Becket. Er bestellte ihn zu einer weiteren Unterredung nach Caen. Thomas machte sich auf den Weg. In Pontoise teilte man ihm mit, daß das Treffen verschoben sei: Der König bereite seine Rückkehr nach England vor. Tatsächlich reiste Heinrich am 3. März ab.

Doch das Schlimmste stand noch bevor. Gilbert Foliot, nunmehr seit über einem Jahr exkommuniziert, wollte persönlich nach Italien reisen. Unterwegs erfuhr er, daß der Erzbischof von Rouen als rechtmäßiger Vertreter des Papstes befugt sei, vom Kirchenbann loszusprechen. Gilbert Foliot kehrte auf der Stelle um. Am 5. April, dem Ostersonntag, hob Rotrou feierlich die Strafe auf, die Thomas Becket gegen den Bischof von London verhängt hatte.

Diese Nachricht war für den Primas ein schwerer Schlag. An Kardinal Albert von San Lorenzo in Lucina schrieb er: «Einen Augenblick lang hatten wir geglaubt, wir würden Trost in einem Brief des Papstes finden, den uns unsere Gesandten beim Apostolischen Stuhl überbracht haben. Doch seine Wirkung wurde durch einen zweiten Brief zunichte gemacht, der zum Schaden der Kirche gestattet, daß Satan die Absolution erhält. Denn der Bischof von London und der von Salisbury wurden tatsächlich auf Befehl des Papstes vom Kirchenbann losgesprochen. Jawohl, der Bischof von London, der, wie allgemein bekannt, das Schisma verursacht und all dieses Unglück angerichtet hat! ... Durch Eure Schuld dauert unser Exil und damit das Leiden der gesamten Kirche nun schon sechs Jahre. Bei Euch verdammt man die Unglücklichen, die Verbannten, die Unschuldigen aus dem alleinigen Grund – sagen wir es doch ganz offen –, daß sie arm und schwach sind und nach Gerechtigkeit dürsten. Umgekehrt vergibt man Frevel und Mord … , und man vergibt den Schismatikern, auch wenn sie keine Reue zeigen… Ich beabsichtige nicht, die römische Kurie künftig noch einmal zu belästigen. Das sollen jene tun, die durch ihre Verbrechen stark geworden sind und, zur Schande der Kirche, glorreich zurückkehren, nachdem sie über die Gerechtigkeit triumphiert und die Unschuld in Ketten gelegt haben! Möge Gott verhüten, daß so viele Unschuldige umsonst auf den Straßen von Rom gestorben sind!»

Zu Unrecht ereiferte sich Thomas Becket über die Haltung der kirchlichen Würdenträger. Über einen Rechtstitel wollte Papst Alexander III. unter keinen Umständen verhandeln: über das Privileg der Erzbischöfe von Canterbury, die englischen Könige zu krönen. Seit Weihnachten 1169 hatte sich dieses Problem zugespitzt. Bei seinem Aufenthalt in Nantes hatte Heinrich II. die Heirat seines zweiten Sohnes, des elfjährigen Gottfried, mit Konstanze von Bretagne, der Tochter des verstorbenen Grafen Conan, verkündet. Und in den kommenden Monaten sollte Königin Eleonore ihren Sohn Richard, den neuen Herzog von Aquitanien und Grafen von Poitou, als Lehnsherrn seinen Vasallen vorstellen. In der Kathedrale Saint-Etienne zu Limoges sollte er, gemäß einer alten Tradition, den Ring der heiligen Valerie als Symbol seiner Verbindung mit ganz Aquitanien empfangen.

Zu regeln blieb noch die Einsetzung des ältesten Sohnes, Heinrichs des Jüngeren, der einst die Krone von England erben sollte.[2] Der Prinz war nun fast fünfzehn Jahre alt. König Heinrich beschloß, ihn noch zu seinen Lebzeiten krönen zu lassen.

Das war damals durchaus üblich. Zwar waren die Geblütsrechte unantastbar,[3] aber im Laufe der Zeit hatte sich in den europäischen Dynastien und bald auch in den fränkischen Fürstentümern im Nahen Osten die Gewohnheit durchgesetzt, die Nachfolge durch eine Mitregentschaft des Thronerben zu sichern. Zu Beginn der karolingischen Epoche hatte Kaiser Karl der Große drei Monate vor seinem Tod eigenhändig seinen dritten Sohn Ludwig den Frommen gekrönt. Diese Geste hatte die gesamte Feudalzeit entscheidend geprägt. Hugo Capet tat es ihm nach und ließ Robert im Jahr 987 in Reims krönen. Philipp I. wurde 1059, ein Jahr vor dem Tod seines Vaters Heinrich I., als Siebenjähriger gesalbt. Die skandinavischen Königshäuser folgten diesen berühmten Beispielen ebenso wie Friedrich Barbarossa, der am 15. August 1186 in Aix den künftigen Heinrich VI. salben ließ. Kurz zuvor hatte der Hoftag zu Bamberg Heinrich als König des Römischen Reiches designiert. Am 1. November 1179 ließ Ludwig VII. seinen gerade volljährigen Sohn Philipp in Reims salben.

Genauso verhielt es sich mit Heinrich dem Jüngeren. Jeder war über die Absichten des englischen Königs im Bilde, und Thomas Becket wies seine Vertreter bei der römischen Kurie eigens darauf hin. Er befürchtete, daß der König diese Gelegenheit dazu benutzen könnte, die Vorrangstellung der Kirche von Canterbury zu übergehen. Am 24. Februar beruhigte ihn Alexander III. und erinnerte ihn daran, daß die Krönung nur erfolgen könne, wenn der junge Herrscher zuvor geschworen habe, daß er die Rechte der Kirche in England im allgemeinen und die von Canterbury im besonderen respektieren werde. Zwei Tage später – inzwischen hatte der Papst Benevent endgültig verlassen und residierte in Cérumar – warnte er Roger von York und die englischen Bischöfe unmißverständlich: «Durch übereinstimmende Aussagen von Zeugen wissen wir, daß Krönung und Weihe der Könige von England nach altem Gewohnheitsrecht und aufgrund der Würde dieser Kirche den Erzbischöfen von Canterbury vorbehalten sind. Sollte der erlauchte König von England beabsichtigen, seinen Sohn krönen und weihen zu lassen, während unser verehrungswürdiger Bruder Thomas, der Erzbischof von Canterbury, im Exil weilt, so verbieten wir ihm kraft der Autorität unseres apostolischen Amtes und durch die vorliegende Bulle strikt, diese Zeremonie durchzuführen und daran teilzunehmen. Sollte einer von Euch es wagen und dieser Anweisung zuwiderhandeln, so soll er wissen, daß er seiner Funktion und seines Standes verlustig gehen wird. Wir sind entschlossen, in dieser Sache keine Berufung zuzulassen und keine Erklärung anzuhören.»

Das päpstliche Veto war eindeutig. Eine gewisse Ironie lag darin, daß der Papst sich hier auf das «alte Gewohnheitsrecht» (freilich das der Kirche) berief. Thomas Becket erhielt das Breve wenig später und sandte es an den Bischof Roger von Worcester, der immer noch auf dem Kontinent weilte. Thomas drängte ihn, sofort nach England zu reisen und die englischen Bischöfe davon abzubringen, seine Machtbefugnisse an sich zu reißen. «Wir handeln nicht in der Absicht, den König und seinen Sohn zu verletzen», fügte Thomas noch hinzu, «sondern weil es unsere Pflicht ist und weil wir gehalten sind, die Rechte der Kirche von Canterbury zu wahren. Denn wenn es dem König gefällt, wollen wir seinen Sohn gerne krönen, wie es die Pflicht unseres Amtes erfordert, und ihnen den gebührenden Respekt und Gehorsam erweisen.»

Heinrich wollte davon nicht das Geringste wissen. Er war entschlossen, die Privilegien des Primas anzutasten und ihn damit ein weiteres Mal zu demütigen. Er ließ sich durch nichts von dieser Art Zwangsvorstellung abbringen. Wie erwähnt, hatte er am 3. März die Normandie verlassen. Er gab strikte Anweisung, Überfahrten vom Festland zu unterbinden. Der Konnetabel der Normandie, Richard von Le Hommet, hinderte Roger von Worcester daran, die Briefe mit dem Verbot auf den Weg zu bringen. Man schreckte nicht einmal vor einem schweren Affront gegen den König von Frankreich zurück: Margarete, die junge Ehefrau Heinrichs des Jüngeren, hätte an dessen Seite gekrönt werden sollen. Doch man hielt sie im Schloß von Caen unter der Obhut ihrer Schwiegermutter Eleonore von Aquitanien fest.

Am 14. Juni drängte sich eine unüberschaubare Menge von großen und kleinen Vasallen, Äbten, königlichen Beamten und Leuten aus dem Volk in der Kirche St. Peter's zu Westminster. Es war ein Festtag, aber die Atmosphäre blieb gedrückt. Jedermann in der Kirche hatte die unbestimmte Ahnung, daß er einen Wendepunkt, ein einschneidendes Ereignis miterlebe. Prinz Heinrich erschien in einem weißen Gewand. Der König schlug ihn zuerst zum Ritter, dann leistete Heinrich der Jüngere vor dem Grab Eduards des Bekenners den überlieferten Eid und fügte hinzu, daß er auch die Gewohnheitsrechte des Königtums respektieren werde, wie sie in den berühmten Konstitutionen von Clarendon niedergelegt seien. Dann setzte Erzbischof Roger von York in Gegenwart der Bischöfe Gilbert von London, Hugo von Durham und Walter von Rochester die Königskrone auf das Haupt des neuen Königs.

Am nächsten Tag ordnete Heinrich II. an, daß Wilhelm der Löwe, der König von Schottland, und sein Bruder David sowie alle Grafen, Barone und Kronvasallen seinem Mitregenten die Treue schwören sollten. Der König ließ für seinen Sohn ein persönliches Siegel schneiden und ermächtigte ihn, auf englischem Territorium Recht zu sprechen. Damit wurde ein neues Kapitel in der Geschichte aufgeschlagen. Wie sehr sich die Zeiten ändern sollten, ahnte der König vermutlich noch nicht einmal. Beim Festbankett nach der Krönung ließ es sich Heinrich II. nicht nehmen, seinem Sohn persönlich aufzutragen. Er hob das Besondere dieser Geste deutlich hervor: «Es kommt nicht alle Tage vor, daß ein König bei Tisch bedient.» Worauf der Prinz zur Verblüffung aller Anwesenden geantwortet haben soll: «Es ist nur natürlich, daß der Sohn eines Grafen den Sohn eines Königs bedient.»

Mit dieser unverschämten Antwort an den Abkömmling des Hauses Anjou unterstrich der Prinz in messerscharfen Worten, welch langer Weg inzwischen zurückgelegt war. Zugleich spielte er auf die äußerst prekäre Situation an. Nach ungezählten Vorstößen und Ausweichmanövern hatte der König nun offen gegen den Willen des Papstes gehandelt und das Maß des Erträglichen überschritten. Das kam ihm auch sofort zu Bewußtsein. Es lag allein bei ihm, diese Provokation in einen Triumph zu verwandeln. Sollte sie zu einem Desaster führen, würde er bis zum bitteren Ende die Folgen tragen müssen.

Die Krönung löste große Empörung aus. Thomas Becket mußte zusehen, wie die letzte Bastion der Kirche von Canterbury fiel. Er war zutiefst verbittert. Um weitere Verstöße gegen das kanonische Recht zu verhindern, schickte er sich an, über das Königreich das Interdikt zu verhängen.

«Wir fordern Dich auf», schrieb er an Gilbert Foliot, «so Du nicht Deines Standes, Deiner Würde und Deiner Pfründen verlustig gehen willst, binnen zwei Wochen, nachdem Du diesen Brief erhalten hast, für das gesamte Gebiet Deiner Diözese jede Religionsausübung zu untersagen, mit Ausnahme der Kindstaufe und der Beichte der Sterbenden. Und Du wirst mit allen Dir zu Gebote stehenden Mitteln dafür sorgen, daß Deine Untergebenen dieses Interdikt beachten.»

Ludwig VII. war gedemütigt, weil sein Vasall es in aller Öffentlichkeit an Achtung fehlen ließ und seine Tochter schlecht behandelte. Seine Reaktion ließ nicht lange auf sich warten: Er beendete den bereits seit geraumer Zeit unsicheren Frieden. Alexander III. empörte sich. An das Märchen, seine Nachricht sei zu spät in England eingetroffen, mochte er nicht glauben. Er hatte es ausdrücklich verboten, die Vorrechte des Primas in irgendeiner Weise zu verletzen, und seit dem 19. Januar waren seine Abgesandten befugt, die härtesten Strafen des kanonischen Rechts zu verhängen. Der Erzbischof hatte eine Frist von zwei Wochen für eine Versöhnung eingeräumt. Zwei Wochen...

Heinrich II. wußte genau um die vielfältigen Implikationen dieser unglaublichen Geste. So wie er auch wußte, daß der Prinz «gegen den Willen und die Meinung fast aller Menschen im Königreich» gekrönt worden war. Doch er überrumpelte alle. Kaum waren die Feierlichkeiten vorüber, da schrieb er noch von Westminster aus einen Brief an Rotrou von Rouen. Darin erklärte er seine Bereitschaft, sich dem römischen Papst zu unterwerfen und sich mit Thomas Becket zu den Bedingungen auszusöhnen, die Rotrou zusammen mit dem Bischof von Nevers, dem zweiten Vermittler des Apostolischen Stuhles, diktieren würde. Gleichzeitig teilte er dem französischen König mit, daß er fest entschlossen sei, alle Mißverständnisse aufzuklären, und schlug ein neuerliches Treffen vor, auf dem alles besprochen werden solle. Nachdem er so einen direkten, für ihn gefährlichen Zusammenstoß vermieden hatte, schiffte er sich am 24. Juni in Portsmouth zur Überfahrt auf das Festland ein.

Am 30. Juni traf Heinrich in Falaise ein. Rotrou von Warwick und Bernhard von Nevers übergaben ihm die Briefe des Papstes mit der Androhung von Strafen. Zwei Tage später erreichte Heinrich Argentan. Am 6. Juli traf er in La Ferté-Bernard mit dem Grafen Theobald von der Champagne zusammen. Am 20. Juli zog er in Vendôme ein. Heinrich war fest entschlossen, diesen Wettlauf gegen die Zeit zu gewinnen. Die päpstlichen Legaten, deren Machtbefugnisse seit langem erloschen waren, reisten weiter nach Sainte-Colombe bei Sens, wo sie am 16. Juli eintrafen. Zusammen mit Erzbischof Wilhelm von Sens überzeugten sie Thomas Becket von der Notwendigkeit, noch einmal mit den Königen von England und Frankreich zu sprechen. Sie hatten keine Minute zu verlieren: Die Unterredung sollte am 20. Juli in Fréteval am Ufer des Loir stattfinden, im Grenzgebiet der Regionen Touraine und Chartres.

Ludwig VII. und Heinrich II. verhandelten zwei Tage, Montag und Dienstag. Sie wollten diesen Konflikt unbedingt aus der Welt schaffen, der im Laufe der Zeit durch zahllose Provokationen und Mißverständnisse eskaliert war. Am 21. Juli ritt Thomas Becket zusammen mit dem Erzbischof von Sens und Graf Theobald von der Champagne nach Fréteval. Der König von England eilte ihm zur Begrüßung entgegen. «Die beiden ritten beiseite, weil sie sich ohne Zuhörer unterhalten wollten.» Herbert von Bosham, der sonst sehr weitschweifig berichtet, faßt sich diesmal erstaunlich kurz. «Der Erzbischof bat den König, er möge es nicht übel aufnehmen, wenn er seine Suffragane und den Erzbischof von York mit Kirchenstrafen belege, da sie seine Rechte und die seiner Kirche mißachtet hätten, als sie den jungen Prinzen Heinrich krönten.»

Glücklicherweise erfahren wir aus den Briefen des Primas an Alexander III. etwas mehr. Er und der König zählten bis zum Überdruß ihre jeweiligen Rechte auf. Man kam überein, daß der Erzbischof den jungen König noch einmal krönen solle.[4] «Nachdem der König seiner Bitte entsprochen hatte», schreibt Herbert von Bosham, «war Thomas zufrieden. Er sprang vom Pferd und warf sich dem Herrscher demütig zu Füßen. Als er hernach wieder in den Sattel steigen wollte, hielt Heinrich ihm unter den Augen und zum großen Erstaunen aller Zeugen der Szene den Steigbügel. Erst als Thomas seine Freunde in das Geheimnis einweihte, begriff man.»

Das Versprechen hatte Gewicht und bedeutete, daß der Erzbischof wieder voll und ganz in seine Rechte eingesetzt würde. Ansonsten vermied man es, allzu heikle Fragen anzuschneiden. «Es wurde Frieden geschlossen, aber ohne daß der Erzbischof wie bei der vorherigen Begegnung den Friedenskuß verlangte, und ohne daß der König ihn anbot oder ablehnte. Tatsächlich erwähnte man ihn nicht einmal. Im Beisein der Prälaten und der

Großen versprach der König dem Erzbischof und den Seinen lediglich Frieden und Sicherheit. Was die königlichen Gewohnheitsrechte und die Rückgabe der beweglichen und unbeweglichen Güter anbetraf, so hielt man sich an die Bedingungen, die bei der ersten Begegnung in Montmartre ausgehandelt und angenommen worden waren, bei jener Begegnung, die wegen des Friedenskusses gescheitert war.» Herbert von Bosham reiste unverzüglich nach England, um die Rückgabe des Kirchenbesitzes zu regeln. Der Erzbischof wurde aufgefordert, sobald wie möglich nach Canterbury zurückzukehren.

Beide Seiten führten diese entscheidenden Gespräche mit einem geheimen Vorbehalt. Ja, es hat sogar den Anschein, als habe er bei diesem Konflikt von Anfang an eine entscheidende Rolle gespielt. Waren die königlichen Beamten überhaupt bereit, die Anwendung von Klauseln zuzulassen, die ihrer Auffassung nach der Krone schadeten? Auch der Klerus war nicht mehr einhellig bereit, das Haupt vor den Forderungen des Primas zu beugen. Geoffrey Ridel, der exkommunizierte Archidiakon von Canterbury, ließ daran in Fréteval keinen Zweifel. Was Thomas Becket auch tat, der Klerus fürchtete stets seinen Starrsinn und seine Launen.

Im übrigen hatte es Thomas Becket mit der Rückkehr nach England keineswegs eilig. Er schützte vor, er wolle aus Höflichkeit gegen Ludwig VII. – nach den Erfahrungen bei den letzten Begegnungen hatte der König diesmal darauf verzichtet, dem Treffen der Kontrahenten beizuwohnen – seine Abreise noch hinausschieben. Auf diese Weise konnte er Heinrichs guten Willen auf die Probe stellen.

Die Reaktionen fielen gemischt aus. «Die einen beglückwünschten sich; die anderen, die Aufruhr und Zwietracht geschürt hatten, waren niedergeschlagen und verwirrt; etliche argwöhnten, dies alles sei nicht aufrichtig gemeint.» Bald machte die Geschichte die Runde, daß das Feld, auf dem die Begegnung stattgefunden hatte, bei den Bewohnern der Gegend unter dem Namen «Verräterwiese» bekannt sei. Heinrich II. hatte es wieder einmal meisterhaft verstanden, gegen die Zeit zu spielen.

Irgendwann im August suchte Herbert von Bosham den König auf, um sich von ihm zu verabschieden. Gleich anschließend wollte er sich nach England einschiffen und dort für die Ausführung der Beschlüsse von Fréteval sorgen. Herbert fand den König schwer an Tertianafieber erkrankt vor. Die Erkrankung hinderte Heinrich freilich nicht daran, unbestimmte Drohungen auszustoßen.[5]

Heinrich hatte dessenungeachtet ein offenes Handschreiben nach England geschickt, das den Wortlaut der jüngsten Übereinkunft enthielt: «Um der Liebe zu Gott und dem Papst willen, um meines Heils und dessen meiner Erben willen vergebe ich dem Erzbischof von Canterbury sowie allen, die seiner Sache wegen ins Exil gegangen sind, die Beleidigungen, die meinen Zorn erregt haben. Ich spreche ihn von allen Vorwürfen frei, die ich gegen ihn hätte vorbringen können. Ich gewähre ihm und den Seinen in meinem Namen und im Namen der Meinen gerechten Frieden und volle Sicherheit. Ich gebe ihm die Kirche von Canterbury mit all den Rechten zurück, die er seit dem Tag besaß, da er zum Erzbischof von Canterbury gewählt wurde, desgleichen alle Ländereien, die selbige Kirche und er selbst besessen haben. Er möge sie so frei und ehrenhaft nutzen, wie er es früher getan hat. Was die Lehen und die Kirchen anbetrifft, die zum Erzbistum gehören und nach der Abreise seiner Herrlichkeit vakant geworden sind, so gebe ich sie ebenfalls zurück, auf daß er sie als seinen Besitz ansehe und nach Gutdünken mit ihnen verfahre, so er die Würden der Krone anerkannt hat.»

Die letzte Klausel bewies – soweit das noch nötig war –, daß der König nach wie vor auf der Hut war. Sie öffnete Protesten und Spitzfindigkeiten Tür und Tor. Die königlichen Beamten, die über die Ausführung der Friedensvereinbarungen wachen sollten, nutzten alle erdenklichen Hindernisse, um die heikle Rückgabe des Besitzes zu verzögern oder zu verhindern. Ein besonders erbitterter Feind des Erzbischofs, Ranulf von Broc, besaß im Herbst immer noch Kirchengut. Der König drängte halbherzig auf die Rückgabe. Thomas Becket reiste mehrmals zum König, um ihn daran zu erinnern, daß die Streitfälle «in gutem Einvernehmen und auf ehrenvolle Weise» geregelt werden müßten.

Gilbert Foliot und Roger von York blieben unnachgiebig. Sie schickten Männer ihres Vertrauens zu Heinrich, um ihn vor den laufenden Maßnahmen zu warnen, die ihrer Meinung nach gefährlich waren, gegen die in Clarendon beschworenen Gewohnheitsrechte verstießen und den Interessen der Krone schadeten. Ihre Bestrebungen, den Status quo zu verteidigen, und der offensichtliche Widerstand der Beamten zielten eindeutig darauf ab, die Bestimmungen von Montmartre und Fréteval in der Praxis unwirksam zu machen. Heinrich II. ließ dem jungen König durch Boten die Aufforderung überbringen, er solle für die Anwendung der Bestimmungen sorgen. Aber alle Bemühungen stießen auf den Unmut einer Verwaltung, die über die politischen Realitäten – und seien sie noch so verborgen – vollkommen im Bilde war. Thomas Becket, von seinen Getreuen auf dem laufenden gehalten, gab sich keinen Illusionen hin. Einmal mehr wandte er sich an den Apostolischen Stuhl, und diesmal mit einigem Erfolg.

Papst Alexander III. residierte inzwischen in Veroli. Er hatte gerade schwierige Verhandlungen mit dem Gesandten Friedrich Barbarossas, Bischof Eberhard von Bamberg, geführt. Der Papst schien nicht länger geneigt, allzu große Rücksichten auf die Empfindlichkeiten der englischen Krone zu nehmen. Am 10. September prangerte er in einem langen Brief an den Erzbischof von Canterbury den Machtmißbrauch und die Verstöße gegen eidliche Verpflichtungen an und verhängte kanonische Sanktionen. Der Erzbischof sollte die genannte Bulle bei sich behalten. Für den Fall, daß es keinen Frieden geben sollte, wurde er ermächtigt, sie mit allen Mitteln, der jeweiligen Situation angemessen, durchzusetzen. Im Umfeld des Papstes stand man dem Anliegen des Erzbischofs von Canterbury in dem Maße aufgeschlossener gegenüber, wie sich die Position der Kirche festigte. Man riet dem Papst sogar, Erzbischof Roger von York abzusetzen. Dies lehnt der Papst zwar ab, erklärte aber Rogers einstweilige Dienstenthebung, weil er die Privilegien des Primas mißachtet und Heinrich den Jüngeren gekrönt hatte. Die gleiche Strafe traf alle Bischöfe, die den «ungerechten Gewohnheiten» zugestimmt hatten, die in Clarendon verkündet worden waren. Gilbert Foliot und Jocelin von Salisbury waren erst einige Monate zuvor unter den geschilderten Bedingungen vom Kirchenbann losgesprochen worden. Nun wurden sie mit dem Kirchenbann belegt, weil sie «unter Mißachtung der Würden der Kirche von Canterbury» an dem Komplott der Königskrönung mitgewirkt hatten. Umgekehrt ließ der Papst Thomas Becket freie Hand für die Bestrafung einiger besonders widerspenstiger Mitglieder des Klerus. Zu nennen wären da Walter von Rochester, Geoffrey Ridel, der Archidiakon von Canterbury, «der unbeherrscht gegen seine eigene Mutter gewütet hatte», und sein Vikar Robert sowie Bischof Gottfried von St. Asaph und sein Archidiakon David. Am 16. September bestätigte der Papst von Ferentino aus in einem Rundbrief an die englischen Bischöfe diese Verfügungen und dehnte sie aus auf einige andere Geistliche, die der königlichen Macht gegenüber zu nachgiebig waren. Am selben Tag ging auf Roger von Pont-l'Évêque, den Erzbischof von York, und Hugo von Durham ein Gewitter in Form einer Bulle nieder, in der aufgelistet war, welche Privilegien Roger widerrechtlich an sich gerissen hatte. Am 8. Oktober bestätigte der Papst von Anagni aus gegenüber Thomas Becket und den übrigen englischen Prälaten das Verbot, auf dem Gebiet der Exkommunizierten Gottesdienste zu feiern. Tags darauf schrieb er an Wilhelm von Sens und Rotrou von Rouen, sie sollten Heinrich II. auffordern, alles zu tun, um innerhalb eines Monats einen echten, dauerhaften Frieden herzustellen, andernfalls werde er das Interdikt über seine sämtlichen Ländereien jenseits den Ärmelkanals verhängen. Er stattete sie mit allen Vollmachten aus, um in seinem Namen handeln. War einer der beiden dazu nicht bereit, war der andere autorisiert, die Mission alleine durchzuführen. Am selben Tag wurde Thomas Becket in all seine Rechte als päpstlicher Legat in England wiedereingesetzt. Am 13. Oktober komplettierte der Papst von Segni aus dieses Waffenarsenal: Er ermächtigte den Erzbischof von Canterbury, gegen alle, die Widerstand leisteten, mit außerordentlichen Gerichtsverfahren vorzugehen, «den König, seine Frau und seine Söhne ausgenommen». Die Möglichkeit einer Berufung schloß er ausdrücklich aus.

Was die Abgesandten des Primas in den ersten Herbstwochen dieses Jahres aus England zu berichten hatten, klang dennoch beunruhigend. Allerorten leistete man hartnäckig Widerstand gegen die Rückgabe des Kirchenbesitzes. In einigen Fällen stieß man sogar konkrete Drohungen aus und warnte den Erzbischof davor, nach England zurückzukehren.

Doch Thomas Becket zögerte keinen Moment. In einem Brief an Heinrich II. analysierte er die Situation und zählte mögliche Gefahren auf: «Er, der in die Herzen sieht, die Gewissen prüft und Verbrechen rächt, er, Christus, weiß, mit welcher Aufrichtigkeit und Ehrlichkeit wir Frieden geschlossen haben, in der Meinung, daß man uns mit der Einfalt des Herzens und in gutem Glauben behandele. Denn konnten wir etwas anderes erhoffen, erlauchtester Herr, als wir Deine Worte hörten, ob Du uns nun anklagtest oder von Versöhnung sprachst? Kündeten nicht die Briefe, die Du an unseren Herrn König, Deinen Sohn, geschrieben hast, auf daß er uns die Güter zurückgebe, die wir vor unserem Exil besaßen, von deinem Wohlwollen und stellten sie uns nicht Frieden und Ruhe in Aussicht? Aber – und das schadet mehr Deiner Ehre als unseren Interessen – die Taten zeugen weder von Aufrichtigkeit noch von gutem Glauben. Denn die Rückgabe, die Du angeordnet hast, ist verschoben worden unter dem Vorwand, man warte auf Ranulf von Broc, den die Ratgeber Deines Sohnes glaubten herbeirufen zu müssen zur Ausführung Deiner Befehle. Wer sind diese Ratgeber? Wie und auf welche Befehle hin haben sie gehandelt? Du kannst es erfahren, wenn Du nur willst. Für uns hat es den Anschein, als wollten sie der Kirche Unrecht zufügen, und als schadeten sie Deiner Ehre und Deinem Heil, so Du nicht schnell Abhilfe schaffst. Unterdessen verwüstet Ranulf Eigentum der Kirche und häuft in seinem Schloß zu Saltwood Besitztümer an, die uns gehören. Er brüstete sich in Gegenwart mehrerer Personen, die Dir davon berichten können, daß wir uns nicht lange des Friedens erfreuen würden, den Du geschworen hast, und daß er uns schnell wieder vertreiben werde und uns in England nicht einmal die Zeit bliebe, ein ganzes Brot zu essen. Aber, wie Du weißt, Herr, ist derjenige, der das Verbrechen sieht und es nicht verhindert, genauso schuldig wie der Verbrecher. Was kann Ranulf schon tun, wenn Du ihn nicht gewähren läßt und mit Deiner Autorität ermutigst? Die Antwort, die er auf den

Brief des Königs, Deines Sohnes, gegeben hat, wird Dir zur Kenntnis gebracht werden, und Du wirst selbst urteilen können, ob sie in Deinem Sinne ist. Doch wenn man uns verfolgt, und das ist heute ganz offensichtlich, schadet man der heiligen Kirche von Canterbury, der geistlichen Mutter der britischen Inseln. Um Schaden von ihr abzuwenden und sie zu retten, werden wir Ranulf und seinen Spießgesellen unseren Kopf ausliefern. Und wir sind nicht allein zu sterben bereit, sondern wir werden, wenn Christus es so will, mit seiner Gnade tausend Qualen und tausend Tode erdulden. Wir hatten beschlossen, Herr, daß wir zu Dir zurückkehren. Aber die Not dieser armen Kirche ruft uns an ihre Seite. Wir gehen mit Deiner Erlaubnis, und vielleicht werden wir dort sterben, um sie zu retten, wenn Du uns nicht mit der Frömmigkeit eines Sohnes sehr bald eine andere Tröstung zuteil werden läßt. Aber, ob wir leben oder ob wir sterben, wir werden immer Dir gehören im Herrn. Und was uns auch widerfahren wird, wir bitten ihn, daß er Dir und Deinen Kinder seinen Segen spende.»

Dieser letzte Brief war eine Flaschenpost. Der Erzbischof von Canterbury gab sich keinerlei Illusionen mehr hin. Etwas zwischen ihm und Heinrich war vor langer Zeit zerbrochen. Einige Wochen zuvor hatte sich im Schloß Chaumont-sur-Loire eine unglaubliche Szene abgespielt. Thomas Becket und der König waren zu einer scheinbar freundschaftlichen Begegnung zusammengekommen. Um die Stunde der Messe war Thomas zum König in die Kapelle gegangen. Als Heinrich ihn eintreten sah, befahl er dem Zelebranten, er solle ein Requiem lesen. Im Requiem gab es keinen Friedenskuß...

Vielleicht erinnerte sich der Erzbischof bei dieser Gelegenheit an eine Nachricht, die ihm der Eremit Godrich von Finchale hatte überbringen lassen. Godrich war eine rätselhafte Persönlichkeit und weithin berühmt für seine radikale Religiosität. Er stammte aus einer Bauernfamilie in der Grafschaft Norfolk. Als junger Mann hatte er eine außergewöhnliche Begabung für den Handel an den Tag gelegt. Innerhalb weniger Jahre baute er ein florierendes Geschäft auf und reiste vom Ufer der Themse bis an die levantinische Küste. Nach der Rückkehr von einer Pilgerfahrt nach Rom verteilte er seinen Reichtum an die Armen und zog sich in den Wald von Finchale in der Nähe von Durham zurück, wo er seitdem das Leben eines Asketen geführt hatte. Wie viele seiner Zeitgenossen wandte sich Thomas Becket gelegentlich um Rat an ihn. Zu Beginn des Frühjahrs hatte Godrich ihm folgendes mitteilen lassen: «Sagt dem Erzbischof, daß er nicht den Mut verlieren darf, wenn er noch viel zu leiden hat. Je länger die Prüfung dauert, desto schöner wird die Krone sein. Noch vor Ablauf von sechs Monaten wird mit Worten Frieden geschlossen sein zwischen ihm und dem König. Aber Godrich wird dann nicht mehr von dieser Welt sein. Binnen neun Monaten wird der Erzbischof alle seine Würden zurückerhalten. Er wird in seine Kirche in Kent zurückkehren, und dort wird sich etwas ereignen, das allen seinen Sorgen ein Ende bereitet und ihm Heil und Ruhm einbringt und allen anderen Menschen zu Nutzen und Erbauung gereicht. Merket euch diese letzten Worte gut, damit ihr sie ihm ganz genau wiederholen könnt. Denn dank der Gnade des Heiligen Geistes wird er sofort, wenn er sie hört, ihren verborgenen Sinn verstehen.»

Godrich von Finchale starb am 21. Mai, und die Nachricht verbreitete sich überall. Thomas Becket hatte nichts mehr zu tun, als sich mit Frieden in der Seele nach Kent zu begeben.

Kapitel X

Bluthochzeit

Thomas Becket handelte unverzüglich, als er sich zum Aufbruch entschlossen hatte. Herbert von Bosham war von seiner anstrengenden und ergebnislosen Mission auf das Festland zurückgekehrt. Nun schiffte sich Johannes von Salisbury nach England ein, um in Canterbury alles für die Rückkehr des Erzbischofs vorzubereiten.

Zu Allerheiligen verabschiedete sich Thomas Becket von der bestürzten Gemeinschaft in Sainte-Colombe. In Paris unterbrach er die Reise für ein paar Tage und durchlebte noch einmal glückliche Augenblicke seiner Vergangenheit: das linke Seine-Ufer, das studentische Treiben, die Abtei Saint-Victor. Er verabschiedete sich von Bischof Moritz von Sully, der sein Freund geworden war, und bewunderte den Chor von Notre-Dame. Seit sieben Jahren wurde daran gearbeitet, die Vollendung stand kurz bevor. Thomas Becket führte mehrere Gespräche mit dem König von Frankreich, dem er so viel verdankte. Der König sprach seine Bedenken offen aus. Doch Thomas blieb unbeirrbar und reiste mit großem Gefolge in die Normandie weiter. Nach Herbert von Bosham begleiteten ihn ungefähr hundert Reiter. Denn der Erzbischof «verstand es, bei allen Gelegenheiten groß aufzutreten. Groß in einem Palast, in seinem Staat, bei sich daheim, in seiner Kirche, auf Reisen; groß auf der Heimreise; noch größer am Ende der Reise».

Man hatte vereinbart, daß der Erzbischof vor der Überfahrt noch einmal mit Heinrich II. zusammentreffen sollte. Dunkle Wolken ballten sich zusammen. Doch wer hatte jetzt noch den Wunsch, sie zu zerstreuen? Die letzte Begegnung sollte in Rouen stattfinden. Thomas war dort Gast des ehrlichen, aber ängstlichen und wankelmütigen Bischofs Rotrou von Warwick, der diesen großen Ereignissen eher hilflos gegenüberstand. In Rouen erhielt

Thomas eine Nachricht aus Loche, wo der König von England Quartier bezogen hatte. «Ich teile Dir mit, daß es mir unmöglich ist, am vereinbarten Tag nach Rouen zu kommen. Freunde aus Frankreich haben mich davon in Kenntnis gesetzt, daß König Ludwig sich anschickt, gegen meine Vasallen in der Auvergne zu marschieren und das Land zu verwüsten. Die Bewohner der Auvergne haben mir dasselbe berichtet und mich um Hilfe gebeten. Deshalb kann ich mich nicht zum vereinbarten Zeitpunkt in Rouen einfinden. Aber ich sende Dir Johannes, den Dekan von Salisbury, der Dich nach England begleiten wird. Ich beauftrage ihn im Namen des Königs, meines Sohnes, dafür zu sorgen, daß Du anstandslos Deinen Besitz und Deine Würden zurückerhältst. Für den Fall, daß die Maßnahmen, die im Hinblick auf Dich ergriffen werden, nicht respektiert werden sollten, wird mein Sohn die Dinge in Ordnung bringen. Da man jetzt schon unrichtige Mutmaßungen darüber anstellt, warum Dein Aufenthalt in Frankreich sich in die Länge zieht, halte ich es für unerläßlich, daß Du so schnell als möglich nach England zurückkehrst.»

Die Provokation lag auf der Hand. Möglicherweise war der König tatsächlich verhindert. Aber nichts zwang ihn, ausgerechnet Johannes von Oxford, den exkommunizierten Dekan von Salisbury, für Thomas Beckets Reisebegleitung auszuwählen. Mit seinem unrühmlichen Auftritt in Würzburg hatte sich Johannes in den Augen vieler diskreditiert, auf jeden Fall war er Thomas Bekket verhaßt. Und jeder wußte, was für feindselige Gefühle er gegen den Primas hegte. Thomas bat Rotrou, ihn bis zur Küste zu begleiten, doch Rotrou sah nicht ein, wozu das noch nötig sein sollte: Hatte man nicht alles geregelt, feierlich und vor vielen Zeugen? Nach William Fitzstephen ließ es Rotrou damit bewenden, Thomas 300 Pfund zu schenken, weil man munkelte, er sei in Geldverlegenheiten.

Thomas durchquerte die Landschaft Caux und die Picardie; er wollte von Flandern aus in See stechen. Am 24. November erreichte er die sechs Meilen von Boulogne entfernte Hafenstadt Wissant. Seit Jahrhunderten war Wissant eine der wichtigsten Verkehrsverbindungen zu den britischen Inseln. Als Student, als Kanzler und als Erzbischof hatte er diese Route mehrfach benutzt. Die Atmosphäre war drückend. Unter den Händlern, Matrosen und Kalfaterern liefen die schlimmsten Gerüchte um, welches Schicksal den Erzbischof angeblich erwarte. Auf der anderen Seite des Kanals waren die königlichen Beamten und die königstreuen Bischöfe in Aufregung. Roger von Pont-l'Évêque, Gilbert Foliot und Jocelin von Salisbury reisten nach Dover. Beiderseits des Kanals tauchten immer neue Nachrichten auf. Manches klang so beunruhigend, daß der Graf Matthäus von Boulogne den Dekan Milo von Boulogne eilends mit einer Warnung zu Thomas Becket sandte: «Der Graf mahnt dich, auf der Hut zu sein. Die englische Küste wimmelt von Feinden, die dich töten oder gefangennehmen werden, sobald du einen Fuß an Land setzt.»

«Das ist unwichtig», erwiderte Thomas, «meine Kirche hat keinen Hirten. Es ist mein Wunsch und vielleicht meine letzte Bitte an meine Freunde, daß sie mich, wenn ich nicht lebend nach Canterbury gelangen kann, zumindest tot dorthin bringen.»

Die Drohungen wurden immer lauter, und Thomas Becket beschloß, in seiner Eigenschaft als Legat für England zu seiner stärksten Waffe zu greifen. Am 30. November machte er den Inhalt der Bulle allgemein bekannt, die Alexander III. ihm am 10. September aus Veroli übermittelt hatte. Er suspendierte und exkommunizierte den Erzbischof Roger von York und die Bischöfe von London und Salisbury. In Anbetracht der Situation war dieser Akt der blanke Wahnsinn. Aber Thomas Becket konnte nicht mehr zurück. Er war ganz gefangen in der Vorstellung, daß sein Untergang bevorstehe, und dieser Gedanke faszinierte ihn so, daß er alle diplomatischen Erwägungen endgültig einem provozierenden Heroismus opferte.

Die Nachricht von den Kirchenstrafen drang in Windeseile nach England. In Wissant konnte man noch am selben Tag erfahren, welche Reaktionen sie ausgelöst hatte. Ein englisches Schiff lief im Hafen ein. Herbert von Bosham, der diese Stunden der Angst und Ungewißheit aus nächster Nähe miterlebte, mischte sich unter die Ankömmlinge. Sie sprachen über den Primas; jeder erwartete ihn voll Freude und Ungeduld. Daraufhin zog ein Seemann den Sekretär des Erzbischofs beiseite: «Der Unselige! Wie kann er nur so etwas tun? Wohin soll das führen? Ihr segelt eurem sicheren Tod entgegen. Wißt ihr denn nicht, daß Soldaten alle Häfen besetzt halten, um dich und deinen Herrn zu ergreifen? Jedermann dort drüben weiß das. Das ganze Land ist von Entsetzen erfüllt. Die Anhänger des Königs verbreiten das Gerücht, ihr hättet bereits vor eurer Ankunft Unruhe gesät, da ihr die Bischöfe in einem Moment exkommuniziert habt, der in Erwartung des Herrn dem Frieden geweiht war.»

Herbert von Bosham nahm diese Worte sehr ernst. Er hinterbrachte Thomas die alarmierenden Meldungen. Er wußte inzwischen, daß sie vom Kapitän des Schiffes stammten, und das machte sie nur noch glaubwürdiger. Einer der Begleiter des Erzbischofs, ein «einfacher und gottesfürchtiger Mann» namens Walter, hatte gelauscht. «Wenn alle so aufgebracht sind über die Exkommunikation der Bischöfe, so kann man sich vorstellen, was geschehen wird, wenn der König davon erfährt. Ich denke, wir sollten besser nicht abreisen!»

«Und du, was denkst du?» fragte Thomas Becket.

«Herr», erwiderte Herbert von Bosham, «es ist schwierig, sich eine Meinung zu bilden, und bedauerlicherweise haben wir keine klügeren Ratgeber. Die einen sind in Frankreich zurückgeblieben, die anderen sind bereits in England. Mit deiner Erlaubnis will ich dir also sagen, was ich denke. Jetzt, da wir schon in Flandern sind, uns von allen unseren Freunden auf dem Festland verabschiedet haben und der Papst uns den Segen und die Erlaubnis gegeben hat, nach England zurückzukehren, können wir nicht mehr kehrtmachen, sonst wird man uns für Feiglinge halten… Es wird heißen, der Erzbischof von Canterbury habe nicht gekämpft, sondern sei wie damals in Northampton geflohen.»

Diese ebenso unpassende wie verhängnisvolle Mahnung stachelte die Erregung des Erzbischofs weiter an: «Ich sehe mein Land vor mir und ich werde, so Gott will, dorthin zurückkehren. Aber ich weiß jetzt, daß die Stunde meines Leidens nahe ist.» Es war Abend geworden…

Am nächsten Morgen war der Wind günstig und das Meer ruhig. Thomas Becket ging auf ein Schiff. Auf mehrere Boote verteilt begleiteten ihn der Dekan Johannes von Oxford, Herbert von Bosham, viele Geistliche, die mit ihm ins Exil gegangen waren, und der Archidiakon Simon von Sens. Thomas wollte nicht in Dover an Land gehen, weil dort die exkommunizierten Bischöfe warteten. Er befahl dem Steuermann, Kurs auf Sandwich zu nehmen. Dieser Hafen, so hoffte er, war vielleicht weniger bewacht; vor sechs Jahren hatte er sich dort heimlich eingeschifft.

Kaum war Land in Sicht, ließ Thomas – wie wir dem Bericht von Herbert von Bosham entnehmen – am Bug des Schiffes das Kreuz des Primas von Canterbury hissen, damit sein Schiff gut von den Begleitbooten zu unterscheiden war. An Land empfing ihn eine unüberschaubare Menschenmenge. Die Masse der einfachen Leute. Die Menschen, die ihm als letzte zugejubelt und die letzte Mahlzeit auf englischem Boden mit ihm geteilt hatten. Sie alle warfen sich demütig vor ihm zu Boden, vergossen Freudentränen und riefen: «Gesegnet sei der, der kommt im Namen des Herrn.» Man schrieb Dienstag, den 1. Dezember 1170.

Die Unannehmlichkeiten ließen nicht lange auf sich warten. Ein große Schar entschlossener Bewaffneter zerstreute den Auflauf der Armen, die ihren wiedergefundenen Hirten so begeistert begrüßten. Die königlichen Beamten wurden aggressiv. Sie warfen dem Erzbischof vor, er sei aus dem Königreich geflohen und habe den König gekränkt, und verurteilten die Exkommunikation der königstreuen Bischöfe. Nach den Berichten von William Fitzstephen und Wilhelm von Canterbury setzten ihm vor allem Gervasius, der Sheriff von Kent, Rainald von Warenne und Ranulf von Broc hart zu. Gegen die Engländer, die der König zur Rückkehr aus dem Exil aufgefordert hatte, konnten sie nichts ausrichten. Statt dessen verlangten sie von den Ausländern in Thomas Beckets Gefolge, sie sollten dem König von England den Treueid leisten. Dieses Ansinnen war höchst ungewöhnlich und zielte offenkundig auf den Archidiakon von Sens. Es war so unerhört und widersprach so entschieden allen Gepflogenheiten des Gewohnheits- und Völkerrechts, daß sich sogar ein Mann wie Johannes von Oxford zum Eingreifen genötigt sah. Damit war diese Sache erledigt.

Thomas Becket ruhte sich eine Nacht in Sandwich aus und machte sich dann auf den Weg nach Canterbury. Er wollte so schnell wie möglich zu seiner Kirche zurückkehren. Auf fünf Meilen erlebte er eine wahre Apotheose. Aus den angrenzenden Dörfern strömten die Bauern herbei, arme wie reiche, junge wie alte, und begleiteten ihn im Triumphzug. Das ganze Land war in Wallung. Geistliche eilten herbei, das Kreuz in der Hand und ihre Schäflein im Gefolge. Man jubelte Thomas zu, als sei er ein neuer Moses. Alle waren auf den Beinen. Begeistert geleiteten sie den Mann, der zu einem Mythos geworden war, auf der mit Kleidern bedeckten und von Freudengesängen widerhallenden Straße nach Hause. Thomas sah älter aus, als er war. In diesem Augenblick war er glücklich und bekümmert zugleich; die Glut, die aus dem englischen Boden emporzusteigen schien, hatte ihn verklärt. Ein Feuer war entzündet worden, und es sollte niemals ganz verlöschen.

Bei seinem Einzug in Canterbury steigerte sich die Erregung noch. Für die kleine Stadt war es ein Festtag. Alle Glocken stimmten ein feierliches Geläute an. In den Straßen drängten sich die Schaulustigen; von überall hallten ihm Lobgesänge und Kirchenlieder entgegen. Die Kathedrale hatte man mit kostbaren Behängen geschmückt. Thomas Becket bahnte sich einen Weg durch die Menge und schritt direkt auf den Thron des Erzbischofs zu. Einer nach dem anderen knieten die Mönche von Christchurch vor ihm nieder, und er gab jedem den Friedenskuß. Viele hatten bereits die Hoffnung aufgegeben, daß sie diesen so ungeduldig ersehnten Tag noch erleben würden. Sie weinten vor Rührung und Glück. Anschließend sprach der Erzbischof mit fester Stimme über den folgenden Satz aus dem Brief an die Hebräer: «Wir haben hier keine bleibende Stadt, sondern nach der künftigen suchen wir.» Herbert von Bosham neigte sich zu ihm: «Herr, wir brauchen uns jetzt nicht mehr um die Zukunft zu sorgen: Durch dich hat die Kirche, die Gemahlin Christi, heute den Sieg errungen. *Christus vincit, Christus regnat, Christus imperat.*» Thomas Becket antwortete nicht.

Bereits einen Tag nach Thomas Beckets Rückkehr nach Canterbury wurden die Drohungen verschärft. Der Sheriff von Kent, Ranulf von Broc und die königlichen Beamten, die ihn bereits in

Sandwich angegriffen hatten, wurden in Begleitung von Klerikern und Juristen bei Thomas vorstellig. Sie verlangten die Aufhebung der Kirchenstrafen gegen die drei Bischöfe. Thomas berief sich auf die Autorität des Papstes: In seinem Namen habe er die Exkommunikation verhängt. Freilich hätte er aufgrund der besonderen Vollmachten, die ihm Alexander III. verliehen hatte, Gilbert Foliot, Jocelin von Salisbury und Roger von York rechtsgültig vom Bann lösen können. Aber er hatte schon seit geraumer Zeit eine feste Meinung, was die Aufrichtigkeit dieser Prälaten betraf, und es stand Entscheidendes auf dem Spiel: Die drei Bischöfe würden niemals einen Eid ablegen, der im Widerspruch zu den Konstitutionen von Clarendon stand. Damit war man wieder beim Kern des Konflikts. Thomas Becket hatte nie zwischen der freien Ausübung der königlichen Gerichtsbarkeit und den weltlichen Rechten der Kirche geschwankt. Er verweigerte die Lossprechung. Damit waren die Brücken abgebrochen.

Die königstreuen Bischöfe reisten eilends über den Kanal und suchten den König auf. Sie versuchten, trotz des päpstlichen Verbots eine neuerliche Berufung zu erwirken. Wie Wilhelm von Canterbury berichtet, soll Roger von Pont-l'Évêque den Zynismus auf die Spitze getrieben und erklärt haben, er führe 8 000 Pfund in seinem Gepäck mit sich, und damit könne er jeden kaufen und diesen «Hochmütigen, der mehr Frechheit besitzt als Stärke» vernichten.

In der folgenden Woche wollte Thomas Becket den jungen König Heinrich auf Schloß Winchester besuchen. Thomas empfand für diesen jungen Mann von fünfzehn Jahren, mit dessen Erziehung er einst betraut gewesen war, ehrliche Zuneigung. Auf Heinrichs Schultern lastete die schwere Aufgabe, die unklaren Befehle seines jähzornigen Vaters durchzusetzen. Mußte Thomas Becket nach der Unterredung in Fréteval nicht annehmen, daß er Heinrich zusammen mit der jungen Königin Margarete bald zum zweiten Mal krönen würde?

Thomas schickte einen seiner Getreuen, Prior Richard von St. Martin in Dover, voraus, um «ihm Zugang bei Hof zu verschaffen». Noch vor Richard war bereits das schönste Geschenk eingetroffen, das man einem jungen Ritter machen konnte: drei Streitrösser von blendender Schönheit, die Thomas – er verstand sich auf die Auswahl von Geschenken – selbst in Flandern erworben hatte. William Fitzstephen, ein Sohn seiner Zeit, schildert liebevoll die herausragenden Qualitäten dieser bemerkenswerten Tiere: Eleganz, feingliedriger Körperbau und schmale Fesseln, Schnelligkeit, Feuer, spielende Ohren, wunderbares Zaumzeug, prachtvoller Sattel. Der Erzbischof hatte seinen Hang zur Prachtentfaltung noch nicht verloren.

Auf der Landstraße nach London jubelten die Menschen ihm fast wie bei seiner triumphalen Ankunft in Canterbury zu. In Rochester kam ihm sein Freund, der Bischof Walter, zur Begrüßung entgegen. Drei Tagen später stand Thomas vor den Londoner Stadttoren. Er blieb zunächst in der Stiftskirche St. Mary in Southwark, auf dem linken Ufer der Themse. Bald strömte dort eine beträchtliche Menschenmenge zusammen: Studenten, Kleriker, Männer und Frauen, Arme. Es herrschte eine festliche Stimmung, wie man sie noch nicht erlebt hatte. Viele Menschen hatten Tränen in den Augen, «sie lobten Gott und dankten ihm für die Rückkehr des Erzbischofs». Durch all die Freudenrufe ertönte ein Schrei. William Fitzstephen berichtet, eine Frau namens Mathilda habe mehrmals gerufen: «Erzbischof, hüte dich vor dem Dolchstoß!»

Am Abend wurde Thomas Becket im Palais des Bischofs von Winchester, des alten Heinrich von Blois, gastlich aufgenommen. Am nächsten Morgen erschien im bischöflichen Palais Jocelin von Arundel; der junge König hatte ihn geschickt. Schonungslos eröffnete er Thomas, daß ein Besuch bei Heinrich nicht angebracht sei und daß man es höheren Ortes nicht gerne sehe, wenn er in England herumreise. Er solle umgehend nach Canterbury zurückkehren und künftig keine Reisen mehr unternehmen, da er damit das Volk aufwiegele und die öffentliche Ordnung bedrohe. Thomas wunderte sich, warum sein ehemaliger Schüler ihn vor aller Augen beleidigen ließ. Er fragte, ob der Prinz selbst diese Anordnungen getroffen habe. Jocelin bejahte schroff und ging.

Vor dem Palast traf Jocelin einen bedeutenden Mann aus London, der gerade eintreten wollte. Er sprach ihn an: «Bist du auch gekommen, um den Feind des Königs zu sehen? Ich rate dir, kehre auf der Stelle um.»

«Ich weiß nicht, ob er des Königs Feind ist», erwiderte der Besucher. «Im Gegenteil, wie jeder andere auch habe ich durch die königlichen Briefe erfahren, daß jetzt Frieden herrscht und der Erzbischof wieder in seine Rechte eingesetzt worden ist. Niemand hat uns mitgeteilt, daß sich daran inzwischen etwas geändert hätte.»

William Fitzstephen berichtet von diesem kurzen Gespräch. Es vermittelt die ganze Zwiespältigkeit der Situation: Offiziell und in den Augen der Bevölkerung herrschte zwischen Thomas Becket und Heinrich II. vollkommene Eintracht auf der Basis der Abmachungen von Fréteval. Wie der Primas und seine Vertrauten Tag für Tag behandelt wurden, sprach genau für das Gegenteil. Die «unglücklichen Vorzeichen» häuften sich.

Bevor Thomas nach Canterbury zurückkehrte, ritt er zu seinem Landhaus in Harrow-on-Hill, vier Meilen von London entfernt. Er liebte diese Gegend und erinnerte sich an glücklichere Zeiten. War er nicht hier zum ersten Mal Theobald von Bec begegnet? Sein kurzer Aufenthalt wurde durch eine beunruhigende Nachricht gestört. Sie zeigte deutlich, daß die königlichen Beamten entschlossen waren, den faulen Frieden endgültig zu brechen.

Ranulf von Broc hatte ein Handelsschiff aufgebracht, das Wein für den Erzbischof beförderte. Man hatte die Mannschaft verprügelt, mehrere Männer getötet und einige in die Festung Pevensey verschleppt. Thomas Becket war empört über diese Verletzung des Völkerrechts. Er sandte Richard von Dover zu Heinrich dem Jüngeren, um ihn über den Vorfall zu unterrichten. Heinrich war immerhin so korrekt, daß er befahl, das Schiff und seine Ladung zurückzugeben und die gefangenen Seeleute freizulassen.

Trost fand Thomas Becket an diesem friedlichen Ort in Gesprächen mit dem Abt Simon von St. Albans. Mit Simon war er seit vielen Jahren befreundet. Er konnte ihm den Schmerz anvertrauen, der seine empfindsame Seele quälte, und er konnte alle Sorgen mit ihm teilen. In kurzen Tagesetappen reist Thomas dann nach Canterbury zurück. Er sollte die Stadt nicht wieder verlassen. Auf Drängen seiner Ratgeber hin hatte er eingewilligt, daß ein kleiner Trupp schwer bewaffneter Ritter ihn begleitete. Das Leben ging weiter. Alles schien friedlich.

Zu Weihnachten zelebrierte der Primas die Mitternachtsmesse. Am Stephanstag diktierte er zahlreiche Briefe und übergab sie Boten, in die er uneingeschränktes Vertrauen hatte. Zwei seiner Kapläne sollten den Bischof von Norwich ermächtigen, die Exkommunikation der Priester aufzuheben, die auf dem Gebiet des Hugo von Norfolk die Messe gelesen hatten. Das war nur gerecht: Der Graf hatte Mut gezeigt und seine Verfehlungen bereut. Damit hatte er sich den Zorn des Bischofs von London zugezogen. Herbert von Bosham sollte so schnell wie möglich Kontakt zu König Ludwig von Frankreich und Erzbischof Wilhelm von Sens aufnehmen. Alexander der Waliser, dessen Treue über jeden Zweifel erhaben war, und Gilbert von Glanville, ein Geistlicher, der seit kurzem der erzbischöflichen Kurie angehörte, sollten Papst Alexander III. eine Botschaft überbringen. Aus Furcht, ihre Abreise könnte Verdacht erregen, stahlen sie sich in der Nacht des Johannestages, am 27. Dezember, davon.

Im ganzen Königreich kursierten beunruhigende Gerüchte. Die Feinde des Erzbischofs versuchten mit tausend kleinen und großen Schikanen, ihm das Leben auf seinen eigenen Ländereien schwer zu machen. Unterdessen nahm die königliche Politik mit unerbittlicher Konsequenz ihren Lauf. Wie bekannt wurde, hatte der junge König Heinrich in Winchester die Großen des Reiches und die königstreuen Kleriker zusammengerufen. Die Versammlung sollte darüber beraten, wie mit den vakanten Bischofsstühlen zu verfahren sei. Man kam überein, sechs Vertreter der fraglichen Kirchen aufs Festland zu senden, «damit man dort mit ihrer Empfehlung, unter Verletzung der Canones, in Gegenwart des Königs, auf einem fremden Land und in Abwesenheit ihrer Brüder zur Wahl der Bischöfe (des Bezirks Canterbury) schreite». Das war eine unerträgliche Provokation, zumal das Manöver alle Aussicht auf Erfolg hatte. Gilbert Foliot, Jocelin von Salisbury und Roger von Pont-l'Évêque reisten in die Normandie, trafen sich mit dem König und setzten alles daran, so schnell wie möglich vollendete Tatsachen zu schaffen. Dort auf dem Festland wurden die Fäden der Tragödie geknüpft.

Sofort nach ihrer Ankunft ließen sich die drei Bischöfe auf den Landsitz Bures in der Nähe von Bayeux führen, wo Heinrich II. residierte. Geoffrey Ridel, der Archidiakon von Canterbury, litt nach der Überfahrt so schwer an Seekrankheit, daß er die Bischöfe nicht begleiten konnte. Der König hatte bereits erfahren, daß der Primas kanonische Strafen verhängt hatte, und war denkbar schlechter Laune. Wie William Fitzstephen berichtet, hatte der Erzbischof von York Roger von Pont-l'Évêque die nötigen Argumente parat, um die ohnehin schon gespannte Atmosphäre noch weiter aufzuladen: Hatte sich Thomas Becket seit seiner Rückkehr nach England nicht wie ein Potentat aufgeführt? Sammelte er nicht eine bedrohliche Privatarmee um sich (eine boshafte Anspielung auf die Handvoll Männer, die den Primas von Harrow nach Canterbury geleitet hatten)? Und nutzte er bei seinen Reisen nicht geschickt seine Popularität, um das Volk aufzuhetzen?

«Zu allem Überfluß», führte Roger weiter aus, «hat er alle exkommuniziert, die an der Krönung deines Sohnes teilgenommen haben.»

«Bei Gott», schrie der König, «wenn alle exkommuniziert sind, die an der Krönung meines Sohnes mitgewirkt haben, dann bin ich auch exkommuniziert!»

«Gehen wir in Ruhe vor», raunte Roger ihm zu. «Wenn wir das Unwetter schon nicht verhindern können, dann sollten wir wenigstens so tun, als ob wir es erduldeten, als seien wir die Opfer. Das sollte uns nicht schwer fallen. Es genügt, wenn wir uns heute verstellen und den Urheber dieser Beleidigungen in Sicherheit wiegen.»

Der König verlor vollends die Beherrschung. «Ohne einen Pfennig ist der Mann an meinen Hof gekommen und hat mein Brot gegessen! Ich habe ihn zu einer bedeutenden Persönlichkeit gemacht. Er hat mich verraten, mich und die Meinen. Ist denn keiner da, der meine Schmach rächen möchte?»

Voller Empörung hörten das vier Ritter, die keine Skrupel kannten und entschlossen waren, der Sache ein Ende zu machen. Ihre Namen sind in die Geschichte eingegangen: Reginald Fitzurse, William Tracy, Hugo von Moreville und Richard Brito. Wie in einem Anfall von Raserei verließen sie Bures Hals über Kopf, ohne weiter darüber nachzudenken. Sie ritten zu verschiedenen Häfen, fest entschlossen, in aller Heimlichkeit das auszuführen, was sie für den Willen des Königs hielten. Es war die Weihnachtsnacht des Jahres 1170.

Am Montag, dem 28. Dezember, dem Fest der Unschuldigen Kinder, trafen sie auf Schloß Saltwood an der Küste der Grafschaft Kent, auf halbem Weg zwischen Sandgate und Hythe, wieder zusammen. Das Schloß bewohnte Ranulf von Broc. Tags zuvor war auch Richard von Le Hommet nach England aufgebrochen. Der König hatte von der überstürzten Abreise der vier Haudegen erfahren und ahnte ihre Absichten. Richard von Le Hommet sollte das gesamte Königreich in Alarm versetzen und Thomas Becket zu dessen eigener Sicherheit ergreifen. Aber es war bereits zu spät.

Fast die ganze Nacht hindurch besprachen die vier Verschwörer ihren Plan. Am nächsten Morgen verließen sie Saltwood und ritten an der Spitze einer Schar von zwölf Bewaffneten nach Canterbury; derweil trommelte Ranulf von Broc seine Männer zusammen. In Canterbury suchten sie sogleich das Kloster St. Augustine auf. Abt Clarembald, ein Erzfeind Thomas Beckets, würde sie gewiß unterstützen. Unverzüglich erteilten sie die nötigen Befehle, wie in den folgenden Stunden die Ordnung aufrechterhalten und der Erzbischof an der Flucht gehindert werden sollte.

Der Mönch Edward Grim berichtet, was dann geschah: «Um die zehnte Stunde» – das hieß zu dieser Jahreszeit um vier Uhr nachmittags – erschienen Reginald Fitzurse, William Tracy, Hugo von Moreville und Richard Brito im erzbischöflichen Palais. Die Türen standen für Besucher stets offen. Das Mittagsmahl war gerade vorüber. Weil sie gut bekannt waren und einst zum Kreis des Erzbischofs gehört hatten, «empfing man sie mit Achtung und lud sie ein, am Tisch Platz zu nehmen, wo noch alle saßen, die gerade gespeist hatten». Die Vier lehnten diese traditionelle Geste der Begrüßung barsch ab und verlangten im Namen des Königs nach dem Primas.

Thomas Becket hatte sich sofort nach dem Essen «mit einigen Vertrauten in sein Zimmer zurückgezogen, um dort laufende Angelegenheiten zu erledigen». Seine Ruhe beeindruckte alle. In einer dunklen Vorahnung hatte er den Vormittag in der Kathedrale verbracht, war von einem Altar zum anderen geschritten und hatte sich vor den Reliquien der Heiligen gesammelt. Ein Benediktinermönch namens Thomas von Maidstone, dem er sehr zugetan war, hatte ihm die Beichte abgenommen und ihn gegeißelt. Es gab nichts mehr zu tun.

Beim Eintreten verweigerten die vier Ritter dem Erzbischof den Gruß und setzten sich wortlos hin. «Auch Thomas grüßte sie zunächst nicht… Doch dann wandte er sich ihnen zu, blickte sie prüfend an und begrüßte sie freundlich. Reginald Fitzurse schleuderte ihm angriffslustig entgegen: ‹Wir bringen dir Befehle des Königs. Wenn du sie öffentlich hören möchtest, dann sag es.› – ‹Solche Dinge›, erwiderte Thomas, ‹soll man nicht im Geheimen anhören, auch nicht in einem Zimmer, sondern öffentlich.›»

Sie gingen in ein angrenzendes Zimmer, wo sich inzwischen zahlreiche Kleriker versammelt hatten. Man wagte kaum, Atem zu holen. Gewalt lag in der Luft, und die Spannung stieg von einer Sekunde zur anderen. Einer der Ritter packte plötzlich das Kreuz des Primas und wollte ihn damit durchbohren. Seine Spießgesellen hielten ihn zurück. Reginald Fitzurse schien der Anführer zu sein. Er fuhr Thomas Becket an:

«Der König hat Frieden mit dir geschlossen und den Streit vergessen. Er hat dich, deinem Wunsch gemäß, frei auf deinen Stuhl zurückkehren lassen. Doch du hast ihn beleidigt und verhöhnt. Du hast den Frieden gebrochen. Zu deinem Unglück bist du hochmütig gegen deinen Herrn gewesen. Du hast die unglaubliche Dreistigkeit besessen, diejenigen zu exkommunizieren, die bei der Krönung des Prinzen anwesend waren und ihn in den Stand des Königs erhoben haben. Du hast Kirchenstrafen gegen Beamte verhängt, die mit ihrem Rat und ihrer Erfahrung den Herrscher bei der Führung der Staatsgeschäfte unterstützen. Wenn du könntest, würdest du dem jungen König die Krone rauben. Alle Welt weiß von deinen Bemühungen, mit allen Mitteln dem zu schaden, der dein Herr ist. Sag uns, ob du bereit bist, dich in jedem Punkt vor dem König zu rechtfertigen. Deswegen hat man uns hierher gesandt.»

«Gott ist mein Zeuge», erwiderte Thomas, «daß ich niemals die Absicht hatte, dem Sohn des Königs, meines Herrn, die Krone wegzunehmen noch seine Macht zu schmälern. Ich wünsche ihm vielmehr, daß er drei Kronen hätte, und ich würde ihm helfen, sofern es mit Recht und Gerechtigkeit vereinbar wäre, ein noch viel größeres Königreich zu erobern... Was die Bischöfe angeht, so habe nicht ich sie suspendiert, sondern der Papst.»

«Du hast sie verurteilt. Also mußt du sie lossprechen!»

«Ich leugne nichts von dem, was ich getan habe», antwortete Thomas. «Ich kann niemandem vergeben, den der Papst bestraft hat. Sie sollen zu ihm gehen, denn ihn haben sie beleidigt, als sie die Kirche von Canterbury und mich mißachteten.»

«Dann verlasse auf Befehl des Königs mit den Deinen das Königreich. Es wird nie Frieden geben für die, die den Frieden verletzen!»

«Genug jetzt», erwiderte Thomas. «Ich setze meine Hoffnung auf den König im Himmel, der am Kreuz für die Seinen gelitten hat. Niemals wieder wird mich das Meer von meiner Kirche trennen. Ich denke nicht daran zu fliehen, und wer mich finden will, wird mich hier finden. Aber der König hätte nicht solche Befehle erteilen sollen. Unter Mißachtung der Gebräuche hat er mir und den Meinen schon genug angetan, er braucht keine neuen Drohungen hinzuzufügen.»

«Der König, unser Herr, hat die Befehle erteilt, und wir führen sie aus. Anstatt die königliche Majestät zu achten und deine Rachepläne dem Ermessen des Königs zu überlassen, hast du deiner ungezügelten Natur nachgegeben und auf schändliche Weise Minister und Diener des Staates verjagt.»

«Wer immer gegen die Gebote des Apostolischen Stuhls zu verstoßen wagt», erwiderte der Erzbischof, «der Kirche Christi ihr Rechte streitig macht und dann jede Wiedergutmachung verweigert, den werde ich nicht schonen, wer es auch sei, und ich werde nicht zögern, Kirchenstrafen gegen ihn zu verhängen.»

«Du redest dich um deinen Kopf!»

«Seid ihr gekommen, um mich zu töten? Ich habe meine Sache in die Hände des obersten Richters gelegt. Eure Drohungen schrecken mich nicht, und ihr könnt es nicht eiliger haben, mich zu töten, als ich, das Martyrium zu erleiden.»

«Ihr alle», schrie Reginald Fitzurse, «Geistliche und Mönche, ergreift und haltet diesen Mann, damit er nicht entwischt, bevor dem König Gerechtigkeit widerfahren ist!»

Wutentbrannt und unter Drohungen verließen die vier Ritter den Raum. Ganz ruhig, wie Edward Grim weiter schreibt, «setzte sich der Erzbischof wieder auf seinen Stuhl. Er tröstete seine Kleriker und sagte ihnen, sie hätten nichts zu befürchten. Uns allen, die wir um ihn herum standen, erschien er so gefaßt und unerschütterlich, daß wir hätten glauben mögen, man habe ihn zu einer Hochzeit eingeladen und ihm nicht mit dem Tode gedroht...»

Thomas Becket hatte bei diesem kurzen, dramatischen Wortwechsel sein Schicksal aufs Spiel gesetzt, und er wußte es. Wohlüberlegt hatte er gesagt: «Wer es auch sei.» Diese vier Männer, die Streit suchten und von Haß und Verachtung getrieben wurden, kannte er gut. Und er hatte ihre Absichten schnell durchschaut. Statt sie zu besänftigen, hatte er ihnen den letzten, entscheidenden Vorwand geliefert. Zielten seine Worte nicht direkt auf den König? Wie wäre es um die Zukunft bestellt, wenn der Herrscher exkommuniziert und das Interdikt über das ganze Land verhängt würde? Thomas Becket hatte die elementarsten Regeln der Vorsicht außer acht gelassen und die Gefühle von Vasallen verletzt, die zwar brutal waren und bei Hof gut dastehen wollten, aber doch ehrlich glaubten, im Interesse ihres Herrn zu handeln. Damit hatte er endgültig die Brücken hinter sich abgebrochen. Er hatte den weiteren Gang der Ereignisse bestimmt.

Einen zuverlässigen Augenzeugenbericht verdanken wir Benedikt von Canterbury, dem späteren Abt von Peterborough. Er schreibt, daß Johannes von Salisbury, der die Unterredung mit angehört hatte, seinem Freund sofort heftige Vorwürfe gemacht habe. Dieser «hochgelehrte, mit großer Beredsamkeit und tiefer Weisheit begabte Mann» hatte zwar nie bestritten, daß der Erzbischof einen rechtmäßigen Kampf führte, doch er hatte oft seine

Schroffheit kritisiert, seine Neigung zu dramatisieren, seinen Hang, Situationen auf die Spitze zu treiben. Die Ritter waren kaum fort, als sich Johannes an den Erzbischof wandte:

«Herr, es ist erstaunlich, daß du niemals jemanden um Rat bittest... Wäre es nicht nützlich gewesen, wenn du die Menschen in deiner Umgebung nach ihrer Meinung gefragt hättest? Wenn du diesen Leuten ruhiger geantwortet hättest? Sie führen Böses gegen dich im Sinn und wollen dich in Wut versetzen, damit sie sich auf hitzige Worte berufen können.»

«Ich habe den Rat gehört», erwiderte Thomas hart, «und ich weiß, was ich zu tun habe!»

«Gott gebe es!» erwiderte Johannes von Salisbury. «Hoffentlich nimmt das kein böses Ende!»

Johannes ahnte, daß Thomas von einem unbestimmten, erhabenen Verlangen getrieben wurde. Er wollte eine Lösung erzwingen. Bald schon sollte es soweit sein. Sehr bald.

Es war noch nicht ganz fünf Uhr, da erhob sich vor dem Kloster ein lauter Tumult. Die vier Ritter hatten inzwischen Handlanger gefunden und polterten gegen die Tore des erzbischöflichen Palais. Die Mönche hatten alles verriegelt. «In Kettenhemden, Schwerter und Äxte schwingend ... stürmten sie in den Obstgarten. Einen Holzverschlag schlugen sie mit gewaltigen Hieben kurz und klein.»

Hinter den friedlichen Mauern von Christchurch herrschte Entsetzen. Kleriker und Bediente flohen in Panik «wie Schafe beim Herannahen des Wolfs». Einige Vertraute rieten dem Erzbischof, er solle in die Kathedrale gehen, sie sei ein unverletzlicher Zufluchtsort. Edward Grim, der bis zum letzten Augenblick bei ihm blieb, betont, daß der Erzbischof «seit langem nach dem Märtyrertod strebte und nun endlich eine Gelegenheit sah, ihn zu erleiden. Er fürchtete, dieses Ende zu verzögern oder ihm gar zu entgehen, wenn er sich in die Kirche flüchtete.»

Es war die Stunde der Vesper. In der Kathedrale stimmten Mönche und eine große Zahl von Gläubigen gerade die Meßgesänge an. Die Schreie und Hiebe der Angreifer waren noch nicht bis hierher gedrungen. Die Kleriker drängten Thomas: Es gezieme sich nicht, daß der Erzbischof von Canterbury nicht wie gewöhnlich beim Abendgebet im Kreise der Seinen zugegen sei. Dieses Argument überzeugte Thomas. Ganz ruhig befahl er, man solle sich im Prozessionszug in die Kirche begeben. Heinrich von Auxerre, einer seiner Kleriker, ging voran. Er trug das Kreuz des Erzbischofs. Der Zug erreichte den nahegelegenen Kreuzgang. Nach William Fitzstephen gab der Erzbischof Anweisung, man solle die Tür hinter ihm nicht verschließen.

Als Thomas die Kirche betrat, wurde er sofort von Mönchen umringt. Sie «unterbrachen ihre Gebete, kamen ihm entgegen und dankten Gott, daß sie ihn wohlbehalten wiedersehen durften, obwohl es geheißen habe, er sei tot». Thomas beruhigte sie. Er ging «zu dem Altar, vor dem er gewöhnlich die Stundengebete und Gottesdienste zu bestimmten Gelegenheiten anhörte. Als er die vierte Stufe erreicht hatte, erschien Reginald Fitzurse an der Tür zum Kreuzgang. Er trug ein Kettenhemd und hatte das Schwert gezückt. Seine drei Begleiter folgten ihm auf dem Fuße, auch sie hatten Schwerter in der Hand. Hinter ihnen standen mehrere bewaffnete Männer.» In Saltwood hatte sich ihnen ein Subdiakon namens Hugo angeschlossen, ein Mann von sehr schlechtem Ruf. Er trug den Beinamen Mauclerc, «wegen seiner Schlechtigkeit, denn er hatte weder Achtung vor den Heiligen noch vor Gott». Die Falle war zugeschnappt.

Wie eine Schar Sperlinge stoben die meisten auseinander. Sie flohen in die verborgensten Winkel der Kirche, hinter die Altäre, oder sie versteckten sich hinter den Chorschranken, die nur lächerlichen Schutz boten. Johannes von Salisbury erschrak zu Tode und verschwand.

Thomas hätte sich ebenfalls verstecken können. Das riesige Kirchenschiff bot genug dunkle Ecken, wo er sicher gewesen wäre. Aber er wollte nicht. Umringt von Heinrich von Auxerre, Robert von Merton, William Fitzstephen und Edward Grim verharrte er regungslos neben der großen Säule im Querschiff. Wilhelm von Canterbury stand ein paar Schritte entfernt, starr vor Schreck.

Da ertönte die Stimme von Reginald Fitzurse. Furchtbar hallte sie von den Wänden wider: «Wo ist Thomas Becket, der Verräter an seinem König und am Königreich?»

Niemand sagte ein Wort, alle hielten den Atem an. Darauf riefen mehrere Stimmen durcheinander: «Wo ist der Erzbischof?»

«Hier bin ich», antwortete Thomas mit fester Stimme. «Ich bin kein Verräter an meinem König, sondern Priester. Was willst du von mir?... Ich bin bereit, für den zu leiden, der mich mit seinem Blut erlöst hat. Ich werde nicht vor der Drohung eurer Schwerter fliehen, ebensowenig werde ich die Gerechtigkeit opfern.»

«Nimm den Bann von den exkommunizierten Bischöfen und setze sie wieder in ihre Ämter ein!»

«Sie haben keine Reue gezeigt. Ich werde sie nicht lossprechen.»

«Dann wirst du sterben.»

«Ich bin bereit, für meinen Herrn zu sterben. Möge mein Blut die Freiheit der Kirche und den Frieden retten. Aber, im Namen Gottes, rührt meine Männer nicht an, weder Kleriker noch Laien. Laßt sie gehen.»

Im selben Moment stürzten sich die vier Ritter auf Thomas und versuchten, ihn aus der Kathedrale zu zerren. Thomas wehrte sich. Reginald Fitzurse, seinem früheren Vasallen, schleuderte er eine stolze Bemerkung entgegen. Alle anderen waren verschwunden. Bis auf Edward Grim. Er klammerte sich verzweifelt an seinen Herrn und wollte ihn schützen.

Reginald schlug als erster zu, in blinder Wut. Er traf Thomas mitten auf den Kopf. Aber Edward Grim hatte sich dazwischen geworfen und die Wucht des Hiebes gemildert. Blut schoß aus einer tiefen Wunde an seinem Arm. William Tracy führte den zweiten Hieb, wieder auf Thomas' Kopf. Der Schädel des Erzbischofs war zertrümmert, eine einzige klaffende Wunde. Nun hatten die verbrecherischen Ritter Blut gerochen. Einer nach dem anderen schlug auf Thomas ein. Richard Brito schwang sein Schwert. Thomas murmelte noch ein paar Worte, dann sackte er in sich zusammen. Mit einem letzten Hieb spaltete Hugo Mauclerc die Stirn, die einst mit dem Chrisam gesalbt worden war.

Schreie. Ohrenbetäubender Lärm. Das Krachen der Tore. Stille. «Zwischen dem Altar der Jungfrau und dem des heiligen Benedikt» stand nur noch ein junger, verletzter Mönch und starrte auf das Unfaßbare: den langgestreckten Körper, der riesig wirkte auf dem Steinboden des Heiligtums, die große Blutlache und das verspritzte Gehirn.

Über Canterbury war die Nacht hereingebrochen.

Eine Nacht der Trauer, der Erregung und des Entsetzens. Sogleich nach dem Verbrechen waren die Ritter in den Palast des Erzbischofs gestürmt und hatten ihn verwüstet. Dann waren sie auf Schloß Saltwood zurückgekehrt.

Die Nachricht von der Ermordung des Erzbischofs verbreitete sich wie ein Lauffeuer in der Stadt. Zitternd vor Angst verbarrikadierten sich die Menschen in ihren Häusern. Nur die Armen, «und sie allein», wie Herbert von Bosham schrieb, «strömten in die Kirche, warfen sich über den ehrwürdigen Körper, der leblos auf dem Boden lag, küßten ehrerbietig seine Hände und seine Füße». Schließlich nahmen sich die Mönche von Christchurch des Leichnams an. Die Wunden waren so schwer, daß man gar nicht erst versuchte, den Toten herzurichten. Aber niemand folgte dem niederträchtigen Befehl Ranulfs von Broc, der Thomas Becket auf einen Abfallhaufen werfen lassen wollte. Man bemühte sich, ihn würdig zu bestatten.

Die Mönche zogen ihm die Cappa magna, den Mantel und das Chorhemd aus. Die Zisterzienserkutte, die er seit dem Exil in Pontigny trug, und das Büßerhemd aus Roßhaar rührten sie nicht an. Sie streiften ihm die liturgischen Gewänder über, die er am Tag seiner Weihe getragen hatte. Dann legten sie den Leichnam des Märtyrers in einen neuen Steinsarg und trugen ihn hinab in die Krypta, wo sie ihn «vor den Altären des heiligen Johannes des Täufers und des heiligen Augustinus», des Apostels von England, aufstellten.

Am Morgen des 30. Dezember 1170 schien sich der Schatten Thomas Beckets in dem fahlen Licht des englischen Winters aufzulösen. Tatsächlich war das erst der Anfang. Schon nach wenigen Stunden erhoben sich erste Stimmen, die Thomas Becket einen Heiligen nannten. Nie zuvor war der Erzbischof von Canterbury so gegenwärtig gewesen wie jetzt als Toter. Und nie so lebendig.

Nachspiel

Von einem Heinrich zum anderen...

Der tragische Tod Thomas Beckets löste in ganz Europa Betroffenheit aus. Vielen war er zuvor verdächtig erschienen, doch jetzt erkannte man mit einem Mal die Lauterkeit seiner Absichten: Der Erzbischof von Canterbury hatte sich trotz aller Warnungen entschlossen, sich persönlich zu opfern.

Der tödliche Anschlag auf das Leben Thomas Beckets gab der Auseinandersetzung eine völlig neue Richtung und Qualität. In einem Brief an Alexander III. stellt Wilhelm von Sens den Tod der Erzbischofs als Triumph der Mystik über die Politik dar; mit dem Mord legte die Geschichte für einen Augenblick eine Atempause ein.

«Als Gesalbtem des Herrn», schreibt Wilhelm über Becket, «wurde auch ihm im Namen Christi das Martyrium zuteil, und so gab er seinen Leib als friedliches Opfer hin ... Und da Gott nach dem Tod des Märtyrers Wunder getan hat, wollen wir nicht verschweigen, was wir vom Hörensagen wissen. Man sagt und versichert, er sei einigen leibhaftig und lebendig erschienen und habe ihnen seine Wunden gezeigt, die jedoch vernarbt gewesen seien ... Mut, Söhne der Märtyrer! Rühmet auf Erden den, den auch Gott im Himmelreich aufs wunderbarste rühmt. Mit Schmach bedeckt den Mann, der sich in seinem Königreich zum blutigen Verfolger Gottes gemacht hat. Denn er hat den eigenen Vater in den Armen der Mutter erschlagen. Er hat Euch die Flanke aufgeschlitzt und das Gedärm aus dem Leib gerissen. Er hat Euren Sohn, den Ihr mit mütterlicher Liebe geliebt habt, mit Füßen getreten... So geschehen in der Weihnachtszeit, einen Tag nach dem Fest der Unschuldigen Kinder, auf daß Herodes einen Nachfolger habe.»

In Wirklichkeit war Heinrich II. – der neue Ahab oder Nero – bis ins Mark erschüttert. Er hatte in seiner Residenz in der Normandie schon bald von Beckets Ermordung erfahren und war bestürzt. Daß er um Thomas Becket aufrichtig trauerte, steht außer Zweifel. Er schloß sich drei Tage ein, ließ niemanden zu sich und wagte nicht mehr, seine Kapelle zu betreten. Er verweigerte jede Nahrung und nahm allenfalls etwas Mandelmilch zu sich. Seine Trauer nahm solche Formen an, daß man vorübergehend sogar um sein Leben fürchtete. Für einige Zeit überließ er sich ganz der Bestürzung und beweinte diesen Mann, der sein engster Freund und sein erbittertster Feind gewesen war. Vermutlich wurde ihm selbst nie richtig klar, ob er Becket mehr als Freund oder Feind in Erinnerung behielt.

Aber Heinrich II. faßte sich bald wieder. Die Trauer wich dem Selbstmitleid und der Sorge um die Zukunft des Reiches. Sobald das schreckliche Ende des Primas, das er trotz allem weder begünstigt noch gewollt hatte, bekannt wurde, brach ein Sturm der Entrüstung los. Der König von Frankreich war entsetzt. Graf Theobald von Blois, der Thomas Becket von jeher gegen Heinrich unterstützt hatte, machte seiner Empörung in einem Brief an den Papst Luft: «Die Vernunft darf einen solchen Frevel nicht ungestraft hinnehmen, und die römische Kirche kann es nicht, wenn sie sich nicht mit Schande bedecken will ... Das Blut des Gerechten, des heiligen Märtyrers, schreit bis zu Dir und fordert Rache.»

Wilhelm von Sens, Beckets Mitstreiter im Kampf um die Freiheit der Kirche, dachte ebenso und war zum Handeln entschlossen. Obwohl die englischen und normannischen Bischöfe dringend dafür plädierten, erst einmal abzuwarten, verhängte er in seiner Eigenschaft als päpstlicher Legat am 25. Januar 1171 über Heinrichs Ländereien auf dem Kontinent das Interdikt. In Deutschland war man nach den Zeugnissen der Chronisten dagegen nicht besonders erschüttert. Doch Papst Alexander III. trauerte. Trotz der lästigen, aber zwingenden Notwendigkeiten seines Amtes hatte er eine tiefe Zuneigung für Thomas Becket gehegt. «Der Papst», schreibt der Archidiakon Richard von Ilchester einem Freund «war so erschüttert, daß ihn seine Umgebung acht Tage lang nicht ansprechen durfte.» Heinrich stand überall am Pranger.

Er reagierte prompt. Zunächst schickte er einige Kleriker nach Canterbury. Sie hatten den Auftrag, Licht in die Mordaffäre zu bringen und den Verdacht gegen ihn aus der Welt zu schaffen. Kurz darauf schrieb Arnulf von Lisieux einen Brief an Alexander III. Er ließ den Papst wissen, daß Heinrich tief betroffen sei und jeden Verdacht der Mittäterschaft an der Bluttat empört von sich weise. Heinrich berufe sich auf «Gott als seinen Zeugen, daß die ruchlose Tat weder mit seinem Einverständnis, noch mit seinem Wissen geschehen sei und daß seine Schuld höchstens darin bestehe, daß er sich mit dem Papst scheinbar überworfen habe. Er hat hinzugefügt, daß er sich in diesem letzten Punkt dem Urteil der Kirche unterwerfe und sich demütig in das fügen werde, was sie befiehlt. Nach reiflicher Überlegung hat er beschlossen, sich der Weisheit und Autorität des Apostolischen Stuhles anzuvertrauen.»

Heinrich mußte vor allem verhindern, daß der erschütterte Alexander Kirchenstrafen über ihn und die englische Kirche verhängte. Er schickte umgehend eine Gesandtschaft mit den Bischöfen Gilles von Évreux und Roger von Worcester nach Italien; sie sollte den päpstlichen Bannstrahl abwenden oder zumindest mildere Strafen erwirken. Die Prälaten waren unterwegs Beleidigungen und «tausend Unannehmlichkeiten» ausgesetzt. Sie hatten es nicht eilig, der feindlich gesinnten Kurie gegenüberzutreten, und schickten deshalb unbedeutende Kleriker voraus: Richard Barre und die Archidiakone von Lisieux und Salisbury. Die Vorhut sollte die gröbsten Schwierigkeiten aus dem Weg räumen.

Der Papst residierte seit ungefähr vier Monaten in Tusculum. Als die Kleriker dort eintrafen, wurde ihnen ein frostiger Empfang zuteil. Später beschwerten sie sich darüber in einem ausführlichen Bericht an Heinrich: «Der Papst weigerte sich, mit uns persönlich in Kontakt zu treten, den Kuß von uns entgegenzunehmen oder uns bei sich zu empfangen. Kaum daß die Kardinäle geruhten, das Wort an uns zu richten.» Wie der Archidiakon von Poitiers bestätigt, herrschte eine Stimmung wie vor einem Scherbengericht. Zugleich bemühten sich Abgesandte der exkommunizierten Bischöfe verzweifelt, die sofortige Absolution für ihre Dienstherren zu erwirken – gegebenenfalls auch durch Bestechung willfähriger Kuriengeistlicher.

An der Kurie gingen die schlimmsten Gerüchte um. «Gründonnerstag nahte. Nach dem Brauch der römischen Kirche verkündet der Papst an diesem Tag öffentlich die Absolutionen und Kichenausschlüsse.» Heinrichs Unterhändler bemühten sich verzweifelt, das Schlimmste abzuwenden. Sie wandten sich an seine Anhänger unter den Kuriengeistlichen. Es gab noch welche. Aber die Prognosen blieben düster. Bald wußten sie sich nicht mehr anders zu helfen, als zu verzweifelten Mittel zu greifen. Einige Kardinäle setzten sich für Heinrich ein. Als letztes Mittel erfanden sie schließlich eine königliche Weisung, von der sie sich Rettung erhofften. Sie richteten folgende Erklärung an Alexander III.: «Wir sind beauftragt, in Deiner Gegenwart zu schwören, daß sich der König Deinem Befehl unterstellt und daß er den gleichen Schwur persönlich ablegen wird.» Am Gründonnerstag «um die neunte Tagesstunde» legten Heinrichs Unterhändler zusammen mit den Gesandten Rogers von Pont-l'Évêque, Gilbert Foliots und Jocelins von Salisbury im öffentlichen Konsistorium feierlich den Eid ab.

«Am gleichen Tag exkommunizierte der Papst ganz allgemein die Mörder des Erzbischofs und alle, die das Verbrechen durch Ratschlag, Hilfe oder Billigung unterstützt hatten oder solche Männer wissentlich in ihren Staaten aufnahmen.» Milder hätte Alexander nicht reagieren können. Zudem bestätigte er das Interdikt, das Wilhelm von Sens über Heinrichs Besitzungen auf dem Kontinent verhängt hatte; ebenso die kirchlichen Sanktionen, die Thomas Becket nach den Ereignissen von Wissant gegen Heinrichs Bischöfe ausgesprochen hatte. Heinrich II. selbst kam mit dem persönlichen Interdikt davon: Bis auf weiteres durfte er an keiner Messe teilnehmen. Am Ostersonntag verließ ein Bote im gestreckten Galopp Tusculum und überbrachte die unverhoffte Nachricht: Das Königreich war gerettet, der König noch einmal glimpflich davongekommen.

Bedrohlicher war die Lage für Gilbert Foliot und Jocelin von Salisbury. Doch Gilles von Évreux und Roger von Worcester setzten sich erfolgreich für sie ein; sie waren kurz nach Ostern beim Papst eingetroffen, als das Schlimmste schon überstanden war. Am 24. April schrieb Alexander III. dem Erzbischof von Bourges und Bischof Bernhard von Nevers aus Tusculum, sie sollten darauf achten, ob der Apostolische Stuhl im «Monat nach der Rückkehr der Boten» noch keinen Legaten für England ernannt habe. Wenn das der Fall sei, könnten Gilbert Foliot und Jocelin von Salisbury, wenn sie feierlich Gehorsam schwörten, vom Kirchenbann losgesprochen werden. Ihre Suspension sollte allerdings bis auf weiteres in Kraft bleiben.

Gilbert Foliot reiste sofort nach Chaumont-en-Vexin bei Gisors, leistete dort öffentlich Abbitte und erhielt im August, im Beisein des Abtes von Pontigny, die Absolution. In seine Rechte wurde er erst am 1. Mai 1172 wieder eingesetzt. Jocelin von Salisbury verfügte über die mächtige Protektion von König Wilhelm II. von Sizilien und seiner Mutter Margarethe von Navarra, denen Alexander III. viel verdankte. Jocelin blieb die Reise auf den Kontinent erspart. Die schonendere Behandlung verdankte er seinem hohen Alter und seinen Gebrechen. Wann er vom Bann losgesprochen wurde, ist nicht bekannt; jedenfalls wurde er im Frühjahr 1173 wieder ins Amt eingesetzt.

Für den Erzbischof Roger von York, von jeher Thomas Beckets erbitterter Gegner, wurde die Angelegenheit schneller bereinigt. Schon am 23. Oktober 1171 schrieb der Papst einen langen Brief: Er trug Rotrou von Warwick, dem Erzbischof von Rouen, und Bischof Theobald von Amiens auf, Roger «in irgendeinem Ort an der Grenze zwischen den Ländereien des Königs von Frankreich und denen des Königs von England» die Absolution zu erteilen; vorher müsse er sich allerdings für die Verbrechen rechtfertigen, die man ihm zur Last lege. Roger erhielt die päpstliche Absolution schon am 13. Dezember 1171 in Aumale.[1] Am 21. Dezember 1171 – dem Geburtstag des heiligen Thomas – wurde die Kathedrale von Canterbury, der Schauplatz des Mordes, durch die Bischöfe Bartholomäus von Exeter und Richard von Coventry wiedereröffnet. Von da an strömten ununterbrochen kranke und gebrechliche Pilger aus allen Ständen an Thomas Beckets Grabstätte. Er wurde schon damals als Heiliger verehrt. Bald hörte man immer öfter von Wundern.

Heinrich II. wartete in Dublin ab, bis sich der englische Klerus beruhigte und in der englischen Kirche wieder Normalität einkehrte. Daß er sich gerade dort aufhielt, war kein Zufall: Papst Hadrian IV. hatte ihm «den Besitz Irlands auf erblicher Grundlage» zugesprochen. Waren schon die jüngsten Ereignisse sehr günstig für ihn verlaufen, so wußte er jetzt auch noch die irischen Angelegenheiten als politischen Trumpf auszuspielen.

Heinrich hatte schon seit mehreren Jahren regelmäßig in die inneren Angelegenheiten Irlands eingegriffen: Als 1166 Dermot MacMurrough, der König von Leinster von seinem Rivalen Tiernán O'Rourke, dem König von Bréifne, geschlagen wurde, griff Heinrich II. zwar nicht selbst militärisch ein, doch er stachelte seine Barone dazu an, dem gestürzten König zu helfen. Mehrere reagierten auf seinen Appell, darunter der *Strongbow* genannte Gilbert Fitzrichard de Clare, der von da an mit seinem Herrscher auf Kriegsfuß stand. Unterstützt vom irischen Klerus, landete *Strongbow* mit einer kleinen Truppe walisischer Ritter in Irland, eroberte die Küstenregion und heiratete die Tochter MacMorroughs. Am 21. September 1170 zog er in Dublin ein. Nach dem Tod Dermot MacMurroughs im Frühjahr 1171 erhob *Strongbow* Ansprüche auf den Thron von Leinster. Damit weckte er Irlands schlafenden Löwen: Rory O'Connor. Der irische Hochkönig *(ard-rî)* belagerte daraufhin Dublin; *Strongbow* verdankte seine Rettung einem Entsatzheer anglo-normannischer Reiter, die wütend über die Belagerer herfielen.

Jetzt griff Heinrich II. persönlich ein: Er wollte nicht tatenlos mit ansehen, wie die Familie de Clare die Macht über ganz Irland an sich riß. Alle irischen Kräfte waren auf seine Unterstützung angewiesen: *Strongbow,* der das bereits Eroberte verteidigen mußte, und die Fürsten auf der Gegenseite. Heinrich II. bereitete seinen Feldzug sorgfältig vor. Nach langwierigen Verhandlungen landete er schließlich am 18. Oktober 1171 mit viertausend englischen, normannischen und walisischen Rittern in Croch bei Waterford. Die irischen Fürsten unterwarfen sich in Windeseile. Einen noch größeren Erfolg erzielte Heinrich, als er sich bei mehreren Treffen mit Christian O'Connarchy, dem Bischof von Lismore und Donnel O'Huallagham, dem Erzbischof von Cashel, die Unterstützung der irischen Kirche sicherte. Die Kirche war in einem zerrütteten Zustand, die Bischöfe sehnten sich vor allem nach politischer Stabilität, damit sie ihr unerläßliches Reformprogramm verwirklichen konnten.

Den endgültigen Sieg errang Heinrich II. im Winter 1171/72 auf der Synode in Cashel: Die Fürsten des Südens und die meisten irischen Bischöfe erkannten feierlich seine Oberherrschaft an und leisteten ihm den Lehnseid. Mit den Beschlüssen der Synode erhielt die irische Kirche ein neues Gesicht und unterschied sich fortan von der englischen nur noch geringfügig – ein gewaltiger Triumph für Heinrich II., der mit dem Interdikt *ab ingressu ecclesiae* belegt war! Scharfsinnig wie üblich hebt Raymonde Foreville «die besonders geschickte Taktik des englischen Königs» hervor, «die Expedition nach Irland, das übertriebenermaßen als barbarisch galt, als Kreuzzug und Bußgang darzustellen, deren alleiniger Zweck darin bestanden habe, die Position der römischen Kirche in Irland zu stärken».

Im diesem Fall fielen die Interessen des Papsttums mit Heinrichs eigenen zusammen. Heinrich hatte sich aus der verzweifelten Lage befreit, indem er aus der Unterwerfung eines Teils von Irland politisches Kapital geschlagen hatte – damit wurde eine neue blutige Ära in der irischen Geschichte eingeläutet. Am Ostermontag, dem 17. April 1172, bestieg Heinrich II. in Wesford ein Schiff. Als Repräsentant und Justitiar ließ er den unbestechlichen Hugh de Lacy zurück. Nach kurzem Zwischenaufenthalt in England landete er zu Beginn der zweiten Maihälfte in Barfleur. Nach sechs langen Monaten der Isolation, in denen er sich zum weltlichen Arm der römischen Kirche in Irland gemacht hatte, trat Heinrich II. auf dem Kontinent vor die stellvertretende göttliche Justiz.

Seit dem Spätherbst vergangenen Jahres erwarteten ihn in der Normandie nämlich zwei Legaten *a latere:* die Titularkardinäle Albert von S. Lorenzo in Luceria und Theodwin von S. Vitale. Alexander hatte sie sehr sorgfältig ausgewählt. Die Zeit des Lavierens war vorbei. Die Legaten sollten Heinrich zu Unterwerfung und Buße zwingen. Sie hatten geduldig auf ihn gewartet.

Am Dienstag, dem 16. Mai 1172, fand in Gorron, acht Meilen östlich von Fougères, eine rein protokollarische Begegnung statt. Heinrich tauschte mit den Legaten Friedensküsse. Man vereinbarte Ort und Zeit der Verhandlungen. Sie begannen schon am folgenden Tag in der Zisterzienserabtei Savigny, in der Nähe von Coutances, im Herzen von Heinrichs Ländereien. Als alter Routinier brachte Heinrich die Gespräche absichtlich ins Stocken, begann zu toben und drohte mit seiner sofortigen Rückkehr nach Irland. Doch Alexanders Kardinäle warteten unbeeindruckt, bis sich das Gewitter verzogen hatte. Denn Heinrichs Lage hatte sich radikal geändert: Schon die geringste kanonische Strafe würde seinen Thron ins Wanken bringen. Tatsächlich bemühten sich schon am folgenden Tag die Vermittler Arnulf von Lisieux, der Archidiakon von Salisbury und Richard von Ilchester, die festgefahrenen Verhandlungen wieder in Gang zu bringen...

Am Freitag, dem 19. Mai 1172, verhandelte Heinrich in Avranches erneut mit den Legaten. Am übernächsten Tag schwor er vor zahlreichen Klerikern, Prälaten, Äbten und Baronen feierlich auf die Bibel, daß er am Tod von Thomas Becket unschuldig sei: «Ich habe den Tod des Erzbischofs weder befohlen noch gewollt und mich nicht gefreut, als mich die Nachricht erreichte: Ich habe geweint. Ich empfand tieferen Schmerz, als wenn ich Vater und Mutter verloren hätte. Ich verspreche im übrigen, daß ich ohne Widerspruch die Buße tun werde, die mir von den Kardinälen auferlegt wird.» Heinrich war sich bewußt, daß er das Drama ausgelöst hatte, und gestand das vor den Vasallen auch ein.

Erst jetzt gaben die Legaten öffentlich bekannt, unter welchen Bedingungen der Apostolische Stuhl bereit war, Heinrich zu absolvieren: Heinrich sollte ein Jahr lang für den Unterhalt von 200 Kreuzfahrern aufkommen, bei der Bekämpfung des Islam im Heiligen Land oder in Spanien mitwirken, die Appellationen nach Rom anerkennen, die bereits verurteilten Klauseln aus den Konstitutionen von Clarendon aufheben, der Kirche bestimmte Güter zurückgeben und versprechen, persönlich gute Werke und Buße zu tun. Der König akzeptierte die Bedingungen. Anschließend führten ihn die Legaten Albert und Theodwin zum Portal der Kathedrale. Heinrich kniete dort nieder und erhielt Vergebung. Damit war das Interdikt *ab ingressu* aufgehoben. Reinen Gewissens betrat er erstmals seit über einem Jahr wieder ein christliches Heiligtum.

Einige Tage später, am 30. Mai, dem Dienstag der Oktav von Himmelfahrt, erneuerte Heinrich II. vor dem hohen Feudaladel die Versprechen, die er in Avranches unterschrieben hatte. Die Zeremonie fand in der Abtei Saint-Étienne in Caen statt, die Wilhelm der Eroberer im Jahrhundert zuvor errichtet hatte. Daraufhin wurde das Interdikt über Heinrichs Ländereien auf dem Kontinent aufgehoben, das sechzehn Monate lang in Kraft gewesen war.

Alle Wolken hatten sich verzogen. Bereits am 27. August 1172 krönte Rotrou von Warwick, der Erzbischof von Rouen, in Winchester Heinrich den Jüngeren und seine Kindsgemahlin Margarete von Frankreich, die zwei Jahre zuvor so schändlich behandelt worden war. Am 2. September brachte die päpstliche Kanzlei in Tusculum das traditionelle Bleisiegel mit den roten Seidenfäden an die Bulle an, mit der die Klauseln des von den Legaten ausgehandelten «Konkordats» ratifiziert wurden. Am 27. September, am Tag der Heiligen Kosmas und Damian, söhnte sich Heinrich «in der Kirche Saint-André unter dem Vorsitz der Legaten Albert und Theodwin und im Beisein der Kardinäle, des Klerus und des Volkes» endgültig mit der Kirche aus.

Wie Roger von Howden berichtet, nahm Heinrich der Jüngere an der pompösen Zeremonie in Avranches teil. Keine sechs Monate später führte er einen offenen Aufstand gegen seinen Vater an. Heinrich II. hatte zu diesem Zeitpunkt die Hände frei, um diesen Flächenbrand zu löschen, den seine Gattin Eleonore von Aquitanien seit langem geschürt hatte und der dazu beitragen sollte, seinen Traum von einer «autokratischen Herrschaft» in Asche zu legen. Wenigstens schlug der Versuch Heinrichs des Jüngeren fehl, Alexander III. auf seine Seite zu ziehen; der Papst blieb standhaft bei seiner Politik der Vernunft und des gesunden Menschenverstandes…

Dennoch bewahrte Alexander das Andenken an Thomas Bekket und stand nach wie vor hinter dessen Politik – mit den erwähnten Einschränkungen. Der ehemalige Erzbischof galt bei den Gläubigen inzwischen als Heiliger und Märtyrer und stand hoch im Kurs. Die Pilger stiegen scharenweise in die Krypta der Kathedrale von Canterbury hinab. Sie kamen von weither, manche sogar vom Kontinent.

«Fürsten, Barone und Herzöge nebst Gefolge,
Menschen fremder Länder, vieler Zungen,
Prälaten, Mönche, Klausner und so manche Büßer
tragen ein Fläschchen zum Zeichen ihrer Fahrt.»

Alexander wollte sich der Volksfrömmigkeit nicht verschließen. Er glaubte selbst an die wundertätigen Kräfte der Reliquien Thomas Beckets und wurde von überzeugten Pilgern zum entscheidenden Schritt gedrängt: Am 21. Februar 1173 sprach er Thomas Becket als Märtyrer, der sein Blut für die Freiheit der Kirche vergossen hatte, in der Kathedrale von Segni heilig. Am 12. März schickte er gleichzeitig zwei Briefe ab: Der eine war an das Domkapitel von Canterbury gerichtet, der andere an den Klerus und das Volk von England. Darin setzte er das Fest des neuen Märtyrers auf den 29. Dezember fest.[2]

Um diese etwas epische Tragödie vollends zum Abschluß zu bringen, mußte Heinrich II. als überlebender Held noch einen demütigen Kniefall vor dem Märtyrer machen. Es tat es aus «Liebe zum Heiligen Thomas». Andere folgten seinem Beispiel, im Laufe der Zeit eine endlose Reihe.[3]

Kaum weniger lang ist die Reihe der Forscher, die sich eingehend mit dem Konflikt um Thomas Becket auseinandergesetzt haben. Seine Ermordung war ohne Frage eines der bedeutendsten Ereignisse dieses 12. Jahrhunderts, das ohnehin schon einen «gewaltigen politischen und sozialen Wandel mit sich brachte, der in der kulturellen Entwicklung des christlichen Abendlandes seine Spuren hinterlassen hat».

Unter welchem Blickwinkel und aus welcher Epoche heraus man das Drama um Thomas Becket auch betrachten mag, die gefährlichste Versuchung besteht wohl darin, diesen ideellen Streit auf einen persönlichen Zwist unterschiedlicher Charaktere zu reduzieren. Der sonst so vorsichtige Dom Leclercq fällt über die Hauptakteure des Dramas ein vorschnelles und wenig schmeichelhaftes Urteil: «Mit Becket, Heinrich II., Alexander III. und Ludwig VII. stehen sich vier interessante Persönlichkeiten gegenüber, die aber weder besonders intelligent noch besonders tiefsinnig sind.» Thomas Becket hält er für einen «energischen und engstirnigen» Mann, der «die Interessen seines Landes gut kannte und im Inneren zu wahren verstand, aber keinen Weitblick besaß und für die Außenpolitik überhaupt keinen Blick hatte.» Als dieser etwas profillose Kanzler dann Erzbischof von Canterbury geworden sei, habe er, anders als die Vorgänger und unererreichbaren Vorbilder Lanfranc und Anselm, nie ein rechtes Gespür dafür entwickelt, ob Taktieren oder Nachgeben angezeigt war. Deshalb habe er Heinrich II., der «wie alle gewalttätigen Menschen nicht mit der Kraft der Schwachen rechnete», durch einen Rückzug in die uneinnehmbare Festung des Märtyrertods ausgebootet – ein für beide Kontrahenten nicht gerade schmeichelhaftes Urteil.[4]

Dennoch ist diese plakative Darstellung nicht in allen Punkten von der Hand zu weisen. Zurecht hat man Thomas Beckets zügelloses Temperament, seine plötzliche Kehrtwende als Erzbischof und seine mangelnde Flexibilität in der Auseinandersetzung mit Heinrich II. moniert. Zudem hätten in den Fundamenten seiner Lehre eben jene Lücken geklafft, die es einem genialen Geist wie Anselm von Canterbury noch gestattet hätten, sich in kritischen Situationen mit Heinrich I. Beauclerc zu arrangieren, und der war gewiß kein weniger sturer Kopf als Heinrich II. Als Kanzler und Primas von England blieb Thomas Becket den Launen seiner Conditio humana unterworfen. D. Knowles, der seinen Charakter ohne übertriebenes Wohlwollen beleuchtet, bemerkt dazu: «Thomas Becket verdankte seine Heiligsprechung unmittelbar seiner Ermordung und seinem posthumen Ruhm, nicht seiner Persönlichkeit.»[5]

Abgesehen davon, daß in diesem etwas einseitigen Urteil eine grobe psychologische Vereinfachung steckt, reißt man damit die Akteure des Dramas, die die Nachwelt nie isoliert voneinander betrachten sollte, aus ihrem mitmenschlichen Zusammenhang. So darf man durchaus mit Recht annehmen, daß Thomas Becket ohne einen Heinrich II. nie als mittlerer Stern am Nachthimmel der Geschichte erschienen wäre.

Zwischen König und Kanzler herrschte ganz offenkundig eine starke gefühlsmäßige Beziehung, die in gegenseitiger Wertschätzung und inniger und tiefer Freundschaft aufging. Heinrich, der von Natur aus zum Exzeß neigte und stets überempfindlich und überreizt reagierte, entdeckte an dem um einiges älteren Kanzler Charme und menschliche Eigenschaften, die ihm selbst abgingen und sich mit den eigenen ergänzten. Diese Faszination steigerte sich offenbar bis zur Leidenschaft.[6] Als Erzbischof wandelte sich Thomas Becket. Heinrich blieb derselbe. Leidenschaft kennzeichnet von Anfang an den erbitterten Krieg, der bald zwischen ihnen entbrannte: Heinrich fühlte sich durch Thomas in seinen Gefühlen verletzt und begann den engsten Vertrauten von einst, der von nun an eigene Wege ging, zu hassen.

Wenn nach den Worten Paul Faures «jede Schöpfung in der Geschichte dem Handeln von Individuen entspringt»[7], so muß man im Hinblick auf die Affäre um Thomas Becket von einem Zusammenwirken zweier Individuen ausgehen, die noch in der erbittertsten Feindschaft untrennbar miteinander verbunden blieben. Man kann die beiden Männer durchaus unterschiedlich beurteilen: Etwas anderes ist auch gar nicht möglich bei zwei so ungleichen Charakteren mit so unterschiedlichem Schicksal. Doch wenn sich auch Persönliches in ihren Kampf mischte: Die aufrichtige und bald alles bestimmende Leidenschaft für ihre jeweilige Sache – Kirche und Staat – läßt sich keinem der beiden absprechen.

Als Thomas Becket die politische Bühne betrat, bestimmte die kirchliche Reformbewegung bereits seit über einem Jahrhundert das Denken. Ihr bald alles überwuchernder Einfluß erfaßte jeden menschlichen Bereich. Das theokratische Denken Gregors VII., das «alle Vermittlung, alle gewachsenen Strukturen und realen Gegebenheiten» willkürlich außer acht ließ, triumphierte. Jacques Paul bemerkt ganz richtig, daß dieser Auffassung eher noch «eine mystische Sichtweise der Welt als wirkliches theologisches Denken» zugrunde lag. Thomas Becket, der aus dieser Quelle schöpfte, stellte den Machtanspruch des Königs zwar nicht in Frage, ordnete ihn aber unmißverständlich der kirchlichen Oberherrschaft unter. Als Primas schreibt er denn auch unumwunden an Heinrich II.: «Die christlichen Fürsten sollen die Herrschaft unter der Aufsicht der Prälaten ausüben, nicht die Prälaten unter ihre Herrschaft zwingen ... Die Fürsten sollen den Gesetzen der Kirche gehorchen, nicht ihre Macht ausspielen. Sie sollen die Bischöfe nicht richten, sondern das Haupt vor ihnen verneigen.»

Durchdrungen von der gregorianischen Ideologie, nahm Thomas Becket rasch das weit verbreitete Gedankengut der Pariser Schule Sankt-Viktor in sich auf. Es ist sehr oft darauf hingewiesen worden, daß sein Sekretär Herbert von Bosham hier die entscheidenden Anstöße gab. Herbert von Bosham war stark von dieser Schule geprägt. Der berühmte Hugo von Sankt-Viktor, ein bedeutender Gelehrter mit umfassendem Wissen, der allgemein als der fruchtbarste Neuerer der Bibelexegese gilt, war in der Bibliothek von Canterbury bestens vertreten. So fanden sich dort seine *Homeliae in Ecclesiasten,* ein Kommentar auf die biblische Geschichte der Arche Noah, und eine unvollständige Abschrift seines *Didascalicon,* einer bedeutenden Abhandlung zu Methodik, Pädagogik und Interpretation. Die Gedanken Hugos von Sankt-Viktor waren in England weit verbreitet und beinhalten entscheidende Punkte: In seiner theologischen Summe *De sacramentis,* einer umfassenden Darstellung der christlichen Dogmatik im Licht der Heiligen Schrift, bekräftigt er den Primat der geistlichen über die weltliche Macht, den Vorrang des Papstes vor dem König und die Immunität des Klerus... Hugos Schüler Andreas von Sankt-Viktor hatte Herbert von Bosham möglicherweise sogar unterrichtet. Herbert bewunderte ihn jedenfalls und stimmte mit den Kerngedanken der Lehre von Sankt-Viktor sicherlich überein.[8]

Dennoch stellte Thomas Becket die Herrschaftsgewalt und die Vorrechte des Königs keinen Augenblick in Frage. Doch sobald Papsttum und Königtum in Konflikt gerieten, sprach er dem «geheiligten Königtum» eine geringere Bedeutung zu und «hob seinen Charakter als Königtum auf Erden hervor». Aryeh Graboïs hat gezeigt, daß sich Becket wie viele vor ihm das biblische Motiv des Königs, der vom Propheten gerügt wird, zu eigen gemacht hat. Für Becket kommt der kirchlichen Autorität die Rolle des Propheten zu, der Strafe und Unterwerfung zu verlangen hat; die Kirche tritt dem König die Macht (die *potestas,* nicht die *auctoritas)* ab, damit der König ihr «ermöglicht, die Früchte des Friedens und der Freiheit zu genießen».[9]

Wenn sich die Kirche nach dem Wort von Gabriel Le Bras «dem Rausch der Herrschaft» hingab, so ließ sich der König von England, als erbittert um die Zukunft gerungen wurde, nicht einfach auf seine angestammte Rolle als *administrator secularium dignitatum* festnageln. Ebensowenig akzeptierte er den von Thomas Becket vertretenen Gedanken, nach dem «die Priester Christi als Väter und Herren der Könige, der Fürsten und aller Gläubigen» zu gelten hätten; diese Forderung Beckets ist ohnehin überzogen kompromißlos verglichen mit der «via media», wie sie von Alexander III., Johannes von Salisbury und einer neuen, in der theologischen Forschung noch etwas rückständigen Schule von Kanonisten vertreten wurde.

Dennoch hatte Heinrich II. aus dem blutigen Ende Thomas Beckets seine Schlüsse gezogen und die Überzeugung gewonnen, daß «das Einvernehmen mit Gott Teil seiner Realpolitik»[10] sein mußte; er zügelte seinen Appetit und sicherte erst einmal die unschätzbaren Errungenschaften der Vergangenheit. Mit den Klauseln des «Konkordats» von Avranches war die königliche Gewalt noch vergleichsweise gut weggekommen. Die «schlechten Gewohnheiten» der Konstitutionen von Clarendon waren zwar außer Kraft gesetzt, aber Heinrich hatte sich dank äußerst vorsichtiger Formulierungen, bei denen das Wichtigste zwischen den Zeilen stand, alle Hintertüren offengelassen: Er hatte die freie Appellation nach Rom eingeschränkt und die Probleme, die aus der Immunität der Geistlichkeit erwuchsen, geschickt umgangen. Eine einschränkende Klausel, nach der die Ehre von König und Königreich unangetastet zu bleiben hatte, entsprach sinngemäß dem Artikel IV der Konstitutionen…

Bei den Bischofswahlen 1173, dem Jahr, in dem Thomas Becket heiliggesprochen wurde, zeigte sich deutlich, daß der Einfluß des Königs auf die Kirche ungebrochen war. Das Prinzip der unabhängigen Wahlen durch die Kapitel wurde zwar bekräftigt, aber die meisten neuernannten Bischöfe waren langjährige ergebene Anhänger Heinrichs II.; einige hatten beim Kampf gegen den ermordeten Primas sogar eine herausragende Rolle gespielt. Johannes von Greneford wurde in Chichester gewählt; Robert Foliot, der Neffe des Bischofs von London, in Hereford; Geoffrey Ridel in Ely; Reginald Fitzjocelin, ein Abkömmling des rebellischen Bischofs von Salisbury, in Bath; Gottfried Plantagenet, ein Bastardsohn des Königs, in Lincoln. Obwohl sich Heinrich der Jüngere bemühte, den Papst für seine verlorene Sache zu gewinnen, weihte Alexander III. den Prior Richard von Dover am 7. April 1174 in Anagni persönlich zum neuen Erzbischof von Canterbury und übergab ihm das Pallium.

Unter formaljuristischen Gesichtspunkten waren die Bischofswahlen zwar unanfechtbar, aber daß nicht alles mit rechten Dingen zugegangen war, zeigte sich im Vorfeld der Neubesetzung des Bischofsstuhles von Winchester, der einer der bedeutendsten von ganz England war: Als er mit dem Tod Heinrichs von Blois vakant wurde, teilte der König den «treuen Mönchen der Kirche von Winchester» explizit seine Wünsche mit: «Ich gebiete Euch, zu einer freien Wahl zu schreiten; aber ich verbiete Euch, einen anderen als meinen Geistlichen Richard, Erzdiakon von Poitiers, zu wählen.» Der Kandidat war Richard von Ilchester, ein entschiedener Gegner Beckets, der seinerzeit exkommuniziert worden war. Wie viele andere wurde er jetzt von Beckets Anhängern gewählt. Etwas anderes blieb ihnen kaum übrig, wenn sie Frieden für die angeschlagene Kirche wollten; sie hatte einen schweren Sturm hinter sich, in dem sie fast gescheitert wäre.

Heinrich II., der seinen gesamten politischen Sachverstand einsetzte, um einen stabilen und mächtigen Staat zu schaffen, zog aus dem blutigen Ende Thomas Beckets rasch die notwendigen Konsequenzen. Schon am 21. Mai 1172 schrieb er dem Bischof Bartholomäus von Exeter, einem Freund Thomas Beckets: «Ich habe versprochen, auf die Gewohnheiten zu verzichten, die der Kirche in meinem Königreich zuwiderlaufen und die sich unter meiner Herrschaft durchgesetzt haben; dennoch glaube ich, daß es derer, wenn überhaupt, nur sehr wenige gibt.» Damit traf er den Kern des Streits, leugnete ausdrücklich den gegen die Kirche gerichteten Charakter der Konstitutionen von Clarendon und interpretierte sie im Sinne jener Doktrin, mit der man unter Wilhelm dem Eroberer und Heinrich I. Beauclerc die staatliche Unabhängigkeit hochgehalten hatte. Heinrich lag damit im natürlichen Trend der Entwicklung des mittelalterlichen Staates: Der Staat hatte das Gesetz bisher «aufrechtzuerhalten und zu schützen, aber nur selten zu machen». Und Heinrich bemühte sich unbeirrbar und nicht ohne Erfolg, dem Staat «ein autonomes politisches Wirkungsfeld»[11] zu geben.

Diese Bestrebungen nach Unabhängigkeit von Rom ziehen sich wie ein Ariadnefaden durch die ganze englische Geschichte und kennzeichnen dauerhaft das Verhältnis von Königtum und Kirche; Ausnahme ist lediglich das anachronistische Zwischenspiel der Herrschaft Johann Ohnelands, der das Königreich den Interessen des Papsttums preisgab.

Im Jahre 1351 verbot Eduard III. die Appellation nach Rom und ergriff 1353 mit dem ersten «Statute of Praemunire» mehrere Maßnahmen, die sich stark an die Konstitutionen von Clarendon anlehnten. Das zweite «Statute of Praemunire» aus dem Jahre 1393 wendet sich gegen den Papst, der «zum Schaden der Souveränität unseres Herren, des Königs … die Gesetze … nach seinem Gutdünken zu Fall bringt und für ungültig erklärt».

Schon seit Eduard I. und seinem 1292 eingeführten *Yearbook* hatte sich das englisches Recht, das *common law,* als Gewohnheitsrecht weiterentwickelt. Daß Kirche und Staat ihre Beziehungen vertieften und der Staat dabei wachsenden Einfluß über die Angelegenheiten der Kirche gewann, bedeutete noch nicht den Bruch mit dem Papsttum. Im Gegenteil: «Diese typisch englische Kombination der Zugehörigkeit zur Kirche und zur internationalen Kultur» bemerkt W. A. Pantin, «ist einer der interessantesten Züge Englands im Mittelalter.»[12]

Dennoch bereitete die Verflechtung von Staat und Kirche, die mit dem Einfluß der ersten englischen Bibelübersetzung John Wiclifs auch in ideeller Hinsicht Auftrieb erhielt, die englischen Gläubigen langfristig auf das Schisma vor.

Heinrich VIII., dessen autokratische Tendenzen mitunter an Heinrich II. erinnern, spielte bei der endgültigen Abkoppelung von Rom die entscheidende Rolle. Seine ehelichen Schwierigkeiten sind von vergleichsweise geringer Bedeutung gegenüber der allgemeinen politischen Tendenz, die sich in der englischen

Geschichte abzeichnete. Die Erweiterung der juristischen Kompetenzen des Königs und die Bemühungen der Vorgänger um nationale Unabhängigkeit vom Episkopat, der ausländischen Ursprungs und oft fremdbesetzt war, waren günstige Voraussetzungen für Heinrichs entscheidende Schritte.

Schon 1532 ließ er sich vom Klerus einen Treueid schwören, dessen Formel unmißverständlich war: «Wir erkennen an, daß Seine Majestät unser einziger Beschützer und oberster Herr ist, und daß Sie, soweit es das Gesetz Christi erlaubt, das Oberhaupt der Anglikanischen Kirche und seiner Geistlichkeit ist.» Im folgenden Jahr erneuerte Heinrich VIII. das Verbot der Appellation nach Rom. Mit der Suprematsakte wurde 1534 das auschließliche Recht der Krone festgeschrieben, «Mißstände, Ketzereien, Mißbräuche, Beleidigungen und Unregelmäßigkeiten, die durch geistliche Autorität oder Rechtsprechung reformiert werden müssen ... zu untersuchen, zu unterdrücken, geradezurichten, zu reformieren und zu verbessern...»

Die Aufsicht über die geistliche Gerichtsbarkeit war damit vom Papst auf die Krone übergegangen. Das Schisma war vollzogen, ohne daß die katholische Glaubenslehre in ihrem Grundsatz in Frage gestellt worden wäre. Der Traum Heinrichs II. war, auf die Spitze getrieben, Wirklichkeit geworden. Heinrich VIII. täuschte sich nicht, wenn er in den Reliquien Thomas Beckets das Symbol für die Unabhängigkeit der Kirche vom König sah...

Am 11. Juni 1538 erklärte er Thomas Becket, den das Volk seit dreieinhalb Jahrhunderten als Märtyrer und Heiligen verehrte, vor seinem Rat zum unwürdigen Landesverräter. «Wir urteilen und entscheiden, daß besagter Thomas, ehemals Erzbischof von Canterbury, von nun an weder als Heiliger noch als Märtyrer behandelt oder als Gerechter betrachtet wird; sein Name und seine Bilder sollen aus den Kirchen entfernt werden; er soll in Meßbüchern, Gebetbüchern, Kalendern und in Litaneien nicht mehr genannt werden; er ist der Verbrechen der Majestätsbeleidigung, des Verrates, des Meineides und des Aufruhrs überführt. Deshalb verfügen Wir, daß seine Gebeine aus ihrem Grab geholt und öffentlich verbrannt werden, damit die Lebenden aus dieser Bestrafung eines Toten lernen, Unsere Gesetze zu respektieren und sich Unserer Herrschaftsgewalt nicht zu widersetzen. Das Gold, das Silber, die Edelsteine und die anderen Reichtümer, die aus falscher Frömmigkeit an seiner Grabstätte angebracht wurden, beschlagnahmen Wir zugunsten Unserer Krone, gemäß den Gesetzen und Gewohnheiten dieses Königreiches. Unter Androhung der Todesstrafe und Beschlagnahme der Güter verbieten Wir, daß irgendeiner Unserer Untertanen ihn von nun an als Heiligen bezeichnet, Gebete an ihn richtet, Reliquien von ihm trägt oder ihn direkt oder indirekt verehrt. Wer diesem Verbot zuwiderhandelt, wird als Verschwörer gegen Unsere königliche Person oder als Anstifter oder Helfershelfer einer Verschwörung betrachtet. Und aus Sorge, daß man den Wortlaut dieses Ediktes nicht zu kennen vorgibt, verfügen Wir, daß es in London, in Canterbury und in den anderen Städten des Königreiches öffentlich bekannt gemacht wird.»

Nichts blieb übrig von Thomas Becket, der «die Gesetze und Gewohnheiten» des Königreiches der Ehre Gottes geopfert hatte. Das Kloster Christchurch wurde systematisch geplündert. Die Beute wurde in sechsundzwanzig Fuhren zum königlichen Schatzhaus geschafft. Der kostbare Schrein hatte die längste Zeit Gläubige angezogen: «Geistliche und Laien, Arme und Reiche, Adelige und einfache Leute aus dem Volk, Väter und Mütter mit Kindern, Herren mit Dienern, alle in gleicher Frömmigkeit.» Man brach ihn auf, las in aller Eile die Gebeine zusammen und verbrannte sie sofort. Als Opfergabe an die Neuzeit wurde Thomas Beckets Asche mit Pulver vermischt, in eine Kanone gestopft und in die Luft geblasen.

Wohl kaum ein Mensch wurde dauerhafter und enger mit den Wirren der Geschichte in Verbindung gebracht. Verehrt, geschmäht, benutzt, umstritten und verkannt bleibt Thomas Becket noch heute ein Zeichen des Widerspruchs. Und ein Symbol. Wie alle, die irgendwann einmal versuchten, für ihr Ideal die eisigen Gipfel der Politik zu erstürmen und abzutragen.

Zeittafel

1100 *2. August:* Der englische König Wilhelm der Rote stirbt.

5. August: Heinrich I. Beauclerc wird zum König von England gekrönt.

1106 Heinrich V. wird deutscher Kaiser.

28. September: Heinrich I. schlägt seinen älteren Bruder Robert Kurzhose bei Tinchebray.

1107 Beilegung des Konfliktes zwischen Heinrich I. und Erzbischof Anselm von Canterbury.

Wilhelm von Champeaux gründet die Abtei Saint-Victor in Paris.

1108 *3. August:* Ludwig VI. wird in Orléans zum König von Frankreich gesalbt.

1109 Erzbischof Anselm von Canterbury stirbt.

1114 Gründung der Zisterzienserabtei Pontigny.

1116 Ivo von Chartres stirbt.

1119 *2. Februar:* Kalixt II. wird Papst.

1120 *November:* Untergang des «Weißen Schiffs». Der englische Thronerbe Wilhelm Etheling kommt um.

21. Dezember: Geburt Thomas Beckets.

1123 Erstes Laterankonzil.

1124 *13. Dezember:* Kalixt II. stirbt.

15. Dezember: Honorius II. wird Papst.

1125 *23. Mai:* Kaiser Heinrich V. stirbt; Lothar von Supplinburg wird König (Kaiser 1133).

1128 Gründung der Abtei Waverley; erstes Zisterzienserkloster in England.

1130 *13. Februar:* Honorius II. stirbt.

14. Februar: Innozenz II. wird Papst; Schisma durch Anaklet II.

1135 *1. Dezember:* Tod Heinrichs I. Beauclerc.
22. Dezember: Stephan von Blois wird zum König von England gekrönt.

1136 Theobald wird Abt von Bec-Hellouin.
Johannes von Salisbury trifft in Paris ein. Aufstand in Wales. Erste Studien Thomas Beckets in Paris.

1137 *1. August:* Tod Ludwigs VI.; Ludwig VII. wird König von Frankreich und heiratet Eleonore von Aquitanien.

1139 Zweites Laterankonzil.
Tod des Juristen Irnerius.
8. Januar: Theobald von Bec wird zum Erzbischof von Canterbury geweiht.
29. August: Stephan von Blois erscheint vor dem Konzil zu Winchester.
30. September: Mathilde von Anjou landet in England.

1141 Petrus Venerabilis, Abt von Cluny, läßt den Koran übersetzen.
Konzil zu Sens. Verdammung Abälards.
2. Februar: Stephan von Blois gerät in Gefangenschaft.
3. März: Mathilde von Anjou wird als «Herrin von England» anerkannt.
7. April: Stephan von Blois werden alle Rechte aberkannt.
7. Dezember: Stephan von Blois kehrt an die Macht zurück.

1142 Gratianisches Dekret.
21. April: Tod Abälards.

1143 Manuel Komnenus wird Kaiser von Byzanz.
Reise Thomas Beckets auf den Kontinent.
24. September: Innozenz II. stirbt.
26. September: Cölestin II. wird Papst.

1144 *19. Januar:* Gottfried von Anjou wird zum Herzog der Normandie gekrönt.
8. März: Cölestin II. stirbt.
12. März: Lucius II. wird Papst.

1145 *15. Februar:* Lucius II. stirbt; Eugen III. wird Papst.

1146 Arnold von Brescia bringt Rom in Aufruhr. Bernhard von Clairvaux predigt den zweiten Kreuzzug.

1147 Ludwig VII. bricht zum Kreuzzug auf.

1148 Gilbert Foliot wird zum Bischof von Hereford gewählt.

März: Thomas Becket nimmt am Konzil zu Reims teil.

1151 Thomas Becket studiert in Bologna (?).

7. September: Tod Gottfrieds von Anjou.

1152 *15. Februar:* Der deutsche Kaiser Konrad III. stirbt.

4. März: Nachfolger wird sein Neffe Friedrich Barbarossa.

18. Mai: Heinrich Plantagenet, Herzog der Normandie, heiratet Eleonore von Aquitanien.

1153 *8. Juli:* Eugen III. stirbt.

12. Juli: Anastasius IV. wird Papst.

10. August: Tod des englischen Thronerben Eustachius von Boulogne.

20. August: Tod Bernhards von Clairvaux.

6. November: Stephan von Blois adoptiert Heinrich Plantagenet.

1154 *10. Oktober:* Roger von Pont-l'Évêque, Archidiakon von Canterbury, wird zum Erzbischof von York geweiht.

25. Oktober: Tod Stephans von Blois.

3. Dezember: Anastasius IV. stirbt.

4. Dezember: Hadrian IV. wird Papst.

19. Dezember: Heinrich Plantagenet wird zum König von England gekrönt.

1155 Thomas Becket wird Kanzler von England.

1156 *18. Juni:* Friedrich Barbarossa wird von Hadrian IV. zum Kaiser gekrönt.

Englische Gesandtschaft an die päpstliche Kurie: Regelung der irischen Angelegenheiten.

1157 Streit um die Abtei Battle.

8. September: Richard Löwenherz wird geboren.

1158 Thomas Becket als Gesandter bei Ludwig VII.

26. Juli: Tod des Grafen Gottfried von Nantes.

November: Begegnung Heinrichs II. mit Ludwig VII.; die Aussöhnung zwischen England und Frankreich wird besiegelt.

1159 Heinrich II. vor Toulouse.

1. September: Hadrian IV. stirbt.

7. September: Alexander III. wird Papst.

Thomas Becket nimmt in der Normandie am Kampf gegen Ludwig VII. teil.

1160 *Pfingsten:* Waffenstillstand zwischen Ludwig VII. und Heinrich II.

2. November: Heirat Heinrichs des Jüngeren mit Margarete von Frankreich.

Gegenpapst Viktor IV. wird vom Konzil zu Pavia anerkannt.

1161 *18. April:* Erzbischof Theobald von Canterbury stirbt.

1162 Friedrich Barbarossa zerstört Mailand. Alexander III. verläßt Rom und flieht nach Frankreich.

Thomas Becket wird zum Erzbischof von Canterbury gewählt.

2. Juni: Thomas Becket wird zum Priester geweiht.

3. Juni: Thomas wird zum Erzbischof von Canterbury geweiht.

10. Juni: Thomas erhält das Pallium.

Er gibt das Amt des Kanzlers auf.

September: Ludwig VII. erkennt Alexander III. als rechtmäßigen Papst an.

1163 Baubeginn der Kathedrale Notre-Dame in Paris.

Heinrich II. kehrt nach England zurück. Begegnung mit Thomas Becket. Gilbert Foliot wird zum Bischof von London gewählt.

21. Mai: Thomas nimmt an der Synode von Tours teil.

Juli: Reichstag in Woodstock.

1. Oktober: Reichstag in Westminster.

Alexander III. läßt sich mit der Kurie in Sens nieder.

1164 *Januar:* Hoftag zu Clarendon. Verkündung der Konstitutionen, in denen die «Würden der Krone» festgeschrieben sind.

20. April: Tod Viktors IV.; neuer Gegenpapst wird Paschalis III.

8. Oktober: Reichstag in Northampton. Thomas wird wegen Verletzung der Lehnspflichten verurteilt, sein Besitz wird konfisziert.

13. Oktober: Thomas flieht aus Northampton.

2. November: Er verläßt England.

7. November: Thomas wird in der Abtei Saint-Bertin in Saint-Omer aufgenommen. Kurz darauf empfangen ihn Ludwig VII. und Alexander III.

11. November: Hugo von Amiens, der Erzbischof von Rouen, stirbt. Rotrou von Warwick wird sein Nachfolger.

30. November: Thomas Becket trifft in der Abtei Pontigny ein.

24. Dezember: Die Gesandten Heinrich II. berichten dem König vom Scheitern ihrer Mission beim Papst und beim König von Frankreich.

1165 Kanonisation Karls des Großen. Beginn der Ausbreitung der katharischen Häresie im Süden Frankreichs.

April: Rainald von Dassel, Friedrich Barbarossas Reichskanzler, verhandelt in Rouen mit Heinrich II.

11. April: Ludwig VII. und Heinrich II. treffen sich in Gisors. Alexander III. verläßt Sens. Thomas Becket reist nach Bourges und nach Fleury-sur-Loire.

21. August: Philipp August wird geboren.

23. November: Alexander III. kehrt nach Rom zurück.

1166 *5. und 8. April:* Alexander III. bestätigt, daß der Erzbischof von Canterbury Primas von England ist und das Privileg besitzt, die englischen Könige zu krönen.

24. April: Alexander III. ernennt Thomas Becket zum Legaten für ganz England. Ludwig VII. und Heinrich II. kommen in Nogent-le-Rotrou zusammen.

1. Mai: In Angers empfängt Heinrich II. Vertraute Thomas Beckets.

5. Mai: Breve Alexanders III. an die englischen Bischöfe.

12. Juni: Von Vézelay aus exkommuniziert Thomas Becket mehrere englische Geistliche und Barone und verurteilt die Konstitutionen von Clarendon.

30. Juni: Die in Vézelay verhängten Kirchenstrafen werden in London bekannt. Berufung der englischen Bischöfe an den römischen Gerichtshof.

14. September: Heinrich II. verbietet dem Zisterzienserorden, Thomas Becket weiterhin Zuflucht zu gewähren.

November: Thomas Becket verläßt Pontigny und zieht sich in das Kloster Sainte-Colombe bei Sens zurück.

Wilhelm von Pavia und Odo von Ostia werden zu Legaten *a latere* für England ernannt.

1167 *29. Mai:* Die Römer werden bei Monteporzio von den kaiserlichen Truppen geschlagen.

4. Juni: Ludwig VII. und Heinrich II. treffen sich im Vexin.

22. Juli: Mathilde von Anjou stirbt.

Heinrich II. unterwirft die Bretagne. Alexander III. flieht von Rom nach Benevent.

30. Juli: Inthronisation von Gegenpapst Paschalis III.

1. August: Kaiser Friedrich Barbarossa wird zum zweiten Mal gekrönt.

Epidemie. Tod Rainalds von Dassel.

18. November: Thomas Becket trifft die päpstlichen Legaten in der Nähe von Gisors.

Neuerliche Berufung der englischen Bischöfe an den römischen Gerichtshof.

1168 Aufstand der Barone im Poitou und in der Bretagne.

Februar: Alexander III. ernennt Erzbischof Hugo von Reims und den Bischof von Soissons zu Vermittlern. Die Vermittlungsbemühungen scheitern.

7. April: Ludwig VII. und Heinrich II. kommen zwischen Mantes und Pacy-sur-Eure zusammen.

19. Mai: Alexander III. erkennt Thomas Becket die Vollmachten eines Legaten für England ab.

Ende Dezember: Der Papst ernennt eine neue Vermittlungskommission.

1169 *6./7. Januar:* Begegnung von Ludwig VII. und Heinrich II. in Montmirail. Am 7. trifft Thomas Becket mit Heinrich zusammen.

7. Februar: Begegnung von Ludwig VII. und Heinrich II. in Saint-Léger-en-Yvelines.

18. März: Gilbert Foliot wiederholt die Berufung an die römische Kurie.

13. April: In Clairvaux exkommuniziert Thomas Becket königstreue Bischöfe, Geistliche und Barone.

Mai: Alexander III. ernennt zwei neue Legaten. Die Verhandlungen scheitern.

18. November: Ludwig VII., Heinrich II. und Thomas Becket kommen in Saint-Denis und Montmartre zusammen.

1170 *19. Januar:* Alexander III. ernennt Rotrou von Warwick und Bernhard von Nevers zu Vermittlern.

Februar: Alexander III. verläßt Benevent.

5. April: Die Exkommunikation von Gilbert Foliot wird aufgehoben.

21. Mai: Der Eremit Godrich von Finchale stirbt.

14. Juni: Roger von York krönt Heinrich den Jüngeren.

20./21. Juli: Verhandlungen in Fréteval.

10. September: Thomas Becket wird in seine Rechte als Legat wiedereingesetzt.

1. November: Thomas verläßt Sainte-Colombe bei Sens.

30. November: Von Wissant aus exkommuniziert er Gilbert Foliot und die königstreuen Prälaten.

1. Dezember: Thomas Becket landet in Sandwich.

29. Dezember: Er wird in der Kathedrale von Canterbury erschlagen.

1171 Geburt des heiligen Dominikus.

25. Januar: Wilhelm von Sens verhängt als päpstlicher

Legat das Interdikt über die Ländereien Heinrichs II. auf dem Festland.

Gründonnerstag: Alexander III. exkommuniziert Thomas Beckets Mörder und bestätigt frühere Strafen.

August: Gilbert Foliot wird losgesprochen.

17. Oktober: Heinrich II. schickt sich zur Eroberung Irlands an.

13. Dezember: Richard von York wird losgesprochen.

1172 *1. Mai:* Gilbert Foliot wird in sein Amt als Bischof von London wiedereingesetzt.

21. Mai: In Avranches unterwirft sich Heinrich II. im Beisein der päpstlichen Legaten der Kirche.

30. Mai: In Caen wiederholt der König von England den Eid vor den Großen des Reiches.

27. August: Rotrou von Warwick krönt Heinrich den Jüngeren in Winchester.

2. September: In einer Bulle bestätigt Alexander III. die Abmachungen von Avranches.

27. September: In Avranches söhnt sich Heinrich II. endgültig mit der Kirche aus.

1173 Die Kathedrale von Canterbury wird wieder für den Gottesdienst geöffnet. Rebellion der Barone auf dem Festland und der Söhne des Königs.

21. Februar: Thomas Becket wird heiliggesprochen.

3. Juni: Richard von Dover wird zum Erzbischof von Canterbury gewählt.

1174 *18. Januar:* Bernhard von Clairvaux wird heiliggesprochen.

Der schottische König Wilhelm der Löwe und eine Reihe englischer Barone erheben sich.

8. Juli: Heinrich II. geht in Southampton an Land.

12./13. Juli: Heinrich II. tut öffentlich Kirchenbuße am Grab von Thomas Becket.

13. Juli: Wilhelm der Löwe wird in Alnwick gefangengenommen.

5. September: Brand in der Kathedrale von Canterbury. Thomas Beckets Grab bleibt unversehrt.

	30. September: Unterwerfung der Söhne Heinrichs II.
1175	Der Legat Hugo von Pierleone nimmt Verhandlungen auf.
1176	*29. Mai:* Friedrich Barbarossa wird bei Legnano geschlagen.
	17. September: Die Türken schlagen die Byzantiner bei Myriokephalon.
1177	*21. Juli:* Frieden von Venedig. Ende des Schismas.
1179	Drittes Laterankonzil.
	Manuel Komnenos stirbt.
1180	*18. September:* Tod Ludwigs VII.; Philipp August wird König von Frankreich.
1181	*30. August:* Alexander III. stirbt.
	1. September: Papst Lucius III.
1182	Franz von Assisi wird geboren.
1183	*11. Juni:* Heinrich der Jüngere stirbt.
1187	*2. Oktober:* Saladin nimmt Jerusalem ein.
1188	*21. Januar:* Heinrich II. und Philipp August versöhnen sich.
1189	*6. Juli:* Heinrich II. stirbt. Richard Löwenherz wird König von England.
	Beginn des dritten Kreuzzugs.
1190	*10. Juni:* Friedrich Barbarossa stirbt. Heinrich VI. wird deutscher Kaiser.
1194	*26. Dezember:* Geburt Friedrichs II. auf Sizilien.
1220	*7. Juli:* Thomas Beckets Leichnam wird in einem Schrein im Querschiffarm der Kathedrale von Canterbury beigesetzt.
1533	*11. Juli:* Papst Clemens VII. exkommuniziert König Heinrich VIII. von England.
1534	Suprematsakte. Das Parlament bestätigt die Unabhängigkeit der anglikanischen Kirche.
1538	*September:* Auf Befehl Heinrichs VIII. läßt Lord Cromwell den Schrein zerstören und Thomas Beckets sterbliche Überreste verbrennen.
1559	Suprematseid und Uniformitätsakte.

Anmerkungen

Vorspiel

1 Bliebe anzumerken, daß der Stadtkämmerer von Canterbury jedes Jahr im Namen der britischen Krone eine Summe an das Heim zahlt, die diesen zwanzig Silbermark entspricht. Die Einrichtung ist inzwischen ein Altersheim. Eine bemerkenswerte Traditionspflege...

2 Mit dem «Fenster», von dem Guernes von Pont-Sainte-Maxence und Edward Grim sprechen, *(capite inclinato in unam fenestrarum tumuli prorsus devotione)* dürfte eine jener schmalen Öffnungen gemeint sein, die in früher Zeit in Heiligengräber eingelassen waren. Mit ihrer Hilfe konnten die Gläubigen in Kontakt mit dem Überirdischen treten. Zuweilen steckten sie kleine Gegenstände (sogenannte *brandea)* hinein, damit sie zu kostbaren Reliquien wurden. Auf einem Kirchenfenster der Kathedrale von Canterbury aus dem frühen 13. Jahrhundert ist das Grab abgebildet. Nach dieser Glasmalerei dürfte es zwei dieser *oculi* gehabt haben.

Teil I

Kapitel I

1 Fragen zu diesem Themenkreis erhellt Raymonde Foreville, «Les origines normandes de la famille Becket et le culte de saint Thomas en Normandie», in: Mélanges Pierre Andrieu-Guitrancourt, *L'année canonique,* XVII, Paris, 1973, S. 433-478.

2 Der Topos spielt eine nicht zu vernachlässigende Rolle und drängt sich bei einer Heiligenvita gewissermaßen auf. Noch Mitte des 13. Jahrhunderts berichtete ein Zeuge beim Heiligsprechungsverfahren der Klara von Assisi, was die Heilige «den Schwestern erzählt hatte: Als ihre Mutter mit ihr schwanger war, ging sie eines Tages zur Kirche und bat Gott unter dem Kreuze inständig, er möge ihr in den schweren Augenblicken der Geburt beistehen. Da vernahm sie eine Stimme, die sprach: ‹Du wirst ein Licht gebären, das die Welt erleuchtet.›» Siehe: *Sainte Claire d'Assise. Documents.* Eine Zusammenstellung von Damien Vorreux, Paris 1983. Es ließen sich unendlich viele Beispiele dieser Art anführen.

3 In Übereinstimmung mit Raymonde Forevilles überzeugender Studie «Les mardis mémorables» (Denkwürdige Dienstage) halten wir dieses Jahr, und nicht 1118, für das richtige Geburtsdatum. Siehe *Bulletin philologique et historique,* 1955-1956, Paris 1957, S. 7-20.

Kapitel II

1 *Violenter retrahitur.* Zur Datierung und Kritik des Briefes CCXI von Bernhard von Clairvaux an Papst Innozenz II. siehe Albert L'Huillier: *Saint Thomas de Cantorbéry,* 1891, Bd. I, S. 36.

Kapitel III

1 Diese Ansicht vertritt J. Pouzet, *L'Anglais Jean dit Bellesmains...,* Lyon 1927.

2 Die bedeutendsten dieser *brocardia juris* entstanden um 1200 ebenfalls in Bologna. Sie wurden in mühseliger Kleinarbeit von dem Glossator Azo erstellt.

3 «Bologne, capitale européenne du droit», in: *Église et société en Occident au Moyen Age,* Bd. VII, London 1984, S. 19.

4 *Ritter, Frau und Priester. Die Ehe im feudalen Frankreich,* Paris 1981, S. 71.

5 *Histoire de la papauté,* Paris 1976, S. 113.

6 Entstehung und Verlauf dieser Angelegenheit haben wir bereits in einer anderen Veröffentlichung behandelt: *Godefroy de Bouillon,* Paris 1985, vor allem S. 49-56.

7 *Konkordanz nicht übereinstimmender Canones.* Es wäre sinnlos, die immer noch lebhafte Diskussion über Ursprung und Entstehung des Werks hier im einzelnen zu erörtern. Fest steht, daß Gratians Schüler Paucapalea das Werk mit mehreren Zusätzen (sogenannten *Paleae)* versehen hat. Die meisten heutigen Historiker sehen im *Decretum* eher eine Gemeinschaftsarbeit. Eine solche Arbeitsweise stand mit dem mittelalterlichen Zeitgeist durchaus in Einklang und schmälert Gratians Verdienst keineswegs.

8 Von insgesamt 1 200 patristischen Zitaten sind immerhin 1 022 authentisch. Das ist mehr als beachtlich...

9 *Das Paradies,* Zehnter Gesang, Vers 103-105. (Übersetzt von Hermann Gmelin.)
Quell'altro flammeggiare esce dal riso
di Grazian, che l'uno e l'altro fòro
aiutò sì che piace in paradiso.

10 Thomas Becket blieb stets ein Liebhaber dieser prachtvollen glossierten Werke. Als Erzbischof trug er eine reich bestückte Bibliothek dieser illuminierten Meisterwerke zusammen, die er zu stolzen Preisen erstand. Wie wir wissen, befanden sich unter den Büchern, die sein Sekretär Herbert von Bosham mit nach

Canterbury brachte, mehrere stattliche Exemplare bemalter und glossierter Manuskripte. Siehe hierzu: C. R. Dodwell, «Un manuscrit enluminé de Jumièges au British Museum», in: *Jumièges. Congrès scientifique du XIIIe centenaire,* Rouen 1955.

11 Im Auftrag des Erzbischofs von Canterbury hatte der Kanonist Vacarius in Oxford eine Rechtsschule gegründet, der ein rascher Erfolg beschieden war. Die Theologen sahen in ihr eine gefährliche Konkurrenz. Die Großen betrachteten sie mißtrauisch als «gefährliches Instrument des monarchischen Absolutismus». Stephan von Blois, ein Gegner des kaiserlichen Rechts, verbot Vacarius vorübergehend den Unterricht. Dennoch wurde der Einfluß des römischen Rechts im *Polycraticus* des Johannes von Salisbury spürbar. Der Durchbruch gelang ihm mit dem *Tractatus de legibus et consuetudinibus Angliae* des Ranulf von Glanville.

12 *L'Église et la royauté en Angleterre sous Henri II Plantagenêt, 1154-1189,* Paris 1943, S. 21-22.

Kapitel IV

1 Das Kind, das Heinrichs Nachfolge antreten sollte, starb im Alter von drei Jahren.

2 Jacques Paul bemerkt dazu treffend: «Wenn man sich das überlieferte Wissen um die Mitte des 12. Jahrhunderts vor Augen hält, so findet man kaum etwas, was dem Werk Wilhelms von Conches hinzuzufügen wäre.» *L'Église et la culture en Occident,* Paris 1986, Bd. II, S. 517.

3 Möglicherweise hatte Theobald von Canterbury das Amt bis dahin sogar selbst ausgeübt.

4 Nicht zu verwechseln mit dem Prior von Merton, der dem jungen Thomas Unterricht erteilt hatte.

5 Der kleine Wilhelm war bekanntlich schon 1156 gestorben.

Kapitel V

1 *Le Gouvernement d'Henri II Plantagenêt,* Paris 1956, S. 403.

2 Genaueres hierzu siehe Pierre Aubé, *Les Empires normands d'Orient,* XIe-XIIIe siècle, Paris 1983, S. 225ff.

3 Johannes von Salisbury hatte schon bei seiner ersten Begegnung mit Erzbischof Theobald 1148 beim Konzil zu Reims einen tiefen Eindruck bei seinem zukünftigen Dienstherren hinterlassen.

4 Wir übergehen an dieser Stelle das Problem der Bulle *Laudabiliter,* deren Echtheit in Zweifel gezogen wurde. Über diese Frage ist bereits viel Tinte vergossen worden. Sie berührt die irischen Angelegenheiten nicht und ist allenfalls für Spezialisten interessant. Ich verweise in diesem Zusammenhang auf

Ch. Bémont, «La bulle Laudabiliter», in: *Mélanges Ferdinand Lot,* Paris 1925, S. 41-53; J. H. Round, «The Pope and the Conquest of Ireland», in: *The Commune of London,* Westminster 1899, S. 171-200; G. B. Adams, *The History of England,* London 1905, S. 263; H. W. C. Davis, *England under the Normans and Angevins,* London 1937, S. 531-532.

5 Hugo von Amiens, ein Vertrauter Heinrichs I. Beauclerc, war seit dreißig Jahren Erzbischof. Er starb hochbetagt am 11. November 1164. Sein Neffe Gilles von Perche war ein enger Freund des Kanzlers. Becket nahm bei seinen häufigen Aufenthalten in Rouen gern seine Gastfreundschaft in Anspruch.

Kapitel VI

1 Johannes von Salisbury wählte diesen Augenblick, um seinem Freund die Schriften *Polycraticus* und *Metalogicon* zuzuschicken, die er ihm gewidmet hatte.

2 William Fitzstephen spielt hier wahrscheinlich auf Thomas Beckets Pariser Verhandlungen vom Vorjahr an. Unklar bleibt allerdings, inwieweit sie die Angelegenheiten um Toulouse berührten.

3 Bekanntlich geriet die Grafschaft Toulouse später, als Raimund VI. in vierter Ehe Heinrichs und Eleonores Tochter Johanna, die Witwe Wilhelms II. von Sizilien, heiratete, doch noch in den Einflußbereich der Plantagenet.

4 Aus der Ehe von Ludwig VII. und Adela von Champagne ging später jener Mann hervor, der die Hegemonieträume des Plantagenet zerstörte: Philipp II. August.

Teil II

Kapitel I

1 Man sucht vergeblich nach der Quelle, auf die Michel Clévenot seine kühne Hypothese stützt, Thomas Becket habe eine «große Vorliebe für schöne Mädchen» gehabt *(Au cœur du Moyen Age,* Paris 1986, S. 70). Tatsächlich berichtet kein Chronist von diesem – im übrigen sehr menschlichen – Zug.

Kapitel II

1 Marcel Pacaut hat in gelungener Weise dargestellt, daß Alexander III. mit der Regelung der Heiligsprechung das Ziel verfolgte, die Kanonisation als ein Instrument seiner Machtausübung einzusetzen. Vgl. *Histoire de la papauté, op. cit.,* S. 211. Anselm wurde erst 1690 von Alexander VIII. ins Verzeichnis der

Heiligen der ganzen Kirche aufgenommen. 1492 hatte Alexander VI. die Verehrung des Anselm gestattet, 1720 erhob Klemens XI. ihn zum Kirchenlehrer.

2 In diesem Zusammenhang ist erwähnenswert, daß mehrere königliche Richter Männer der Kirche waren, und beileibe keine unbedeutenden. In einer Urkunde aus den Jahren 1164/1165 taucht neben Simon Fitzpeter, den wir bereits kennen, und William Maudit, dem Kämmerer des Königs, auch ein Mönch namens Gottfried auf, außerdem Guy, Dekan von Waltham, Richard von Ilchester, der Archidiakon von Poitiers, und Geoffrey Ridel, Archidiakon von Canterbury. Die meisten waren Thomas freilich feindlich gesonnen.

Kapitel III

1 Bei der Übersetzung dieses schwierigen Textes folgen wir Raymonde Foreville: *L'Église et la royauté en Angleterre sous Henri II. Plantagenêt, op. cit.*, S. 125-127.

2 Alan von Tewkesbury, der Prior von Christchurch, verfaßte ungefähr fünfzehn Jahre nach diesen Ereignissen eine *Vita* des Thomas Becket. Darin schreibt er, der Erzbischof habe sich zwar beharrlich geweigert, die *Constitutiones* zu siegeln, im ersten Augenblick jedoch ihren Wortlaut akzeptiert, was später zu Mißverständnissen mit seinen Suffraganen geführt habe. Wie wir bereits gesehen haben, hatten sich die Beziehungen schon vor der Versammlung in Clarendon verschlechtert. Der Kreuzträger des Erzbischofs, ein walisischer Geistlicher namens Alexander Llewelyn, hat Thomas Becket deswegen angeblich sehr beschimpft, ihn an seine Pflichten als Hirte erinnert und ihm vorgeworfen, er habe «sein Gewissen und seinen guten Ruf verraten» und biete «der Nachwelt das Beispiel eines Menschen, der hassenswert ist vor den Augen Gottes und der Gerechtigkeit zuwiderhandelt». Der Erzbischof habe «die Hand dazu gereicht, schändliche Gewohnheiten zu billigen, und sich mit den verbrecherischen Dienern Satans zusammengetan, um die kirchlichen Freiheiten zu beseitigen». Nach dieser strengen Rüge soll Thomas wieder zu sich gekommen sein und sich harte Buße auferlegt haben, «um der Absolution durch Gott und den Papst würdig zu werden». Diese nach antikem Vorbild mit allen rhetorischen Mitteln ausgeschmückte Episode nehmen die Historiker heute nicht mehr für bare Münze, auch wenn sie ihre Verwunderung über den Ausgang der Versammlung in Clarendon nicht verhehlen. Herbert von Bosham schreibt, der Erzbischof habe eine mündliche Zusicherung gegeben und um Bedenkzeit gebeten, bevor er sein Siegel unter das Dokument setzen wolle. Johannes von Salisbury hat die Szene zwar nicht selbst miterlebt, doch auch er berichtet von einem mündlichen Versprechen. Die Wahrheit ist kaum zu ergründen, und es ist allzu verlockend, Thomas Becket in dieser Sache eine Verfehlung zu unterstellen. Und was die harten Kasteiungen angeht, die sich der Erzbischof nach übereinstimmenden Berichten mehrerer Chronisten im Anschluß an diese unglückliche

Episode auferlegte, so genügt dafür als Erklärung, daß er «in gutem Glauben» einen Eid abgelegt hatte, ohne Einschränkungen für seinen Stand zu machen.

3 Seine Familie war berühmt. Sein Enkel war der berühmte William the Marshal, Graf von Pembroke. Siehe dazu Georges Duby: *Guillaume le Maréchal oder der beste aller Ritter,* Frankfurt/M. 1986.

Kapitel IV

1 Das heutige Boston. Die größte Kirche der Stadt trägt noch diesen Namen.

2 Sprüche 28,1.

3 A.d.Ü.: Das Wortspiel beruht auf der lautlichen Ähnlichkeit zwischen *oportet* und dem französischen *au port.*

Kapitel V

1 Von den Bauten, die Thomas Becket in Pontigny gesehen hat, sind heute nur noch das Haupt- und das Querschiff erhalten. Die majestätische Apsis entstand erst kurz nach Thomas Beckets Aufenthalt.

2 Die Tradition der Gastfreundschaft von Pontigny setzte sich bis zu Beginn des nächsten Jahrhunderts fort. Zwei weitere Erzbischöfe von Canterbury, die im Konflikt mit dem König lagen, fanden dort Zuflucht: der gelehrte Stephan Langton und der heilige Edmund Rich, der in Pontigny begraben ist.

3 «Lettres extravagantes de Thomas Becket, archevêque de Canterbury», in: *Mélanges Louis Halphen,* Paris 1951, S. 235.

4 Gemeint sind offensichtlich die *Moralia in Job* von Papst Gregor I. (gestorben im Jahr 604), der das religiöse Leben der Zisterzienser maßgeblich beeinflußte. Die Anspielung war mehr als durchsichtig...

5 Vgl. dazu Pierre Aubé, *Les Empires normands d'Orient, op. cit.,* S. 243ff.

6 Die Hochzeit fand im Jahr 1168 statt. Kurz darauf verfiel Heinrich der Löwe der Acht und wurde von seinem Schwiegervater verständnisvoll aufgenommen.

7 Wie dem *Liber censuum* zu entnehmen ist, betrug der Peterspfennig, den der König von England jährlich an das päpstliche Schatzamt entrichtete, stolze 300 Silbermark.

Kapitel VI

1 Papst Gregor I. (gestorben 604) hatte Augustinus als Missionar zu den «Bretonen» gesandt. Augustinus war der erste Erzbischof von Canterbury.

2 Die Chronologie der drei Briefe vom Frühjahr 1166 ist umstritten. Wir folgen

Raymonde Foreville: *L'Église et la royauté…, op. cit.*, S. 213-222. Ihre Argumente scheinen uns in jeder Hinsicht überzeugend.

3 Dieses Flachrelief, die älteste erhaltene Darstellung des Thomas Becket, schmückte ursprünglich den Giebel seines Grabes. Heute ist es in die Chorschranken der Kirche von Godmersham in der Grafschaft Kent integriert.

4 Herbert von Bosham weist darauf hin, daß Rotrou von Warwick, Bischof von Rouen, und Arnulf von Lisieux im Namen des Königs von England mündlich Berufung eingelegt hatten.

Kapitel VII

1 Man hat darauf hingewiesen, daß Gilbert Foliot das Thema Eheschließung offenbar nicht behagte. Mathilde heiratete schließlich nicht einen Sohn des Kaisers, sondern Heinrich den Löwen, den Sohn von Heinrich dem Stolzen und Gertrud, einer Tochter des 1137 verstorbenen Kaisers Lothar III.

2 Zum ersten Mal war Friedrich Barbarossa am 18. Juni 1155 durch Papst Hadrian IV. gekrönt worden.

Kapitel VIII

1 Gilbert Foliot war am 13. April exkommuniziert worden.

Kapitel IX

1 Unnötig daran zu erinnern, daß Philipp August später entscheidend zum Zusammenbruch des angevinischen Reiches beitragen sollte.

2 Wie Jacques Boussard gezeigt hat, dachte Heinrich II. nicht daran, «über seinen Tod hinaus die Einheit des Reiches zu sichern, das er errichtet hatte. Wie alle Herrscher des Mittelalters seit den Karolingern baute er nur für sich selbst, und der Gedanke, für die Zukunft ein riesiges Reich zu schaffen und einem Nachfolger als Ganzes zu übergeben, kam ihm nicht einmal in den Sinn». *Op. cit.*, S. 457.

3 Andrew W. Lewis hat das unwiderlegbar in seinem Buch *Royal Succession in Capetian France,* Cambridge/Mass.–London 1981, nachgewiesen.

4 Am 27. August 1172 wurde er tatsächlich noch einmal gekrönt, diesmal zusammen mit seiner Ehefrau Margarete von Frankreich; allerdings nicht von Thomas Becket, sondern von Rotrou von Rouen.

5 Der König fühlte sich so krank, daß er seine Ländereien aufteilte. Dem jungen Heinrich übergab er seinen eigenen Besitz: England, die Normandie, Anjou und Maine. Richard sollte von Eleonore das Poitou und Aquitanien erben, Gott-

fried bekam die Bretagne. Johann war damals erst vier Jahre alt. Er sollte zu gegebener Zeit von seinem ältesten Bruder Land erhalten. Die Folgen dieser nie revidierten Verfügung sind bekannt. Johann bekam später den Beinamen «ohne Land».

Nachspiel

1 Die Mörder selbst wurden von der königlichen Justiz offenbar nicht verfolgt, geschweige denn angemessen bestraft.

2 Der Kult um Thomas Becket kann an dieser Stelle nicht einmal gestreift werden. Andere haben sich damit befaßt oder tun es noch. Der Hinweis auf die wertvollen Beiträge von Raymonde Foreville, die das Thema seit fast einem halben Jahrhundert bearbeitet, soll deshalb genügen. Titel ihrer Arbeiten sind der Bibliographie im Anhang und den Anmerkungen zu entnehmen.

3 Thomas Becket wurde erstaunlicherweise fast ein Jahr vor Bernhard von Clairvaux heiliggesprochen.

4 Hefele/Leclercq, *Histoire des conciles d'après des documents originaux,* V, 2. Teil, Paris 1913, S. 1000f, Fußnote 1.

5 «The canonization of St. Thomas was due directly to his murder and to his posthumous fame, not to his personality.» («Archbishop Thomas Becket, a character study», *Proceedings of the British Academy,* London 1949, S. 179).

6 Daß es starke persönliche Empfindungen dieser Art gibt, läßt sich gewiß nicht leugnen. So genierte sich Claude Mauriac beispielweise überhaupt nicht, vor Millionen von Fernsehzuschauern zuzugeben, daß er «General de Gaulle leidenschaftlich geliebt» habe. Im Zyklus *Le temps immobile* vermerkt er für Samstag, den 19. März 1960: «Erneut empfand ich (was mich nicht überrascht) diese physische Ausstrahlung, der man in seiner Gegenwart körperlich und seelisch völlig erlag.» *Aimer de Gaulle,* Paris 1978, S. 8. Unter dem Gesichtspunkt, der uns hier beschäftigt, ist das gesamte Werk von Interesse.

7 *Alexandre,* Paris 1985, S. 510.

8 Andreas von Sankt-Viktor, dessen Werk trotz der Pionierarbeit von Beryl Smalley nur unzureichend bekannt ist, starb 1175 als Abt des Klosters Wigmore in England.

9 Aryeh Graboïs, «L'idéal de la royauté biblique dans la pensée de Thomas Becket», in: *Thomas Becket. Actes du colloque international de Sédières,* S. 103-110.

10 Das Wort stammt von Karl-Ferdinand Werner: «La vérité historique pour les historiens du haut Moyen Age», in: *Certitudes et incertitudes de l'Histoire* (trois colloques sur l'Histoire de l'Institut collégial européen), Paris 1987, S. 47. Daß Realpolitik das Einvernehmen mit der Kirche beinhaltete, gilt nicht nur für das Zeitalter Thomas Beckets, sondern auch für die folgenden...

11 Bertrand Badie, *Les deux États,* Paris 1985, S. 20.

12 *The English Church in the XIVth century,* 1955, S. 5.

Quellen und Bibliographie

QUELLEN

Die wichtigsten Quellen zum Leben Thomas Beckets sind in den *Materials for the history of Thomas Becket, Archbischop of Canterbury,* Hrsg. James Craigie Robertson (Bde. I-VI, London, Rolls Series, 1875-1883) und Joseph Brigstocke Sheppard (Bd. VII, ibid. 1885) enthalten. Diese monumentale Sammlung ist, was Vollständigkeit angeht, nach wie vor unübertroffen.

Die bedeutendsten Viten (Herbert von Bosham, Edward Grim, Alan von Tewkesbury, Roger von Pontigny, William Fitzstephen, Johannes von Salisbury, Wilhelm von Canterbury, Benedikt von Peterborough und der Anonymus von Lambeth), Thomas Beckets Briefe und verschiedene andere Dokumente erscheinen im Band CXC der *Patrologiae cursurus completus* von Jacques Paul Migne.

Alexander III., *Epistolae,* Pcc. Bd. CC.

Arnulf von Lisieux, *Epistolae,* Pcc. Bd. CCI; besser ist die Ausgabe von F. Barlow, London 1939 (Camden Society, 3. Reihe, Bd. LXI).

Bernhard von Clairvaux, *Epistolae,* Pcc. Bd. CLXXXII. *Chronicon Monasterii de Bello,* London 1846 (Anglia christiana Society).

Stephan von Rouen, *Draco Normannicus,* Hrsg. Howlett, London 1885 (Cronicles of the Reigns of Stephen, Henry II and Richard I, Bd. II).

Walter Map, *De Nugis curialium,* Hrsg. Wright, London 1850 (Camden Society, Bd. L).

– *The Great Roll of the Pipe,* (zur Herrschaft Heinrichs II.) 30 Bde., London 1884-1925 (Pipe Rolls Society).

Gilbert Foliot, *Epistolae,* Pcc. Bd. CXC, und Hrsg. A. Morey und C. N. L. Brooke, Cambridge 1967.

Guernes von Pont-Sainte-Maxence, *La Vie de saint Thomas Becket,* Hrsg. Emmanuel Walberg, Paris 1936 (Les classiques français du Moyen Age).

Wilhelm von Newburgh, *Historia rerum Anglicarum,* Hrsg. Howlett, London 1884-1885 (Cronicles of the Reigns of Stephen, Henry II and Richard I, Bd. I und II).

Johannes von Salisbury, *Epistolae,* Pcc. Bd. CXCIX, oder Hrsg. W. J. Milor und C. N. L. Brooke, 1979, Oxford Medieval Texts.

– *Historia pontificalis,* Hrsg. M. Chibnall, London 1956.

– *Metalogicon,* Hrsg. Webb, Oxford 1929.

– *Policraticus,* Hrsg. Webb, Oxford 1929.
Peter von Blois, *Epistolae,* Pcc. Bd. CCVII.
Ralph von Diceto, *Abbreviationes chronicorum, Ymagines historiarum,* Hrsg. Stubbs, London 1876 (Rolls Series).
Robert von Torigny, *Chronica,* Pcc. Bd. CLX.

VERZEICHNIS DER WICHTIGSTEN LITERATUR

Die vorliegende Bibliographie versteht sich als eine Auswahl und erhebt keinen Anspruch auf Vollständigkeit. Nicht alle Werke und Artikel, die für die vorliegende Arbeit verwandt wurden, sind hier oder in den Anmerkungen aufgeführt. Aufgenommen wurden dagegen alle bedeutenden Werke, die dem Leser durch einen besonders ausführlichen Anmerkungsapparat die Möglichkeit eröffnen, den einen oder anderen Aspekt des heute noch unerschöpflichen Themas genauer zu beleuchten.

Edwin A. Abbott, *Saint Thomas of Canterbury, his Death and Miracles,* 2 Bde., London 1898.
Charles Bataille, *Vie politique et religieuse de Thomas Becket, chancelier de Henry II.,* Paris 1842.
Tancred Borenius, *The Iconography of saint Thomas of Canterbury,* Oxford 1929.
Jacques Boussard, *Le Gouvernement d'Henri II Plantagenêt,* Paris 1956.
Albert du Boys, «Saint Thomas Becket, chancelier et homme d'État, d'après des documents nouvellement publiés», in: *Revue des questions historiques,* 1882, XXXII, S. 351-395.
Paul Alonzo Brown, *The Development of the Legend of Thomas Becket,* Philadelphia 1930.
Jean Buhot, «L'abbaye normande de Savigny, chef d'Ordre et fille de Cîteaux», in: *Le Moyen Age,* 3e série, 1936.
Claude Chaline, *Londres,* Paris 1968.
André Chatelain, *Châteaux forts et féodalité en Ile-de-France du XIe au XIIIe* siècle, Nonette 1983.
Henry Daniel-Rops, *L'Église de la cathédrale et de la croisade,* Paris 1952.
Sidney Dark, *Saint Thomas of Canterbury,* London 1927.
Hippolyte Delehaye, «Pierre de Pavie, légat d'Alexandre III», in: *Revue des questions historiques,* 1891, Bd. XLIX, S. 5-61.
– «Le légat Pierre de Pavie, chanoine de Chartres», in: *Revue des questions historiques,* Bd. LI, 1892, S. 244-252.
Maurice Demimuid, *Saint Thomas Becket,* Paris 1909.
Georges Duby, *Die Zeit der Kathedralen. Kunst und Gesellschaft 980-1420,* Übers. v. Grete Osterwald, Frankfurt a. M. 1966.
Jean Favier, *Le Temps des principautés,* Paris 1984.

Raymonde Foreville, *L'Église et la royauté en Angleterre sous Henri II Plantagenêt,* Paris 1943.
– «Y a-t-il une civilisation du monde plantagenêt?», in: *Actes du colloque d'histoire médiévale de Fontevrault, Cahiers de civilisation médiévale,* XXIX, Poitiers Januar-Juni 1986.
– *Le Jubilé de saint Thomas Becket du XIIIe au XVe siècle (1220-1470),* Paris/Rennes 1959.
– «Tradition et renouvellement du monarchisme dans l'espace Plantagenêt au XIIe siècle», in: *Cahiers de civilisation médiévale,* XXIX, Januar-Juni 1986.
– *Thomas Becket dans la tradition historique et hagiographique,* London 1981.
Raymonde Foreville (Hrsg.), *Thomas Becket. Actes du colloque international de Sédières,* Paris 1975.
Raymonde Foreville und Jean Rousset de Pina, «Du premier concile de Latran à l'avènement d'Innocent III, 1123-1198», in: *Histoire de l'Église,* Bd. IX, 2. Teil, Paris 1953.
Edward Augustus Freeman, *Saint Thomas and his Biographers,* London 1871.
James Anthony Froude, *Life and Times of Becket. Short Studies on great Subjects,* London 1882.
Jean Gaudemet, *Les Élections dans l'Église latine des origines au XVIe siècle,* Paris 1979.
– *La Formation du droit canonique médiévale,* London 1980.
– *La société ecclésiastique dans l'Occident médiévale,* London 1980.
– *Église et société en Occident au Moyen Age,* London 1984.
Léon Gautier, *La Chevalerie,* Paris 1894.
John A. Giles, *Life and Letters of Thomas Becket now first gathered from the contemporary historians,* 2 Bde., London 1846.
Aryeh Graboïs, *Civilisation et société dans l'Occident médiéval,* London 1983.
Johannes Haller, «Die Tragödie Thomas Beckets», in: *Die Welt als Geschichte,* Stuttgart 1938, Bd. IV, S. 97-124.
Louis Halphen, «Les Biographes de Thomas Becket», in: *Revue historique,* Bd. CII, 1909, S.35-45.
– *Paris sous les premiers Capétiens,* Paris 1909.
– «Les entrevues des rois Louis VII et Henri II durant l'exil de Thomas Becket en France», in: *Mélanges d'histoire offerts à Charles Bémont,* Paris 1913, S. 151-162.
René Herval, *Histoire de Rouen,* Bd. I, Rouen 1947.
Célestin Hippeau, «Notice sur ‹La vie de saint Thomas le Martyr, archevêque de Cantorbéry›, poème de Garnier de Pont-Sainte-Maxence», in: *Mémoires de la Société des Antiquaires de Normandie,* 3. Reihe, Bd. XXIV, Heft 4, April 1859.
William H. Hutton, *Thomas Becket, Archbishop of Canterbury,* Cambridge 1926.
Stephan d'Irsay, *Histoire des universités françaises et étrangères des origines à nos jours,* Bd. I, Paris 1933.
Michael D. Knowles und Dimitri Obolensky, «Le Moyen Age», *Nouvelle Histoire de l'Église,* Bd. II, Paris 1968.

Michael D. Knowles, «Archbishop Thomas Becket, a Character Study», in: *Proceedings of the British Academy,* Bd. XXV, 1949.
– *The Episcopal Colleagues of Archbishop Thomas Becket,* Cambridge 1951.
Pierre Langlois, *Histoire du prieuré du Mont-aux-Malades-lès-Rouen et correspondance du prieur de monastère avec saint Thomas de Canterbury, 1120-1820,* Rouen 1851.
Auguste Laveille, *Histoire de la congrégation de Savigny* par Dom C. Auvrin, Société de l'Histoire de la Normandie, 3 Bde., Rouen 1896-1898.
Gabriel Le Bras, Institutions ecclesiastiques de la chrétienté médiévale, 2 Bde., Paris 1959-1964 *(Histoire de l'Église,* Bd. XII).
Andrew W. Lewis, *Royal Succession in Capetian France: Studies on Familial Order and the State,* Cambridge/Mass.-London 1981.
Albert L'Huillier O.S.B., *Saint Thomas de Cantorbéry,* 2 Bde., Paris-Brüssel-Genf 1891.
Achille Luchaire, «Le roi Louis VII et le pape Alexandre III», in: *Comptes rendus de l'Académie des Sciences morales et politiques,* Bd. CXLVII, 1897, S. 425-460.
John Morris, *The Life and Martyrdom of saint Thomas Becket,* London 1859.
Charles Munier, *Vie conciliaire et collections canoniques en Occident, IVᵉ-XIIᵉ siècle,* London 1987.
Lucien Musset, «Y eut-il une aristocratie d'affaires commune aux grandes villes de Normandie et d'Angleterre entre 1066 et 1204?», in: *Études normandes,* 1986, Nr. 3, S. 7-19.
Raymond Oursel, *Routes romanes,* Bd. I, La Pierre-qui-Vire 1982.
– *Évocation de la chrétienté romane,* La Pierre-qui-Vire 1968.
Marcel Pacaut, *Frédéric Barberousse,* Paris 1967.
– *Histoire de la papauté des origines au concile de Trente,* Paris 1976.
– *Alexandre III. Étude sur la conception du pouvoir pontifical dans sa pensée et dans son œuvre,* Paris 1956.
– *La Théocratie. L'Église et le pouvoir au Moyen Age,* Paris 1957.
– *Louis VII et son royaume,* Paris 1964.
– «Les légats d'Alexandre III», in: *Revue d'Histoire ecclésiastique,* 1955, S. 821-838.
– «Louis VII et Alexandre III», in: *Revue d'histoire de l'Église de France,* 1953, S. 5-45.
Michel Pastoureau, *La vie quotidienne en France et en Angleterre au temps des chevaliers de la Table Ronde,* Paris 1976.
Jacques Paul, *L'Église et la culture en Occident, IXᵉ-XIIᵉ siècle,* 2 Bde., Paris 1986.
Nicétas Periaux, *Histoire sommaire et chronologique de la ville de Rouen,* Neuauflage Brionne 1970.
Régine Pernoud, *Eleonore von Aquitanien,* Düsseldorf-Köln 1966.
– *Héloïse et Abélard,* Paris 1970.
Charles Petit-Dutaillis, *La Monarchie féodale en France et en Angleterre, Xᵉ-XIIIᵉ siècle,* Neuauflage Paris 1971.

Odette Pontal, «Les évêques dans le monde Plantagenêt», in: *Cahiers de civilisation médiévale,* Poitiers, Januar-Juni 1986, S. 129-137.

Austin L. Poole, «From Domesday Book to Magna Charta», *Oxford History of England,* 2. Auflage Oxford 1966.

André Porée, *Histoire de l'abbaye du Bec,* 2 Bde., Neuauflage Brüssel 1980.

Philibert Pouzet, *L'Anglais Jean dit Bellesmains, 1122-1204?, évêque de Poitiers puis archevêque de Lyon,* Lyon 1927.

J. Rambaud-Buhot, *Histoire du droit et des institutions de l'Église en Occident,* Bd. VII, Paris 1965.

Henry G. Richardson und George O. Sayles, *The Governance of Medieval England from the Conquest to Magna Charta,* Edinburgh 1963.

Pierre Riché und Guy Lobrichon, *Le Moyen Age et la Bible,* Paris 1984.

James C. Robertson, *Becket, archbishop of Canterbury,* London 1859.

Johannes Baptist Sägmüller, *Die Bischofswahl bei Gratian,* Köln 1908.

Beryl Smalley, *The Becket Conflict and the Schools. A Study of intellectuals in Politics,* Oxford 1973.

Robert Speaight, *Thomas Becket,* London 1949.

Arthur P. Stanley, *Thomas Becket. Historical Memorials of Canterbury,* London 1855.

Ralph V. Turner, «Les contacts entre l'Angleterre normanno-angevine et la Sicile normande», in: *Études normandes,* 1986, Nr. 3, S. 39-60.

William Urry, «Cantorbéry au temps de saint Thomas Becket», in: *Archéologia,* Nr. 14, Oktober 1966, S. 64-70.

Elphège Vacandard, *Vie de saint Bernard, abbé de Clairvaux,* 2 Bde., Paris 1895.

Emmanuel Walberg, *La Tradition hagiographique de saint Thomas Becket avant la fin du XIIe siècle,* Paris 1929.

Wilfred L. Warren, *Henry II,* London 1973.

Clement C. J. Webb, *John of Salisbury,* London 1932.

Philippe Wolff, *L'Éveil intellectuel de l'Europe (Histoire de la pensée européenne,* Bd. I), Paris 1971.

Namenregister

Léon E. Halkin

Erasmus von Rotterdam

Eine Biographie

Aus dem Französischen
von Enrico Heinemann

376 Seiten, gebunden
ISBN 3 545 34083 X

«Der belgische Renaissance-Forscher Léon Halkin erzählt das Leben des Erasmus nüchtern, eindringlich und klar, mit feinem Gespür für Nuancen.»

Frankfurter Allgemeine Zeitung

«Er läßt Erasmus ausführlich selbst zu Wort kommen.»

Die Zeit

«Halkins Sprache enthält sich anmaßender Eitelkeiten. Jeder Interessierte vermag der hier erzählten Geschichte zu folgen. Bücher wie diese müssen geschrieben und sollten gelesen werden, um im Streit des Tages nicht zu vergessen, daß im vermeintlich Neuen und manchmal Provozierenden nicht selten der Auftrag einer historisch entfernten Erbschaft verborgen ist.»

Christ in der Gegenwart

BENZIGER